财经法治

破产法文库
总主编 王欣新

实务系列
刘兰芳 主编

RESEARCH ON BANKRUPTCY LAW ISSUES OF PRIVATE ENTERPRISES
—TAKE THE BANKRUPTCY TRIAL OF QUANZHOU COURT AS THE PERSPECTIVE

民营企业破产法律问题研究
——以泉州破产审判为视角

韩天明 主编
魏献平 范志勇 张小燕 副主编

法律出版社
LAW PRESS·CHINA

副主编简介

魏献平

福建泉州人，1991年毕业于华东政法学院。曾任福建省泉州市鲤城区人民法院副院长、福建省泉州市中级人民法院民二庭庭长。现任福建省泉州市中级人民法院金融庭庭长，四级高级法官。

范志勇

河北衡水人，中国人民大学法学院经济法学博士研究生，中国人民大学破产法研究中心助理研究员。主要研究方向：破产法学。在《交大法学》《河北法学》《人大法律评论》《人民司法》等学术期刊公开发表论文二十余篇，中国人民大学复印报刊资料全文转载论文一篇，参编《中国金融司法报告2018》。主持北京市法学会市级法学研究课题、中国人民大学科学研究基金课题等四项。参与国家社科基金课题，最高人民法院、司法部、中国法学会等省部级课题以及中国贸促会、世界银行等横向课题多项。

张小燕

福建厦门人，厦门大学法学硕士。现任福建省泉州市中级人民法院破产团队负责人，一级法官。

《破产法文库》编审委员会

总　序

现代破产法融清算退出与挽救更生程序于一体,是警醒正常市场主体“向死而生”之法,是帮助困境企业“涅槃重生”之法,是促使失败企业“规范退出”之法。破产法律制度是市场经济法律体系不可或缺的重要组成部分,甚至被称为市场经济之“宪法”。市场经济社会的基本法则乃公平竞争、优胜劣汰。故,凡市场经济之法治国家,无不将破产法视为其法律体系不可或缺之重要组成部分,并将其作为评价一国市场经济地位和营商环境水准的重要标志。

中国自改革开放以来,高度重视营商环境建设。1986 年 12 月 2 日第六届全国人民代表大会常务委员会审议通过了《企业破产法(试行)》,于 1988 年 11 月 1 日起施行。2006 年 8 月 27 日第十届全国人民代表大会常务委员会第二十三次会议审议通过了《企业破产法》,自 2007 年 6 月 1 日起施行,《企业破产法(试行)》同时废止。2013 年 11 月《中共中央关于全面深化改革若干重大问题的决定》指出:“健全优胜劣汰市场化退出机制,完善企业破产制度。”2014 年 10 月《中共中央关于全面推进依法治国若干重大问题的决定》指出:“社会主义市场经济本质上是法治经济。使市场在资源配置中起决定性作用和更好发挥政府作用,必须以保护产权、维护契约、统一市场、平等交换、公平竞争、有效监管为基本导向，完善社会主义市场经济法律制度。"2018年9月第十三届全国人大常委会立法规划发布，《企业破产法》的修订纳入立法规划，属于"需要抓紧工作、条件成熟时提请审议"的项目。2018年11月中央全面深化改革委员会第五次会议审议通过了《加快完善市场主体退出制度改革方案》，将加快以破产法为核心的市场主体退出制度建立健全的步伐，以更好地服务供给侧结构性改革和营商环境优化建设。

我国破产法的历史虽然短暂，但也已走过了30余个春秋，《企业破产法》及其司法解释构成了较为完整的破产法制度体系，全国各地各级法院组建了约100家破产审判庭，北京、上海、深圳三地更是在最高人民法院的批准下组建了破产法庭，破产审判的法治化、专业化建设取得了长足的进步，破产案件数量逐渐上升，破产法的理念、文化与制度规则也得到了更广泛的传播和认可。

破产法律制度的建立健全和破产审判的法治化、常态化推进，是市场经济可持续发展、营商环境优化建设的重要保障，市场经济之发展亦注定离不开破产法学研究之繁荣。中国人民大学破产法研究中心和北京市破产法学会自成立以来，始终坚持学术为本、理论联系实际和以问题为导向的研究理念，不遗余力地创办"中国破产法论坛"及其专题研讨会等权威交流平台，多年来持续编辑出版《破产法论坛》等图书，凝聚了中国破产法理论与实务界之顶尖研究力量，致力于破产法治事业之发展与进步，赢得了全体"破人"之赞誉与支持。

为进一步整合中国破产法理论界与实务界之研究力量，经与浙江省高级人民法院民四庭庭长章恒筑法官、中国人民大学破产法研究中心副主任郑志斌律师、中国人民大学破产法研究中心副主任兼秘书长徐阳光教授、法律出版社法治与经济出版分社社长沈小英编审反复商议，中国人民大学破产法研究中心、北京市破产法学会决定联合法律出版社创办"破产法文库"，面向国内外同仁开放。

"破产法文库"设置5个子系列，其中，学术系列希冀广纳中国学界高水准之破产法专著；译著系列拟推介域外之经典破产法文献与法典；论坛文集系列继续推出"中国破产法论坛"及其专题研讨会之优秀论文；实务系列侧重出版破产法实务经验总结之佳作；茶座系列则旨在分享破产法实施中的趣闻轶事以及破产法同仁办理破产案件的心得体会。

从历史上看，中国缺乏破产法文化传统与理论实务研究积淀。"破产法为一重要之法律，然学者研究之者，远不如研究民刑之法之夥；良以向者适用较少，兴趣遂减。”民国法学家吴传颐先生数十年前之感慨，仍让今人有现实之叹。而今，破产法的社会调整作用日益得到人们的认可与重视，破产法的研究也日益深入。破产法是一个综合性的法学领域，破产法治建设是我们共同的事业追求。但愿“破产法文库”之创办能够团结更多法学同仁来关注和研究破产法理论与实践之重点难点问题，并将自己高水平的研究成果纳入文库中出版，共同推动中国破产法学术之繁荣、立法之完善与司法之进步。

是为序！

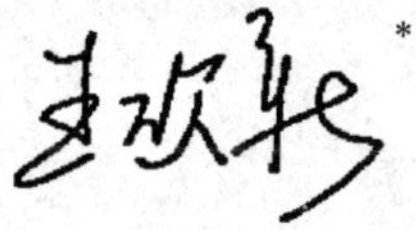*

2016 年 7 月 16 日撰写

2019 年 2 月 26 日修订

---

* 中国人民大学法学院教授、博士研究生导师，中国人民大学破产法研究中心主任，北京市破产法学会会长。

序　言

2018年11月1日，习近平总书记在民营企业座谈会上发表重要讲话指出"我国经济发展能够创造中国奇迹，民营经济功不可没"，并郑重宣告："我们毫不动摇鼓励、支持、引导非公有制经济发展的方针政策没有变，我们致力于为非公有制经济发展营造良好环境和提供更多机会的方针政策没有变。"

党的十一届三中全会以后，党中央破除所有制问题上的传统观念束缚，为非公有制经济发展打开了大门。1980年，温州市的章华妹领到了第一张个体工商户营业执照。到1987年，全国城镇个体工商等各行业从业人员已达569万人，一大批民营企业蓬勃兴起。1992年邓小平同志南方谈话发表后，兴起了新一轮创业兴业、发展民营经济的热潮。时至今日，民营经济具有"五六七八九"的特征，即贡献了50%以上的税收、60%以上的国内生产总值、70%以上的技术创新成果、80%以上的城镇劳动人口就业、90%以上的企业数量。

在中国特色社会主义新时代，民营经济将继续发挥重要作用，保护民营经济的生存权、发展权、平等权，为民营经济提供强有力的法治保障，将是新时代立法和司法的重要使命。民营经济发展的法治保障主要表现在市场准入、市场竞争和市场退出3个阶段，而民营企业困境拯救和破产清算是市场退出阶段的核心内容。"办理破产"位列世界银行营商环境评估指标体系中的十大一级指标,也是国务院在全国开展营商环境评价的重要内容。民营企业破产司法不仅关系单个民营企业困境拯救和市场退出的微观实践发展,更是关系非公经济与公有制经济组织之间,能否得到平等保护的宏观理念更新。

我国1986年《企业破产法(试行)》主要适用于国有企业的兼并重组和市场退出,直到2006年《企业破产法》的出台并自2007年6月1日起正式实施,我国才实现国有企业与民营企业破产处理上立法形式的统一。当下的司法实践表明,民营企业困境拯救和规范退出遇到了多方面的困难,立法形式上的统一要转变为行动中的平等保护依然任重道远。这其中,既有法律规则层面欠缺的问题,也有思想观念未能及时跟进立法发展和时代需要的问题。

民营企业破产的特殊性主要表现在以下几个方面。第一,民营企业在各地政府发展规划中的定位决定了政府重视和支持的力度。各地政府普遍重视对国有企业的困境处理,并有自上而下的压力传导,而对民营企业的困境处理则态度不一,20世纪90年代政策性破产的观念和政策残留,依然影响不少地方政府处理民营企业破产问题的态度和方法,落后的观念深深地制约着民营企业破产实践的发展。第二,民营企业大多存在公司治理结构不完善、财务账册不健全等问题。民营企业很多以家族企业形式出现,企业内部公司治理结构不健全,企业之间关联交易较普遍且企业人格独立性存在欠缺,这些客观因素既影响企业主申请破产的积极性,也增加了破产程序启动之后法院司法和管理人履职的难度。第三,民营企业贷款普遍存在形式多样且异常复杂的担保链条。在实践中,民营企业融资困境依然存在,银行往往要求企业主及其亲友为企业贷款提供各种形式的担保,不但加大了企业主的责任、抑制了企业家创新创业的积极性,同时,也为金融安全带来了隐患,个人破产制度的缺失加剧了这一矛盾。第四,民营企业重整程序中的融资遭遇困境。重整程序最基本的需求就是获得新的融资,民营企业在正常状态下融资已很艰难,在重整程序中的融资困难更凸显,加之很多地方政府不太重视重整融资市场的培育,影响了民营企业重整的效率和成功率。第五,民营企业重整后的信用修复困难。信用修复是各类企业重整遭遇的普遍问题,包括银行、工商、税务、司法等多个层面的信用修复障碍,影响了重整成功后企业的正常发展,也对民营企业重整实践产生了极不好的负面作用。

福建省泉州市民营企业活跃,素有"民营经济特区"的称号,尤其是其辖区内的晋江市,在习近平总书记当年主政福建时期就探索出了民营经济发展的"晋江经验",成为泉州市民营企业发展过程的真实写照。近年来,在产业转型升级和遭遇经济"阵痛"的背景下,泉州市部分企业遭遇不同形式的财务困境和发展难题。为贯彻落实供给侧结构性改革和营商环境优化建设的政策要求,帮助无力生还的企业依法退出市场,助力尚存优质资产的企业"涅槃重生",泉州法院系统全力推进破产司法工作,走出了一条"市场主导、府院联动、专业审理、机制创新"的泉州民营企业破产审判之路,逐步形成了"一个协调平台、一份统领性文件、两级专项资金、两支工作队伍、三项工作举措"的破产审判"泉州经验"。

破产审判"泉州经验"严格贯彻了中央提出的"依法为实施市场化破产程序创造条件"。首先,泉州着力打造专业化的破产审判队伍,确保市场化与法治化的统一。泉州市中级人民法院金融破产团队管辖破产案件,并指导辖区内各基层人民法院开展破产审判工作,举办业务培训,进行实证调研,陆续出台一批破产审判的规范性文件,在市场化理念下实现了破产程序的法治化发展。其次,泉州市中级人民法院积极推动成立破产管理人协会,着力培育管理人队伍市场。泉州市破产管理人协会成立于2017年,泉州市中级人民法院作为协会业务主管单位,积极指导协会朝专业化的自律组织方向发展。再次,泉州法院在个案审理中有效贯彻市场化破产理念。用市场化破产的理念推动管理人选任、资产处置和重整估值等各项工作,以富贵鸟股份清算案与锦绣庄清算案为例,两案均试图重整,但在重整程序无法有效推进的情况下,法院尊重市场的选择,及时宣告破产,实现了时间、成本、效率等各方面的平衡,体现了市场化和法治化的统一。最后,泉州破产审判中的府院联动机制为民营企业破产实践提供了强有力的支持。泉州市委市政府出台《关于推进企业兼并重组的十条措施》,泉州市中级人民法院、泉州市工业和信息化局、泉州市财政局、泉州市地方金融监督管理局联合出台《泉州市企业破产处置专项资金管理使用暂行办法》,泉州市中级人民法院、泉州市人民检察院、泉州市地方金融监督管理局联合出台《关于加强刑民衔接维护金融生态的意见》,泉州市中级人民法院等16部门联合出台《关于加快推进企业破产处置工作措施》,一份份以问题为导向的规范性文件全面确立了泉州的"府院联动”机制,为民营经济发展保驾护航。

泉州市中级人民法院十分重视破产审判的个案总结和理论研究工作,在院领导的亲自指导下,组成了包括法院、管理人、高校研究人员在内的编写团队,投入将近一年的研究精力,撰写《民营企业破产法律问题研究》,力图为我国破产审判和破产立法提供经验和建议。本书具有以下几个鲜明特点。首先,本书的篇章结构安排体现了民营企业破产的基本流程和关键节点。本书以程序进展为主线,以重点问题为核心,前述民营企业破产的特殊性和疑难问题,都可以从本书中找到答案。其次,本书的重点问题分析体现了理论与实践的有机结合。本书在分析职工债权保护、重整融资、出资人权益调整、合并破产、刑民交叉等问题时,先从学理层面的论证入手,然后回应实践层面的难点和痛点,对相关制度改革完善提出有价值的参考建议。最后,本书将泉州两级法院的代表性案例有机融入相应的章节中,增强了问题分析的论证力度,同时,也为其他地方破产审判工作提供了更好的案例素材和实务经验。

习近平总书记指出:“市场有波动、经济有起伏、结构在调整、制度在变革,在这样一个复杂背景下,部分民营企业遇到困难和问题是难免的,是客观环境变化带来的长期调整压力。对高质量发展的要求,民营企业和国有企业一样都需要逐步适应。”2020 年 5 月 11 日通过的《中共中央　国务院关于新时代加快完善社会主义市场经济体制的意见》提出,“营造支持非公有制经济高质量发展的制度环境”,“营造有利于化解民营企业之间债务问题的市场环境”。在今后的破产司法实践中,民营企业破产问题也将日益凸显,而各地司法经验的积累和总结推广将更具有理论与实践价值,这也是我们致力于推动“破产法文库”、策划文库“实务指引”子系列的重要原因。

对于热心破产审判事业的法官和敢于在破产审判中担当作为的法院,我一向都是深表敬意。而对于在繁忙的破产审判工作中,愿意抽出宝贵时间来总结经验惠及他人的法官和管理人,我更钦佩并毫不犹豫地给予鼓励和支持。唯愿中国能够多一些有担当敢作为的法院和法官,让中国破产审判在实践探索和经验分享中逐渐走向成熟,为供给侧结构性改革和营商环境优化建设做出更多贡献。

为此,我很荣幸应邀为泉州市中级人民法院《民营企业破产法律问题研究》

撰写序言,亦十分乐意将此书推荐给破产法理论界与实务界的专家同仁,希望能够借此引起更多专家学者关注和研究民营企业破产保护问题。

是为序!

中国人民大学法学院教授、博士生导师
中国人民大学破产法研究中心副主任兼秘书长
北京市破产法学会副会长兼秘书长
徐阳光
2020 年 5 月 20 日

目　录

本书简称索引

全称	简称
主要法律、司法解释及会议纪要	
《中华人民共和国企业破产法》	《企业破产法》
《中华人民共和国企业破产法(试行)》	《破产法(试行)》
《中华人民共和国国营企业破产法(草案)》	《国营企业破产法(草案)》
《中华人民共和国民事诉讼法》(1991 年)	《民事诉讼法(1991)》
《中华人民共和国民事诉讼法》	《民事诉讼法》
《中华人民共和国立法法》	《立法法》
《中华人民共和国民法总则》	《民法总则》
《中华人民共和国物权法》	《物权法》
《中华人民共和国合同法》	《合同法》
《中华人民共和国公司法》	《公司法》
《中华人民共和国刑法》	《刑法》
《中华人民共和国刑事诉讼法》	《刑事诉讼法》
《中华人民共和国证券法》	《证券法》

续表

全称	简称
主要法律、司法解释及会议纪要	
《中华人民共和国税收征收管理法》	《税收征收管理法》
《最高人民法院关于适用〈中华人民共和国企业破产法〉若干问题的规定(一)》	《破产法司法解释一》
《最高人民法院关于适用〈中华人民共和国企业破产法〉若干问题的规定(二)》	《破产法司法解释二》
《最高人民法院关于适用〈中华人民共和国企业破产法〉若干问题的规定(三)》	《破产法司法解释三》
《最高人民法院关于适用〈中华人民共和国公司法〉若干问题的规定(二)》	《公司法司法解释二》
《最高人民法院关于适用〈中华人民共和国公司法〉若干问题的规定(三)》	《公司法司法解释三》
《最高人民法院关于适用〈中华人民共和国民事诉讼法〉的解释》	《民诉法司法解释》
《最高人民法院关于审理企业破产案件指定管理人的规定》	《企业破产案件指定管理人的规定》
《最高人民法院关于审理企业破产案件若干问题的规定》	《审理破产案件若干规定》
《关于审理上市公司破产重整案件工作座谈会纪要》	《审理上市公司破产重整纪要》
《全国法院破产审判工作座谈会纪要》	《破产审判工作会议纪要》
《全国法院民商事审判工作会议纪要》	《全国民商事审判会议纪要》
备注:为表述方便,本书所涉企业均采用简称,如“福建安溪铁观音集团股份有限公司”称为“铁观音集团”。	

第一章　民营企业破产保护的概述

民营企业是产权清晰、风险自担的企业类型,[①]是民办、民享、民用的经济组织,其范围包括国有资本以外的所有由民间资本构成的企业组织。泉州市是我国民营企业发展的主要阵地,改革开放以来,泉州市人民充分发挥爱拼敢赢精神,在党和国家的大力支持下,积极发展民营企业,创造了许多经济奇迹。[②] 其中,备受瞩目的“晋江经验”在这过程中逐渐形成,并不断地发展。2018 年 11 月,习近平总书记在民营企业座谈会上的讲话,重申坚持基本经济制度,坚持“两个毫不动摇”,并充分肯定了我国民营企业在社会主义市场经济中的地位和作用,认为“我国民营经济已经成为推动我国发展不可或缺的力量,成为创业就业的主要领域、技术创新的重要主体、国家税收的重要来源,为我国社会主义市场经济发展、政府职能转变、农村富余劳动力转移、国际市场开拓等发挥了重要作用”。[③] 当前,我国社会主义初级阶段的基本矛盾已经发生转变,在促进供给侧结构性改革及强调经济发展现

---

① 参见李光辉、马怀礼:《中国民营经济的发展瓶颈及对策研究》,载《经济与管理》2011 年第 11 期。

② 参见中共泉州市委党史研究室:《爱拼敢赢走天下——改革开放 40 年泉州民营经济发展回眸》,载《福建党史月刊》2018 年第 6 期。

③ 习近平:《在民营企业座谈会上的讲话》,载《人民日报》2018 年 11 月 2 日,第 2 版。

代化的基调上,我们必须充分肯定民营企业的重要地位,继续保障民营企业健康可持续的发展,以助益于实现社会主义现代化建设的目标。进一步地,在深化市场主体退出机制改革的背景下,笔者认为,须凸显民营企业破产保护的重大意义,明确民营企业破产保护的价值维度,并重视对相应司法实践的分析考察。

第一节 民营企业破产保护的意义及价值

破产保护又称破产预防,主要包含破产和解和破产重整两个程序。其中,破产重整程序被公认是预防企业破产最积极、有效的法律制度,①也是"一种更为彻底、成本更高的破产程序,不仅可能涉及对无担保债权人、担保债权人甚至股东的权益调整,而且往往涉及对营业的重组"。② 笔者认为,对民营企业实施破产保护既是新时代下促进市场经济健康可持续发展的应有之义,也是全面构建良好营商环境的制度保障。

一、民营企业破产保护的重要意义

结合民营企业的发展实践,民营企业破产保护的重要意义主要体现在以下几个方面。

第一,及时矫正企业不良决策,实现破产风险的事前预防。笔者认为,对民营企业进行破产保护有利于为企业重新调整经营策略以及内部资产争取时间,如此,挽救企业的时机得以提前,可提高企业获得重生的可能性。由于在市场运行中存在信息不对称,债权人与债务人之间不可能获得相同的无差别的信息,债权人无法得知债务人是否陷入债务困境,其资产是否足以清偿债务。如果债务人所从事的事业具有良好的前景,在债务人没有将债务困境外化的前提下,市场主体仍然会选择与其合作,但这对于经营不慎的债务人来说,是一种债务的叠加,只会增加债务人的清偿压力,提高债务人资不抵债的风险。当债务人出现债务危机时,不仅需要一定的时间重新调整内部运作,还需要综合运用各种方式化

① 参见王欣新、徐阳光:《上市公司重整法律制度研究》,载《法学杂志》2007 年第 3 期。
② 张亚楠:《完善我国破产保护制度的若干思考》,载《政治与法律》2015 年第 2 期。

解危机,预防破产风险,维护自身的经营成果,而破产保护有效地回应了债务人的需要。申言之,破产保护既为债务人自我调整预留了时间,也为债务人提供了多样化的制度手段。在重整程序上,对外可以采取延期偿还或减免债务的方式,对内可以采取资产调整的方式,如核减或增加公司注册资本,将债权转化为股份,向特定对象定向发行新股或公司债券,转让营业、资产等方法。此外,还可以由管理人负责债务人的重整、监督活动。在和解程序上,债务人与债权人秉持市场契约精神和商业道德,相互让步,实现双赢。就债权人而言,可以较少的时间成本获得利益的最大化;就债务人而言,可以最快的速度回归到正常的生产经营中,逐渐提升自身的偿债能力,继续实现该事业的市场价值。

第二,有效整合市场资源,防止资源浪费。一方面,党的十九大强调要让市场在资源配置中起决定性作用,①在此背景下,资源在“无形之手”的作用下自由流动。但值得注意的是,市场主体间存在的信息偏差有时反而会让资源无效配置。具言之,尚有市场前景的民营企业在陷入困境后,如果无法有效配置合适的战略投资人,该企业就很可能丧失先机,进入清算,企业所累积的资源价值也会消失殆尽,如此,将造成更高的社会成本。破产保护为民营企业提供了具体的资源对接平台,在这一平台上,危机企业可以耗费较少的成本寻找意向投资人,而意向投资人也可以通过这个平台对接企业。易言之,市场的供给与需求恰好可以处于同一面上,从而实现资源的整合。另一方面,实际上,民营企业的存在与发展本身承载了诸多市场资源。比如,在一些特殊领域,如国家特许经营的行业,企业具有特许经营执照,这些企业执照是市场稀缺资源,但也会随着企业的退出而消失,再如劳动力、设备等具体的生产要素,特别是企业的创新型人才,民营企业破产清算后,很大程度上会提高生产要素再次配置的成本,而这些成本属于沉没成本,无法弥补。然而,在对企业实施破产保护的情形下,这些资源的浪费得以避免,通过破产重整程序,企业的“壳资源”可以得到保留,其他生产要素也可以恢复运转,避免了因企业经营情况变化而导致资源流失。

第三,有利于继续培育企业家精神,激发创新创业热情。习近平总书记在民

---

① 参见张杰:《“理上网来·辉煌十九大”把握好政府和市场关系是建设现代化经济体系的核心》,载中国共产党新闻网:http://theory.people.com.cn/n1/2018/0403/c40531-29904247.html,最后访问日期:2020年5月18日。

营企业座谈会上指出:“长期以来,广大民营企业家以敢为人先的创新意识、锲而不舍的奋斗精神,组织带领千百万劳动者奋发努力、艰苦创业、不断创新。我国经济发展能够创造中国奇迹,民营经济功不可没!”[①]民营企业的发展与企业家敢为人先的创新意识及锲而不舍的奋斗精神密不可分,可以说,企业家的努力与创新精神是发展民营企业的第一要素。但是,根据目前的民营企业经营实践,“企业家创新精神、创业精神以及企业家精神配置与民营企业利润率之间存在显著的负相关关系”,[②]其中,主要有创新要素价格的上升、创新投入边际产出的下降、企业经营的“微利化”陷阱以及产品生命周期等原因造成的,从某种意义上讲,盈利能力的下降也即企业偿债能力的下降。易言之,企业家越是发挥创新精神,企业也就越容易深陷债务困境,最终导致企业破产退出。若企业创新失败的后果就是市场退出或者让企业家的努力付诸东流,那么在该制度环境下就会产生明显的负面激励效果,即削弱企业家参与经营的积极性。如此,则完全违背了党和国家大力发展非公有制经济的初衷。在这个意义上,对民营企业实施破产保护的过程既是增强企业家创新创业信心的过程,也是鼓励企业家积极创新创业的过程。即便企业家最后面临失败,在符合一定条件下,企业也可以通过破产保护获得重生。质言之,破产保护制度正是通过促使企业重生或者恢复经营,向市场释放积极信号,推动全社会形成创新创业的氛围,促进良好营商环境的形成,为我国创新创业水平的提高增添推动力。

第四,有利于保障职工就业,维护社会稳定。关于就业问题,李克强总理在2016年召开的就业工作座谈会上指出,“就业直接关系经济社会发展大局,就业是民生之本,有了就业才有收入,民生才会逐步改善,社会才会安定”。[③] 2019年8月,李克强总理在黑龙江省哈尔滨市主持召开部分省份稳就业工作座谈会时,进一步强调“把稳就业放在突出位置,突出抓好重点群体就业”,“加大稳企稳岗力度,尤其要支持劳动密集型企业和暂时困难企业渡过难关”。[④] 事实上,从民营

---

① 习近平:《在民营企业座谈会上的讲话》,载《人民日报》2018年11月2日,第2版。

② 程俊杰:《制度变迁、企业家精神与民营经济发展》,载《经济管理》2016年第8期。

③ 《李克强在就业工作座谈会上的讲话》(2016年5月6日),载中央人民政府网:http://www.gov.cn/guowuyuan/2016-07/16/content_5091912.htm,最后访问日期:2020年5月18日。

④ 《李克强:把稳就业放在突出位置 突出抓好重点群体就业》,载中央人民政府网:http://www.gov.cn/xinwen/2019-08/20/content_5422703.htm,最后访问日期:2020年5月18日。

企业改革发展的历史实践上看，民营企业为扩大就业容量、保持社会和谐稳定做出了重大贡献。借此，当企业陷入债务困境，甚至已经濒临破产时，我们不得不考虑企业职工的就业问题，特别是吸收大量农村富余劳动力转移的企业，企业清算退出即意味着这部分群体失业，失业群体进入社会后，不仅加重了社会负担，也在一定程度上影响社会的稳定。由此可见，民营企业破产涉及诸多利益主体，职工利益更是关涉民生根本问题，必须予以重视。在企业陷入破产危机时，破产保护制度通过给予民营企业重生或恢复经营的机会，有效防止职工因企业的债务困境而失去工作，避免了因失业人群进入社会而产生的不稳定性，既减轻了社会的负担，也为维系社会稳定提供了制度保障。

二、民营企业破产保护的价值维度

2019年10月31日，党的十九届中央委员会第四次全体会议通过了《中共中央关于坚持和完善中国特色社会主义制度　推进国家治理体系和治理能力现代化若干重大问题的决定》（以下简称《决定》）。《决定》明确提出坚持和完善社会主义基本经济制度，推动经济高质量发展，其中，特别强调“健全支持民营经济、外商投资企业发展的法治环境，完善构建亲清政商关系的政策体系，健全支持中小企业发展制度，促进非公有制经济健康发展和非公有制经济人士健康成长”。[①] 据此，笔者认为，民营企业破产保护的价值维度应当是通过深化市场主体退出机制改革，营造良好的营商环境，保障民营企业的发展，以进一步地巩固和完善基本经济制度。

第一，在深化市场主体退出机制改革背景下，不断完善破产保护制度，维护市场经济秩序的稳定。深化市场主体退出机制改革实际上包含了两个层面的含义：一是提高市场主体退出效率，降低制度性交易成本；二是加强市场主体破产保护，平衡多方利害关系人的利益，实现社会整体价值最大化。易言之，民营企业的破产保护必须契合深化市场主体退出机制改革的目标，着眼于市场经济秩序的维护，降低因企业陷入债务困境的负外部性。现代化的市场经济与传统的

① 《中共中央关于坚持和完善中国特色社会主义制度　推进国家治理体系和治理能力现代化若干重大问题的决定》，载中华人民共和国中央人民政府网：http://www.gov.cn/zhengce/2019-11/05/content_5449023.htm，最后访问日期：2020年5月18日。

经济模式不同，并非可以单纯地依赖破产清算的方式解决经济风险，现代化的市场经济是一个社会分工不断细化的过程，也是市场主体之间联系不断加深的过程。在现代化语境下，某一企业通过清算退出市场时，所涉及的利益得失不仅仅包含其自身，还会扩张至其他企业，如上下游企业，风险的扩张损害了原本稳定的市场秩序，甚至会出现企业接二连三退出市场的现象，加重市场失序对经济发展的危害。破产保护制度应当识别尚具营业价值的企业。"法律允许在破产保护期内的企业在一定时间内不受债权的影响，可以正常进行经营活动，以重整旗鼓"，[①]消弭危机企业的破产风险，维系其所在的生产经营链的稳定，进而维护整个经济秩序的稳定。

第二，加快构建良好的营商环境，提高人民的创造力。李克强总理在2018年政府工作报告上指出，"优化营商环境就是解放生产力、提高竞争力"。[②] 营商环境就是一种生产力，而且是一种不可替代的生产力。良好的营商环境就是在机会平等的前提下，让主体在市场上充分竞争、公平竞争，贯彻优胜劣汰，让每一个主体都有稳定的利益预期，在这一过程中，破产思维本质上就是一种"底线"思维，而破产保护应当是维系这种"底线"思维的制度工具。市场上每一个主体都是理性的经济人，在不良营商环境下，市场主体在行为前会过多地思虑市场风险外的因素，导致市场对策行为出现频繁，既不利于整体营商环境的改良，也不会充分发挥人民在市场中的创造力。借此，让每一个参与经营民营企业的主体保有"底线"思维，进而在全社会构建良好的营商环境，促使人民创造力的有效提升应当是民营企业破产保护的价值导向之一，同时，也只有不断提高市场创造力，才能让市场经济保持大发展、大繁荣。

第三，促进非公有制经济的发展，改善市场经济结构，进一步完善社会主义基本经济制度。在市场经济语境下，党和国家一直很重视非公有制经济的发展，对非公有制经济所做出的经济贡献持肯定态度。经过改革开放的历史实践，在当下应当赋予非公有制经济何种经济地位是一个值得深思的问题。对此，习近平总书记从主持浙江工作到主持党和全国工作的过程中，历经了"民营经济支柱

① 曾康霖：《依法治国，需要建立和完善企业破产制度》，载《东岳论丛》2016年第4期。

② 李克强：《政府工作报告——二〇一八年三月五日在第十三届全国人民代表大会第一次会议上》，载《人民日报》2018年3月23日，第1版。

论”到“民营经济基础论”的转变,①这一思想从根本上为市场经济结构的改善扫除了理论障碍。基于“民营经济基础论”的前提,笔者认为,民营企业破产保护应当紧紧围绕中国特色社会主义经济结构的独特性,在深化市场主体退出机制改革和营商环境优化这两条相互衔接的路径上,充分把握现代化建设中公有制主体与民营经济为基础的比例关系及其数量界限,助益于社会主义基本经济制度的巩固与完善。简言之,民营企业破产保护的最终价值维度的逻辑结构应当是,以深化市场主体退出机制改革和营商环境优化为促进非公有制经济发展的手段,以改善市场经济结构为直接效果,并以巩固和完善基本经济制度为最终功能效果。

第二节 泉州市民营企业破产审判总体情况

泉州民营企业活跃,素有“民营经济特区”的称号。但在产业转型升级和遭遇经济“阵痛”的背景下,泉州部分民营企业亦出现资不抵债或丧失清偿能力的情形。为实现“无力生还”的破产企业依法退出市场,助力尚存优质资产的企业成功重整,泉州法院全力开展破产审判,通过优化破产审判协同机制,创新案件审理方法,走出了一条“市场主导、府院联动、专业审理、机制创新”的泉州民营企业破产审判之路。

自2015年受理《企业破产法》实施以来地区首例企业重整案件至今,泉州法院共审查破产申请193件,正式受理144件,涉及企业资产60.9亿元,依法化解了破产企业债务635亿元,涉及企业职工5000余人。其中,人民法院批准重整计划的案件数量为16件,受理执转破案件70件,移送犯罪线索近10例,驳回破产申请1例。

几年来,泉州法院大力推进破产审判专业化和破产审判管理科学化建设,在企业重整过程中综合运用“出售式”“存续式”“实质性合并”“非实质性合并”等重整模式,在具体案件的审理过程中创造性地运用了“例会制”“债权人扩大会议”“商会介入”“挂牌招募”“非现场表决”等方法,促成了诺奇股份、铁观音集

① 参见刘迎秋:《习近平民营经济思想的逻辑演进——从“民营经济支柱论”到“民营经济基础论”》,载《治理研究》2018年第2期。

团、旗牌王等一批泉州本土龙头企业的重生,妥善处理了云海体育、江南制冷等破产清算案件,较好地发挥了破产审判在促进市场主体有序出清、优化社会资源配置、促进产业结构调整、深化经济体制改革、维护社会和谐稳定的职能作用。

一、泉州市民营企业破产案件的特点

自改革开放以来,泉州人发挥爱拼敢赢的精神,在多个行业进行了探索,成就了大批知名民营企业。这些企业存在较鲜明的"泉州特色",由此,也为泉州地区破产案件烙上了自己的特点。

(一)破产主体类型多样、涉及行业面广

泉州市民营企业既有上市公司,也有小微企业;既有鞋服、体育用品、水暖、机械制造、茶叶等生产销售传统行业,也有通信技术、军工产品等高科技行业。基于此,泉州破产案件涉及的企业亦包含多类型、覆盖多行业,案件审理的方法亦基于不同类型和行业企业的特点及实际情况,呈现多元化。

(二)案件受关注度高、影响力大

泉州市民营企业共有上市企业百余家、中国驰名商标百余枚,泉州亦因此先后获得"中国鞋都""中国休闲服装名城""中国建材之乡""中国乌龙茶之乡""中国石雕之都"等称号。在泉州破产案件中,不乏一些规模体量大、品牌知名度高的企业,例如,泉州市中级人民法院审理的案件中既有H股上市公司诺奇股份,也有债务规模超百亿的国内水暖知名企业中宇建材,同时还有本地茶叶龙头铁观音集团,案件本身呈现涉及面广、影响力大的特点。

(三)破产企业内外关系复杂,案件审理难点多

泉州地区民营经济企业间常存在复杂的关联关系,部分企业内部治理结构和财务管理模式不尽完善,这就给破产案件的审理带来了较多难题。例如,由于破产企业内部控制关系和相互之间债务关系较复杂,使在破产审判中,是否将这些关联企业进行合并重整成为审理的一大难题。再如,部分企业存在内部财务制度较不健全、资产混同、债务混乱等情形,在破产时,特别是无产可破时,这些企业常常出现账册不全或者遗失的现象,造成审计评估工作较困难,给破产案件的审理增加了不少难度。

二、民营企业破产审判的泉州经验

泉州法院自2015年受理《企业破产法》实施以来地区首例企业重整案件后，将处置“僵尸企业”作为人民法院服务和保障供给侧结构性改革的重要使命，积极适应形势与任务要求，严格按照《企业破产法》等相关规定，针对泉州民营经济和破产案件自身特点，努力探索并逐步形成了适应本地民营企业破产审判实际的经验。

（一）构建专业化破产审判新格局

不同于普通民商事案件，破产案件不仅要求审判人员有较全面的法律知识，还要具有一定的金融、财会知识；不仅要懂得“坐堂办案”，还需要开展大量的协调和沟通工作。为解决破产审判中人员、组织、能力等基础性问题，泉州法院首先进行破产审判的专业化建设。

1. 进行审判队伍专业化建设

考虑破产案件具有极强的专业性特点，泉州市两级人民法院专门成立破产审判团队，或指定专人专门负责破产案件、执转破案件及破产衍生诉讼案件的审理。同时，积极争取政府支持，招聘金融破产审判辅助人员250人，充实破产审判力量。此外，泉州法院还多次举办破产审判实务培训，邀请专家授课；组织审判人员参加破产审判实务研讨会、赴外地法院学习先进经验，促使泉州破产审判专业化水平得到持续性的提升。

2. 实行多方位的破产审判指导

基于破产案件在具体审理和处置存在相关立法规定不明，且泉州市民营企业破产案件具有较强个性特征的问题，通过加强审判指导提升破产审判专业化水平势在必行。为此，泉州市中级人民法院先后制定出台《关于化解金融风险保障金融稳定的工作意见》等指导性文件，组织编印《关于审理企业破产案件若干问题的解答》《与破产企业有关的若干诉讼程序问题参考》《泉州法院破产审判典型案例》等审判指导意见，加强对基层法院的指导，统一裁判尺度。

（二）探索科学化破产审判管理新举措

科学的审判管理是提升破产案件审判质效的重要抓手。由于破产案件普遍存在审理周期长、难度大的特点，在审判管理层面亦应设置不同于普通民商事案件的举措和有效激励机制，以保证破产案件及时审结，提高破产案件审判效率。

1. 制定科学的绩效考核办法

破产案件具有法律问题多、社会影响面大、程序复杂、审理周期长等特点，且每个案件难易程度不一、案件每阶段花费的时间不同。为科学量化工作量，充分调动破产审判法官的主观能动性，泉州法院严格落实最高人民法院关于破产审判绩效单独考核的意见，在全市统一破产绩效考核激励机制，设置科学的折抵比例（例如，泉州市中级人民法院采1件破产案件折抵53.5件二审案件标准），同时建立破产案件分段报送绩效机制，提高破产审判人员积极性。

2. 严格破产案件审限管理

为切实解决破产案件审理周期偏长的实际情况，保证破产案件及时审结，实现破产企业债权人权益保护的最大化，确保企业破产制度维护经济秩序功能的充分发挥，泉州法院严格破产案件审限管理，对无产可破的简易审案件原则上3个月内审结，对一般破产清算案件原则上6个月内审结，对涉及有重大影响的企业的破产清算案件审限可适当延长，原则上1年内审结。

3. 推行破产案件繁简分流及速审机制

为发挥破产审判职能，确保破产案件能够有序推进、高效审结，泉州法院对破产案件进行繁简分流，通过充分考量破产企业的经营、财产状况等特征，明确可适用简化审的情形和排除简化审的情形，并在全省率先探索破产案件简化审模式，从缩短限定审理期限、简化审理方式、简化债权人会议制度、采用非现场书面表决和“预表决”等方面入手，明确简化审的审理规则，出台《关于简化企业破产案件审理程序和推进“执转破”工作的操作规程（试行）》，使破产案件繁简分流及简化审理机制常态化、规范化。

（三）推动长效化破产审判工作新机制

破产案件的审理是一个重大、系统的工程，不仅需要法院内部各部门的配合，也需要法院与政府相关职能部门的协调与衔接；不仅涉及案件本身如何推进的问题，可能还涉及执转破、逃废债等工作和问题的处理；不仅要关注案件最终是否得到妥善解决，还需要关注案件是否符合效率的价值要求。这些都需要法院从多角度、在多方面进行探索并形成长效化的工作机制。

1. 持续推进府院联动

审理破产案件不可避免要面临金融安全维护、职工安置和再就业保障、非公经济平等保护等一系列问题，因此建立党委领导下的政府和法院联动工作机制是推进破产审判的重要内容。在这方面，泉州法院亦进行了有益探索。首先，建立府院联席会议制度，针对重整中的财产查询、工商登记、涉税处理、信用修复等问题，加强与政府相关职能部门进行会商，并配合市政府做好重整企业的考察、甄别工作。其次，为使府院联动机制常态化、规范化，泉州市中级人民法院还参与拟定《关于推进企业兼并重组的十条措施》《关于加快推进企业破产处置工作措施》等文件，从建立重整企业识别机制、监督及便利管理人依法履职、持续保障企业兼并重组和破产处置专项资金、拓宽重整企业融资渠道、深化破产企业资产处置协调、落实企业破产处置涉税费优惠、支持破产企业信用修复、严厉打击恶意逃废债等几个方面综合施策，与财政、工信、税务、国土、公安、金融及市场监管等部门通力合作，推进破产审判工作。

2. 重点推动“执转破”工作

执转破工作是从制度上打通解决部分执行难问题“最后一公里”的现实需要，为充分实现“执转破”的制度功能，泉州市中级人民法院组建专门的执转破审理团队，成立以院长为组长的执行案件移送破产审查工作领导小组，同时，出台《关于执行申请转立破产申请的流程指引（试行）》《关于简化企业破产案件审理程序和推进“执转破”工作的操作规程（试行）》，引导申请执行人对被执行人涉执行案件10件以上或所涉执行案件已终本的，直接提起破产清算申请，明确执转破审理工作流程与步骤，切实提高审理质效。

3. 优化管理人选任与培养办法

破产管理涉及众多法律关系和利害关系，并因附随大量社会矛盾而更显专业化，这就对破产管理人提出了较高要求。针对本地管理人经验不足的情况，泉州法院在全省首创破产企业清算组中介机构竞争性选任机制和本地管理人培养办法，择优引进经验丰富的管理人机构作为清算组中介机构，中选的机构与本地管理人结对合作，帮助培育本地管理人、考察甄别危困企业；同时，探索建立管理人分级管理制度及考评退出机制和管理人定期信息报送制度，在个案中加强对管理人的监督，要求管理人定期述职，以便审判人员及时跟进案件进展，保证案件及时审结。

4. 大力打击逃废债

为有效打击破产审判中可能出现的逃废债问题，泉州法院建立与公安、检察、金融监管局等部门的对接联动机制，畅通线索移送，加大查办力度，形成打击逃废债的合力。组织开展企业破产重整、打击逃废债专题宣传，正本清源，摒除“假破产，真逃债”的错误认知。通过媒体报道、讲座、座谈会等形式，向金融主管部门、金融业机构、企业和社会各界介绍破产法律制度、打击逃废债等相关规定，凝聚破产处置广泛共识。就破产案件审理中发现的涉嫌隐瞒真实财产情况、拒不提交财务账册、会计凭证的线索，及时移送公安机关查处。

5. 试行推动个人破产制度

个人破产因其对挽救“诚实而不幸”的债务人、促进更多个人、家庭和企业为整个经济体带来新活力和新动力、完善个人执行程序退出机制、化解“执行难”问题的制度功能，在近年来引起越来越多的关注。为对该制度的设立进行探索，泉州法院根据国家发改委、最高人民法院等 13 部门联合印发的《加快完善市场主体退出制度改革方案》精神，确定石狮区、丰泽区、德化区 3 家基层人民法院试行个人破产制度，建立强制执行与个人债务清理程序的衔接机制，探索“执行不能”案件依法退出路径，助推进一步解决执行难。

(四) 运用多元化破产重整新模式

法院是“生病企业的医院”，而不是单纯的“生病企业的火葬场”。对于尚存优资质产或尚具运营能力的企业，人民法院应当尽量采用重整、和解等手段，使其通过资源重新配置重获生机。为此，泉州法院坚持因地制宜，因案、因企施策，积极探索创新司法重整工作，根据企业陷入困境的成因、经营情况、资产质量和特点等选择与之相适应的重整模式，以更适应司法实践需要。

1. 存续式重整

对于有些仅因资金链断裂陷入财务困境，但盈利能力与发展前景俱佳的企业，其持续经营价值可能远远大于其清算价值，对这类企业采取存续式重整模式，可为其寻找新的合作机遇和发展空间，实现企业的重生。例如，在铁观音集团重整案中，该公司股权关系、债权债务关系比较清晰，商号价值巨大。为此，该案的审理着重考虑采用存续式重整模式，并在投资人招募过程中，重点向潜在投资人介绍公司的优质资源、销售渠道和商号价值等优势，最终招募到合适投资人，重整成功。

2. 出售式重整

对于历史遗留问题较多、施救成本较大，但又具有较完整的营运资产，且采用存续式重整方式不具有可行性的企业，法院在审理过程中可能采取出售式重整模式。例如，在中宇建材及其5家关联企业的重整案中，管理人为企业量身定制"两步走"的出售式重整模式："第一步先将商标、存货等价值大、争议小的流动资产按照市场价值处置给重整投资人设立的新公司，并由重整投资人让渡25%的新公司股权用于清偿债权人；第二步采用拍卖方式处置设定担保的破产财产。通过采取上述出售式重整模式，既保证了资产处置效率，又兼顾了资产变现价值的最大化。"①

3. 关联企业非实质性合并重整

关联企业采实质性合并或非实质性合并是当前破产审判的一大难题。从现有审判经验看，对于那些财产、经营、财务相对独立的关联企业，法院在重整时倾向于进行非实质性合并。例如，在铁观音集团重整案、安溪茶厂重整案中，涉及的两家企业为关联企业，两家企业的主要经营性财产能够区分，生产经营独立进行，且有不同的对外交易渠道，建立各自独立的核算体系和账册，银行账户和资金也独立使用和管理，因此，不存在高度的人格混同情形，不适用合并重整。在这种情况下，"泉州中院采用了非实质合并重整模式，又创新地采取了分中有合、合中有分的审理模式，指定成员相同的清算组作为管理人，组成同一个合议庭同时审理、同步推进，招募同一个投资人作为重组方"，②一举解决了关联企业间复杂的交易关系，实现各债权人之间的实质公平，并提高了司法效率。

4. 关联企业实质合并重整

对于关联企业间存在较大程度财产、人格混同的情况，法院则倾向于采取实质性合并重整，以利于厘清债务，核查资产，实现债权人的公平受偿，也有利于提

---

① 《泉州市首创破产审判的"泉州模式"》，载泉州网：http://www.qzwb.com/gb/content/2017-09/18/content_5702966.htm，最后访问日期：2020年1月31日。

② 《泉州法院破产审判典型案例之二："安溪铁观音重整案"化危为机促转型》，载搜狐网：https://www.sohu.com/a/194851098_99999909，最后访问日期：2020年1月31日。

高破产审判效率。例如,在中宇建材及其五家关联企业的重整案中,该五家企业均由实际控制人蔡某某通过香港母公司实施控制,密不可分,且六家企业存在以同一品牌进行市场推广,影响市场交易主体对各企业独立法人人格的区分,同时在日常经营过程中将各法人主体通过“事业部”统一管理,导致人、财、物高度混同,在此情况下,选择关联企业实质合并重整模式,更有利于重整的顺利推进。

(五)创设灵活化破产案件审理新方法

由于破产案件的审理涉及债权人、管理人、投资人等多方主体如何实现高效沟通,涉及如何招募合适投资人等难题,因循守旧往往导致案件在某一个环节卡壳而久拖不决,或导致企业重整失败。为此,泉州法院积极创新,针对泉州地区民营经济和破产案件的特点,在沟通机制、表决方式、招募管理人、出资人权益调整等方面采用创新、灵活、具有较强针对性和实操性的方法,保证破产案件得以顺利推进。

1. 案件例会制

为提高破产案件的审理效率,在部分破产案件中,泉州法院改变“坐堂审理”模式,以例会、专项会议方式搭建起既监督管理人工作,又与职能部门适时沟通的平台,实现了破产案件沟通机制的便利和高效。例如,在诺奇股份重整案中,法院采用例会的形式与相关部门进行沟通,最终在召开50多场例会后,成功解决了与香港联交所协调、股权变更登记等重整中的难题。

2. 债委会扩大会议制

为最大限度保障债权人的知情权、参与权,强化程序公开和债权人自治,有效化解破产重整程序推进的阻力,泉州法院实行债委会扩大会议制度,即在召开债权人委员会时,由人民法院和管理人从债权人委员会成员以外选择部分其他债权人(主要邀请重点债权人、大额债权人列席债委会会议)和破产程序工作人员列席参加债权人委员会并听取其意见,进一步扩大破产重整程序中的民主公开。例如,在立恒公司破产重整案中,泉州市中级人民法院让广大债权人切实参与重整程序及投资人选任方式确定的过程中,充分实现了重整程序的公开透明。

3. 商会介入制

为解决合适投资人招募难题,泉州法院基于泉州市民营企业在管理中十分注重乡亲、熟人等的感情联络、泉州地区商会力量十分强大的特点创设了“商会介入机制”。针对辖区商会熟知市场规律和招商引资优势，创新性的吸收商会、行业协会作为管理人成员，积极发挥企业家、经营者、管理者的带动引领、利益权衡和沟通协调作用，以及商会、行业协会在帮助引进战略投资者、促进谈判等方面的积极作用。例如，在晋江市人民法院审理的金威公司破产清算案中，引入陈埭商会协助重整，最终通过商会平台招募到战略投资人，顺利重整成功。

4. 非现场书面表决和预表决制

为提高效率、减少成本、提高重整计划案的通过率，泉州法院在部分案件中采用了非现场书面表决和“预表决”相结合的方式，即在债权人会议前，以预表决方式逐一征求债权人、出资人对重整计划的意见，预表决时同意重整计划草案的，除非正式表决3日前书面撤回，否则，预表决意见直接作为最终表决意见。例如，在永丰机械重整案中，采用了非现场书面表决和预表决相结合的表决方式，综合运用网络、微信等现代通信方式召开债权人会议，对重整计划草案进行非现场书面表决，取得了较好的效果。

5. “挂牌式”招募投资人方法

为破产企业招募合适投资人往往是破产审判实践的难题。为了防止各意向投资人利用重整不成转清算的法律规定来压价，损害债权人的合法权益，泉州法院在部分案件中制定了没有意向投资人的重整计划草案，并科学测算出模拟清偿率，在重整计划草案表决通过后，再以草案设定的清偿率为底线，通过公开方式招募和确定意向投资人。例如，在旗牌王重整案中，洛江区人民法院指导管理人采用这种创新处理方式，既保持了困境企业的驰名商标等资产的重整价值不减损，又有助于吸引更多的意向投资人以市场化的形式获得投资机会，有效地保障了债权人权益的最大化，加快了案件的审理进度。

（六）建设智能化破产审判新配套

随着智慧法院建设的全面展开，信息技术与法院工作愈发深度融合，智慧审判模式正在逐步形成。为有效助力破产审判，泉州法院依托大数据、云服务和互联网等智能化信息技术，在破产审判配套设施的建设上进行了充分的探索。

一是推动管理人协会与建设银行合作，设立全省首个破产管理人账户资金监管系统,大幅提高管理人资金使用质效。二是通过法院官网、法院微信公众号、破产管理人微信公众号、全国破产重整信息网发布受理公告、拍卖资讯,公开“执转破”案件进展情况和管理人工作进程。三是借力淘宝、京东等电商平台进行破产财产网拍,实现破产审理程序公开透明,破产财产处置效益最大化。此外,目前,泉州市正在积极推进建设全省首个法院、管理人、债权人三方共同使用的智慧破产平台,就文书传送、债权人(债委会)会议召开等流程提供更高效安全的服务。

三、基于泉州破产审判实践的问题与展望

经过近几年的实践与探索,泉州民营企业破产审判虽然取得了一定成效,但仍存在不少问题,直接制约了破产案件审理的效率,影响了企业重整成功的可能性和债权受偿比率。这些难点和问题贯穿于破产案件审理的全过程,以下分别从法院内部和法院外部两个维度对掣肘当前泉州破产审判的因素进行分析,明确泉州破产审判未来努力的方向。

(一)内部维度分析

一是法院部门内或法院间协调机制不健全。由于破产案件的审理涉及多方面、多环节事项的处理,常常需要法院内部或法院间进行配合,有时还需要上级法院审批,在协调机制尚未健全的情况下,常常会影响破产案件审理的效率。例如,破产企业财产被外地法院保全时,协调解封耗时较长,基本需要报请上级法院协调;又如,执转破案件需要法院破产审判部门和执行庭间或不同地区法院间进行协调,却因存在部门保护主义和地方保护主义导致该类案件移送不顺畅;再如,在案件的管辖上,在基层人民法院受理的部分破产案件中,企业的关联公司的登记机关为地区、地级市以上登记机关,受到管辖法院的限制,依照法律有关规定必须层报上级法院审批才能获得管辖权,造成程序拖延。

二是重整与清算程序衔接不畅。在破产案件的审理过程中,并非所有企业都能招募到合适投资人而重整成功,对于这些企业,由于没有严格落实“清算、重整两条腿走路”的审理思路,以使重整与清算程序更好地衔接,在案件重整进程受阻后,无法及时高效转入清算程序,导致案件审理期限拉长。

为此,首先应进一步健全法院内部之间、上下级法院之间的协调机制。例

如，在管辖方面，可申请上级法院适当作出调整，将破产案件管辖权转移审批权限下放，简化流程，避免管辖问题造成审理程序拖延。又如，在法院部门之间、法院间建立合作机制，保证执转破案件能顺利移送及推进。其次，应创新审理方法，理顺不同程序间的衔接。在破产案件的审理过程中，实行“重整 + 清算”同步进行：一方面，依法开展清算核查、资产评估工作；另一方面，积极寻找投资意向方和破产重整可能性方案，一旦企业重整受阻，即可高效转入清算程序。

（二）外部维度分析

一是在涉税方面，受制于当前的税收法律制度，对破产财产的处置尚未配套相应的税费减免政策，这就导致破产企业即使进入重整程序，仍需继续缴纳大量税费，增加了企业的税务成本而影响了企业的重整价值，可能直接影响重组方的引进，甚至导致案件重整失败直接进入破产清算，或直接影响债权人的受偿比例。此外，由于破产企业存在历史欠税，在破产程序中开具新的税票存在诸多困难，这也对企业应收账款的回收和企业重整期间的经营活动造成了较大的不良影响。

二是在资产处置和回收方面。首先，资产变现难度大。土地、房产等大宗财产处置难度较大，企业设备因技术落后、折旧率高，企业库存商品因附加值低或存在质量问题，亦存在难以变现或变现价格低的问题。其次，债权清收难度大。部分应收账款债权因形成时间久远而超过诉讼时效，部分因保管不善丢失主要证据或债务人下落不明，导致应收账款难以回收。此外部分企业未建立现代化企业经营制度，导致资产混同、债务混乱等情形，使债权甄别、资产去向明确困难，严重影响资产回收率。最后，处置方式效果欠佳。目前，各基层人民法院综合运用网拍、招募等多种渠道和方式来处置破产财产，利用淘宝拍卖便是其中一个重要手段，但通过大数据将拍卖信息精准推送给“潜在买家”常常需要一个累积的过程，处置渠道受众面较窄，且资产拍卖的“潜在买家”通常持观望状态，资产处置取得的效果不明显。

三是破产企业信用修复方面。首先是银行征信记录修复难。对于原来有不良征信记录的企业，在经过破产重整后，由于重整后的企业仍将承接原企业的不良记录，对企业后续融资将产生极不利影响。其次是纳税信用等级修复难。在部分案件中，即使企业在重整过程中已清偿部分欠税，但只要仍有部分未受偿，重整后的企业仍将承接原企业的纳税信用等级,对企业后续经营活动亦将产生不利影响。

四是在债务人、债权人的配合度方面。首先,债权人配合积极性不高。由于重整方案需争取担保债权人同意,部分银行债权人往往不愿意配合而投反对票,或者以需上级银行审批为理由拖延表决,导致管理人需花大量时间与银行债权人进行沟通协调,严重影响重整工作进度。其次,部分债务人企业积极性不高,存在相关人员出于自身利益等原因的考虑,不愿意配合案件审理,出现隐匿或故意销毁财务账册等材料、拒不接受法院送达的诉讼文书等行为,影响了办案进程,导致案件进度缓慢。另外,部分企业负责人涉嫌犯罪导致刑民交叉问题,在一定程度上影响案件正常审理。

五是在招募重整方方面,重整案件在招募重整方工作耗费大量时间,部分意向投资人出现反复的情况,部分意向投资人在缴纳保证金阶段退出。如洛江区人民法院受理的旗牌王重整案,从立案审理到重整计划执行完毕历时 1 年半的时间,审理周期仅为 6 个月,但在重整计划执行过程中,花费较长时间寻找意向投资人。

六是资产审计评估方面。由于部分破产企业自身财务会计管理混乱,不规范,导致清产核资审计进展缓慢,极大地影响案件进程。如永春县人民法院审理的奔达系企业重整案,公司进入破产程序后,因财务账册资料不全,不具备审计条件,经管理人发出书面通知,公司在指定期限内仍无法提交财务账册,案件迟迟无法推进。

七是破产专项资金实际利用率不高。首先,虽然泉州市中级人民法院联合有关部门印发了《泉州市企业破产处置专项资金管理使用暂行办法》,但该办法仅适用于市级资金,各县(市、区)普遍未制定相应的使用办法。因此,即使破产专项资金已普遍到位,受限于支付资金的程序及审批手续未明确,实际操作较为烦琐,实际利用率不高。其次,因认识错误或理解偏差,部分职能部门认为破产资金只能为暂借、不能支付,实际运用中出现资金使用变相为出借,审批缓慢,配合程度不高等问题。

破产审判是一个系统工程,它不仅是法院对破产程序的推动,更牵涉各领域、各部门的工作。如上文所述的种种问题的解决,单靠法院难以解决和推动,而需要税务、人行、公安、检察、财政、银行等各部门、机构的配合。在党委领导和政府支持下，泉州法院在府院联动机制构建方面取得了较大成效。2020 年年初，泉州市中级人民法院等 16 家单位联合出台《关于加快推进企业破产处置工作措施》，提出健全部门协商处置机制，并对破产处置涉税问题、信用修复、资产处置等问题进行了相应规定。但由于相关立法缺位，导致某些问题虽经协调仍无法解决。因此，切实发挥税务、人行、银行、公安、检察、财政多部门共同参与的企业破产处置联席会议及议事协调机制，推动实现个案协调、单对单的碎片式协调向制度化对接和构建统一长效机制转变，优化破产审判协同环境，仍是今后泉州市破产审判努力的重要方向。

第二章　民营企业破产程序的启动

破产程序的启动，是指人民法院在收到申请人破产申请后对申请予以审查，对于符合法定条件的破产申请予以受理，并由此开始破产程序的一种司法行为。《企业破产法》针对申请人提出破产清算、和解或重整的程序作出了相应的规定，本章内容的重点不在于对破产条件的审查进行一般性探讨，如债务人是否具备破产原因、申请人提供的材料是否符合法律规定等，而是着眼于民营企业破产程序启动的特殊问题进行重点分析，即程序启动的方式与启动的实质要件等，主要包括如何采用预重整机制启动重整程序、如何对民营企业重整价值进行判断、如何启动"执转破"以及如何衔接执行程序转破产程序等，以回应实务中亟待解决的实践难题。

第一节　民营企业预重整机制探索

预重整，又称"预先重整""预先包裹式重整"，是指部分或者全部当事人之间在正式向法院申请重整救济之前已经就重整事项进行谈判并达成全部或部分重整方案,然后,在已经达成的谈判条件下向法院正式申请重整。[1] 预重整机制在重整程序前预先运行一定的程序,满足一定的前提要求,为正式进入破产重整程序创造积极条件和有利环境,从而降低正式破产重整程序的运行成本,提高破产重整的成功率,是一种混合式的重整程序。鉴于破产重整程序存在耗时长、费资多、成本高、司法效率低等问题,预重整机制作为一种兼具私力救济和司法脱困双重属性的新型困境企业拯救方式,在企业再生机制中具有广泛的适用空间和发展前景。

民营企业在我国市场经济中占据重要地位,其数量多、分布广、体量较小、机制灵活、市场应变能力较强,但也存在融资困难、管理水平较低、抵御风险的能力较弱等先天性不足。在瞬息万变的市场经济环境下,就陷入困境的民营企业而言,预重整机制所具有的时间成本、司法效率优势,在很大程度上将决定困境企业最终的走向,关乎企业是顺利实现涅槃重生,还是昙花一现。

一、预重整机制的价值分析

(一)法律价值

预重整机制通过将破产重整程序向前延伸,在法庭外提前处理企业挽救过程中的债权审核、资产审计评估、公司治理结构调整、债务资产重组方案制定和表决等疑难问题,为正式破产重整程序的运行扫清了大部分障碍,使进入破产重整程序的困境企业得以在短时间内释放重整成功的经济效益,恢复企业生产经营能力。在预重整中,企业没有进行清算的现实压力,但是又头悬可能破产的利剑,利益相关主体有足够的动力开展多轮协商并进行多方博弈,能够形成"谈判—妥协—再谈判—再妥协"的良性互动格局。[2] 因此,在进入破产重整程序之前,各利益相关主体在共同利益的驱动下就能够制定并通过预重整计划草案,从而降低随后的重整程序给困境企业带来的时间成本和管理成本。

预重整机制在当事人意思自治、重整市场化实施与司法强制力救济之间架设了桥梁,创造性地将庭外重组与重整程序结合起来,解决了重整程序存在的周

---

① 参见王佐发:《预重整制度的法律经济分析》,载《政法论坛》2009 年第 2 期。

② 参见潘光林、方飞潮、叶飞:《预重整制度的价值分析及温州实践——以温州吉尔达鞋业有限公司预重整案为视角》,载《法律适用》2019 年第 12 期。

期长、成本高、风险大等问题,[1]有效缩短了困境企业进入重整程序的审理时长,提高了企业重整案件的审理效率和破产重整的成功率。

(二)经济价值

当法院受理破产重整申请后,潜在的投资者对企业经营预期及价值判断会大幅下降,可能会在收购定价层面故意压低价格,以低成本获得困境企业的控制权、降低投资风险,如此,将难以真实客观地反映企业的经营价值。而在预重整阶段,困境企业还未正式进入破产重整程序,最终是否进入破产重整程序尚不明确,使各方能够在相对自由、客观、平等的市场机制下为企业定价估值并确定合理的偿债方案。而且,在预重整程序中,困境企业的经营者未丧失对企业的控制权,其可以根据企业再建的客观需求灵活、高效地进行经营处置,避免连续性业务的停滞与商业机会的错失,降低重整程序给企业及其交易相对人带来的不利影响,[2]从而保护企业的权益和维持企业的价值,避免企业价值的不合理缩水和减损。

(三)社会价值

重整企业大多对地方具有一定的经济社会影响力,牵扯的利益关系错综复杂,涉及债权人、股东、重组方、职工等利益关系主体,不稳定因素较多,极易引起群体性事件和引发社会维稳风险。预重整机制为困境企业进入破产重整程序做好各项准备工作,及时有效地安抚债权人和企业员工的激动和对抗情绪,协调各方利益,在博弈谈判中制定预重整计划草案并表决通过,以此为基础向法院提出破产重整申请,可以避免进入破产重整程序后在法定期限内无法提交重整计划草案或无法顺利表决通过重整计划草案导致重整失败,为困境企业取得重整成功奠定基础。预重整机制作为一种新型的企业拯救方式,可以通过提高困境企业破产重整的成功率,保留企业的营运价值与社会资源,防止发生连锁破产、职工失业以及可能的社会不稳定等问题。

二、预重整机制的法律规制现状

20世纪90年代初,预重整机制作为一种公司债务重组的工具开始在美国出

① 参见王欣新:《充分发挥预重整制度在企业挽救中的作用》,载《中国审判》第33期。

② 参见季奎明:《论困境企业的预先重整》,载《上海财经大学学报》2013年第4期。

现,并得到美国破产立法的承认,成为当时美国破产案件最明显的变化和服务于破产法发展变化的副产品。① 在我国,预重整机制尚未得到立法上的认可,预重整机制在我国尚属一种司法实践的产物。不过,随着破产审判司法实践的不断推进,预重整机制凭借其所具有的制度优势、效率优势,在最高人民法院以及各地人民法院出台的会议纪要、工作指引、指导意见中得到了认可,并不断发展成熟。

2013 年,浙江省高级人民法院出台《关于企业破产案件简易审若干问题的纪要》,建立了破产案件预登记制度,其中包括破产重整案件的预登记。2015 年,深圳市中级人民法院出台《深圳市中级人民法院破产案件立案规程》,允许债权人和债务人在法院受理破产申请前自行协商达成重整方案。2018 年 3 月,最高人民法院出台《破产审判工作会议纪要》,首次在全国范围内提出"探索推行庭外重组与庭内重整制度的衔接",是对近年来预重整机制实践探索成果的肯定,为预重整机制的进一步发展提供了一定的依据与支持。2019 年 3 月,深圳市中级人民法院出台《审理企业重整案件的工作指引》,专章规定了预重整的相关内容,对预重整的适用情形、期限、管理人的指定、信息披露、债务人的保护以及与破产重整程序的衔接等作出相应规定。2020 年 1 月,泉州市中级人民法院、泉州市地方金融监督管理局等 16 个部门联合出台《关于加快推进企业破产处置工作措施》,第 1 条明确提出推行预重整制度,要求进一步落实重整企业识别机制,在重整程序正式启动前,引导开展庭外重组,做好庭外重组与庭内重整有效衔接。

尽管预重整机制在全国破产司法实务中已有一定的实践基础,在理论界和实务界亦取得了较高的认可度,但是,我国还未对其进行立法层面上的确认。我国现行《企业破产法》没有涉及预重整的相关内容,其尚属立法空白状态。顶层设计的缺失,不可避免地导致预重整机制的相关司法实践缺乏足够的法律保障,造成了机制本身运行的自我束缚,亦不利于我国破产重整实践的不断发展。

① 参见[美]大卫·G. 爱泼斯坦等:《美国破产法》,韩长印等译,中国政法大学出版社 2003 年版,第 833 页。

三、预重整机制的司法实践分析

(一)预重整机制的主要模式

尽管在我国法律框架内没有给予预重整机制相应的法律地位,但是鉴于预重整所具有的制度优势,破产实务中对困境企业在进入破产重整程序前先进行预重整的做法并不鲜见。按法院介入企业重整的时间点划分,可将预重整的模式分为法庭外预重整、受理清算后宣告破产前的预重整以及作为法庭内重整前置程序的预重整。

1. 法庭外预重整

法庭外预重整由债权人、债务人和股东等自主选择、自行组织启动,法院不参与预重整事务。庭外预重整期间各利益关系主体进行谈判所形成的债务清偿、资产重组等方案属于完全的市场化行为,其与纯粹的庭外重组的区别在于:前者达成的重组方案经法院审查批准后具有司法强制效力;后者仅为当事人意思自治的体现。法庭外所从事的预重整活动不在法院的监督之下,所形成的预重整计划草案在破产重整申请受理后能否转化为具有司法效力的重整计划需要法院进一步审查,以及在对预重整期间相关行为的瑕疵进行纠正的基础上方可批准。中国第二重型机械集团公司(以下简称二重集团)重整案中,在国资委等有关部门的支持下,二重集团、二重集团(德阳)公司的近30家金融债权人成立金融债权人委员会,与债务人及其股东展开了庭外重组谈判。各方达成了框架性的重组方案后,债权人机械工业第一设计研究院等才向德阳中院提起破产重整申请并最终取得了困境企业的涅槃重生,是典型的法庭外预重整案例。[①]

二重集团重整案所采用的法庭外预重整模式能够取得成功的原因在于,其作为一家中央直管的国有企业,主要债权人为银行等金融机构,债权相对集中,在政府的指导和协调下,各主要金融债权人在法庭外自行达成重组方案的难度较低,取得各主要金融债权人一致意见、一致行动相对容易。与国企相比,先天性不足的民营企业的融资渠道很大一部分来源于民间借贷,债权人多为自然人,

---

① 参见《中国第二重型机械集团公司与二重集团(德阳)重型装备股份有限公司破产重整案》,载中国法院网:https://www.chinacourt.org/article/detail/2016/06/id/1909047.shtml,最后访问日期:2020年5月18日。

且较为分散，若在预重整阶段就有法院提前介入、先行指导的话，更有助于缩短庭外谈判的时间，提高达成预重整方案的效率。

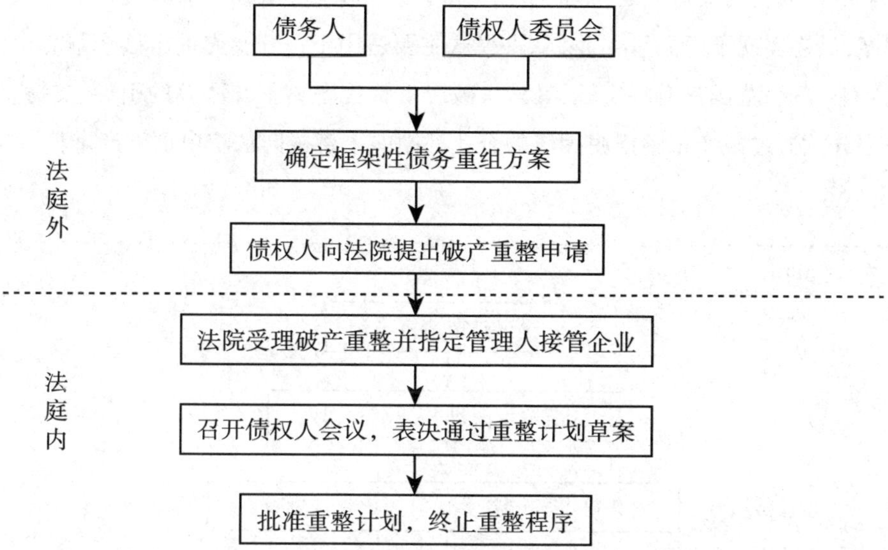

图1　法庭外预重整模式流程

2. 受理清算后宣告破产前的预重整

受理清算后宣告破产前的预重整，是指在法院正式受理债务人破产清算申请后、宣告债务人破产前，债权人、债务人、股东或重组方等协商谈判形成预重整计划草案，并向法院提起破产重整申请，法院裁定受理破产重整申请后债务人由破产清算程序转入破产重整程序。受理清算后宣告破产前的预重整的特点是，其处于破产清算向破产重整程序转换的过渡阶段，法院在清算程序中已基本上掌握企业的经营状况、资产负债等情况，可以为破产程序转换、预重整计划草案的达成提供指导和支持，且在清算阶段就指定管理人有利于迅速组织开展程序转化前的一系列准备工作，如寻找战略投资者、确定全部或部分债权清偿方案等。

在破产清算向破产重整转换之前运用预重整机制，可以对重整效果进行预判，避免因“打没把握的仗”导致程序转换后重整失败以及重整失败后又由重整程序转入清算程序所引起的程序适用不稳定、司法资源浪费等问题。在安徽阳光半岛公司重整案中，企业在破产清算与破产重整程序之间架设了预重整机制，即在正式进入破产重整程序前,管理人在网络平台发布招募战略投资人的公告,开展竞争性谈判并确定恒大地产集团有限公司为优先重整投资人,解决了重整能否取得成功的关键问题,形成了预重整计划草案,再由破产清算转入破产重整程序,最终实现了涅槃重生。① 这一模式主要适用于一开始先提出破产清算申请的企业,适用范围具有特定性,其转入破产重整程序离不开法院的引导、支持,而大部分欲通过破产重整摆脱困境的企业都倾向于直接向法院申请破产重整。

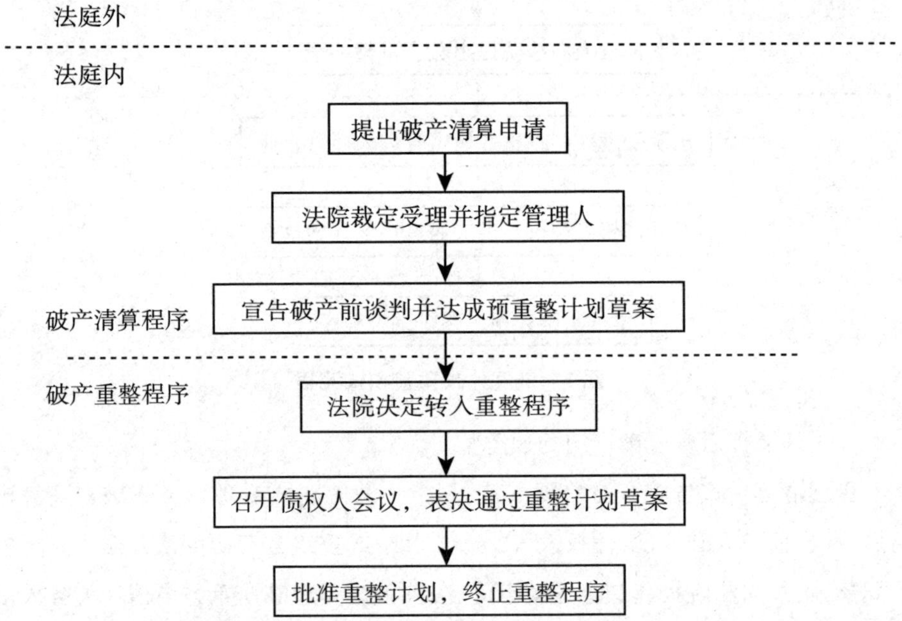

图 2 受理清算宣告破产前预重整模式流程

3. 法庭内重整前置程序的预重整

法庭内重整前置程序的预重整,是指法院对债务人提起的破产重整申请,进行预立案登记,提前指定破产管理人,在正式登记立案之前提前介入,指导债务人与债权人开展谈判、寻找有投资意向的重组方等工作,在进入破产重整程序前提交利益关系主体通过的预重整计划草案,作为重整程序正式启动的前提和基础。该模式得益于法院设立的预立案登记制度,使法院可以提前介入预重整阶

---

① 参见《安徽省高院发布破产审判案例》,载安徽新闻网:http://ah. workercn. cn/32543/201712/08/171208132031949. shtml,最后访问日期:2020 年 5 月 18 日。

段,为债务人提供指导和帮助,又可回避正式登记立案后提交重整计划草案的期限限制以及受理重整申请后企业的经营价值大幅缩水等问题。

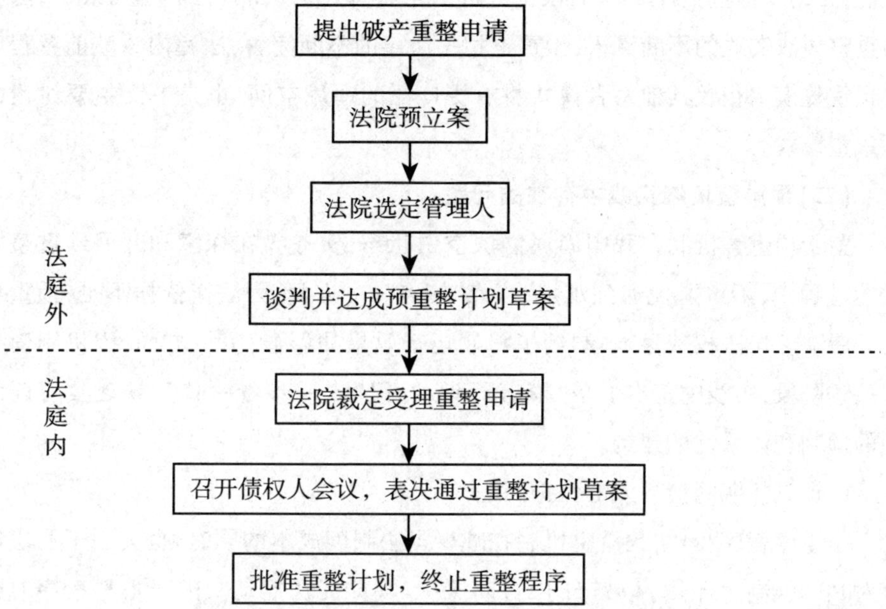

图3　法庭内重整前置程序预重整模式流程

在杭州怡丰成公司重整案、深圳福昌电子重整案以及厦门琪顺公司重整案中,法院在收到债务人或债权人的重整申请后,没有选择正式登记立案,而是采取"预立案"的方式积极提前介入,在正式立案受理前选定管理人进行企业债权、债务清理,协助展开谈判,寻找潜在的重组方,研究恢复生产,并指导债务人比照重整期间债权人会议程序、重整工作机制,对债权人进行分组并就方案进行表决,将"债权人的表态形成书面承诺文件"。该种模式通过以时间换空间的方式,将破产重整事务向前延伸到法庭外的预重整阶段,对重整的效果有一定的预判和对重整可行性有一定的把握后再正式受理重整申请,极大地提高了破产重整的成功率。

与前述两种预重整模式相比,在法庭内重整前置程序的预重整模式中"府院联动"机制发挥的作用更明显,除政府的支持和协调外,法院在对案件进行预立案登记后,随即为债务人指定管理人,提前介入企业预先重整事务,指导债务人开展确认债权、组织谈判、寻找战略投资者、制定预先重整计划草案等工作,为预重整工作指明方向、提供帮助。法院提前介入的一大优势就是可以更精准、更合法地比照重整工作机制开展法庭外预先重整工作，降低相关行为存在瑕疵的可能性，有助于预重整计划草案在正式进入重整程序后顺利得到审查批准。随着预重整司法实践的不断深入、预重整相关法律的不断完善，法庭内重整前置程序的预重整模式相较其他两者模式将有更广泛的适用空间，也是下文主要讨论的预重整模式。

(二)预重整机制实践中存在的问题

鉴于预重整机制在我国尚属立法空白状态，实务界在探索和开展预重整实践的过程中，不可避免遇到难点、痛点、堵点。一方面，因法律依据不足，预重整的开展缺乏司法权威保障，制约了机制运行效果的彰显；另一方面，因机制尚处于摸索阶段，实践中基本上是“摸着石头过河”“走一步看一步”，缺乏具有前瞻性的预判和体系性的建构。

1. 预重整期间债务人的保护问题

与重整程序相比，预重整机制在减少司法制度成本的同时，也失去了司法制度对其的强制力保障，[①]破产的“自动保护”功能无法启动。破产重整程序对债务人权利所作出的一系列权利保护性规定，没有明确的立法规定预重整期间的债务人也可以享有，即在重整程序中，清偿债务停止进行、债务利息停止计算、执行程序中止、管理人对未履行完毕合同具有选择权等规定，不能适用于预重整期间的债务人。在实践中，预重整期间债权人同意停止计息、延期还款、暂不提起诉讼等要求，只能依靠债务人与债权人之间反复多次的谈判协商，缺乏刚性约束。而欲取得金融债权人、民间借贷债权人、供应商、债券持有人等所有债权人的一致同意，是一项十分困难的工作，很容易发生少数债权人的“钳制”问题。

2. 预重整期间谈判结果的固化问题

预重整制度的核心在于法庭外债务重组的谈判成果可以通过破产重整得到固化，包括赋予新增融资优先受偿地位、作出债权调整与清偿安排和出资人权益调整安排等。[②] 然而，目前各方利益关系人在预重整期间制定并表决通过的重整

---

① 参见浙江省杭州市余杭区人民法院课题组：《房地产企业预重整的实务探索及建议》，载《人民司法》(应用)2016年第7期。

② 参见丁岩、沈鸿、罗欣：《预重整案例分析与制度构建初探》，载《国际金融》2019年第3期。

计划草案是否具有约束力尚未明确,其最终是否能够成为预重整阶段的成果在重整程序中进行固化基本上依赖债权人、债务人、股东等参与主体自身的信用或行业自律。因为进入破产重整程序后,一般都会召开债权人会议对提交的重整计划草案再次进行表决,如果之前对重整方案表示同意的相关方反悔,导致重整计划草案无法顺利表决通过,将使预重整期间投入的大量资源归于无效,需要重新进行谈判协商,导致预重整机制的实际效用处于尴尬境地。

3. 预重整计划草案的审查标准问题

在重整程序中法院批准通过的重整计划需要符合一定的实体和程序性要求,需要在信息充分披露的基础上,在公平公正的投票表决程序下,形成符合各利害关系人利益的重整计划。而预重整期间制定并表决通过的预重整计划草案,其谈判、表决过程均未被置于法律监督下,属于当事人意思自治的范畴,是市场化运作的结果,当进入破产重整程序时,其内容是否损害了其他利益关系人的利益,是否违背了公平公正的价值基础,需要法院进一步审查。然而,针对预重整计划草案的审查标准没有具体明确的法律规范,法院何时进行审查,是在提出破产重整申请时审查,还是在重新组织债权人会议表决通过之后审查,审查哪些方面的内容、需要符合什么标准均没有相应的依据。

四、预重整机制的构建路径

(一)对预重整机制进行立法确认

预重整机制作为兼具法庭外债务重组和法庭内破产重整程序双重属性的混合型困境企业拯救方式,其有别于纯粹意思自治的庭外重组,需要在立法层面予以确认,才能为预重整机制与破产重整程序之间的有序、顺畅衔接提供法律支撑和保障。预重整期间债务人是否享有一定的保护机制、利害关系人对预重整计划草案所作的同意表示在重整程序中能否反悔、预重整期间经主要债权人表决通过的预重整计划草案是不是可以当然成为债务人的重整计划草案等问题都需要通过法律进行明确。

尽管在企业预重整机制的实践探索中,最高人民法院以及各地人民法院曾形成相关的会议纪要、出台相关的工作指导意见,但是就法律层面而言,预重整机制在实践运行中还是难免引发缺乏相关法律依据的争议,且各地人民法院出台的工作措施、指导意见不尽相同，无法在全国范围内形成一套科学、权威、可供一体遵循的做法。目前，预重整机制在我国已具备相对成熟的司法实践基础，亟待通过破产法或其司法解释进行确认，对预重整机制的适用标准、申请主体、运行要求、法律效果、法院审查标准等作出具体规定，对预重整机制进行全流程规范。

（二）明确预重整各参与方的角色定位

在参与主体范围方面，预重整机制与破产重整程序并无明显区别，在重整程序中有关的参与主体均可在债务人预重整阶段就开展相应活动，具体而言，政府支持帮助、法院监督引导、管理人组织协调、债权人协商谈判、出资人股权调整、战略投资者利益博弈等各参与主体为了实现债务人最终重整成功而进行的活动均可提前到预重整阶段。尽管参与主体的范围可能相同，但是，部分参与主体在预重整机制与破产重整程序两个阶段之间的角色定位、发挥的作用大小却有所区别。

1. 法院

就目前适应性最强的法庭内重整前置程序预重整模式而言，法院在收到企业破产重整申请并进行预立案登记之后，可以提前介入预重整事务。例如，为债务人指定预重整管理人、对债务人信息披露进行监督、指导制定预重整计划草案等。但与正式进入破产重整程序相比，法院在预重整阶段的提前介入是一种有限度的司法介入，其目的是帮助债务人更好地开展预重整事务，而债务人是否能从预重整阶段顺利进入破产重整程序仍具有不确定因素，提前投入大量司法资源既与机制的原理不符，还可能引起司法资源不必要的浪费。

2. 政府

进入预重整的困境企业有可能存在维稳问题，且进入预重整的困境企业常常需要向政府寻求税收、政策等方面的支持，因此，政府在预重整中是不可或缺的协调者。① 在预重整阶段，政府能否积极协调、支持帮助困境企业进行“复活行动”，如为帮忙解决职工安置问题提供帮助、提供税收、政策支持等，在很大程度上将直接影响预重整活动的成败。与正式进入破产重整程序相比，困境企业在

---

① 参见浙江省杭州市余杭区人民法院课题组：《房地产企业预重整的实务探索及建议》，载《人民司法》（应用）2016年第7期。

预重整阶段对政府帮助的需求更强烈,因为法院在预重整阶段处于消极地位,有限度地介入预重整事务,此时,“府院联动”机制的发挥更依赖于政府的积极作为,以呈现机制的“整体补强”状态。

3. 管理人

法院决定对债务人进行预重整的,应同时指定管理人,受理重整申请后,预重整阶段的管理人即为重整程序中债务人的管理人。预重整阶段管理人履行有关职责是基于具有相对确定性的预判,即债务人顺利进入重整程序后管理人人选不变,其不仅是对困境企业预重整阶段的局部管理,而是从预重整阶段就开始积极开展资产负债调查、债权确认、组织召开债权人会议、寻找战略投资者等活动。但是,与重整程序相比,预重整阶段管理人的职责范围相对限缩,一般不包括决定债务人的内部管理事务、管理和处分债务人财产等债务人经营管理具体事项,若债务人继续经营,管理人在企业经营管理方面更多起到的是监督者的作用。

(三)完善预重整机制的运行程序

预重整及其衔接机制在时空范围上可分为法庭外、预重整和法庭内 3 个阶段,具体表现为法院预立案登记之前的法庭外阶段、预重整计划草案形成的预重整阶段以及法院正式受理破产重整申请的法庭内阶段。建立科学、明确、高效的预重整运行程序,是预重整机制健全完善和进一步发挥机制优势的必然要求。

1. 申请主体

根据《企业破产法》第 70 条的规定,债务人、债权人可直接向法院申请破产重整,受理清算申请、宣告破产前债务人和出资额占注册资本 1/10 以上的出资人亦可申请破产重整。预重整是重整程序的一种前置程序,如果受理预重整申请后债务人顺利进入破产重整阶段,则受理预重整申请实质上是受理破产重整申请的前端延伸,因此,预重整的申请主体不应突破破产重整申请的主体范围。也即,债务人、债权人可直接向法院申请债务人预重整,受理清算申请、宣告破产前债务人和出资额占注册资本 1/10 以上的出资人亦可申请预重整,法院审查后作出是否进行预重整的决定。此外,若相关主体直接申请债务人破产重整,法院审查后认为可以先进行预重整的,可以依职权启动。

2. 适用范围

对预重整的适用范围进行限缩是为了避免预重整机制的无限扩张适用变相降低破产重整受理门槛,导致司法资源浪费等问题。预重整机制的存在可以为职工人数众多、债权人分布广泛的大型企业提供方式更灵活、期限更宽松的挽救途径,弥补破产重整程序期限硬性规定的不足,其适用对象具有相对特定性,因为具有重整价值的小规模企业,完全可以通过直接进入破产重整程序达到重整目的。结合预重整机制的基本原理和价值目标,建议明确符合以下条件之一的债务人可以进行预重整:(1)企业职工人数在300人以上的;(2)债权人100人以上的;(3)涉及超过50家上下游产业链企业的;(4)涉及超过10家担保链企业的;(5)直接受理重整申请可能导致债务人无法继续生产经营的;(6)直接受理重整申请可能引发社会不稳定因素的。

3. 流程安排

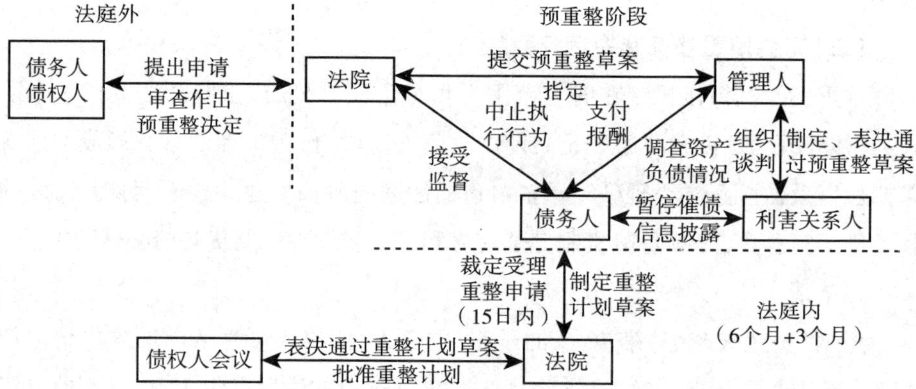

图4 预重整机制运行流程

预重整机制的运行流程包括预重整阶段的流程安排、与往前追溯的法庭外以及向后延伸的法庭内之间的衔接。债权人或债务人提起预重整申请或者重整程序申请,法院审查作出预重整决定后,债务人即进入预重整阶段。在预重整阶段,法院为债务人指定管理人,并中止对债务人的相关执行行为,以便债务人顺利开展预重整事务。同时,在管理人的组织协调下,债务人与债权人以及其他利害关系人进行协商谈判,债权人暂停催债、清偿债务停止进行、债务利息停止计算,债务人对债务人信息进行全面、准确、合法的披露。在此基础上,利害关系人制定预重整计划草案并进行表决，同一表决组的债权人过半数同意预重整计划草案，且其所代表的债权额占该组债权总额的2/3以上的，即可向法院提交预重整计划草案，法庭应在收到预重整计划草案15日内裁定是否受理重整申请。

（四）加强预重整机制与破产重整程序的衔接

债务人能否顺利从预重整机制过渡到破产重整程序是检验预重整工作成效的重要方面。为避免"竹篮打水一场空"，债务人从预重整机制到破产重整程序的转换要解决两大关键问题：一是预重整计划草案的审查问题，即已经初步表决通过的预重整计划草案能否得到法律上的认可；二是预重整计划草案的效力问题，即利益相关主体在预重整阶段作出的承诺在破产重整程序中能否反悔。

1. 科学开展预重整计划草案的审查

债务人提交的预重整计划草案的审查，具体包括审查时间和审查标准两方面内容。在正常情况下，在破产重整程序中，债务人或管理人自重整计划通过之日起10日内，向人民法院提出批准重整计划的申请。而在预重整机制中，为了避免重新组织债权人会议表决通过重整计划草案后才审查发现预重整阶段的工作存在瑕疵，导致已通过重整计划无法获得批准，法院应将审查工作分为初步审查和最终审查两步骤：初步审查即在收到预重整计划草案后，受理重整申请前，对照重整工作机制针对预重整阶段开展的工作是否存在瑕疵进行审查，审查符合破产法规定的才裁定受理重整申请；最终审查即对在重整程序中重新召开债权人会议表决通过的重整计划草案的相关工作进行审查，审查符合破产法规定的才裁定批准重整计划，终止重整程序。关于预重整计划草案的审查标准，主要从两方面入手：一是通过信息披露的时间、方式、内容、说明义务履行情况等方面审查信息披露是否合法、充分、有效，以确保利益相关主体的知情权得到保障；二是从送达情况、债权人考虑期和异议期、表决方式等方面，审查利益相关主体的投票表决程序是否公平公正。

2. 明确预重整计划草案的效力

预重整计划草案的效力，指的是利益相关主体在预重整阶段中作出的意思表示是否具有约束力。浙江省高级人民法院《关于企业破产案件简易审若干问题的纪要》第9条规定：债权人在预登记期间对债务清偿方案所做的不可翻悔的承诺，在债务人进入企业破产和解或重整程序后，相关承诺对承诺方仍然具有拘束力。《深圳市中级人民法院审理企业重整案件的工作指引(试行)》第34条第2款规定,符合下列情形之一的,债权人、出资人与债务人达成的协议,以及债权人、出资人作出的同意意见,在重整申请受理后继续有效:(1)债权人、出资人承诺或者同意的内容与重整计划草案的基本内容一致;(2)重整计划草案对债权人、出资人承诺或者同意内容的修改未实质影响债权人、出资人利益,且相关债权人、出资人同意不再对重整计划草案进行表决。如果允许利害关系人在重整程序中对预重整阶段作出同意的意思表示随意否认和撤销,不仅会损害其他利害关系人的利益,而且将导致预重整阶段所达成的工作成果付之东流,直接撼动了预重整机制存在的意义。因此,笔者建议,在《企业破产法》修订或其相关司法解释中明确规定预重整计划草案所具有的法律效力,即除非信息披露不充分或者表决程序有瑕疵,否则,利害关系人在预重整阶段所作出的同意的意思表示在重整程序中继续有效,不得反悔和撤销,以确保预重整机制的严肃性。

第二节　民营企业破产重整的价值判断

为了适应社会经济发展需要,我国《企业破产法》顺应世界破产法改革潮流,设立了破产重整制度。破产重整是破产法领域的一项新兴制度,在当前司法实践中方兴未艾。重整程序占用包括司法资源在内的诸多社会公共资源,在实践中一般适用于有重整价值的企业。基于民营企业发挥的重要作用,对进入破产重整程序的民营企业进行重整价值判断,具有重要意义。

一、民营企业破产重整价值判断概述

(一)民营企业破产重整价值判断的概念

民营企业破产重整制度是积极挽救陷入困境企业的一种法律程序,也是一种社会代价大、成本高、程序复杂的制度设计。如果重整不成,会给债权人和股东带来极大损害。因此,为保护当事人合法权益,同时,又能使陷入困境的企业获得新生,法院在审查重整申请和重整计划草案时,应严格谨慎判断债务人是否有再生希望,判断企业是否具有重整价值。

破产重整价值指重整企业作为客体所能满足债权人、债务人、投资人等相关

利益者权益的程度，是为了实现拯救债务人、保护债权人、关注社会利益、实现效率价值等目的。破产重整价值判断指的是判断主体主要是法院在重整价值评估的基础上，用一定的方法和标准对企业的重整价值进行预估，以确定企业的重整价值。破产重整的实质是一种关于债务人企业"价值"的特别交易。发现、实现债务人企业的价值，是贯穿整个破产重整程序中的重要工作。由于《企业破产法》对于具体的审查事宜缺乏规范。因此，法院对破产重整价值的判断存在困难和不规范性。在实践中，程序审查是法院的长处，但判断企业是否具有重整价值是一个商业即经济、管理方面的问题，对于法院来说并非易事，需要广泛征求意见，以及法院、管理人等各方一起努力。①

(二)民营企业破产重整价值判断的意义

重整价值判断是一个贯穿重整程序始终的动态的决策过程。通过判断破产重整价值，可以有效清理市场中存在的债务，可以更好地维护相关者利益，有助于我国经济结构的调整以及社会资源的合理分配，从而促进市场经济的法治化、科学化，支持市场经济的发展。民营企业可以借助破产重整价值判断发现存在的问题，使企业更有效地进行重整，少走弯路，节约企业和社会资源。

在破产程序正式启动前，重整价值判断的主要作用是为法院确定债务人是否已经达到破产界限，是否应当启动破产重整程序提供裁决依据。在破产程序启动后，重整价值判断的主要作用体现在为利益相关者特别是债权人、重组方等了解重整企业价值、制定与表决重整计划草案提供参考，并为法院批准重整计划草案、判断重整是否应当终结、是否宣告破产清算提供裁决依据。

(三)民营企业破产重整价值判断的基本要素

破产重整价值判断包括判断目的、判断主体、判断客体、判断原则、和判断标准五种基本要素，各要素之间构成有机统一的逻辑框架。理论化、体系化的破产重整价值判断机制凭借各种数据和因素计算得出的结论，使重整、清算不再是主观的行为，可以促进市场经济的规范化和科学化。第一，判断目标是通过重整收益与清算收益的比较，确定破产企业重整的可行性，为法院判断提供依据，为债权人对重整计划的表决提供可借鉴的理论与方法，为实现整体价值最大化奠定

---

① 参见汤维建：《破产重整程序研究》，载梁慧星主编：《民商法论丛》（第5卷），法律出版社1996年版，第128页。

基础。[①] 第二,判断主体包括法院、债权人、债务人、重组方等,但最主要是法院,法院对重整价值的判断影响重整程序的进行,故本节内容也主要阐述法院对重整价值的判断。第三,判断客体即确定重整价值,价值类型主要包括市场价值、清算价值、投资价值,价值类型的选择主要由判断目标决定。第四,判断原则主要包含合法性、权益均衡、全面性、发展性原则。第五,判断标准,由于利益诉求不同,不同利益主体对判断价值的要求各不相同,在不同的破产重整阶段需要不同的价值类型作为参考和分析基础。[②]

二、影响法院在民营企业破产重整价值判断中的主要因素

(一)考量政治和经济环境

民营企业破产重整价值判断,会受到包括政治、经济、法律等多种因素的影响。债务人企业是否具有重整价值,应结合国家产业政策、行业前景、企业发展前景等情况,从债务人重整的社会价值、经济效益等方面进行判断。对影响因素的科学把握和分析,是准确理解和把握破产重整价值判断的关键。其中,主要的宏观因素是政治环境和经济环境。

首先,政治环境主要是指国家政治制度、政府职能、地方政府行为、政府政策等方面的影响。从政府职能看,政府机关的职能直接关系破产重整制度设计、破产重整的价值判断结果以及实施过程,甚至可以涉及价值判断实务处理的某些细节。[③] 例如,实行市场经济后,在国家经济政策影响下,地方政府是否对需要扶持和帮助的破产企业提供资金、政策扶持,从而推动重整的进行。

其次,经济环境主要包括经济政策、经济形势和经济结构等。一个国家的经济发展水平决定了破产法律制度的发展程度。经济发展水平越高,对法律制度规范的要求就越高。在我国,破产重整制度还处于探索完善中,国家经济政策会时刻影响破产重整价值。此外,经济形势和经济周期以及企业所处行业的结构

① 破产法应当强调追求利益最大化的目标,判断破产程序正当与否的唯一标准应为“利益得到的满足程度”。[美]大卫·G.爱波斯坦等:《美国破产法》,韩长印等译,中国政法大学出版社2003年版,第23页。

② 参见栾甫贵、张丽群:《公司破产重整价值评估的环境约束及其理论框架》,载《商业会计》2010年第3期。

③ 同上。

调整也同样影响破产企业重整价值的判断结果。

(二)兼顾公平与效益

传统商事审判在价值序列上奉行的是公平优先。破产重整实质上是通过法律规则对收入进行再分配,其成本高昂,必须考虑效益原则。[①] 重整制度的首要目标是创造重整价值,保护整体利益,这使重整不仅是一个法律行为,还是一种市场经济行为,审判权的运行要更多地强调促进社会经济发展和社会财富增加。因此,传统的以公平解决当事人纠纷为目的的法律思维无法实现重整程序拯救企业审判的目标,也无法胜任重整计划可行性、政府态度、职工安置、投资人支持力度等问题的判断。但是,公平是审判权的正义基础,是审判者必须考虑的价值,重整效益的实现不能建立在显失公平上。

在实践中,如何平衡效益与公平的价值,常令审判者纠结。特别是在法院运用强行批准重整计划的情况下,虽然有利于促使重整成功、提升效益,但是往往无法兼顾所有利益方的公平,容易引起利益受损群体的不满。因此,法院在破产重整案件中的审判目标除解决纠纷外,更多的是在于拯救企业,其处理的不仅是债权人和债务人之间的纠纷,还涉及企业职工、相关上下产业体、区域经济、社会稳定等多方面利害关系,奉行的是效益优先兼顾公平的价值取向。

(三)平衡公共利益与个体权益

"现代破产法不再是纯粹意义上的私法,同时也具有公私法交融的经济法属性。"[②]法院对重整中的公共利益应持谨慎态度,因为公共利益具有模糊性,企业倒闭引发损失在多大程度上属于公共利益,值得反思。企业参与市场竞争,兴衰本也平常,即使是上市公司,并非不可以破产清算。企业倒闭,固然对公共利益如职工就业等有一定影响,但不宜过分地夸大公共利益,而违背效益原则或者牺牲个体合法利益。司法实践中,公共利益的名义容易被滥用。与模糊的公共利益相比,个体利益的冲突才是具体、明确的。重整中的利益冲突集中表现在重整程序启动、重整计划草案的表决和审查批准过程中。在实践中,重整计划不能获

---

① 法律再分配的成本一种是使用法律制度的行政成本,第二种意义上的成本在于无效率的规则可能会被选中。参见[美]A. 米切尔·波林斯基:《法和经济学导论》,郑戈译,法律出版社 2009 年版,第 123 页。

② 王欣新:《破产法》,中国人民大学出版社 2007 年版,第 345 页。

得表决通过的原因在通常情况下是债权人不能通过重整计划,利益争执实际上是发生在“债权人—债务人”这两个个体之间的博弈。然而,债务人一方容易与公共利益结盟,其利益诉求由公共利益出面代言,从而损害了博弈的公平性。

《企业破产法》第1条规定,破产法的宗旨是保护债权人和债务人的合法权益,维护社会主义市场经济秩序。因此,破产法并不仅保护社会公共利益,而是体现多元化的价值目标。对法院来说,公共利益常常是法院重整立案、批准重整计划、推进重整程序的“尚方宝剑”。但这是一把“双刃剑”,要防止公共利益的名义被个体利益滥用。审判权天然的客观、冷静、中立特质在识别、区分公共利益与个体利益时具有优势,审判权应穿越公共利益的迷雾,在债权人和债务人之间公平裁断。

三、民营企业破产重整价值判断的泉州实践样本

2015年以来,泉州地区多家进入重整程序的民营企业通过重整制度获得新生。泉州法院立足于民营企业的特点和经济新常态下资本市场的新变化,着力解决民营企业重整价值判断的疑难问题,为规范和完善民营企业重整价值判断制度提出了可供参考的泉州法院实践样本。在重整价值判断中,最重要和关键的是作出重整裁定以及审查、批准重整计划,下文着重介绍泉州法院对重整案件的立案审查以及重整计划的审查和批准。

(一)民营企业重整案件的立案审查模式

法院对破产重整申请的审查目的是判定债务人企业是否具有重整的价值和希望。目前,具有国资背景的债务人企业重整案件,往往有当地政府强大的行政资源作为后盾,所涉的社会问题的解决是有保障的。在此情况下,法院只需要单纯地考虑法律程序问题即可,部分法院在此类破产重整案件受理时只进行了形式审查。但此种模式只能适用于以行政为主导的重整模式,其重整启动和推进会消耗大量的行政和社会资源,对市场经济条件下的破产重整,参考和借鉴意义有限。

泉州地区民营经济发达,各类市场主体长期以来自觉遵循市场法则,政府一般不直接干预市场主体的运营。由于在受理申请阶段,法院主要是形式审查。因此,泉州法院基于泉州地区民营企业的特点,对裁定重整案件的审查贯彻全面

审查和实质审查的原则，综合考察债务人企业重整相关的法律问题、社会问题，把好入门关。在司法实践中，法院实质审查主要是审查债务人企业是否具有法律规定的重整价值，主要包含重整原因和重整能力。在重整原因方面，法院根据企业财务和资产、业务状况，判断是否达到不能清偿到期债务或者债务人有明显丧失清偿能力可能的重整标准，主要是避免债务人、债权人或其他利益方滥用破产程序。在重整能力方面，主要是判断债务人企业是否具有再建希望，能够摆脱困境，恢复活力，是否具有重要的社会价值、公益价值。在实践中，法院在对民营企业重整案件立案审查时，判断是否具有重整价值，主要包含以下步骤。

1. 听证调查。法律并没有详细规定判断企业是否具有再建希望或价值的标准。设立听证程序是对立法上判断标准尚不明确的科学应对，通过听取利害关系人的陈述，弥补法官经营管理知识的不足，从而有助于作出更全面、准确的裁量。由于重整案件影响大、涉及面广，听证重点调查法院受理条件的焦点问题。在必要情况下，可以组织关联方对所提各项证明材料进行质证并发表辩论意见，以充分调动利害关系人的积极性，提高重整成功的可能性。债务人企业的职工代表或者工会负责人申请参加听证会的，应当准许。

2. 征询行政主管部门意见与建议。鉴于重整价值判断的复杂性和重要性，法院应当根据实际情况走访行业主管、金融管理、市场监管、劳动社保等部门，调查债务人企业的经济、财务、工资发放状况，征询前述部门对债务人企业破产重整的意见和建议。对于在当地有重大影响的重整案件，法院在裁定受理前应与当地政府沟通，争取政府对重整案件涉及的维稳、税收、工商登记等问题提供综合保障。债务人企业涉及金融债权较多、金额较大，易引发系统性金融风险的，法院应与金融监管部门共同做好防范化解金融风险的方案。为了弥补法院在对债务人企业重整价值判断时专业知识方面的欠缺，法院在必要时可以征询具备经济、金融、财会等专业知识的征询对象的专业意见。

3. 依法裁定。重整对象应当具有重整价值和可能。法院应结合国家产业政策、行业前景，依法审查债务人企业陷入经营困境的主要原因、资产及负债状况、社会价值、企业发展前景等，综合判断债务人企业的重整价值，并依法作出裁决。

(1)裁定重整。法院作出重整裁定有两种情况：一是债务人或者债权人直接向法院申请对债务人进行重整，法院经审查受理重整申请。二是债权人申请对债务人进行破产清算,法院受理破产申请后、宣告债务人破产前,相关主体向法院申请重整,法院经审查,认为符合法律规定的,裁定债务人重整。在泉州破产审判实践中,部分债务人企业虽然进入破产清算程序,但法院在审理中兼顾审理效率与相关利益主体的重整意愿,在尽可能实施企业重整的同时,把握好审理节奏,适时进行资产处置,取得良好的法律效果和社会效果。

典型案例:锦绣庄木偶馆等4家企业破产清算案。锦绣庄木偶馆等4家企业组成的泉州锦绣庄民间艺术园是以非物质文化遗产为文化核心的旅游文化综合体项目,目前已是福建省文化产业示范基地、福建省旅游文化重点项目,也是泉州民族民间保护发展的重点项目、海峡旅游文化产业集群对接的发展基地。2016年5月26日,泉州法院裁定受理因经营不善导致资金链断裂的锦绣庄木偶馆等4家企业破产清算案件。为高效推进上述4家企业破产清算案件审理进程,保障债权公正清偿,法院依管理人申请依法将4家企业破产清算案件合并审理。在审理中,多数债权人向法院表示上述4家企业具有再生可能,希望进行重整。泉州市丰泽区人民政府也表示希望重整该企业,使其成为国家级5A风景名胜区清源山旅游文化综合体的景区配套项目,并愿意牵头成立清算组担任破产管理人,做好维稳等工作。可以说,重整符合债权人利益,也符合公共利益。在此基础上,泉州市中级人民法院协调各方沿着重整的目标积极开展招募投资人、债务人与债权人和解等各项工作,但均无果而终。最终,泉州市中级人民法院裁定以第三次债权人会议债权人提出的不动产最高定价进入破产拍卖程序。2019年10月23日,国有全资企业泉州文旅集团旗下的福建清源山旅游投资有限公司竞得上述4家企业不动产及相关附着物。

(2)依法裁定不予受理或驳回破产申请。在经济新常态下,基本面有问题的企业没有存续的价值,属于必须退出市场的“僵尸企业”。对于明显不具备重整价值或者虽有重整价值但不具备重整可能性的企业,存续下去可能造成资源浪费,法院应裁定不予受理或驳回破产申请,避免重整程序变成债务人恶意拖欠债务、阻滞债权人实现合法权益、浪费社会资源的工具,违背破产重整制度设计的初衷。

典型案例:闽超鞋业公司重整案。2016年5月27日,闽超鞋业公司以不能清偿到期债务、资产不足以清偿全部债务为由,向晋江市人民法院申请破产重整。晋江法院立案受理后,多次要求该公司独资控股的法定代表人陈某向管理人移交历年的账册和报表资料,但陈某以公司原财务人员已经离职、需银行流水账单做账等理由推诿,拒不向管理人进行说明和解释,导致清产核资工作受到严重阻碍,且申报截止日,未有战略投资人与管理人接触。晋江市人民法院认为,闽超鞋业公司是否真的资不抵债,从现有的情况来看,明显证据不足,陈某的行为存在明显的逃废债嫌疑。2016年10月24日,晋江市人民法院裁定驳回闽超鞋业公司的破产申请,并将该公司独资控股的法定代表人陈某涉嫌隐匿财务账册的犯罪线索移送公安机关。闽超鞋业公司不服该裁定上诉至泉州市中级人民法院。2016年12月29日,泉州市中级人民法院作出裁定,驳回上诉、维持原裁定。

(二)重整计划草案的审查和批准

重整计划是贯穿整个重整程序的核心问题,既是各方利益主体在重整程序中通过协商寻求债务处理的协议,也是各方利益主体的行动纲领。重整计划必须公平、公正,不仅有利于维护其他利害关系人的合法利益,也有利于债务人企业的重生与复兴。

1.在正常批准模式下,法院应当审查的内容。重整计划草案实质是各利益主体妥协性的方案,法院不应也不能对企业纯商业事项过多干预,故法院对重整计划的审查应侧重于法律审查,而非商业合理性的审查。在坚持合法、公平、可行和利益最大化等原则的情况下,主要审查以下内容:(1)重整计划的内容是否完备、合法,是否包括《企业破产法》第81条规定的7项内容,是否存在违反法律禁止性规定的内容;(2)重整计划的分组表决和各类债权的清偿方案是否合法、公平,是否依法分组进行表决,同组债权人或股东是否获得了平等、公正的对待;(3)重整计划草案的说明和对债权人作出的解答是否真实、充分,是否履行了充分的信息披露义务;(4)债权人会议召开程序有无瑕疵,会议召开前的准备、召开的程序、参加的主体、界定债权人组别的依据、表决的程序及表决结果是否符合法定标准;(5)提交批准的重整计划文本,与提请债权人会议审议表决的文本相比有无实质性变更，债权人提出的异议是否有法律依据，其主张是否能够得到支持等。①

鉴于重整能使各方获得比破产程序更大的利益，因此，重整计划草案一般能够获得债权人会议表决通过。对于获得债权人会议表决通过的重整计划草案，法院一般会予以批准通过。

2. 在强制批准模式下，法院应当注意的事项和重点审查的内容。《企业破产法》第 87 条规定了强裁制度，赋予法院破产重整的自由裁量权。(1)依申请启动，强制批准须依申请人申请启动，法院不得依职权直接批准。如果申请人不向法院申请强制批准重整计划草案，法院应当依照《企业破产法》第 88 条规定裁定终止重整程序，并宣告债务人破产。(2)在强制批准中，除应当按正常批准的审查内容审查外，还要重点审查以下内容：①重整计划草案对清算状态下和重整条件下清偿比例的测算要准确，对可能发生的破产费用、共益债务做出合理的预算；②申请人是否已经与债权人或股东进行了充分的沟通协商，已尽了最大的努力，并经过了表决、补充表决；③分析相关债权人未表决通过重整计划草案的原因，是否是直接针对重整计划草案有强烈反对意见；④重整计划草案是否已对债务清偿方案、清偿资金来源等作出明确安排，具有可行性；⑤重整计划草案是否包括对出资人权益削减的内容，以寻求股东和债权人之间的利益平衡。②

在处置"僵尸企业"的背景下，强裁制度在某种程度上成为管理人强制通过重整计划方案的"利器"。但是，《企业破产法》第 87 条规定的强裁标准过低，强裁容易陷入被滥用的现实窘境，而一旦滥用将会破坏信用制度。在当前社会语境下，公共利益界定泛化，强裁的采用往往缺乏合理的法律逻辑和足够的商业考量，饱受诟病。在全国部分法院依法处置"僵尸企业"调研及工作座谈会上，时任最高人民法院审委会专职委员杜万华曾表示，要慎重适用重整计划强制批准权，发挥市场在资源配置中的决定性作用。③ 因此，在泉州市的司法实践中，法院摆正了司法在破产审判中的角色，树立谨慎强裁的司法理念，审慎使用强裁手段。

---

① 参见郑鄂主编：《破解法院科学发展难题的新探索》，法律出版社 2011 年版，第 450 页。

② 同上书，第 453 页。

③ 参见戴建敏：《破产重整"强裁"之伤》，载《21 世纪经济报道》2016 年 10 月 29 日，第 13 版。

典型案例：富贵鸟股份重整转破产清算案。富贵鸟股份作为老牌服鞋巨头，于2013年在香港联交所上市。2018年7月26日，泉州市中级人民法院裁定受理债权人对富贵鸟股份的重整申请。因重整计划草案经债权人会议二次表决仍未通过，2019年7月26日，管理人向泉州市中级人民法院提交裁定批准《重整计划草案》的申请文件。2019年8月23日，泉州市中级人民法院作出《民事裁定书》[(2018)闽05破4号之五]，认为：债权人自治原则是破产程序应当遵循的法治原则。债权人会议未表决通过重整计划草案的，人民法院应当审慎适用《企业破产法》第87条第2款，不得滥用强制批准权。根据《企业破产法》第84条第2款的规定，出席会议的同一表决组的债权人过半数同意重整计划草案，并且其所代表的债权额占该组债权额的2/3以上的，即为该组通过重整计划草案。富贵鸟股份重整计划草案经两次表决，均未获得通过，且同意票债权人代表的债权额比例偏低，故法院对管理人提交的重整计划草案不予批准，裁定：驳回富贵鸟股份管理人关于批准重整计划草案的申请并终止富贵鸟股份重整程序，宣告富贵鸟股份破产。

四、法院在民营企业破产重整价值判断中的角色定位

在破产重整过程中，涉及主体众多、事务繁杂，破产重整法律制度还存在不健全之处，审判权的作用范围、奉行的价值理念、采取的技术手段都尚处于摸索阶段，民营企业的破产重整更是具有特殊性、复杂性，这就需要法院找准破产重整价值判断中的角色定位。在破产重整案件中，法官拥有广泛的自由裁量权，法院在企业重整秩序中的角色是多元化的，其功能也是综合性的。审视泉州地区破产重整司法实践，法院在破产重整价值判断中应担当好重整程序中的裁判者、监督者、协调者、指挥者、创新者和延伸者的角色，依法解决司法实践中出现的各种问题，为企业重整成功提供司法保障。

（一）裁判：转变传统思维

法院仍然应以裁判为本，如重整案件的受理、重整计划的审查批准，都体现了审判权的经典特征。法院应当转变传统思维，在审判中侧重效率、侧重动态保护。法院在价值判断中除要公平处分当事人的事务和利益外，还应当将重整作为一个市场经济行为来看待，在维持企业稳定、促进企业重生的基本价值目标

下,对于具体的计划、方案,要综合考虑现实可行性、相关利害关系人的态度、政府及有关部门的支持力度等。由于专业知识的限制,法院还应借助专业机构实施商业判断。

(二)监督:完善监督机制

进入重整程序后,法院须确定由管理人管理还是债务人自行管理公司的治理模式。无论选择哪一种模式,法院都得保持对债务人的监督。对一些重大决策,管理人一般会报告法院,但法院须主动掌握情况,必要时干预。一方面,法院应加强"事后监督",畅通利害关系人的申诉渠道,确保利害关系人的权利能得到有效救济;另一方面,法院应建立"事前监督",与行政部门联合定期对重整企业及管理人的工作进行检查和指导,及时发现问题并予以改正。

(三)协调:调和内外关系

法院应加强两方面工作,担当好协调者的角色:对内,法院应积极组织并参加债权人、债务人职工、债务人股东等协调会,全面了解债务人企业的情况,为重整价值判断奠定基础;对外,法院应与证监、市场监管、环保等行政部门保持紧密联系,将立案、重整计划草案审查过程中可能存在的问题发现在先并解决在先,确保重整程序的高效运行和重整的最终成功。此外,积极与上级法院沟通,争取支持与指导是法院妥善处理破产重整案件的必要条件。

(四)指挥:推动重整程序

法院作为整个重整程序的指挥人和重整价值判断的裁决者应发挥好以下两方面的作用:一是认真履行职责,依法裁定是否重整立案,对制定重整计划草案等进行部署,快速、平稳地推进重整程序;二是积极参与债权人、出资人、职工等协调会,促成重整计划草案的最终通过。

(五)创新:高效能动司法

重整制度在我国还处于发展阶段,诸多法律规则尚未细化,需要审判权在实践中自由裁量,这就有了较大的创新空间。面对重整价值判断中的法律空白或模糊地带,法院应顺应经济新常态的新情况、新趋势,不断解放思想,科学解决重整价值判断中存在的司法难题。

(六)延伸:引导政府支持

破产重整公司的利害关系人众多,法律关系复杂。如企业破产,不仅会损害众多利害关系人的利益,特别是职工与债权人的利益,也会影响地方经济发展,损害资本市场环境,进而影响社会稳定。各地政府对企业破产重整均非常关注。因此,法院在审理重整案中必须要善于借助政府发挥的职能作用,让政府在重整程序中的一些重要环节站在前台。在法院与政府的关系与定位中,法院的主要功能是主导重整程序的推进,并在政府发挥主要作用的重要环节当好政府的参谋,给政府提供必要的法律参考和支持。

第三节　民营企业"执转破"制度的运用与完善

最高人民法院于2015年2月4日公布的《民诉法司法解释》第513条至第516条中首次规定了执行案件移送破产审查的执行与破产相互衔接的制度,即"执行转破产"(以下简称"执转破")。该制度通过将执行案件导入破产程序,打通执行案件转入破产的通道,实现解决执行难和破产程序启动难引发的制度运行不畅、功能难以发挥的破产法困境之双重目的。[①] 2017年1月20日,最高人民法院出台《关于执行案件移送破产审查若干问题的指导意见》(法发〔2017〕2号,以下简称《执转破指导意见》),对"执转破"的具体程序规则予以规范。

一、执行转破产的理论逻辑

可以说,在一定程度上我国的司法执行程序在历史上长期承担着破产制度的部分功能,这是两个相互联系因素作用的结果:一方面,由于国家对破产的控制和垄断,破产制度进入门槛高、当事人使用制度成本高,因此导致对破产制度的需求低;另一方面,国家从20世纪90年代起对执行制度大力投入,使执行程序进入门槛低、效率相对较高,且许多协调和组织及制度运行的成本由法院承担而不是由当事人承担,这些特点大大降低了当事人使用执行程序的成本,刺激了当

---

① 参见丁海湖、田飞:《"执转破"操作模式及相关实务问题研究》,载《法律适用》2017年第11期。

事人通过执行程序解决事实上是破产问题的动机。[①] 随着我国《企业破产法》的出台及其超过10年的司法实践指导经验，我国破产法的市场化配套设施日渐完善，破产法渐渐从执行领域收回了大部分“失地”。但就历史渊源而言，我国执行与破产制度互相配合，共同致力于债权人利益的维护与实现。

就制度功能而言，执行是国家机关依债权人的申请，以生效法律文书为依据，运用国家强制力，强制债务人履行义务，以实现债权人权利的活动。[②] 而破产程序具有执行程序所不具备的关于债务清理“概括性”和“终局性”的特点。执行程序对于清偿不能案件，反复查询财产和反复恢复执行，陷入“执行难”的困境，破坏了司法公信力；破产程序则可以终局性地清偿债务，彻底消化掉“终结本次执行程序”前执行分配的个别清偿风险和“终结本次执行程序”后司法程序的后续资源消耗。[③] 即便如此，执行制度与破产制度具有天然的内在衔接需求，破产程序总是在执行的尽头默默等待。[④] 执行与破产虽程序不一、功能有异，但相辅相成，可以互通共容，通过制度设计执行移送破产程序，在价值上同时兼顾公正与效率，发挥整体大于部分功能之和的聚合效应，既发挥出强制执行的威慑性作用，又发挥出破产的公平偿债的功能，推动执行与破产程序互动共生，提高审判执行效率，让被执行企业无处可藏、无处可逃，筑牢法治国家与诚信市场的无缝对接。[⑤]

效率与公平的统一是“执转破”机制的首要关注点。执行移送破产程序的顺利实施，不仅着眼于个别债权人的清偿，更侧重于债权人整体的利益保护，通过倒逼个别“僵尸企业”有序退出，有效规制其不诚信经营的方式来规范市场经济秩序，以点带面地营造良好市场环境。[⑥] “执转破”程序有利于克服执行程序拘泥于私人利益的弊端，转入破产程序可以站在整体主义高度，在实现全体债权人

---

① 参见唐应茂：《为什么执行程序处理破产问题?》，载《北京大学学报》(哲学社会科学版)2008年第6期。

② 参见江必新主编：《强制执行法理论与实务》，中国法制出版社2014年版，第3页。

③ 参见刘旭东、陆晓燕：《效益法则框架下“执转破”之功能透视及其制度建构》，载《法律适用》2017年第11期。

④ 参见徐阳光：《执行与破产之功能界分与制度衔接》，载《法律适用》2017年第11期。

⑤ 参见张元华：《论执行移送破产程序的激励性引导与规制》，载《甘肃政法学院学报》2016年第6期。

⑥ 同上。

公平清偿的同时,兼顾社会公共利益的维护。所以,“执转破”机制设置的最终目标在于发挥破产制度维护公平与社会公共利益的功能。笔者建议,在与债权人利益不冲突的情况下,应以保障社会公共利益的原则补正“执转破”启动模式。故而,以当事人主义为主、职权主义为辅的“执转破”启动二阶模式为适当的选择。

二、泉州法院“执转破”的实践探索

2018年以来,泉州法院将“执转破”工作作为全市法院的一项重点工作任务,靠前部署,抓紧落实。泉州法院多次组织干警进行学习,并由院长担任审判长审理首宗“执转破”案件,目前泉州法院的“执转破”案件受理数量处于稳步上升状态。2018年两级法院执行移送破产审查案件共计25件,完成审查25件,裁定受理20件;2019年两级法院执行移送破产审查案件共计112件,完成审查86件,裁定受理44件,移送审查案件数同比上升348%,受理案件数同比上升120%。泉州法院“执转破”工作的有效开展,为进一步处置“僵尸企业”,实现市场出清,淘汰落后产能,深化供给侧结构性改革提供了有力的司法保障。

(一)泉州法院“执转破”主要工作举措

1. 加强领导,推动“执转破”进程

泉州市中级人民法院党组高度重视破产审判工作,成立以院长为组长的执行案件移送破产审查工作领导小组,在两级法院组建专业破产审判团队,院长、副院长带头审理“执转破”案件,推动破产审判工作的常态化。

2. 健全制度,规范“执转破”工作

泉州市中级人民法院积极贯彻落实上级法院关于“执转破”工作的相关规定,制定、出台《关于执行案件移送破产审查的工作意见(试行)》《关于简化企业破产案件审理程序和推进“执转破”工作的操作规程(试行)》。出台《关于执行申请转立破产申请的流程指引(试行)》,对被执行人涉执行案件10件以上或所涉执行案件已终本的,引导执行申请人直接提起破产清算申请,进一步加快“僵尸企业”的处置,化解执行难,服务营商环境的提升和优化。

3. 培育队伍,提升"执转破"工作水平

要求两级人民法院组建专业的"执转破"审理团队,指导成立泉州市破产管理人协会,前往深圳市中级人民法院、浙江省瑞安市人民法院等地学习借鉴"执转破"工作经验,参加中国破产法论坛交流学习,提高破产审判人员、管理人的业务素质和工作能力。

4. 借力平台,实现"执转破"制度红利

通过泉州市中级人民法院官网微信公众号、破产管理人微信公众号、全国破产重整信息网发布受理公告、拍卖咨询,公开"执转破"案件进展情况和管理人工作进程,同时,借力淘宝、京东等电商平台进行破产财产网拍,实现破产审理程序公开透明,破产财产处置效益最大化。

但就泉州法院系统"执转破"的实践运行功效而言,并未达到制度设计所预想的效果,"执转破"案件受理数量仍然占比不高,大量事实上具备了破产原因的执行不能案件尚未顺畅地实现向破产程序的转化,丧失债务清偿能力的债务人及其债权人对同意启动"执转破"程序的积极性不高,"执转破"启动的"当事人主义"原则一定程度上限制了"执转破"工作成效的取得。执行向破产程序转换过程未实现无缝对接,程序衔接方面存在漏洞,不利于实现债务人财产价值与债权人利益的最大化。"执转破"工作开展不利的主要原因在于,法院积极性不高,执行案件因同案仍有其他未破产的被执行人而无法结案,破产案件因缺乏强制执行力而处置财产不力,如移交不能。同时,"执转破"程序的启动忽略了当事人缺位的情况及因"执转破"程序启动所带来的程序细节衔接的不畅。为此,有必要回溯、深入至执行转破产的理论渊源,反思"执转破"的启动模式,完善程序衔接的具体规则,在提高绩效考核、加强府院联动方面提高法院积极性。

(二)泉州法院的"执转破"实践

破产程序具有概括执行的特征,在清理债务人全部债权的基础上,就债务人的全部财产按照法定的破产权利清偿顺位规则一并清偿。这与执行程序仅针对执行机关所掌握的被执行人的部分财产,即对执行标的向申请执行人分配不同,可供分配的破产财产的范围大于执行标的,获得破产清偿的债权人范围也大于申请执行人,前者往往涵盖了后者。破产与执行程序终结后的法律效力不同,破产程序的运行将产生债务人余债消灭的效力,而即便有"终结本次执行"的做法,但执行程序并不能赋予债务人余债免责的效果。且破产重整、破产和解程序具有执行程序所不具备的挽救债务人企业，推动其事业重生的独特价值。此外，泉州法院在开展“执转破”工作的过程中，深切体会到破产程序在处置债务人财产方面具有执行程序所不可比拟的优势，破产程序更能实现债务人财产价值的最大化，提高财产处置效率。这得益于破产程序对债务人所承担的债权债务等法律关系的一体化处理的特点，因为在执行程序中的债务人财产处置难的缘由往往是债务人的法律关系复杂，执行程序无力梳理清晰，财产准买受人考虑到法律关系不清晰，存在诸多后续的不确定性风险，从而拒绝接手债务人财产。同时，破产管理人主导了破产程序中的主要工作，可以采取多样化、灵活性的市场化方式处置债务人财产，远比执行作为司法程序的财产处置过程的市场化色彩更浓厚，这对于债务人财产价值的市场发现、处置过程中的谈判定价、消除财产上的权利瑕疵等工作的开展发挥了重要作用。

1. 江南制冷破产清算案

该案为泉州市第一例“执转破”案件，由泉州市中级人民法院院长亲自担任审判长。经申请执行人同意，执行法院将江南制冷移送泉州市中级人民法院进行破产审查。2018 年 7 月 5 日，泉州市中级人民法院裁定受理，2019 年 7 月 5 日裁定终结程序。

江南制冷的主要资产为对外投资的 3 家公司的股权，即泉州市农村商业银行股份有限公司若干法人股、福建石狮农村商业银行股份有限公司若干法人股及石狮市长城电器贸易有限公司若干股份。执行程序在公司股权处置方面的市场化方式有限，且在梳理清晰债务人的债权债务关系前，难以消除潜在买受人对或有风险的顾虑。在破产程序中，上述股权经网络平台公开处置，顺利成交，普通债权清偿率约 20.49%，执行程序中股权处置的“老大难”问题得以解决。在破产程序中，江南制冷持有的对外股权得以成功处置，最大限度地维护了债权人的合法权益，提高了债权人的清偿率。

2. 丰祥公司破产清算案

经申请执行人同意，执行法院将丰祥公司移送泉州市中级人民法院进行破产审查。2018 年 9 月 13 日，泉州市中级人民法院裁定受理。

丰祥公司主要资产为不动产。涉丰祥公司的执行案件分布在 11 家执行法院,名下不动产被多家法院轮候查封。执行程序并不具备破产程序的破产法院集中管辖的特征,当执行财产分布过于分散,被多家法院轮候查封时,执行财产处置的协调工作成为财产处置的主要障碍,即便能够协调成功,也将付出诸多成本,影响了处置程序的效率。而在破产案件受理后,泉州市中级人民法院发函至执行法院要求解封,执行法院依据《企业破产法》的规定予以积极配合解封。进而,经网络平台公开处置,丰祥公司不动产于2019年2月12日顺利成交。破产程序有助于协调解决多家法院轮候查封的情形,推动债务人企业财产顺利变现,最大限度地维护了债权人的合法权益。

3. 亿威公司破产清算案

经申请执行人同意,执行法院将亿威公司移送泉州市中级人民法院进行破产审查。2019年4月11日,泉州市中级人民法院裁定受理。亿威公司主要资产为不动产,经网络平台公开处置,亿威公司不动产于2019年12月6日顺利成交。

在破产程序对其不动产处置之前,亿威公司的不动产大部分已对外出租,其中有五家租户与债务人企业签有房屋租赁协议,且该协议仍处于履行阶段。此外,宿舍楼中有职工占用职工宿舍的情况。因为不动产被承租与被占用存在的情况,执行工作对该不动产的处置陷入了僵局。破产管理人接手债务人企业后,积极与占用宿舍的职工与租户进行沟通,采取市场化的合法手段与其达成腾空协议,具体包括以下内容。(1)针对职工在破产后仍继续占有使用宿舍的,书面通知告知其无理由继续使用宿舍,要求其缴付从亿威公司破产清算至今未付的租金和水电费,否则管理人将对其进行腾空处置;若是已申报并被管理人确认的劳动债权人,未支付的租金和水电费,管理人将在分配时予以扣除。(2)五家签有房屋租赁协议的租户,考虑其都属于生产型企业,厂区内有职工以及生产流水线、生产设备等,立即要求其腾空不具有可行性,管理人决定先行解除尚在履行阶段的房屋租赁协议,解除协议后仍允许其使用租赁物直至拍卖成交,占有使用期间的租金仍按原标准缴纳至管理人账户。在不动产拍卖前,为使破产财产可快速处置及后续买受人无障碍接收,管理人再次与占用人协商腾空事宜。

而占用人也对管理人提出了3点诉求:(1)由于生产设备均为大型设备,需要较长时间进行腾空;(2)此前按租赁协议缴纳的押金应予退还;(3)合同解除产生的损失予以补偿。管理人认为,占用人的诉求基本合理。对于占用人依据租赁协议缴纳的租房押金，应予退还。但为保障其履行腾退义务，将押金转化为腾空保证金，如果占用人按时腾空则予以退还，如未履行或逾期履行腾空义务的则予以没收；对于占有人提出因解除合同所产生的损失可依法向管理人申报债权。至于腾空合理期限的确定，经管理人和占用人多次协商，确定腾空期为拍卖成交之日起3个月。最终，以上内容形成书面《承诺书》并由占有人签署。房屋处置期间内，管理人不仅有效地防止了矛盾激化，增加了亿威公司的财产，也保障了占用使用人的生产经营，实现了多方利益的共赢。

三、"执转破"启动模式的完善

"执转破"工作的开展，充分运用了破产程序的制度优势，解决了执行程序所面临的诸多难题，在一定程度上缓解了"执行难"的问题。但我国刚刚建立"执转破"制度，其中仍然存在进一步完善的空间。其中，"执转破"的当事人主义启动模式在司法实践中过于单一，有必要以法院职权主义的启动模式作为特例下的补充。

（一）"执转破"启动的当事人主义模式

"执转破"启动的当事人主义，也称申请主义，是指在执行程序中，被执行人存在法定破产原因的，由申请执行人或被申请人申请转入破产审查程序，通过启动破产程序来实现债权债务清偿的目的，体现了法院消极中立和不告不理的原则，该种模式对应的是破产立法中破产启动的申请主义模式，是破产启动申请主义模式立法在执行案件移送破产领域的反映。①《执转破指导意见》对当事人启动"执转破"的申请权进行了规定，明确了执行法院在当事人行权过程中的告知和征询当事人意见的义务。② 破产程序应本着全体债权人利益最大化与不同债

---

① 参见丁海湖、田飞：《"执转破"操作模式及相关实务问题研究》，载《法律适用》2017年第11期。

② 《执转破指导意见》规定："执行法院在执行程序中应加强对执行案件移送破产审查有关事宜的告知和征询工作。执行法院采取财产调查措施后，发现作为被执行人的企业法人符合破产法第二条规定的，应当及时询问申请执行人、被执行人是否同意将案件移送破产审查。申请执行人、被执行人均不同意移送且无人申请破产的，执行法院应当按照《最高人民法院关于适用〈中华人民共和国民事诉讼法〉的解释》第五百一十六条的规定处理，企业法人的其他已经取得执行依据的债权人申请参与分配的，人民法院不予支持。"

权人群体间清偿利益的公平化为“执转破”程序启动模式的设置原则，[①]由此，需坚持当事人同意的当事人主义的优先启动模式。

由于“执转破”案件的破产原因较复杂，有的申请执行人或被执行人担心受偿率降低或清偿所有债权等原因，而对企业破产法律制度存有片面认识或不解，进而导致其在执转破问题上疑虑重重而不愿启动破产程序。[②] 解决这种因当事人信息不对称所导致的“执转破”启动难问题的关键在于执行法院充分履行对当事人的提示与释明义务，以弥补当事人对破产程序认知的缺陷，提升当事人申请“执转破”的积极性。

(二)依职权启动“执转破”的例外适用

“执转破”的当事人主义启动模式存在一个悖论，“执转破”重要的制度价值在于协助破产申请程序，推动发生了破产原因的债务人进入破产程序，倘若完全与我国破产程序的法定启动模式一致，均采取当事人申请主义，就同样的结果导向，当事人为何不直接申请债务人破产，而在执行程序中同意转入破产？虽然“执转破”程序的执行中止的时间点与破产程序有些许不同，[③]但并不构成对当事人的根本性的制度层面的“选择诱惑”，尤其对于已处于执行程序中的债权人来讲，其更倾向于在执行程序中受偿。“执转破”启动模式的单一化使其制度意义大打折扣，导致实践效果不佳。

经过梳理“执转破”案件的案情，在下列类型的案件中，执行法院有权力启动“执转破”程序。

第一，对于“无产可破”的案件，即经过执行机关充分查索，被执行人财产不足以清偿模拟破产场景下的资产评估费用、管理人费用等破产费用的，应采取职权主义的程序转换方式，执行机关在无被执行人或申请执行人之一申请“执转破”的情况下，为市场出清的社会公共利益考虑。正如《执转破指导意见》开篇所

① 在被执行人同意转破产的情形下，主要着眼于债权人群体间受偿的公平性。

② 参见周建良：《加强执转破有关事宜的告知和征询工作》，载《人民法院报》2017年9月27日，第7版。

③ 《企业破产法》第19条规定：“人民法院受理破产申请后，有关债务人的财产保全措施应当解除，执行程序应当中止。”而根据《民诉法司法解释》第513条的规定，执行法院在当事人同意转入破产程序的前提下，就应当裁定中止执行，而不需要等待破产法院的受理裁定作出。可见，“执转破”程序的中止执行裁定早于破产程序。

言,“执转破”制度目标之一就是“健全市场主体救治和退出机制”,执行机关有义务依职权启动“执转破”程序,此时,将被执行人纳入破产程序,并不构成对债权人利益的任何威胁。

第二,对于已经解散而没有清算的企业,如被依法撤销或者被吊销营业执照的企业,在新的工商管理制度上,包括那些因没有提交年检备案而被纳入经营异常状态的企业,这类企业可以考虑由法院依职权启动“执转破”程序,因为其本身已经丧失了经营资格,本来就应该强制清算,所以执行法院依职权强制启动“执转破”程序不会影响其他当事人,包括债权人、债务人的合法权益。[①] 对于在民事执行程序中“当破而不破”的被执行人企业,最大的潜在风险是其企业法人资格的继续存在,躲在法人企业之后的股东很可能利用“当破而不破”的时间差和股东有限责任的制度设计,继续从事明知不可能完成的经济交易活动。这种活动就是经济欺诈活动,由此诱发企业的道德风险不仅是侵犯交易相对人的经济利益,更会损害整个社会的信用体系。[②] 这种场合产生了当事人私人自治失灵的现象,需要公权力介入以维护社会公平利益。将此类型企业转入破产程序,释放了企业不当占用的市场资源,推动实现了社会资源的优化配置,淘汰了落后产能,净化了市场交易环境。

四、执行与破产程序的衔接

除“执转破”启动模式外,“执转破”工作的有效开展有赖于二者程序间的无缝衔接。对此,在执行与破产程序的衔接方面,有必要采纳执行双阶段理论,以便使执行与破产程序的配合更顺畅。

一般而言,执行程序需要经过执行开始、执行调查和实施执行、执行终结等阶段。[③] 核心在于执行调查和执行实施阶段,就执行措施角度而言,执行程序可以分为财产查控与财产分配两个阶段,即控制性执行与处分性执行。在“执转破”程序中,有必要区分执行程序的两个不同阶段,并赋予不同的规制规则。针

---

① 参见王欣新:《破产与执行程序的合理衔接与转换》,载王欣新、郑志斌主编:《破产法论坛》(第9辑),法律出版社2015年版,第8~9页。

② 参见李帅:《论执行案件中法院职权主义破产启动程序的构建》,载《法律适用》2015年第11期。

③ 参见肖建国主编:《民事执行法》,中国人民大学出版社2014年版,第136页。

对第一个阶段,完全可以视具体情况为破产程序所吸收。《民诉法司法解释》第513条规定,执行法院经申请执行人之一或者被执行人同意,应当裁定中止对该被执行人的执行,将执行案件相关材料移送被执行人住所地人民法院。该解释第515条规定,被执行人住所地人民法院裁定受理破产案件的,执行法院应当解除对被执行人财产的保全措施。为避免执行措施的过早解除,《执转破指导意见》进一步规定:"确保对被执行人财产的查封、扣押、冻结措施的连续性,执行法院决定移送后、受移送法院裁定受理破产案件之前,对被执行人的查封、扣押、冻结措施不解除。查封、扣押、冻结期限在破产审查期间届满的,申请执行人可以向执行法院申请延长期限,由执行法院负责办理。"上述规范的目的,在于避免债务人财产在启动"执转破"程序后仍被个别执行分配,这是必要的,但因为未区分执行程序的两个阶段,一并进行中止与解除,影响了财产查控措施与破产程序的衔接,不利于破产程序最大化地吸收执行财产查控的成果。

即便《执转破指导意见》认识到查封、扣押、冻结等主要执行财产查控措施不同于处分性执行措施的特殊性,但具体规范思维仍受制于财产分配执行措施的中止、解除规则,按照现有法律规范,破产法院作出受理破产案件的裁定,并不意味着破产法院即时掌控了债务人财产,执行法院向破产法院移交执行财产也需要一定时间。《执转破指导意见》规定,"执行法院收到受移送法院受理裁定后,应当于七日内将已经扣划到账的银行存款、实际扣押的动产、有价证券等被执行人财产移交给受理破产案件的法院或管理人",执行扣划、扣押财产的移转期限为执行法院收到破产法院的受理裁定后7日,立法并未明确执行法院解除执行财产查控措施的期限。事实上,如果执行法院先行解除了扣划、扣押措施,则无法完成7日内移转执行查控财产的义务,在现有规范下,仍存在因执行法院的过错,执行法院先解除查控措施,之后移转不能的可能。且该条规范并未涵盖所有的执行财产查控措施,如查封、冻结等措施,其在破产程序中出现了"断档"的时间段,接管执行查控的财产与解除查封、冻结等执行措施之间并未实现绝对的"无缝对接",不诚信的债务人可能自行或勾结恶意债权人利用法院查控措施解除的空隙转移破产财产,或作出偏颇性清偿等实质性的财产处分行为,虽然转入破产程序后,管理人可以通过撤销权、无效行为等制度予以追偿,但经常会面临着事实追偿不能的局面。

笔者建议，运用类型化思维，在执行与破产的程序衔接中采纳执行双阶段理论。当执转破启动后，财产分配阶段的处分执行程序规则不变，而为了债务人财产的最大化，财产查控，包括各项财产控制、保全措施自动延续，执行法院不予裁定中止，在破产法院受理破产案件后，由破产法院决定是否解除财产查控阶段的执行措施或者决定是否直接接收执行法院查控的债务人财产或者续行执行查控措施。[①] 破产法院决定直接接收的，在执行法院移送执行财产完毕时，执行财产查控措施自动解除，管理人可以向破产法院提出相关的解除、续行查控措施或者接收破产财产的申请。

---

① 最高人民法院公布的《破产审判工作会议纪要》第42条规定了破产法院保留执行查控措施的选择权，即“根据破产受理法院的要求，出具函件将查封、扣押、冻结财产的处置权交破产受理法院”；同时，该条规定了破产法院的续行查控权，即“破产受理法院可以持执行法院的移送处置函件进行续行查封、扣押、冻结，解除查封、扣押、冻结，或者予以处置”。破产受理法院对执行查控措施的选择处置权吸收了司法实践的经验，在执行法院与破产受理法院为同一法院的情况下，有的案件为了减少查封程序的重复适用，避免查封衔接的烦琐与风险，有时也采用直接保留执行查封、不予变更查封手续的做法。参见葛洪涛：《执行程序与破产程序衔接的困难与应对——〈全国法院破产审判工作会议纪要〉的解读（五）》，载《人民法院报》2018年4月18日，第7版。《破产审判工作会议纪要》第42条从一定程度上在“执转破”程序衔接部分采纳了执行双阶段区分理论，但该条仍保留了执行法院解除执行措施的义务。

第三章　民营企业破产中的职工债权与债权人会议制度

债权人申报的债权,需经过法院的确认程序才能转化为破产分配债权额,债权人才可参加破产债权人会议,在破产程序中行使相应的权利。职工是企业生产经营的支柱,职工的付出与劳动是支撑企业生产经营的动力与燃料。当企业破产时,职工对企业欠其的工资、医疗以及社会保险等费用拥有职工债权。职工债权具有人身性、社会性和弱势性,其确认和合理处置涉及职工的生存和生活,是民营企业破产程序中一个不可忽视的重要问题。

进行破产程序的目的,是保障债权人的债权得以顺利、公平地实现。因此,在整个程序中应充分尊重全体债权人的意志,保障其知情权、参与权、表决权及监督权。债权人会议由此诞生,其由所有依法申报债权的债权人组成,是债权人实现其破产程序参与权和表决权、维护其自身利益的议事机构。但是,作为以会议的形式进行活动的机构,债权人会议在闭会期间无法行使其职权,也不可能对破产程序进行必要的日常监督。对此,我国破产法规定,可以在设立债权人会议的同时,一并设立债权人委员会作为常设监督组织。探索债权人委员会制度对于保障债权人合法权益具有重要意义。

第一节　民营企业职工债权的处理

职工是企业发展的支柱。企业的生产经营离不开职工的劳动付出，职工通过自己的劳动从企业获取应得报酬。企业破产时，其所欠职工的工资、医疗、社会保险费用等就形成了职工债权。职工债权的处置关乎劳动者劳动报酬的获取、家庭生活保障，甚至整个社会秩序的安稳。因此，这既是一个法律问题，也是一个社会问题。既然其涉及债权人和债务人的利益衡量，也必然要考虑公共政策因素。

一、职工债权的范围及特点

（一）职工债权的法律内涵及范围

职工债权又称劳动债权，是指企业职工基于劳动关系而对企业所合法享有的、以工资为基本形态的、用以维持其生存和生活的各种请求权的总和。[①] 根据《企业破产法》第113条的规定，职工债权包括“破产企业所欠职工的工资和医疗、伤残补助、抚恤费用，所欠的应当划入职工个人账户的基本养老保险、基本医疗保险费用，以及法律、行政法规规定应当支付给职工的补偿金”。工资既包括破产宣告前企业欠缴的部分，也包括破产宣告后职工仍然进行工作应当领取的报酬；医疗、伤残补助和抚恤金是应由企业负担的职工医疗、伤残补助金和抚恤金；所欠的应当划入职工个人账户的基本养老保险、基本医疗保险费用是应当由企业交纳的划入职工个人户的养老保险、医疗保险费用；法律、行政法规规定应当支付给职工的补偿金又称职工安置费，是劳资关系变动时企业应当支付的补偿费用。

（二）职工债权的特点

首先，职工债权具有复杂性。不同于私法中以经营行为为基础形成的合意债权，职工债权基于劳动法的规定而产生，以劳动关系的存在为基础，具有严格

---

① 参见王欣新、杨涛：《破产企业职工债权保障制度研究——改革社会成本的包容与分担》，载《法治研究》2013年第1期。

的法定性。其权利客体不限于劳动报酬,还是一种生存利益,即保障权利人生存和健康、维持其自然和社会存在的最基本的利益。因此,职工债权不仅是基于商品交换关系产生的债权,而且,还是兼具社会属性的人身权,不能让与,也不能代位。①

其次,职工债权具有弱势性,这是由企业与职工的隶属关系所导致的。企业与职工存在隶属关系和信息不对称,二者对于风险的承受能力不同,职工往往处于弱势,一旦企业破产,其可能不仅仅失去既得权益,还可能丧失期待权。职工债权可被看作"社会权"的一种典型形态,②需要国家公权力给予积极保障。

最后,职工债权具有优先性。职工债权关乎职工的生存和生活,在解决衣食住行问题之后才有可能考虑进行政治、科学、艺术、哲学、宗教等社会活动。生存权益是个体安身立命的本源,是人格独立、人格尊严的应有之义,是首要人权。③因此,各国破产法均将职工债权定为优先债权予以高度保护,体现国家对弱势群体利益的保护。④

二、关于职工债权处理的法律规定

职工问题触及公民生存和社会安定,因此,这在每个国家都是一个敏感而又重要的问题。自工业革命以来,工会在欧美国家起到重要作用,成为联系工人和企业的桥梁,工人的权利意识高涨,包括破产法在内法律体系从实体和程序上保障职工利益的实现。我国同样面临这个问题,根据《企业破产法》第6条的规定,法院在审理破产案件时,应当依法保障企业职工的合法权益。

在破产程序启动阶段,如果是债务人向法院提出破产申请,则应同时提交职工安置方案、工资支付和社会保险费用缴纳情况。如果是债权人提出申请,债务人也应提交职工工资支付和社保费用缴纳情况。因此,无论是债务人自行申请抑或是债权人申请,债务人都须向法院提交职工债权的处理情况。若债务人违反规定拒不提交或提交虚假材料,法院可对直接责任人依法处以罚款。

---

① 参见陈清、魏贤达:《破产清算中劳动债权保护问题研究》,载《江苏师范大学学报》(哲学社会科学版)2018年第3期。

② 参见许建宇:《构建我国欠薪保障制度的法学思考》,载《中州学刊》2006年第5期。

③ 参见《马克思恩格斯全集》(第3卷),人民出版社2002年版,第31页。

④ 参见李振华:《企业破产清算劳动债权的优先权探讨》,载《市场周刊》2018年第7期。

在债权申报阶段，为避免单独申报的烦琐，法律规定职工债权无须申报，由管理人调查后列出清单予以公示即可。职工有异议的，可以要求管理人予以更正；管理人不予更正的，职工可向人民法院提起诉讼。

在债权人会议举行中，根据《企业破产法》第 59 条和第 67 条的规定，职工享有参加债权人会议和债权人委员会的权利，保障了职工的知情权和参与权，确保其充分发表意见和表达自身诉求，避免因沟通不畅发生纠纷。

在企业重整过程中，法律将职工债权作为独立一组对重整计划草案进行表决，保障了职工的表决权、异议权及其他合法权益。

在破产财产清算过程中，法律规定破产财产在优先清偿破产费用和共益债务后，优先清偿破产企业所欠职工的工资、补偿金等费用，从而赋予了职工债权优先清偿的地位。

三、职工债权处理存在的问题

（一）法律规定不完善

1. 关于职工债权范围的争议

《企业破产法》对职工债权范围的规定采取的是列举方式，并非概括性规定，也没有作诸如“等”或“其他”的兜底性规定，按照对立法技术用语的理解，只有法条列举到的才能被纳入职工债权的范围，未列举的就不能被纳入，导致实践中在适用该条文时存在歧义。其一，职工债权的范围是否仅限于明确列举的几项，对于关乎职工生存生活的住房公积金等是否包含在内？其二，如若不限于这些类别，那么是否可以涵盖职工通过劳动对企业享有的一切权益？①

2. 关于职工安置的争议

《企业破产法》使用了职工安置方案这一概念，但并未明确其具体含义。明确职工安置方案的内涵、范围和内容，有助于保证在程序正当下的实质正义。②

---

① 参见陈清、魏贤达：《破产清算中劳动债权保护问题研究》，载《江苏师范大学学报》（哲学社会科学版）2018 年第 3 期。

② 参见姚明：《法院受理破产案件与政府协调作用的发挥——从破产企业职工权益保护的视角》，载《中国律师》2010 年第 10 期。

(二)无担保财产不能满足职工债权的清偿需求

《企业破产法》明确了担保债权的优先地位,也就意味着职工债权只能就无担保财产优先受偿。事实上,许多企业往往通过财产担保进行融资,因此,在实现有担保债权后,职工债权可能面临无法清偿或无法完全清偿的困境,而职工债权又关乎职工的生存利益,从而产生职工债权从无担保财产中不足以清偿时与物权担保债权何者更优先的问题。①

(三)社会保障制度欠缺

仅仅依靠在破产法中提前职工债权的清偿顺序不能从根本上解决问题,职工债权的实现还有赖于社会保障等配套制度的扶持。

四、职工债权处理的泉州做法

泉州市民营经济发展迅猛,民营企业多且强盛,综合实力不断攀升,稳居福建省经济发展前列,形成了著名的"晋江经验"和"泉州模式",是全国18个改革开放典型地区之一。但是,相应地,因民营企业过度扩张、经营不善或决策失误等原因引发的债务危机也层出不穷。对此,泉州大力支持以破产法作为纾解债务困境的良药,通过破产审判化解矛盾纠纷,处置"僵尸企业",挽救优质企业。泉州法院深入贯彻党的十九大精神,指导金融和破产审判工作,从政治大局角度出发,努力探索创新,充分发挥破产审判在化解产能过剩、清理"僵尸企业"、优化营商环境中的重要作用,力争在每个破产案件中实现良好的政治效果、经济效果、社会效果和法律效果。

对于职工债权问题,泉州市通过政府、人民法院及管理人、企业多方联动,充分发挥各方积极性与协调性,多元运用政策、法律、制度等因素缓解企业破产下的劳资纠纷,满足职工心理及生活需求,保障职工合法权益。

(一)政府及时介入

首先,泉州市政府进行整体规划和总体部署。市委市政府出台《关于推进企业兼并重组的十条措施》,强调要"妥善安置职工,促进构建和谐劳动关系",要求包括市人社局、财政局、市残联、市住房公积金管理中心、各县(市、区)人民政府、

---

① 参见徐樟鲁:《破产清算中担保债权与劳动债权的清偿顺位》,载《中国律师》2016年第6期。

泉州开发区、泉州台商投资区管委会等在内的政府机构应当:指导企业及时为在职职工缴纳接续基本养老保险和医疗保险,对于与企业解除劳动关系的职工到灵活就业人员服务窗口续保缴费;鼓励实施兼并重组企业与被兼并重组企业职工协商解决劳动关系,切实保障职工合法权益;做好兼并重组解除、终止劳动关系的职工失业登记,确保符合条件的失业人员及时领取失业保险金,对采取有效措施稳定职工队伍的参保缴费企业,由失业保险基金按照规定给予企业稳定岗位补贴;实施积极就业政策,落实职业培训、创业培训、促进自主创业、帮扶就业困难人员就业等优惠政策,为兼并重组的再就业人员提供包括政策咨询、职业介绍和职业指导在内的一系列就业服务。

其次,泉州市政府积极主动干实事,及时介入破产处置工作,对企业行为进行正向引导和有效监督,避免内幕交易转移资产等违法违规操作,保护职工的合法权益不受侵犯。例如,在诺奇股份重整案中,泉州市政府在债权人申请破产重整前成立协调组提前介入,协调泉州市信访局、劳动部门等根据职工诉求制定策略,建立劳动争议调解委员会及时化解冲突和处置突发事件,同时,加强宣传工作,积极引导社会舆论,保障破产重整的有序进行。

最后,泉州市政府采取措施维护企业生产经营和社会稳定。一方面,严密部署维稳工作,严防破产案件中发生恶性讨债事件;另一方面,建立工作例会制度,工信、金融监管等部门大力支持法院工作,与破产企业清算组工作人员随时碰头、协调解决企业破产过程中遇到的问题,为企业提供“多对一”“一站式”的精准服务。

(二)法院积极作为

首先,出台制度,切实规划职工债权处置工作。泉州市中级人民法院2014年印发《关于司法应对金融风险的若干意见》的通知,强调妥善处理劳动争议案件,保护劳动者合法权益,及时有效地处理劳动争议案件,高度重视欠薪纠纷;可通过分期支付、逐步到位等灵活方式,缓解企业支付压力,实现劳资双赢;对企业因资金链断裂确实无法支付工人工资的,应及时与当地政府沟通,由政府出面垫资,解决工资发放问题;恶意欠薪的,应依法追究刑事责任。此外,泉州市中级人民法院还加大司法救助力度,对确有困难的企业,尤其是困难企业拖欠劳动报酬引发的劳动争议案件,实行诉讼费减、免、缓,减轻企业和劳动者的负担。

其次,对症下药,针对个案创新处置方式,稳定职工情绪,确保破产程序有序推进。例如,在旗牌王重整案中,职工面对公司破产的事实人心浮动,影响了公司的生产经营。洛江区人民法院首次采取高管承包经营模式确保生产设备运行,由公司留守高管人员以利润上交包干的承包方式继续经营,并通过协商以留守人员与承包人双重身份锁定承包高管之职责,解除富余职工劳动合同,稳定152 名职工的工作,减少留守人员工资总额,有效控制承包经营风险。

(三)管理人灵活处理

泉州市破产管理人积极发挥自身能动作用,协调职工、债务人企业、债权人、股东、重整新投资人等各方利益,在保障职工权益的基础上灵活地争取破产财产最大化,提高企业市场退出效率,保障债权的实现。在有破产财产可供支付职工债权的情况下,管理人将职工债权中的工资部分视为首要且必须保证的部分,其次才是医疗补助、保险费用、补偿金等其他职工债权;在破产财产不足以清偿全部债务的情况下,管理人往往会与利益各方进行沟通协调,争取免除职工债权的医疗补助、保险费用、补偿金等部分,只支付最重要的工资部分;如果破产财产仅足以偿还担保债权,管理人则会与担保债权人进行协商,争取划分一部分财产用以清偿职工债权,以保障职工的生存利益。

五、职工债权处理之优化建议

2019 年《全国民商事审判会议纪要》指出,要继续加大对破产保护理念的宣传和落实,通过平衡债权人、债务人、出资人、员工等利害关系人的利益,实现社会整体价值最大化。职工债权的处理和失业人员的保障是企业破产案件必须要考虑的问题。

(一)完善职工债权处理的法律设计

1. 界定职工债权的范围

职工债权既是职工对当下利益的现实诉求,也是职工对未来利益的期待诉求。《企业破产法》采取列举的方式大体上涵盖了职工当下利益的实现、未来利益的保障以及临时利益的救济,但并未明确未列举的职工权益可否按职工债权的标准参与破产程序。有学者提出,职工债权的范围应及于劳动者基本生存所需的各项报酬。[①] 笔者认为,职工债权的范围应当有限制地扩大,涵盖包括住房公积金在内的涉及职工基本生存利益的权益,但并非无限扩张至企业所提供的各项福利以及职工在单位所应享有的一切权益。

住房公积金是长期性的住房储蓄基金和住房保障制度,事关住房困难问题的解决、住房条件的改善以及生活水平的提高,具有强制性、互助性和保障性。根据我国《住房公积金管理条例》的规定,职工享有在职期间自己为自己缴存的以及其所在单位为其缴存的住房公积金。在实践中广泛存在破产企业欠缴住房公积金的情况,对于破产企业应为其职工缴存而未缴存的住房公积金部分应视为债务人拖欠职工的工资按照第一顺位优先清偿,[②]对于保障劳动者的居住安全具有现实意义。

2. 明确职工安置预案

《企业破产法》虽多处提到了职工安置方案,但对于其究竟为何以及与职工债权之间的关系并未说明。职工安置预案不同于职工债权清偿方案,后者依法确定,不需要债务人在申请破产时提交。顾名思义,职工安置方案就是安置企业职工的方案,是企业发生破产原因后为避免职工因企业破产而失业所制定的预防性、保障性方案。若企业能在破产程序启动前合理制定职工安置方案,则有利于职工权益的破产保护,避免因安置产生的不安定事件,减轻法院压力。民营企业和非民营企业的职工安置方案有所不同。就前者而言,劳动法已对劳动合同关系解除后的补偿予以规定,因此,职工安置方案应关注解除劳动关系后对职工进行的补偿;而就后者而言,职工安置方案应列明拟安置职工的基本情况、安置可能遇到的障碍及解决方案等,这是因为对于国家出资的企业来讲,职工安置方案实际上属于维稳方案。

3. 职工债权清偿顺位的特殊突破

为保障交易安全以及物权担保的优先性,《企业破产法》规定担保债权不受破产程序的限制,担保债权优先于职工债权受偿。但是,实践中存在企业财产均设置担保、无担保财产不足以清偿职工债权的情况。由于职工债权涉及职工的

---

① 参见陈清、魏贤达:《破产清算中劳动债权保护问题研究》,载《江苏师范大学学报》(哲学社会科学版)2018 年第 3 期。

② 参见王欣新:《破产法》(第 3 版),中国人民大学出版社 2011 年版,第 288 页。

生存权益,且目前社保制度尚不健全,笔者建议,可对现有立法进行修改,在满足条件的情况下适度地突破担保债权的优先性,允许部分紧急的、人身性强烈的职工债权超越担保债权。应注意的是,此种突破建立在目前不相匹配的社保制度的基础上,顺应国际发展趋势,我国仍应以健全社保制度解决职工债权问题为主,尽快脱离非市场化因素对破产制度的干扰。

借鉴各国的立法例,若要使职工债权有限制地优于担保债权,需满足以下条件:第一,无担保财产不足清偿职工债权;第二,仅限于特殊时间内的职工工资,如日本法律规定"企业欠付职工不超过3个月的工资",美国法律规定"破产申请提出前90日内发生的数额不超过2000美元的工资";第三,仅适用当地最低工资标准及工伤保险待遇,①这是因为最低工资标准可以维系职工的基本生存,工伤保险待遇则利于应对工伤带来的生存问题,除此之外的其他工资、社会保险费用、经济补偿金等仍应遵循正常顺位。②

4. 加强与其他法律制度的衔接

法律的功能与价值需要立法者去定位,但任何一部法律在功能与价值上都存在局限性,需要依赖其他法律的配合。职工债权与生存权有天然联系,因此,不能局限于私法领域的解决方式,还应寻求公法救济,职工债权的处理不仅是破产法的责任和使命,也应是其他公法应有的担当。试图仅通过《企业破产法》的努力来应对该问题,不仅是徒劳的,而且对破产法本身来讲也不堪重负。在目前《企业破产法》对于职工债权规定内容较少的情况下,应加强不同法律制度相关内容的衔接,充分发挥劳动与社会保障法、民商法等相关实体法的作用,更好地保障职工合法权益的实现。例如,劳动法并未对职工债权优先保障问题进行规定,也没有职工工资保障基金制度,应当完善劳动法中职工债权相关内容,形成破产法内外协同的职工债权保障机制,完善职工权益保障制度。

(二)充实职工债权处理的具体保障制度

从发达国家的立法发展来看,在破产法中赋予职工债权优先地位的做法有被其他制度取代的趋势,对职工债权更多地依托社会保障等立法与制度,以及政

---

① 参见徐樟鲁:《破产清算中担保债权与劳动债权的清偿顺位》,载《中国律师》2016年第6期。

② 参见陈清、魏贤达:《破产清算中劳动债权保护问题研究》,载《江苏师范大学学报》(哲学社会科学版)2018年第3期。

府部门的能动作用。从长远来看,在具备强大国力和完善社保体系的情况下,职工债权优先性的生存保障功能可被社保制度所代替。① 当下,应搭建破产法之外的特殊保障制度体系,发挥政府部门、法院、企业以及管理人等多方主体的协调作用,形成政府主导、企业广泛参与、管理人灵活沟通、法院居中裁判的各方责任明确、职工风险分散的职工债权处理方式和社会保障体系,明确专门管理机构的职能,完善社会救济、就业等保障制度,使职工的合法权益能够充分得到保障,这才是实现职工债权优先保障的切实可行的方法。

1. 多方主体协调联动

泉州市不仅在处理整个破产案件方面有丰富经验,更在规制职工债权问题上形成了体系化、多层次、多元化的处置方式。泉州经验值得进行学习与借鉴,以推动职工债权的顺利处理。

首先,政府应当及时主动地介入重要、重大、涉及多方利益的破产案件处理,对企业行为进行监督和引导,出台政策规章作为处理劳资关系、化解职工债权处置问题的制度保障,并为处理职工的社会保险费用、解除或维系劳动关系提供便利的物质条件,如特殊服务窗口、职工失业登记、失业保险基金补贴等。政府应通过推行积极的就业政策,为破产企业职工再就业提供政策咨询、就业指导、职业培训、创业培训等条件和帮助,从而最大限度地减少因企业破产而给企业职工带来的生存和生活困难。此外,政府还应积极部署各项维稳工作,防止群体性、恶性讨债事件的发生,维护社会秩序的稳定。

其次,法院应当积极谋划职工债权的合理处置,通过出台相关制度妥善处理发生的劳动争议,在保护劳动者合法权益的基础上推进企业破产程序的顺利进行,如通过司法救助适时适度实行诉讼费减、免、缓交。法院的行动应当与政府的政策相衔接,发挥府院联动的力量解决企业因破产财产不足而无法支付职工工资的问题,解决职工工资发放问题。法院还应当针对个案采取灵活的审判方案,靶向治疗职工债权处置难题。

最后,作为破产法律制度的具体实施者,管理人应当灵活处理职工债权,协调好各方利益主体。《破产审判工作会议纪要》指出,破产管理人是破产程序的

---

① 参见王欣新、杨涛:《破产企业职工债权保障制度研究——改革社会成本的包容与分担》,载《法治研究》2013 年第 1 期。

主要推动者和破产事务的具体执行者,其能力和素质关乎破产审判工作的质量和破产企业的命运。破产管理人负责破产财产的保管、清理、估价、变卖和分配,负责处理破产企业债务纠纷、财产追讨及权益处理,从破产程序启动直到终结始终扮演着重要角色。管理人应根据不同利益主体利益实现的迫切性和重要性程度,灵活地处理企业破产中的特殊问题,通过撤销权及追回权等权利实现破产财产最大化,既保障职工利益,又保证债权的公平清偿,优化企业通过破产程序退出市场或破茧重生的效果。

2. 健全职工工资保障基金制度

职工工资保障基金制度,或称欠薪保障金制度,是由国家有关部门或机构保管的,在企业没有能力支付职工工资的情况下,由政府出面使用该笔款项的本金及其利息支付职工工资的一项卓有成效的工资保障制度。比较通行的做法是,由政府或国家另设专门独立机构设立独立的基金账户,每年强制收缴企业一部分的欠薪保障费,并由专人管理,在企业清算、企业运行困境、高管携款潜逃等特殊情况无法支付职工工资时,在该基金支付限额内专款专用于职工工资的支付。[①] 将该制度与破产法进行有机结合,有利于为破产企业的职工提供制度保障,同时,也有利于缓解企业破产程序的后顾之忧。

首先,就职工工资保障基金的发起及管理而言,政府有义务有责任维护职工合法权益,因此,各级政府应是职工工资保障基金的主要筹措者和管理者。[②] 我国的社会保险包括养老、医疗、工伤、生育、失业五种类型,破产欠薪基金当归于失业保险。政府可以通过对社保基金的运行实现社会保险的保值增值,将产生的收益中的一部分划入保障基金,补充劳动债权的实现。[③] 就其管理者而言,应由政府专门部门进行管理,以保证及时清偿。

其次,就职工工资保障基金的资金来源而言,德国的劳动保障基金和法国的职工债权保险来源于企业主缴纳;英国的国家保险基金则主要来自财政资金;我国香港特别行政区由商业登记费用缴纳;北京市的破产准备金来自财政预算资

① 参见周贤日:《欠薪保障法律制度的研究》,人民出版社 2011 年版,第 32 页。

② 参见王欣新:《论职工债权在破产清偿中的优先顺序问题》,载《法学杂志》2005 年第 4 期。

③ 参见陈清、魏贤达:《破产清算中劳动债权保护问题研究》,载《江苏师范大学学报》(哲学社会科学版)2018 年第 3 期。

金；上海市欠薪保障金来自用人单位在领取营业执照时缴纳的欠薪保障费、财政补贴及追偿所得。由于目前我国企业的税费和社会保障负担比较重，完全由企业缴纳基金尚难以实现，从商业登记和年检中抽取较大数额的费用也不利于企业设立和鼓励创业，因此，笔者认为，可以鼓励地方政府或破产企业的股东、控股企业在破产程序启动前后垫付职工债权，或建立一个以财政补贴为主要资金来源、以取得企业营业执照和通过年检时缴纳的少量费用为补充的职工工资保障基金。除此之外，企业与社会组织的捐助也可成为基金资金的重要来源。

最后，就职工工资保障基金的实质而言，职工工资保障基金的保障范围应是有限度的垫付，支付标准可以参考当地最低工资标准和社会保险费用的最低缴费基数，保障支付的期间也不宜过长，可考虑定为破产受理前6个月或1年内。未能从保障基金获得救助的部分，可以依照破产法的规定进行受偿。职工保障基金在清偿职工债权后享有代位优先权，若从破产财产中无法获得偿还，则可以向违法欠付职工工资的责任人追偿。

（三）明确董事、监事和高级管理人员的责任

企业破产财产的减少可能是由于企业的控制股东、董事及高管人员不及时申请破产所造成的，也可能是上述主体恶意拖欠职工工资所造成企业损失的扩大，从而无法在破产程序中偿付职工债权。各国都重视从源头上，即从董事、监事和高级管理人员的法律责任上出发抑制职工债权拖欠。例如，有的国家或地区规定了董事、监事和高级管理人员个人对企业所欠工资负连带清偿责任，威慑其不敢无故拖欠职工工资及社保费用等。还有国家规定董事在企业因丧失清偿能力而拖欠职工工资时有义务及时申请破产，防止债务进一步恶性膨胀，否则追究其刑事责任。① 因此，应当加强企业监管，规定企业董监高在职工债权问题上的法律责任。

首先，董事、监事和高级管理人员必须及时申请破产，未及时申请破产的，可以比照《公司法》对因未履行忠实义务和勤勉义务给公司造成损失时的赔偿责任的规定，也可以比照公司强制清算中导致无法清算时的赔偿责任的规定，要求董

---

① 参见王欣新：《论职工债权在破产清偿中的优先顺序问题》，载《法学杂志》2005年第4期。

监高对因此而扩大的损失承担连带责任,[①]以缓解职工工资保障基金的支付压力,职工可以通过提起诉讼的方式向主要责任人主张。[②]

其次,应当加强执行和处罚力度,减少工资和社会保险费拖欠情况。对于恶意拖欠职工工资及社会保险费用的企业应当加重处罚;对于拖欠职工债权达一定期限的企业应当吊销营业执照并予以关闭;对于欠薪严重的企业市场监管部门应不予办理年审。

第二节　债权人委员会扩大会议举措的探索

债权人会议是破产程序中债权人的最高和最主要的议事机构。我国《企业破产法》设置了债权人委员会制度,对成本不经济的债权人会议进行了制度补充。但是,最多为9人的人数限制也造成了债权人委员会的代表性不够广泛。泉州市中级人民法院积极探索,推出了债权人委员会扩大会议的举措。在不违反《企业破产法》关于债权人委员会人数上限的规定的同时,克服了债权人委员会代表范围的局限性,更好地维护了全体债权人的利益,并推动了破产程序顺利开展,取得了良好的法律效果和社会效果。

一、破产程序中的债权人委员会

(一)债权人委员会的意义和作用

债权人会议是破产程序中债权人的最高和最主要的议事机构。按照《企业破产法》第59条的规定,依法申报债权的债权人为债权人会议的成员,有权参加债权人会议,享有表决权。这在考虑公平保护全体债权人的同时,也会产生效率上的障碍,由依法申报债权的债权人组成的债权人会议往往人数众多,上百人、几百人的很常见,上千人、几千人的也不少见,上万人、几万人的也并不令人惊讶。按照《企业破产法》的规定,需要召开债权人会议来表决重整计划草案、和解

① 参见王欣新、杨涛:《破产企业职工债权保障制度研究:改革社会成本的包容与分担》,载《法治研究》2013年第1期。

② 参见姚明:《法院受理破产案件与政府协调作用的发挥——从破产企业职工权益保护的视角》,载《中国律师》2010年第10期。

协议、破产财产变价方案、破产财产分配方案等。但在上述会议的间隙的破产程序中，也有许多重要、重大事项需要管理人向债权人报告并由债权人决策，诸如《企业破产法》第69条列举的涉及土地、房屋等不动产权益的转让，探矿权、采矿权、知识产权等财产权的转让，全部库存或者营业的转让，借款，设定财产担保，债权和有价证券的转让，履行债务人和对方当事人均未履行完毕的合同，放弃权利，担保物的取回，对债权人利益有重大影响的其他财产处分行为。如果出现这些情形都要召开债权人会议：一是会极大地占用全体债权人的时间成本。债权人除要熟悉会议议题资料外，还可能要进行内部决策程序，且全体债权人还要到达会议现场（网络远程会议除外），按会议流程开会再返程。二是会极大地占用全体债权人的经济成本。债权人参加债权人会议必然会产生交通、住宿等差旅费。三是会极大地提高破产费用成本。召开债权人会议的费用，无疑是破产费用，一般包括会议通知快递费用，会议材料打印、复印、装订费用，会场布置费用，会场租赁费用等。这些破产费用的产生，不仅减少了破产财产降低了债权人的清偿率，而且可能占用了债务人企业进入破产程序后存量不多的现金，进而可能因现金的缺乏而影响破产工作的正常开展。四是会极大地占用管理人的时间成本。按照《企业破产法》第63条的规定，召开债权人会议，管理人应当提前15日通知已知的债权人。召开债权人会议，需要管理人团队准备会议通知材料、通知全体债权人、起草定稿会议资料、准备会议资料、预定会场、布置会议、组织会务等大量的会务工作。不夸张地说，每开一次债权人会议，管理人团队都像打一场硬仗，加班加点是必需的，会议前一天还有可能彻夜不眠。

债权人会议作为以会议体形式活动的机构，在闭会期间便无法行使其职权，也不可能对破产程序进行必要的日常监督。当发生与债权人利益相关的事项需要决策时，重要事项固然应经债权人会议决议，但对于一般事项也召开债权人会议决定，不仅耗时、费资，而且也不利于破产程序的迅速进行。为保障债权人会议职能的有效履行，对管理人的活动及破产程序的合法、公正进行必要的日常监督，各国破产法通常规定，在债权人会议中可以设置常设监督机构，即债权人委员会或破产监督人。在不同国家或地区的破产立法中，债权人会议常设监督机构的称谓不同，有的称破产监督人，有的称监查人，如我国台湾地区，有的称监察人或监察委员，如日本，也有的称债权人委员会，如德国。我国在《企业破产法》

中设置了债权人委员会，这是为保障债权人权益而进行的一项重大制度建设。《企业破产法》对债权人会议常设监督机构采用债权人委员会的名称，因此，下文将在债权人会议中起破产监督作用之机构统一称为债权人委员会。债权人委员会是遵循债权人的共同意志，代表债权人会议在职权范围内对管理人的活动以及破产程序的合法、公正进行日常监督，处理破产程序中债权人会议授权其解决有关事项的常设机构。①

（二）债权人委员会的职责

《企业破产法》第 68 条规定，债权人委员会行使下列职权：(1)监督债务人财产的管理和处分；(2)监督破产财产分配；(3)提议召开债权人会议；(4)债权人会议委托的其他职权。债权人委员会执行职务时，有权要求管理人、债务人的有关人员对其职权范围内的事务作出说明或者提供有关文件。管理人、债务人的有关人员违反本法规定拒绝接受监督的，债权人委员会有权就监督事项请求人民法院作出决定；人民法院应当在 5 日内作出决定。《破产法司法解释三》第 13 条规定，债权人会议可以依照《企业破产法》第 68 条第 1 款第 4 项的规定，委托债权人委员会行使《企业破产法》第 61 条第 1 款第 2 项、第 3 项、第 5 项规定的债权人会议职权。债权人会议不得作出概括性授权，委托其行使债权人会议所有职权。而《企业破产法》第 61 条第 1 款第 2 项、第 3 项、第 5 项规定的债权人会议职权分别为："……(二)申请人民法院更换管理人，审查管理人的费用和报酬；(三)监督管理人；……(五)决定继续或者停止债务人的营业"。而该法第 61 条第 1 款规定的其他的债权人会议职权为："(一)核查债权；……(四)选任和更换债权人委员会成员；……(六)通过重整计划；(七)通过和解协议；(八)通过债务人财产的管理方案；(九)通过破产财产的变价方案；(十)通过破产财产的分配方案；(十一)人民法院认为应当由债权人会议行使的其他职权。"

《企业破产法》第 69 条第 1 款规定，管理人实施下列行为，应当及时报告债权人委员会：(1)涉及土地、房屋等不动产权益的转让；(2)探矿权、采矿权、知识产权等财产权的转让；(3)全部库存或者营业的转让；(4)借款；(5)设定财产担保；(6)债权和有价证券的转让；(7)履行债务人和对方当事人均未履行完毕的

① 参见王欣新：《破产法》，中国人民大学出版社 2011 年版，第 210 页。

合同;(8)放弃权利;(9)担保物的取回;(10)对债权人利益有重大影响的其他财产处分行为。

《破产法司法解释三》第15条规定,管理人处分《企业破产法》第69条规定的债务人重大财产的,应当事先制作财产管理或者变价方案并提交债权人会议进行表决,债权人会议表决未通过的,管理人不得处分。管理人实施处分前,应当根据《企业破产法》第69条的规定,提前10日书面报告债权人委员会或者人民法院。债权人委员会可以依照《企业破产法》第68条第2款的规定,要求管理人对处分行为作出相应说明或者提供有关文件依据。债权人委员会认为管理人实施的处分行为不符合债权人会议通过的财产管理或变价方案的,有权要求管理人纠正。管理人拒绝纠正的,债权人委员会可以请求人民法院作出决定。人民法院认为管理人实施的处分行为不符合债权人会议通过的财产管理或变价方案的,应当责令管理人停止处分行为。管理人应当对其行为予以纠正,或者提交债权人会议重新表决通过后实施。

(三)债权人委员会的议事规则

《破产法司法解释三》第14条规定,债权人委员会决定所议事项应获得全体成员过半数通过,并作成议事记录。债权人委员会成员对所议事项的决议有不同意见的,应当在记录中载明。债权人委员会行使职权应当接受债权人会议的监督,以适当的方式向债权人会议及时汇报工作,并接受人民法院的指导。在实践中,债权人委员会的议事规则往往由债权人会议表决通过来确定,并且采用人数多数决规则,与债权人委员会各成员代表的债权额无关。

(四)现行债权人委员会制度的不足

《企业破产法》第67条规定:"债权人会议可以决定设立债权人委员会。债权人委员会由债权人会议选任的债权人代表和一名债务人的职工代表或者工会代表组成。债权人委员会成员不得超过九人。债权人委员会成员应当经人民法院书面决定认可。"法律在债权人委员会成员人数上的限制,目的是避免召开债权人会议的低效和高成本,追求提高债权人委员会的工作效率和降低工作成本。但是,人数上的过于严格的限制(最多9人),在很多时候使债权人意志的代表性也受到了很大程度的限制。债务人的职工代表或者工会代表仅有1名,在债权职工人数较多、结构较为复杂时,也不能全面科学地反映全体债权职工的意志,使破产工作的开展可能与全体债权人的意志或利益出现偏离，甚至因债权人对破产工作的不理解、不支持而陷入僵局，出现不应该出现的不利后果，如本应通过重整计划草案而提高全体债权人的清偿率，却因债权人的反对不能通过重整计划草案而宣告破产进而导致全体债权人的清偿率大幅下降，甚至为零。

二、债权人委员会扩大会议的探索

(一) 债权人委员会扩大会议的由来

泉州市中级人民法院在企业破产重整案件的审理过程中，大胆创新探索了债权人委员会扩大会议制度。债权人委员会扩大会议，是在已依法选举债权人委员会成员和确定债权人委员会成员议事规则的基础上，在召开债权人委员会时，由人民法院和管理人从债权人委员会成员以外选择部分其他债权人和破产程序工作人员列席参加债权人委员会的举措。这里的部分其他债权人可以包括其他的担保债权人、税收债权人、普通债权人和职工债权人，这里的破产程序工作可以包括司法行政人员、管理人、审计评估人员、企业经营管理人员等。非债权人委员会成员人员列席参加债权人委员会可以聆听、发言、提问、解答等，但按照《企业破产法》和债权人委员会成员议事规则的规定其不享有表决权。

(二) 债权人委员会扩大会议的积极意义

第一，债权人委员会扩大会议举措，解决了因《企业破产法》对债权人委员会成员人数限制而带来的债权人意志代表的局限性。法定的 9 个人的人数上限，其中，还有 1 名债务人的职工代表或者工会代表，而且，往往债权人会议主席也是债权人委员会的成员。这就使债权人委员会成员的选择，除债权人会议主席和债务人的职工代表或者工会代表外，最多只有 7 个可选择名额。破产程序是无法足额清偿条件下的集中公平清偿程序，各方利益主体的利益冲突聚集，无论是在不同清偿顺位的债权人之间，还是在同一清偿顺位的债权人之间，都存在或可能存在巨大的利益冲突。在现实中，还可能存在不同背景的、结构复杂的多种债权人群体，如同时有有财产担保债权人、无财产担保债权的普通债权人、国有商业银行债权人、民营股份制商业银行债权人、小额贷款公司、民间借款债权人、民间集资债权人、供应商债权人、销售商债权人等。这些不同群体的债权人的利益诉求、心态和让步的心理价位各不相同，很多时候不是 7 个人就可以全面地代表意志的。债权人意志的全面充分表达不仅可以释放他们对债务人破产清偿损失的不满情绪,还可以使管理人的工作受到更多的债权人的监督进而使破产工作不偏离正确的轨道,而且,还能使破产工作的成果更具民主性和科学性,使破产程序的进展更顺利、更有效。

第二,债权人委员会扩大会议举措,解决了债权人委员会与破产程序相关工作人员沟通的局限性。司法行政人员、管理人、审计评估人员、企业经营管理人员等人员通过列席参加债权人委员会扩大会议,使债权人委员会成员以及列席会议的其他债权人,有了可以公开沟通交流的机会和场所。按照《企业破产法》的规定,上述破产程序相关工作人员并非债权人委员会成员,也没有参加债权人委员会的法定职责和机会。但是,对于破产程序中很多重要的工作和事务处理,如程序的启动、待履行合同的处理、继续营业、调查报告、债权审查意见、审计报告、评估报告的出具,重整计划草案、和解协议草案、破产财产变价方案、破产财产分配方案的制作,上述人员都是参与的。如果这些人员在工作过程中不能与债权人的代表进行有效充分的沟通,一方面,债权人对他们的工作目的、方向、内容、进展等不能了解,导致难以得到债权人们理解、配合和支持;另一方面,更广泛的债权人的意志不能有效地传达给破产程序相关工作人员,进而影响他们工作方向、工作内容、工作成果的民主性和科学性。而债权人委员会扩大会议举措在更大范围的债权人意志代表和破产程序相关工作人员之间架起了一道有效沟通的桥梁,既使债权人委员会的决策更科学有效,也使破产工作更科学有效。

第三,债权人委员会扩大会议制度扩大了全体债权人对管理人监督的民主性,增加破产工作的透明度。《破产审判工作会议纪要》强调管理人是破产程序的主要推动者和破产事务的具体执行者,管理人的能力和素质不仅影响破产审判工作的质量,还关系破产企业的命运与未来发展。要加快完善管理人制度,大力提升管理人职业素养和执业能力,强化对管理人的履职保障和有效监督,为改善企业经营、优化产业结构提供有力制度保障。对管理人的有效监督是需强化的内容,而债权人委员会制度则是对管理人监督的重要制度设计。通常,债权人委员会负有监督管理人工作,查阅债务人账簿与营业文件,审查或批准管理人处分重要破产财产的行为,提请召集债权人会议,出席债权人会议并就有关监督事务陈述意见,提请法院阻止管理人不当决定的执行,申请解除管理人职务等职权。[①] 根据《企业破产法》第68条的规定,监督债务人财产的管理和处分,监督破产财产分配是债权人委员会的职权。并且,债权人委员会执行职务时,有权要求管理人、债务人的有关人员对其职权范围内的事务作出说明或者提供有关文件。管理人、债务人的有关人员违反本法规定拒绝接受监督的,债权人委员会有权就监督事项请求人民法院作出决定,人民法院应当在5日内作出决定。但如前所述,因法律对债权人委员会人数上限的限制,也就造成了债权人委员会对管理人工作监督的民主性相对受限,并在一定程度上降低了破产工作的透明度。债权人委员会扩大会议的举措,因增加了参加债权人委员会会议的债权人代表人数和扩大了代表群体,继而扩大了全体债权人对管理人监督的民主性,增加破产工作的透明度。

第四,债权人委员会扩大会议的举措可以更好地完善破产法律和司法解释关于债权人委员会的制度设计。为了完善《企业破产法》关于债权人委员会的制度设计,《破产法司法解释三》以较多的文字对债权人委员会有关事项进行了规制,主要倾向是对债权人委员会的职权、运行和议事规则等内容进行谨慎性、约束性的规定,增加对债权人委员会的监督。在现实中,往往在第一次债权人会议时表决通过管理人起草的债务人财产管理方案,但是,这个财产管理方案一般是由管理人接管破产企业后在较短时间内制定的,时间在1个半月至3个半月之间。因为按照《企业破产法》的规定,债权申报期限自人民法院发布受理破产申请公告之日起计算,最短不得少于30日,最长不得超过3个月,第一次债权人会议由人民法院召集,自债权申报期限届满之日起15日内召开。在现实中,因主客观原因,管理人在破产程序受理后不能马上接管企业,还会缩短这个时间。也因此,该财产管理方案很大程度上不能对某些具体的债务人财产的处分作出最优的有利于全体债权人的规定,可能会错失处置财产的最佳时机,如在重整程序中,对与重整重组无关的低效无效资产的处置,如对于即将过诉讼时效但追收成本高却收回可能性小或收回额度低的对外债权或在外资产的放弃,等等。如果再召开债权人会议完善财产管理方案,不但增加债权人时间成本、经济成本、破

---

① 参见王欣新:《破产法》,中国人民大学出版社2011年版,第211页。

产费用成本,也会因法定召集时间长①而错过市场机会,债权人也会因为成本原因不愿参加债权人会议,进而导致无法表决通过拟完善的财产管理方案,最后管理人不能及时有效地实施对全体债权人有利的财产处分行为,使全体债权人的利益受损。债权人会议能够最广泛代表债权人的意志但成本较高且效率低,债权人委员会因人数限制无法代表广泛的债权人意志,破产工作的重要决策又需要尽快作出,这就产生了债权人程序权利与实质利益的矛盾。

债权人委员会扩大会议的举措既可以克服债权人会议成本较高或效率低的缺陷,又可以克服债权人委员会因人数限制产生的决策的道德风险或能力风险。如果债权人委员会扩大会议的举措将来可以被法律或司法解释吸收,将会完善我国破产法律关于债权人会议和债权人委员会的制度设计。

(三)债权人委员会扩大会议的成功案例

债权人委员会扩大会议的举措作为泉州市中级人民法院的创新举措,在破产案件的实践中有成功的案例,取得了良好的破产工作效果和社会效果。立恒公司系一家民营军工涂料企业,拥有国军标质量管理体系、三级保密资格证、武器装备科研生产许可证和武器装备承制单位资格证,后因盲目跨行业投资导致巨额亏损而陷入债务危机和经营困境。截至2016年5月27日,立恒公司负债高达5.16亿元,净资产为-4.3亿元,已不能清偿到期债务并严重资不抵债。经债权人申请,2016年5月27日,惠安法院受理了立恒公司重整案并指定立恒公司清算组为管理人,后该案移送泉州市中级人民法院审理。立恒公司在进入重整程序前,当地政府成立了清算组并聘请中介机构负责处理专业事务。法院在受理立恒公司重整案件后指定清算组作为管理人,充分发挥了政府与法院联动破产工作协调机制的作用,推进立恒公司重整审理工作有序进行。在立恒公司第一次债权人会议上,选举出了5名债权人委员会成员。由于并未招募到合适投资人,管理人在制作重整计划草案时,经泉州市中级人民法院指导,创新式地召开了债权人委员会扩大会议,在充分听取债权人意见后,创新性地制定了"挂牌式"招募投资人的重整计划草案,由债权人会议自主决定"挂牌"底价(债权人清偿比例),并将调整"挂牌"价格及期限的权利赋予债权人委员会。为了具有更广

① 《企业破产法》第63条规定:"召开债权人会议,管理人应当提前十五日通知已知的债权人。"

泛的代表性,在第二次债权人会议上补选 4 名债委会成员。该重整计划草案在表决时得到了债权人"零反对票"通过。2017 年 1 月 23 日,泉州市中级人民法院裁定批准了重整计划并终止重整程序。在重整计划执行期间,泉州市中级人民法院在其微信公众号上发布立恒公司招募投资人公告,管理人联系了淘宝、中国资产交易等具有影响力的平台进行转发,广泛发布立恒公司招募投资人信息。在招募投资人期间,又多次召开债权人委员会扩大会议,充分听取债权人提出的要求和建议,让尽可能广泛的代表参与招募投资人及谈判过程中。

在立恒公司重整案件中,成立并充分发挥了债权人委员会的作用,并多次召开债权人委员会扩大会议,广泛邀请债权数额较大且有代表性的债权人参与会议,监督管理人工作、参与制定重整计划草案及监督重整计划的执行,让广大债权人切实参与重整程序及与投资人谈判过程中来,充分实现了重整程序的公开透明。截至目前,立恒公司的重整计划已基本执行完毕,企业正在全面恢复生产。

三、债权人委员会扩大会议的实操要点

在进行债权人委员会扩大会议实操时,笔者认为,有几个要点需要注意。

一是非债权人委员会成员的其他债权人人员的选择,应充分考虑代表的全面性。成立债权人委员会时,除法定须有 1 名债务人的职工代表或者工会代表外,法院和管理人往往也会充分考虑提名债权人委员会候选人员所代表债权人的全面性,如财产担保债权人代表、金融债权人代表、民间债权人代表、供应商债权人代表等。但是,如前所述,受《企业破产法》规定的人数上限的限制,债权人委员会成员在很多时候还不能较全面地代表各类债权人的意志,如同样是金融债权人,国有银行债权人对重整计划草案中债权调整内容的态度可能就与民营股份制银行债权人的态度不同,国有银行债权人的代表考虑更多的是具体工作人员能否承担个人责任,而民营股份制银行债权人的代表在考虑具体工作人员个人责任的同时,也十分关注如何减少民营股份制银行的损失和提高债权的清偿率,这就需要通过债权人委员会扩大会议并同时听取国有银行债权人和民营股份制银行债权人的声音。再如,债务人企业的多项特定财产设定了担保,但可能只有一项财产的担保债权人是债权人委员会成员,在制定财产处置方案时,应

听取除债权人委员会成员以外的其他财产担保债权人的意见，可通过债权人委员会扩大会议让其他财产担保债权人表达意见和建议。

二是每次债权人委员会扩大会议应根据会议的具体内容和目的，灵活确定扩大范围的人员。如在讨论审计报告和评估报告时，可以让审计机构人员和资产评估机构人员参加，听取他们的意见，让他们回答审计方面或资产评估方面的咨询。在制作涉及原出资人出资权益调整事项时，可以让原出资人或原出资人的代表参加，向他们解释说明原出资人出资权益调整的依据和意义，听取他们的意见。再如，对于职工安置方案，债务人企业的高层管理人员、中层管理人员的意志与一线基层员工的意志意愿，留用留守人员的意志与解除劳动合同关系人员的意志意愿，可能皆不相同。这就需要在制作职工安置方案或相关内容的文件时，听取各层各类职工的意见，仅靠1名债务人的职工代表或者工会代表在债权人委员会会议上发声是不够的，需要在召开债权人委员会扩大会议时增加债务人的职工代表或者工会代表。

三是并非每次债权人委员会会议都需要举行扩大会议。如借款、设定财产担保、履行债务人和对方当事人均未履行完毕的合同、担保物的取回等事项监督和决策，并不一定需要扩大参加债权人委员会会议人员的范围。盲目地“扩大”与设立债权人委员会制度的宗旨相悖，徒增会议的时间成本和经济成本，甚至影响决策的效率，进而影响全体债权人在破产程序中的利益。也因此，不宜通过选举或任命的方式将债权人委员会扩大会议的扩大人员范围“固定”下来，否则不但影响工作的效率，还可能影响某些被“固定”的债权人的心态和情绪，进而影响破产程序的进程和方向。

四是要按照法律规定不向债权人委员会成员以外的人员赋予表决权。债权人委员会的成立及其成员的组成是《企业破产法》明确规定的，故作为创新举措的债权人委员会扩大会议，其运作的边界不应跨越法律的规定，对于债权人委员会扩大会议的扩大人员，在债权人委员会扩大会议上不应享有债权人委员会成员享有的表决权，但是，可以允许他们倾听、发言和提问，否则将会破坏债权人委员会的议事规则、损害债权人委员会成员的权利，影响破产程序的工作开展。

第四章　民营企业存续式重整与出售式重整研究

传统的破产清算制度,在保障债务公平清偿,维护债权人、债务人的正当权益,维护社会经济秩序等方面具有重要意义与作用,但也存在一些难以协调解决的问题。破产清算程序耗时长、费资多、成本高,而债权人实际分配所得往往很少。破产企业及其经营事业被清算消灭,企业各项有形、无形的构成因素被分解变卖,丧失作为完整运营体的社会价值,许多财产或权利完全丧失经济价值,或大幅贬值,在清算中很难以合理价格及时变现,不仅使企业的股东、债权人受到严重损失,甚至血本无归,对社会财富与生产力来说也是一种破坏。企业的破产倒闭还会造成职工失业,乃至发生其供应商、销售商、连环担保企业等相关企业的连锁破产,对企业所在城市与社区的经济、税收、社会发展都可能产生消极影响,危及社会稳定与和谐。重整制度的设置,就是要在可能的情况下尽力解决这些问题,挽救企业的经济与社会价值,减轻社会损失。具体而言,就是要避免或减少职工失业,努力保护社会投资与事业经营,实现破产财产价值的最大化,保障债权人的权益,避免造成企业事业与财产的严重损失，维护社会稳定。[①] 企业的重整程序根据其目的与具体操作方式的不同可以分为存续式重整与出售式重整，本章将结合泉州市破产重整的实践对两种重整模式的特点和适用的案件类型进行分析。

第一节　存续式重整模式研究

企业的存续型重整，是指在保留企业法人资格的前提下，通过债务减免、延期清偿以及债转股等方式解决债务负担，并辅之以企业法人治理结构、经营管理的改善，注册资本的核减或增加，乃至营业的转变或资产的置换等措施，达到企业重建再生之目的。其标志性的特点，是保持原企业的法人资格存续，在原企业的外壳之内进行重整，虽然企业的主人——股东可能会发生变更。[②] 存续型重整是最传统的重整模式，也是理论与实务界大多数人理解的重整制度应有的基本模式。

一、存续式重整的可行性与必要性

企业存续式重整核心的特征在于保留了企业的“壳价值”，如上市公司和某些特定行业的企业。如建筑企业，对于建筑业企业来讲，资质是其立身之本，必须获得建筑资质才能正常经营，在实践中，顺利取得建筑资质的企业并不多，拥有特级、一级建筑资质的企业更是凤毛麟角，因此，就申请破产的建筑业企业而言，企业所拥有的建筑资质是战略投资人关注和青睐的重点，而建筑资质依附于企业，离开了企业就无法存续，因此，要充分发挥建筑资质价值的话，就必须使企业主体资格得以保留，从这个角度来看，建筑业企业的“壳”就成了一种稀缺资源。[③] 通过存续式重整程序可以最大化地保留破产企业的“壳”价值，保留其法人资格，继续利用债务人的有效资源，发挥生产要素的经济效能。

要充分发挥存续式重整的价值，就应当在出现债务危机且符合存续重整标

① 参见王欣新：《重整制度理论与实务新论》，载《法律适用》2012 年第 11 期。

② 同上。

③ 参见徐阳光、叶希希：《论建筑业企业破产重整的特性与模式选择——兼评“分离式处置”模式》，载《法律适用》2016 年第 3 期。

准时尽早启动重整的程序,而不是在企业把所有资源都耗尽、无路可走之后才寻求走存续重整的道路,这时,可能已经丧失了企业最为有利的挽救时机,不符合存续重整的条件了。为此,我们应当建立债务困境企业的重整评估指导制度,帮助企业对危机的性质和程度树立评价与应对机制,以促使企业及时申请重整挽救。[①] 此外,应当对重整的标准和条件进行明确,对于申请存续重整的企业,符合法定条件的,法院应当依法受理,不得在法外设置不合理条件,甚至将应当在重整程序中进行或完成的事项作为受理的前提。地方政府不得对企业重整设置障碍,不得阻碍受理,或拒绝在重整程序中就相关衍生社会问题的解决履行其政府职责。通过明确重整的标准、畅通重整的程序,重整制度才能发挥其应有的功能和价值。

二、存续式重整的适用范围和条件

(一)具有存续价值

并不是所有破产企业都能够通过重整程序获得挽救,重整不是“万能神药”,能够适用重整程序的企业是要具备一定条件的,必须具备挽救价值与挽救希望。有的地方政府在接受了重整挽救的观念后,又出现了对重整制度滥用的倾向,对陷入债务危机的企业,无论是否具备条件都先重整再说,重整不成再清算。这种不具备条件的重整,不仅浪费了社会资源、司法资源、时间资源,使债权人的清偿利益进一步受到损害,而且还可能在利益冲动、面子冲动、责任冲动下,为达到所谓的重整成功,不惜以严重损害债权人利益为代价,包括在地方政府的压力下法院不当强制批准重整计划等。此外,对那些已不具备市场经济生存能力的企业,重整的滥用只是延缓其倒闭危机的爆发,实际是在保护落后产能、维持“僵尸企业”。更严重的是,这会损害重整制度的法律尊严,使其在社会上、在债权人中失去信用,影响重整的顺利实施。为此,可考虑集中理论与实务各方面的专业人士,制定企业重整申请与受理的识别与审查示范标准,使法院审查受理重整申请能够更为合理、更为规范。[②]

---

① 参见王欣新:《企业重整挽救应遵循市场规律》,载《中国审判》2018 年第 21 期。

② 同上。

此处所指挽救价值主要指企业本身持续经营的营运价值，包括自身的品牌技术等无形资产、生产链价值、销售渠道、行业前景等，具体而言包括以下几个方面。(1)企业所属行业的发展前景。比如，制药企业、水泥制造等企业都有很强的行业前景，在企业进入破产程序时，应当首先考虑重整模式挽救其价值。(2)企业的品牌效应、技术、行政许可、资质等无形资产的优势，如企业的商号价值。如在铁观音集团重整案中，“安溪铁观音集团”这一著名商号与“安溪铁观音”这一地理标志商标紧密关联，具有巨大的潜在价值，如果对公司适用破产清算程序，这一著名的商号无法实现，将造成巨大的资源浪费。① (3)企业的销售渠道优势，企业的销售渠道是企业在日常经营管理活动中逐渐积累的，是企业潜在的价值。(4)骨干职员是否留任。企业的销售、技术、生产等骨干人员对企业的持续经营和盈利具有很大的影响。(5)短期内是否可以恢复正常的生产和销售。企业恢复正常经营的时效性影响债权人对重整的信心和投资人的投资决定，决定着重整程序能不能顺利地进行。

在判断破产企业的重整价值方面，泉州市建立了全市危困企业项目库，按照重点保护、重点帮扶、清算或重整、逃废债务四种类型，对危困企业进行分类甄别，引导企业开展兼并重组或依法破产处置。② 对于需进入破产程序的企业，原则上由市中级人民法院依法按照企业注册登记地确定管辖，分解至各基层法院。申请司法重整的案件，法院裁定受理前，与政府相关部门配合，结合债务人企业实际情况，对企业重整可行性进行分析。对有完整生产系统、好的销售渠道、有品牌价值、拥有上市资源、好的商务模式等情况，确有重整可能的，及时启动重整程序；明显缺乏重整价值的，依法适用破产清算程序。③

(二)破产企业整体价值大于分离价值

重整的实质是挽救企业所经营的事业，是要通过企业的重整、通过资源优化配置，使重整企业的资源能够发挥出更大的社会效益，能够避免职工失业，维护社会稳定与和谐。在实践中，需要根据企业自身的债务情况、经营情况以及新投

---

① 参见骆志鹏、温文清：《“安铁重整案”化危为机促转型》，载《泉州晚报》2017年9月25日，第6版。

② 参见游怡冰、陈永添：《我市出台十条措施 推进企业兼并重组》，载《泉州晚报》2016年2月23日，第4版。

③ 同上。

资人对重整提出的要求来决定企业的挽救方式。

存续式重整模式较其他重整模式来说,最重要的特征是其保留了企业的法人资格,保留了破产企业的完整性。适用存续式重整模式是因为破产企业整体的重整价值大于对企业进行分离与剥离带来的利益,因为企业的整体价值不仅包括可评估、可变现的有形资产和无形资产,企业商誉、特殊行政许可、销售网络渠道甚至留存的增值税进项税额等,都是企业价值的重要组成因素。在不保存企业主体资格的情况下,这些价值将无法实现,不能完全准确体现企业的整体运营价值。

但是,如果在重整程序中强行保留企业的法人人格,不对资产进行剥离、切断现有的债务,会影响企业整体的重整价值,导致重整程序中的融资困境。在这种情况下,采取将债务人具有活力的营业事业之全部或主要部分出售让与他人,使之在新的企业中得以继续经营存续,而以转让所得对价以及企业未转让遗留财产(如有)的清算所得即清算价值,清偿债权人的方式(出售式重整),相较存续式重整能实现更好的法律和社会效果。重整制度重在挽救事业而非企业本身,要充分发挥、利用各种重整手段挽救企业,无论是预重整制度、存续式重整还是出售式重整,只要是法律不禁止而又符合法理与法律原则的都可以创新适用,要重实质效果、轻形式之争。因此,在选择重整模式时,要化解重整即企业的存续的误区,为了实现重整效益的最大化,应灵活地选择重整的模式。

三、存续式重整的模式解读

增资存续式重整和股权拍卖式重整是民营企业存续式重整的两种主要模式。增资式重整,是指在保留原股东股权的情况下引进新的投资人,增加企业注册资本,原股东的股权比例相应下降的重整方式。股权拍卖式重整,是指在对破产企业财产的评估价值进行考量的基础上将破产企业的股权公开发布在电商平台上进行拍卖,出价最高的适格投资人支付价款后获得破产企业的相应股权,成为重整投资人,破产企业以股权成交款对债权人进行清偿,重整计划执行完毕后投资人自行筹措资金进行经营。下文将对两种存续式重整模式进行具体说明。

(一)增资存续式重整

1. 增资存续式重整的特点与优势

增资存续式重整模式最大的特点是其不调整原股东的股份数,通过引入投资人对企业进行投资获得股权,实现企业的继续经营和重整的资金保障,是增资扩股的行为对企业进行结构改造和升级的过程。投资人招募方案、增资协议作为重整程序的重要措施,应当成为重整计划草案的内容并由债权人会议表决通过。同时,因为增资扩股会影响原股东的股权占比及其对企业的控制权,应当设置出资人组对重整计划草案进行表决。增资存续式重整在原股东和投资人之间的利益作了一定的平衡,可以有效解决因为剥夺股东权益而引发的抵触行为,影响重整计划的通过,一定程度上避免了重整程序因为原股东和投资人的矛盾而陷入僵局。

2. 投资人的招募

破产企业面临各种各样的融资和经营困境,亟须投资人的资金投入以恢复破产企业的日常经营活动和对企业进行升级改造。招募公告是投资人获得重整企业信息最直接的方式,投资人招募公告的内容、发布渠道和有效性直接影响重整的结果。

投资人招募公告应当包括企业的基本情况介绍、企业的优势和债权债务的披露,具体来讲包括:①企业的基本情况,包括注册资本、经营范围等内容;②企业的优势,包括产品优势、市场优势、人才优势、产能优势等;③企业的资产情况;企业的负债情况;④对于意向重组方的基本要求;⑤报名需要提交的材料;⑥报名的开始与截止日期;⑦报名方式与联系信息等信息。

关于投资人招募公告发布渠道与平台,最高人民法院于2016年6月23日建立全国破产重整信息网,破产企业可以通过该网站发布投资人招募需求、披露相关信息并与投资人建立联系。此外,可以通过法院平台、管理人平台、破产企业平台、国内有知名度的公众号平台进行宣传,政府、管理人、群众等也可以通过推荐的方式扩大意向重组方的范围。

在多家重整投资人报名的情况下,应当首先由管理人对各投资人的信用状况、资格和能力进行初步考察,管理人整理投资人报名资料并制作投资人综合素质表格提交债权人会议进行综合考察,最终由债权人会议集体行使表决权予以选定投资人。重整投资人作为重整程序的重要组成部分,在一般情况下,投资人的确定应该作为重整计划的一部分,由债权人会议表决通过。存续式重整使企业再生之后,涉及企业的后续经营问题,因此,在选择投资人时,除考虑投资人的财力状况外，还需要考虑投资人在相关行业的经验是否丰富、其本身运营的状况，走访投资人企业做好充分的事前了解与调查，判断其是否能引导重整后的企业走向良好发展的道路，从而选择最适合破产企业的投资人。在铁观音集团重整案遴选重组方的过程中，虽然有十余家机构表达了参与重组的意向，但法院和管理人并没有选择引进同行业的茶企，而是最终确定了实力雄厚的和君集团作为重组方，因为两家公司被裁定重整的主要原因不在于经营层面，而是需要茶企之外的机构从总体上提升经营理念，创新茶企的经营模式，走大众化、多元化、工业化、国际化之路，进行茶叶全新价值的利用开发。①

3. 增资存续式重整面临的难题

(1)招募投资人方式有限且易滋生“暗箱操作”

重整过程中意向投资人的确定尤为重要，在实践中，多以发布投资人招募公告的方式遴选投资人。有的案件则依靠债务人联系、管理人推荐确定投资人，对象范围如债务人曾经的合作伙伴或竞争对手、管理人员的亲朋好友以及债权人等。这一方式存在广知度较小、依赖债务人的缺陷，可能发生债务人不积极寻觅或为谋私利从中作梗的情况。公开招募这种选择方式虽然一定程度上体现了公开原则，但存在的最大问题是在投资人选择上缺乏比价功能，缺乏公开、公平竞争机制。比如，对于重整价值较好的企业，存在多人竞争投资人时，由于投标标书一次性、背对背出价，对势在必得的投资人来说，由于不能保证出价最高，不能保证最终竞得。同时，不排除投资人选择中的“暗箱操作”的可能性。

(2)投资底价确定困难

投资底价及定价的依据，一直是投资人与债权人关心的核心问题。在进行投资人招募前，管理人基本已完成债务人企业的债权申报审查确认、财务审计、资产评估和模拟破产清算下的偿债能力分析。一般而言，投资人底价应为纳入重整范围内资产的评估价值或股权评估价值。在实践中，较多套用《企业破产法》第 87 条关于“普通债权所获得的清偿比例，不低于其在重整计划草案被提请批准时依照破产清算程序所能获得的清偿比例”的规定作为定价的依据，但以重整资产在破产清算状况下的评估价值作为定价底线，定价标准过于单一、机械，

---

① 参见骆志鹏、温文清：《“安铁重整案”化危为机促转型》，载《泉州晚报》2017 年 9 月 25 日，第 6 版。

无法准确地体现企业的整体运营价值,也较难获得债权人的信服。

(二)股权拍卖式重整

1.股权拍卖式重整的特点与优势

股权拍卖式重整,是指在债务人企业出资人权益为负数的情况下,对股东的权益进行调整,将其股权对外拍卖。本质上,破产企业严重资不抵债,其股权是以零价格转让给买受人,因此,股权拍卖式重整的目的,是公开招募重整投资人,取得投资人的投资资金或对资金额度的承诺。最终成交价的性质系用于清偿按照破产程序应当支付的破产费用、共益债务及破产债务等,并不是股权本身的价值,因此,原股东不能取得标的物拍卖成交款。

股权拍卖式重整的核心特征是在保持债务人主体资格存续前提下,把发现债务人潜在价值,发现适格的投资人的任务交由市场,充分发挥拍卖程序竞争和比价机制的功能,避免了投资人招募过程中可能出现的暗箱操作,可以实现债权人追求的清偿金额和清偿比例的最大化,充分体现了重整程序的公开、公平、公正,是公开化、市场化、法治化破产理念的不断推广和深入,是大量重整实践经验的总结,是市场化重整需求的选择。

通过股权拍卖方式招募投资人具有以下优势。(1)最大限度的公开化。目前主要的网络拍卖平台有阿里拍卖、京东等电子商务平台。随着网络拍卖平台的深入人心,该平台上蕴藏了很多商机,互联网无疑是能够将拍卖信息最大范围推广的最佳平台。股权拍卖充分发挥了网拍平台零佣金、透明、高效的优势,有效实现效益最大化和成本最小化,拓展拍卖平台业务项目,可以扩大信息的影响力,吸引更多优质的投资人投资破产企业。同时,要充分利用全国破产重整信息网,将招募投资人等破产各重要环节和信息在平台中对债权人或社会公众公示。(2)充分发挥竞争机制效能,实现股权价值最大化。网上筛选优质意向人,形成竞争态势,有利于维护债权人权益。如在奇星机械重整案中,管理人在淘宝网拍卖平台上公开拍卖奇信机械、奇星机械100%股权,起拍价1.2亿元,将奇星系公司原股东股权以拍卖或变卖方式让渡给适格重整投资人,适格重整投资人作为奇星系公司股东重组奇星系公司,保留奇星系公司企业法人主体资格,保留与职工的劳动关系。股权首次拍卖的底价为全部实物资产的清算价值约12,286万元。以重整资产在破产清算状况下的评估价值作为定价底线,在市场化重整的背景下积极探索,依托网络大数据支持,使重整企业的股权拍卖的成交价更接近市场价值。(3)提高效率减少线下工作量。通过网上竞争投资人资格,筛选出一名同等条件下出价最高者作为意向人,在债权人会议上进行表决,可使债权人会议方向更明确,更有针对性。

2. 股权拍卖式重整面临的难题

股权拍卖面临的阻碍主要来自4方面:一是因为股权本身的"瑕疵"导致股权拍卖存在困难;二是来自原股东的反对,因为股权的拍卖会影响其占股比例;三是来自债权人的反对,股权拍卖的不确定性导致债权人对股权拍卖持怀疑态度;四是股权投资的门槛高、风险高导致投资人缺少,这是股权拍卖成交率低的最主要原因。

(1)股权被质押或冻结导致股权拍卖困难

在股东将持有债务人的股权进行了质押担保,或股权被司法机关冻结时,拍卖债务人股权存在一定的法律障碍。出资虽然与债务人密切相关,但出资形成的股权不是债务人的财产,而是股东的财产。从理论上讲,法院或管理人在重整程序中无权处置股东资产。如果质押权人是债务人的债权人,因为已经参与重整程序,拍卖股权容易取得配合。如果质押权人与重整案件无关,或者采取冻结股权措施所涉案件与重整案件无关,在重整程序中,对于已设定质押的股权能否未经质押权人同意强制进行拍卖,目前尚未找到相关的法律依据支持。虽然破产法并不禁止出资人权益调整对象是已设定质押的股权,但质押权人如果对此提出异议,将可能产生相应的股权质押纠纷。即便管理人不顾质押权人提出的异议径行拍卖股权,拍卖成交后如何注销质押权以实现股权过户,在法律规定上也是空白。同样,在股权被法院冻结情况下,基于股权为股东财产而非债务人财产,破产法院或管理人要求司法机关解除冻结的依据也不足,破产法院能否强制解除冻结也缺乏法律支持。①

(2)原股东反对股权拍卖

通常认为,债务人的所有者权益即净资产为负数,其股权价值即为零,因此,重整中法院可以对其出资人权益进行调整,不再保留其股权。《企业破产法》规

---

① 参见金玉成:《股权拍卖式重整的实践》,载微信公众号"观韬中茂律所",2018年12月20日。

定，重整计划草案涉及出资人权益调整事项的，应当设出资人组，对该事项进行表决。重整计划草案对出资人权益的调整公平、公正，是法院裁定强制批准重整计划的一项条件。如果出资人组经表决未同意出资人权益调整方案的，那么包含股权拍卖计划内容的重整计划草案可能会因股东的反对而夭折。

(3)债权人反对股权拍卖

投资人不确定、偿债资金或清偿比例不确定的重整计划取得债权人会议通过存在一定的难度。以往多数重整案件是在招募并确定重整投资人后，根据投资人承诺的投资条件，由管理人或债务人制定重整计划，履行债权人会议分组表决和法院批准程序。《企业破产法》第 81 条规定的重整计划草案应当包括的内容，主要是针对这种情况下做出的规定。重整计划中投资人已确定、投资金额已确定、债务清偿比例和清偿方式已确定，这样的重整计划对于债权人的利益有可预期的保障，容易被债权人理解和接受，通过的可能性较大。与以往的重整计划不同，股权拍卖式重整计划制定时，投资人未确定、投资金额未确定、债务清偿比例和方式尚未确定，因无法预测可实现利益，债权人会议通过重整计划有一定的难度。有的债权人因不能确定债权受偿比例，故对重整计划投了反对票。①

(4)股权拍卖缺少意向投资人

投资人不愿意投资股权的原因有以下几点。①股权的变现流通能力有限。与固定资产直观性和价值相对稳定性不同，公司股权作为投资人享有的与其投资比例对应的权利，其价值、变现能力及流通性与市场紧密相关，投资人在竞买前会充分权衡股权结构、上市与否、运营状况、行业前景等利弊因素。②股权竞拍的门槛高、股权拍卖的受众群体少。法院在设置股权竞买条件时，通常限定竞买人入股资金为自有资金，不得使用委托资金、债务资金等非自有资金；竞买人为企业法人的，要求最近 2 个会计年度连续盈利，年终分配后净资产不低于全部资产的 30% 以上，权益性投资余额不超过该企业净资产的 50% 等条件；竞拍人为个人的，还要求为具有当地户籍的完全民事行为能力人。因此，有拍卖意向且完全符合条件的竞买人较少。此外，由于股权投资属于专业金融领域，需投资人储备一定的相关知识，而普通群众基于投资需要对网拍领域的股权交易关注度和

① 参见金玉成：《股权拍卖式重整的实践》，载微信公众号“观韬中茂律所”，2018 年 12 月 20 日。

知晓率并不高,更倾向于广为人知的股票交易市场,专业投资人则更多着眼于交易规范、信息对称、服务完善的区域性股权托管中心,关注并适格竞买网拍股权群体较少。③股权竞拍附带隐性风险大。如中小企业普遍存在公开信息披露少、财务账目不规范、管理经营集权化等问题,大部分投资人的信息搜集能力有限,若非业内人士很难确切掌握该企业的实际盈利状况,在竞得该公司股权后,能否实际参与公司运营或取得分红派息等,尚存在较大隐性风险。①

四、存续式重整中各方主体权利的平衡与保障

(一)公平保障债权人权利

1. 知情权

及时掌握充分、全面、正确的信息,是行使权利和作出决定的前提。在重整程序中保障债权人的知情权是维护债权人权益的重要环节,也是各国重整立法中的重要内容。我国《企业破产法》仅在第8条规定了提出破产(包括重整)申请时需向法院提交的材料,未对重整程序中债务人、管理人等应如何向债权人进行信息披露作出规定,以致无法保障债权人的知情权,影响重整程序的顺利进行。为此,笔者建议,可以借鉴美国的立法经验以及联合国国际贸易法委员会《破产立法指南》的指导性意见,从以下几个方面完善重整中的信息披露制度:第一,要明确规定在重整程序中的信息披露义务人;第二,明确规定债务人在提出重整申请时需向法院提供的较之申请清算更详尽的材料清单;第三,明确规定重整计划草案制作人在将重整计划草案提请表决之前应向债权人等履行的具体信息披露义务;第四,债权人、股东及其他利害关系人认为重整计划草案说明不充分的,可以要求重整计划草案制作人以及有关中介机构补充说明或接受询问,并可提请法院召开听证会;第五,规定判断信息是否披露充分、全面、正确的标准,并规定对信息披露争议的解决途径;第六,信息披露义务人的法律责任。②

2. 异议权

在重整程序中,债权人的权利最终会体现在重整计划中,包括债权分类、债

① 参见杨淑瑶:《股权网拍为何频遭"冷遇"》,载《人民法院报》2018年9月17日,第6版。

② 参见王欣新:《重整制度理论与实务新论》,载《法律适用》2012年第11期。

权调整方案、债权受偿方案，因此，对重整计划的异议（包括重整计划草案的内容、表决程序和批准程序）是债权人异议权保障的重要环节。此处主要讨论的是债权人参与重整计划草案的表决和对重整计划草案内容的异议权，主要发生在债权人之间、债权人与债务人、债权人与管理人之间的异议。任何争议都应当由争议者之外的具有中立立场者进行仲裁，才能保证公正。据此，如果是债权人对其参与表决重整计划草案的权利、债权人会议各个组别均通过的、尚未经过法院批准的重整计划草案提出异议，应当由受理破产案件的法院审查处理。债权人对草案内容提出质疑的理由，应当包括其参与重整计划、进行表决的权利受损，程序瑕疵，重整计划本身内容问题，人员舞弊行为问题等，应当赋予债权人对与其利益相关的任何问题提出异议的权利。同时，为了保障重整程序的顺利推进，对于恶意提出质疑阻碍程序的债权人应当规定相应的责任。

3. 自决权

在表决中要公平保障债权人利益，不能把所谓的重整成功建立在损害债权人利益的基础上，尤其是要防止滥用程序上的多数决原则，损害少数人合法权益。例如，将一些不属于债权人会议表决的事项、不应受多数决原则约束的事项也纳入多数决的范围；误解或曲解法律允许多数决的基本条件，损害少数人基本法定权益。为此，《破产审判工作会议纪要》专门规定，在重整计划的审查与批准中，不得损害各表决组中反对者的清偿利益，“各表决组中反对者能够获得的清偿利益不低于依照破产清算程序所能获得的利益”。[①] 此外，可以推行债委会扩大会议制度，邀请重点债权人、大额债权人列席债委会会议并听取其意见，最大限度地保障债权人的知情权、参与权，强化程序公开和债权人自治，有效化解破产重整程序推进的阻力。

（二）充分考虑重组方的诉求

重组方的诉求主要来自两个方面：一是充分披露破产企业的信息，二是合理的评估和定价机制。充分的信息是投资人作出投资决定的前提，在拍卖债务人股权时，应制作竞买公告和竞买须知，详细披露重整案件的受理情况，债务人企业情况，债务人股东及股权情况，尽可能详细地提供公司章程、公司及股东的基

---

① 王欣新：《企业重整挽救应遵循市场规律》，载《中国审判》2018 年第 21 期。

本情况、经审计的财务报表等相关信息，方便投资人查阅和作出投资抉择。详细披露股权所对应的纳入重整范围内的资产情况、债务剥离情况，特别是股权及重整资产存在的瑕疵，使意向竞买人充分知悉有关债务人股权价值的信息，以利于意向竞买人判断股权价值，参与竞买。股权拍卖展示期间，债务人或管理人应认真配合意向竞买人对债务人企业进行尽职调查，与意向竞买人进行充分的信息沟通，解答意向竞买人关心的问题，并对债务人存在的问题共同研究解决办法，增强意向竞买人参与重整的信心与信赖感。①

中介机构作出的资产评估报告是我国重整信息披露中的一项重要内容，也是意向投资人最为关注的内容，影响其投资的决定。目前，中介机构主要是由管理人或债务人聘请并支付费用的，这种利益格局就使对清算利益等指标的评估与模拟计算，可能因为种种市场之外因素的干扰与影响，与市场的真实定价结果发生偏离，从而影响投资人对评估报告的信赖程度。自 2018 年 9 月 1 日起施行的《最高人民法院关于人民法院确定财产处置参考价若干问题的规定》规定，对法院需要拍卖、变卖的财产，可以采取当事人议价、定向询价、网络询价、委托评估等方式确定财产处置参考价。目前，询价机制还未扩充到股权的范围，但是在实践中可以进行探索，在依赖于中介机构的评估作为定价的同时，可以引入股权的网络询价机制，在实现股权价值市场化的同时，也能增加意向投资人对定价的信赖程度。

（三）对原股东权利的保护

在企业增资存续重整模式中，存在很大的可能性对原股东的权利进行调整，甚至会使原股东丧失企业控制权的可能性，管理人在制定重整计划的过程中，应当坚持利益平衡原则，对涉及各类利害关系人的权益予以兼顾，避免出现不安定事件。在铁观音集团重整案中，铁观音集团原股东大部分为安溪县的制茶大师，其在制茶业界具有较高的知名度与影响力。为了充分调动其在重整期间及重整后的铁观音集团发展中的积极性，管理人在重整过程中不调整其股权，由重组方直接以增资方式取得铁观音集团的控制权。最终重组方增资 2.2 亿元，每股作价 1 元，老股东持股数额 6870 万股。虽然持股数没有减少，但持股比例降低至

① 参见金玉成：《股权拍卖式重整的实践》，载微信公众号“观韬中茂律所”，2018 年 12 月 20 日。

23.80%,兼顾了投资人及老股东的权益。由于部分股东的股权存在质押的情况,如采取“减法”的方式调减老股东的股权,亦存在实际执行的难题,管理人选择通过增量的出资人权益调整方案,有效避免了前述障碍。同时,不调整安溪茶厂的出资人权益,仍将安溪茶厂作为铁观音集团的全资子公司存在。上述方案不仅在股东与债权人之间实现了利益平衡,亦在各类债权人之间实现了利益平衡。

第二节　出售式重整模式研究

重整制度设计的初衷,是为了给一些还有再生可能的困境企业再生的机会。目前,我国各地法院不乏重整成功的案例。从这些案件采用的重整模式来看,绝大部分仍以存续式重整为主,存在要维续原先债务人企业外壳的思维定式。对于不同类型、规模的民营企业来说,选用何种重整模式进行重整,极其重要,直接关系其最终能否重整成功。与存续式重整相比,出售式重整作为既能快速处理债务,又能保留企业核心价值资产的重整模式,具有自身天然优势,也可以化解其他重整模式实践中遇到的疑难、复杂问题。随着社会的进步、理论的发展,重整更应当重实质而轻形式,如何保住企业最核心价值的资产或事业,才是企业重整的本质所在。鉴于我国《企业破产法》虽设置了重整程序,但其中对出售式重整没有作出具体、明确规定,本节主要探讨出售式重整的内涵、优势作用,并结合我国民营企业出售式重整的实践及存在问题,提出完善建议。

一、出售式重整模式的内涵与本质

出售式重整源于美国《破产法》,其规定于美国《破产法》中具有总则性质的第三章中关于“破产管理权限”第363条,而非存在于该法第十一章的重整程序中。就目前而言,出售式重整现阶段并没有完整的定义,其概念的外延也仍然是一个逐渐丰富发展的过程。王欣新教授认为,所谓出售式重整,是指将债务人具有活力的营业事业之全部或主要部分出售让与他人,使之在新的企业中得以继续经营存续,而以转让所得对价继续企业价值,以及企业未转让遗留财产(如有)

的清算所得即清算价值,清偿债权人的一种重整模式。[①] 由此可见,出售式重整秉承的是保持住企业最有价值的事业或者最关键性的优质的资产,也即"破产不破业,保事业不保外壳",从另外一个途径上实现原先破产企业的重生。这样,可以将核心、优质资产出售给新公司,债务人企业进行资产债务清理后注销,新公司重新运营,品牌价值等得以保持,不仅能实现企业优质资产或资源与社会资本结构重新整合优化,避免资产的闲置浪费,也更有利于促进更多的员工就业,化解矛盾纠纷,维护社会稳定。

有学者认为,"不能将破产清算所实现的债务人的资源、劳动力、营业的整体移转当作破产重整对待",[②]笔者不赞同这个观点。虽然,从对破产企业财产进行整体拍卖方面上,出售式重整与破产清算存在某些类似之处,但两者存在本质差异,出售式重整的落脚点终归是重整,企业财产价值最大化是其追求的价值目标。而破产清算制度作为最原始的破产法制度,更多的是追求企业的市场化退出,清理债权债务,从而实现社会资源的最大化节约。前者的出售,所追求的最终目标是重整,出售的价值是企业主营业务的存续价值,一般采取整体转让方式进行,所出售主营业务或核心资产能否持续经营,以及现有员工能否继续就业等问题均是其必须考虑的对象。而破产清算是以清算为其出发点,所追求的最终目标是要实现资产快速变价并进行分配,所以虽然破产企业也可以整体出售,但是做不到时就必须拆解出售,关注点在于如何快速实现资金回收,所售核心资产能否继续经营和广大职工能否继续就业问题,并不在其考虑范围内。

二、出售式重整模式的优势作用

对于正在进行重整的企业来说,重整的时间要求和效率要求尤为紧迫。对企业的重整,如何选择效率最高的模式,从而实现企业重整价值的最大化,成为现在破产法学研究的重点。现实的需要催生出出售式重整模式的诞生。与存续式重整相比,出售式重整作为一种既能快速处理债务又使企业核心价值得以留

---

① 参见王欣新:《重整制度理论与实务新论》,载《法律适用》2012 年第 11 期。

② 该学者认为:"不能将破产清算所实现的债务人的资源、劳动力、营业的整体移转当作破产重整对待,以模糊这两个不同破产程序的适用条件、程序差别和法律效力,故在观念和实务上,还是应当区别破产清算与破产重整的程序化特征。"邹海林:《供给侧结构性改革与破产重整制度的适用》,载《法律适用》2017 年第 3 期。

存的重整形式，具有如下优势作用。

（一）降低成本优势

单从成本方面来说，相较存续式重整，出售式重整的成本费用有大幅度的降低。管理人将企业资产出售后，即将企业的外壳注销，而企业有价值的事业在新的实体下获得重生，一旦债权债务清理完毕，不仅不需要再花费大量成本维系原企业外壳，也会大幅降低管理人管理的费用，具有成本费用较低的天然优势。

（二）提高效率优势

出售式重整的一大特征便是其重整计划相对结构简单，清偿资金源于主营业务的转让款项和原企业外壳剩余资产的处置款项，不仅是现实可期，而且债权人的清偿额度是确定的。正是因为债权的清偿额度确定，管理人在通过重整方案前做债权人的沟通工作时便于告知，也更有利于做债权人的工作，无形中大大缩短了与各方协商谈判的时间，也保证了重整计划草案的通过。而重整计划的顺利通过，往往就带动了重整进程的加快。

（三）切断余债责任优势

按照《企业破产法》第 92 条第 2 款的规定，未在重整程序开始时进行债权申报的债权人，在重整计划执行完毕后，依然可以要求债务人清偿。这对于采取存续式重整的企业来讲，是一个可能预见但又致命的隐患。如果余债的数额较大，而破产企业并未预留偿债资金，又遇到余债的债权人故意等到重整程序终结之后，才向管理人申报债权的情况，则将可能导致债务人二次破产。而出售式重整在重整过程中将债务人主营资产或核心资产从企业的外壳中剥离出去后，并未保留原企业外壳，未申报债权的，难以追诉新设实体，而被出售后的资产已经在新设实体中继续运行，新设实体亦无须负担原企业的余债责任。

三、我国民营企业出售式重整的实践与存在问题

就出售式重整而言，通用公司破产重整案件是适用影响最大的案件之一。通用公司的重整方案主要是设立新公司承接原通用公司的关键性资产或营业，出售交易完成后，原通用公司更名，并进行清算，新设立的公司则更名为新通用公司，保留关键性营业资源。创立后，新通用公司在 1 年半内即取得上市的成

果,从而保持住通用公司的主营业务蓬勃发展的态势。①

随着我国破产审判的发展,由于存续式重整在司法实践中遇到一定的难题,一些地区的法院和管理人开始根据债务人企业的具体情况逐渐探索出售式重整模式,实践中也不乏相关案例。虽然各地法院的案例各有创新,但共同之处均涉及如何将债务人的核心业务或资产出售并予以维系。下文将分述之。

(一)我国民营企业出售式重整的司法实践状况

1. 泉州地区——泉州中宇系公司②破产重整案

中宇建材系国内最大的卫浴水暖产品及配件制造商之一。其生产的卫浴产品在国内外具有较高的知名度。由于产能扩张等原因,中宇建材经营陷入困境。2016年5月12日,债权人某融资租赁公司向泉州市中级人民法院申请对中宇建材进行重整。同年5月27日泉州市中级人民法院裁定受理该案,并指定中宇建材清算组为管理人。在重整过程中,管理人经调查发现中宇建材与中宇卫浴等5家企业存在人、财、物等高度混同,于是向泉州市中级人民法院申请合并重整。泉州市中级人民法院于2016年7月1日依法裁定中宇卫浴等5家公司并入中宇建材合并破产重整。在中宇系公司重整案中,共有银行、供应商、民间借贷等各类债权人637家,申报债权金额共计158.28亿元,另有职工债权人635人,职工债权金额达900多万元。

案件受理后,管理人经调查发现,卫浴市场存在产能严重过剩的情形,如果采用存续式重整这一传统重整方式不具有可行性,上述因素迫使泉州市中级人民法院和管理人寻找、探索新的重整模式。另外,考虑到中宇系公司商标和专利品牌价值较大,其进入破产重整程序时仍在生产经营中,为了保障和维护中宇品

---

① 受2008年金融海啸影响,通用公司(General Motors Corporation)资金链断裂,于2009年6月1日向纽约南区破产法院申请进行破产重整,同日,通用公司根据美国破产法典相关法条提出出售资产的申请,准备将公司的主要运营资产和品牌出售给新设立的收购壳公司——汽车收购控股有限责任公司(Vehicle Acquisi-tion Holdings LLC),出售交易完成后,汽车收购控股有限责任公司更名为新通用公司(General Motors Company LLC)。新通用公司以债权投标的方式获得了原通用公司的资产,支付的对价主要以接受美国财政部对原通用公司的担保债权转让、新通用公司10%股权和10%股权的优先购买权、新通用公司承担原通用公司的部分担保债权组成,原通用公司通过清算剩余资产和手中的新通用公司股权,偿还了包括无担保债权人与特许经营商在内的所有债权。参见徐阳光、何文慧:《出售式重整模式的司法适用问题研究——基于中美典型案例的比较分析》,载《法律适用》(司法案例)2017年第4期。

② 中宇系公司系指中宇卫浴、中宇陶瓷、中宇建材、中宇电镀、永胜电镀和高宇卫浴。

牌在重整期间的市场份额和品牌运营价值，管理人经法院许可，决定中宇系公司在重整期间继续营业，并聘请中宇系公司原高管人员负责营业事务管理。经多次研讨，管理人在泉州市中级人民法院的指导下，最终确定了出售式重整模式：重整投资人郎爵公司先在南安市成立一家新中宇公司，管理人将商标、存货等未设定担保资产按照市场价值处置给新中宇公司，并由郎爵公司让渡25%的新中宇公司股权用于清偿债权人，新中宇公司无条件接收中宇系企业现有全部职工，保证中宇系企业的现有生产经营活动在新中宇公司得以持续发展；最后，采取拍卖方式处置设定担保的财产。按照重整计划的测算，普通债权的清偿比例从模拟破产清算的4.87%上升为8.32%，无论从清偿比例和清偿效率看，都极大地保护了债权人的合法权益。2017年5月23日，中宇系企业合并重整案召开第二次债权人会议，会议上4位债权人组均高票表决通过了重整计划草案。后泉州市中级人民法院裁定批准该重整计划。该重整案获得阶段性成功。

可以看到，出售式重整模式在泉州中宇系公司破产重整案中得到了较好的运用。中宇系公司的商标、专利和存货，对于中宇系公司来说属于核心资产，对其采取整体出售方式进行重整，不仅保证优质资产的继续运营，也有效切断中宇系公司的余债负担。同时，管理人在招募投资人方面，也注意找具有同类业务经营管理经验的公司，只有这样的投资人，才会发现并认可中宇系公司核心资产的价值。事实证明，管理人招募投资人的思路是正确的，中宇系公司最终确定的战略投资人郎爵公司确实有同类业务经营管理的相关经验。通过出售式重整方式，中宇系公司的主营业务得以挽救，并继续存续运行，不仅提高了债权人的清偿比例，最大限度地保护债权人的利益，同时，也有效避免因公司破产导致大量职工下岗的社会问题，有效维护了社会环境的稳定。

2. 全国其他地区出售式重整案例举要

全国其他地区比较知名的出售式重整案例主要有浙江玻璃公司重整案和钜创纺织公司破产重整案。对于前者，虽然法院最终界定的性质是由重整转清算，但从出售该公司玻璃生产线的行为来看，实际上采用的模式仍具有出售式重整模式的影子。管理人之所以会出售该公司玻璃生产线，就是考虑玻璃生产线一旦停产，就会造成巨大损失，而玻璃生产线获得再生，不仅可以实现资源的最大利用，同时，也更有利于解决困境企业职工的就业问题。对于后者，管理人最终以整体出售企业土地、厂房、设备等资产的方式实现了对钜创纺织公司的重整，管理人以该出售价款对债权人进行清偿，之后，对债务人企业予以注销。需要注意的是，钜创纺织公司主营业务是生产、销售牛仔布与服装，而其重整方高青如意公司具备同业经营的丰富经验，有助于承接经营生产线及解决职工安置问题。

上述几个出售式重整类案件维护的是主营营业或核心价值资产的存续，债务人企业在将上述资产转让后，以取得的对价偿还相关债务后进行清算并注销。通过分析，也可看出上述案例引进的重整方大部分均为有同业经营的丰富经验，正是由于有这个特点，重整企业出售的主营业务或者优质资产的价值才可实现保值或者溢价的销售，也正是有这个优势，原企业员工的再就业问题才有优势保障。上述案例是出售式重整模式在我国司法实践中的成功案例，不仅追求了企业价值的最大化，也有效保障了各方主体的预期利益目标，为后续类似破产案件的处理提供了借鉴。

然而，从实践案例来看，除了是具有核心价值或主营业务资产的企业外，陷入困境的还有一部分是具有特殊资质或资格的企业(也可称为"壳资源")。为了保持住这些特殊资质或资格，实践中还创造出一种新型重整模式，目的在于保护这些特殊的"壳资源"，使之得以存续并发展。有学者称之为"反向出售式重整"。[①] 这一模式在我国的实践中比较典型的案例为温州中城公司破产重整案。

温州中城公司具有建筑施工总承包的特级资质，且是温州市唯一一家具有该资质的公司。因互保联保危机及自身经营不善，温州中城公司资金流断裂，于2014年向温州市瓯海区人民法院(以下简称瓯海法院)申请破产重整。2015年3月，温州中城公司最终的破产重整方案是，由兰州市第一建设股份有限公司和周剑共同组成的竞买人以5800万元取得温州中城公司100%的股权以及优质资源。同时，温州中城公司设立的子公司则专门用来承接除存留清单列明之外的资产、负债等，并由该子公司负责清算债权债务。[②] 由此，温州中城公司的品牌和特级建筑资质得以保留。

---

① 徐阳光、何文慧:《出售式重整模式的司法适用问题研究——基于中美典型案例的比较分析》，载《法律适用》2017年第4期。

② 参见《瓯海创新企业破产重整新举措》，载温州市人民政府金融工作办公室网:http://wzjrb.wenzhou.gov.cn/art/2015/3/20/art_1217682_1563412.html，最后访问日期:2019年10月19日。

通过分析该案例可见,维续债务人企业的特殊主体资格是该重整模式的最大特点。例如,本案例中温州中城公司的建筑企业特级资质,由于建筑资质与债务人企业不可分割,因此,要充分发挥建筑资质的价值,必须使债务人企业的壳资源得以保留。由潜在投资人以重整方式获取该"壳资源",而债务人企业新成立子公司来进行清算,以清偿债务。而出售式重整是将债务人最有价值的主营业务进行出让,并在出让后最终将债务人企业注销。由于这两种模式都是将债务人企业最有价值的部分出售予以存续,剩余不良资产和债务均与该优质资产相互剥离,由债务人企业或债务人另行设立的子公司以出售所得进行清算,并清偿债务,有学者认为,二者都具有出售式重整的本质特征,反向出售式重整是出售式重整模式下的一种新探索。① 当然,也有学者对此持有不同的观点。笔者倾向于前一种观点,毕竟二者都是选取困境企业最有核心价值的资产予以出售,并以出售所得来偿还债务,从二者的核心内容主旨来说,实际上是殊途同归。

(二)我国民营企业出售式重整实践中存在的问题

虽然实务中已有不少的出售式重整案例,但从客观上讲,出售式重整在我国属于新兴模式,缺乏相关配套制度。在实践中,适用出售式重整模式缺乏具体、明确的法律条文,可操作性显著降低。另外,不少地方对清算和出售式重整的概念理解有误,将其混为一体,也不利于实践中对该重整模式的推广和应用。

1. 缺乏具体、明确的法律条文规定

在现行《企业破产法》框架下,出售式重整并没有明文规定在第八章的"重整"内容中,从各地的实践案例来看,法院所适用的都是《企业破产法》第 25 条、第 26 条和第 69 条等总则条文。而从《企业破产法》的立法体例上分析,第 25 条、第 26 条属于其中"管理人"章节中的内容,第 69 条属于"债权人会议"章节中的内容,与重整制度相比,实际上属并列地位。因此,尽管这几条规定并未明文提到"出售式重整",但通过解释论的方法与第八章的重整制度相结合后灵活适用,可以认为《企业破产法》从原则上认可管理人可以在债权人会议多数决同意或者债权人委员会同意情形下,将困境企业的主营资产或核心资产予以转让。但不可回避的一点是,上述条文的适用范围是《企业破产法》规定的所有破产制

---

① 参见徐阳光、何文慧:《出售式重整模式的司法适用问题研究——基于中美典型案例的比较分析》,载《法律适用》2017 年第 4 期。

度，如清算、和解等亦可以适用。所以，严格从法律制度角度来说，出售式重整这一模式并不存在于我国《破产法》之中。如何对其在实践中加以广泛适用存在不小的难度。

2. 缺乏具体明确且可统一操作的审查标准

目前，虽然最高人民法院通过制定相关司法解释来解决审判中各地遇到的疑难问题，但出售式重整并未出现在上述司法解释中。在实践中，正是由于缺少具体明确的法律条文或司法解释，具体如何审查、如何确定选择出售式重整可适用范围，如何界定何为企业最有价值的事业或最关键性的优质资产以及资产价格如何评估，如何界定启动出售式重整的合适时机，各地审查标准不一，有必要予以明确，便于实践统一操作。

3. 政府参与出售式重整的角色定位模糊

在出售式重整中，政府的角色定位模糊，缺乏可操作性规定，导致法官或管理人需耗费大量时间和精力在协调方面。在实践中，企业拟进入破产程序前，对企业是适用重整程序或者清算程序，政府相关部门等因前期对企业的接触较多，若其给出相关建议会较为中肯，也有利于进入破产程序后破产进程的推进。又如，若适用重整程序，是适用出售式重整还是存续式重整，以及如何充分利用政府的招商引资政策或者平台，需要进一步予以规范，以充分发挥政府在出售式重整中的作用。

四、完善我国民营企业出售式重整模式的建议

虽然我国实践中有企业进行出售式重整的尝试，但是在立法和实践方面，对出售式重整模式均缺乏全面的认知，该模式在我国的优势也没有得到发挥。通过分析我国目前出售式重整实践中遇到的问题，笔者认为，应重视把出售式重整从各地法院的实践经验变为具体、完善、易于操作的法律制度，从而确保其可以获得广泛适用，有效地发挥其拯救危困企业的作用。现阶段，我国出售式重整制度的完善，建议从以下几个方面加以重点关注。

（一）明确并细化出售式重整的法律框架

1. 建议以司法解释形式细化出售式重整的概括性条款、启动程序，并出台预重整与出售式重整的程序对接机制。

出售式重整的一个突出优势是能高效处理债务人的清偿问题，而近期实务

界热点之一的预重整模式与之十分契合。预重整,是指在申请司法重整前,债务人与债权人通过法庭外协商确定重整计划,并获得债权人多数同意后,借助法庭重整程序使重整计划对全体债权人均产生法律效力,从而实现拯救债务人的机制。[①] 从追求效率和对企业财产的保值、增值角度来说,预重整与出售式重整有着相同的价值取向。笔者认为,按照2019年《全国民商事审判会议纪要》第115条[②]规定的精神,预重整具备实践所需要的可行性和可操作性,需要注意的是,尽管预重整方案并不是正式的重整计划,但仍应强调对相关当事人具备一定约束力。债务人可以与之签订具有合同性质的文件,并在文件中载明其在预重整方案中的意思表示,只有发生重大的情势变更才需要重新进行表决,如果不存在这个情形应延续到重整计划表决。这样,便于法院在审查通过后简化程序批准重整计划进入执行。

2. 明确执行重整计划中的问题处置,完善相应措施。

出售式破产重整计划被批准通过后就产生相关法律效力,负责执行的主体是管理人或债务人。虽然该计划具有相对确定的特点,但考虑到出售转让企业核心营业资产的行为仍是市场行为,在短时间可能变化极大。为了保证该计划的顺利执行,最终实现债权人的利益,在计划执行过程中,应允许经债权人会议授权,管理人可对计划进行适当的修改。例如,可建立出售式破产重整计划合理延期制度,并细化合理延期的具体情形,申请延期的最长期限等。但对于修改的内容,为保障全体债权人的知情权,建议应书面告知全体债权人。另外,针对重整失败的可能后果,建议细化重整失败转入破产清算的情形。

(二)确立统一的审查标准

1. 明确出售式重整可适用主体范围

从整体出售资产的成本角度来分析,我国出售式重整可适用的主体范围,笔

---

① 参见徐阳光、毛雪华:《破产重整制度的司法适用问题研究》,载《法制与经济》2015年第1期。

② 2019年11月8日发布的《全国民商事审判会议纪要》第115条提出,应继续完善庭外重组与庭内重整的衔接机制,以便降低成本,提高破产制度效率,并认为“人民法院受理重整申请前,债务人和部分债权人已经达成的有关协议与重整程序中制作的重整计划草案内容一致的,有关债权人对该协议的同意视为对该重整计划草案表决的同意”。同时,也强调“重整计划草案对协议内容进行了修改并对有关债权人有不利影响,或者与有关债权人重大利益相关的,受到影响的债权人有权按照企业破产法的规定对重整计划草案重新进行表决”。

者建议选择规模较大且具有核心资产的困境企业。这是因为,困境企业规模较大,将企业中的核心价值资产或优质资产以整体出售转让方式进行出售式重整,除了可以避免单独拆分出售带来的交易次数与交易成本增加以及实际交易价值的贬损,还可以有效恢复困境企业的主营业务,延续企业的运营价值,从而吸引更多的潜在投资人。此外,正是因为企业规模大,才承担得起重整的博弈成本,否则若企业规模较小,并不存在安排大量员工继续就业的社会隐患,则分开出售与整体出售的作用以及社会效果相差不大,从节约成本与提高破产审判效率的角度,也就没有必要耗费时间与金钱去寻找合适的重整投资方,可选择破产清算方式单独出售。基于上述理由,笔者建议在立法中,可明确规定出售式重整可适用的主体范围,便于实践操作,也有利于提高审查的效率。

2. 明确企业核心价值资产或优质资产、关键性资产的认定标准

对于困境企业来说,优质资产是其实施出售式重整的基础性要件,而从招募投资人的角度来讲,企业若具有优质资产,不仅能吸引更多投资人的注意,更能促使其最终参与资产转让。为便于该模式的推广和运用,建议在立法中,应明确企业核心价值资产或优质资产、关键性资产的认定标准,可用概括性陈述并辅之以列举的形式来列明可选择整体出售时的财产种类,如资产涉及的主营业务具备良好的市场竞争力、属于国家重点扶持的产业,具备先进生产流水线或加工设备、完善的线上或线下销售渠道、拥有专业的研发团队、高科技产品专利、建设工程的特级资质、国家知名商标、地理标志商标、品牌等无形资产。

3. 引入必要的商业咨询,合理评估核心资产价值

在出售式破产重整中转让企业核心资产,是破产重整目的能否实现的关键。确切地说,在出售式重整中,债务人企业是否具有重整价值;若有,如何判断以及如何估值等情况,均需要法官、管理人具备一定的商业判断能力以及专业的市场认知能力。但一般而言,法官、管理人并不具有上述能力,也难以准确的预估、评判债务人企业的重整价值。所以,如何确定企业重整价值应当交给市场来评判。而目前,如何准确确定债务人企业重整价值,是个难题。在实践中,一般采用管理人分别与各个意向投资人谈判、小范围招标、评估等方式来确定。在一般情况下,应做好所出售核心价值资产价格评估工作。为保证价格评估的客观、公正,建议由管理人通过公开招募、竞争性选任方式委托专业的资产评估机构开展评

估。这里需要特别说明的是，目前，实践中适用的资产评估的方法一般包括收益法、市场法和资产基础法，分别有各自适用的前提条件。选择何种评估方法，也是影响重整价值确定的重要因素。建议评估机构应从评估的具体目的（如重整或清算）、企业的经营状况、财务状况等具体情况出发，慎重选择合适、恰当的评估方法。同时，建议辅之以市场检验法，如在相关拍卖公告上进行充分的信息披露、采取网络平台竞拍等。

而在重大出售式破产重整案件中，可考虑管理人根据案件情况引入必要的商业咨询。首先，为保障咨询的客观、公平与公正性，建议在全国范围内公开找寻与企业无利益牵连且具有较高影响力的商业咨询主体，如投资咨询公司、顾问公司等。其次，鉴于在重整中，企业可能存在各种不确定的因素，咨询结果不可避免地与债权人等各方主体的预估存在差距。同时，也为了保证破产资产处置依法、公开、公正、公平地进行，笔者认为，评估报告应当对所有债权人公开，上述商业咨询意见在必要时，或者债权人有相应要求时，应当对债权人予以公布，并有必要对债权人的质疑给以充分的解释，必要时可邀请相关中介机构人员到现场回应质疑，从而避免因为巨大落差反而不利于出售式破产重整制度的推进，也有利于维护所有债权人的合法权益。此外，就大型的重整企业而言，可在当前的企业产权交易市场中，专门设立一个独立的交易板块来处置，以利于准确确定企业重整价值。最后，在上述的资产中，如果进行破产清算单独出售，不仅估值贬损，转让价值也会大打折扣。若困境企业采取整体出售转让方式进行重整，不仅能够吸引更多战略投资者参与资产转让，提高转让、变现价值，也有利于债权人的清偿。从这个角度讲，如何评估资产非常重要，建议应将资产打包成一个整体进行评估，而非将每个资产分别精细估值，否则会导致定价偏低，进而导致重整价值偏低或未被认可的评估纠纷。

（三）明确角色定位，充分发挥政府作用

就目前而言，我国政府在重整过程中更像是各方利益的协调者在发挥其作用。笔者建议，政府应更明确其角色定位，以其行政权力所具有的独特属性充分发挥作用。首先，在出售式重整过程中，政府应表明对企业重整的支持态度。对于陷入困境的企业，在前期筛查的基础上对具备重整价值的企业，应积极鼓励债务人通过破产重整的方式解决债权、债务问题。其次，对企业重整的支持力度，不能局限于做好企业职工妥善安置、维护辖区稳定以及行政罚款或税款的延迟缴付等事项，而应加强沟通协调工作，从财政资金支持的角度做好进入重整程序后，及时恢复、维续企业正常经营的工作；在重整资产出售时，协调政府相关组成部门，在政策允许范围内考虑对资产交易活动提供税收减免、返还。最后，为加快核心资产、营业的流转和运营，建议政府利用自身平台制定相应的招商引资政策，从重点设施建设、财政补贴等方面为意向重组方提供相应的优惠政策和支持。

第五章　民营企业破产重整中的投资人招募与持续经营

在企业重整程序中，重整投资人的招募和企业的持续经营是关系重整成败的重要事项。重整投资人在重整程序中的地位及权益保护问题，关乎相关主体是否决定参与企业重整。持续经营有助于维持企业的财产价值和营运价值，有利于社会利益的最大化，从而增加成功招募重整投资人的可能性。《企业破产法》对上述问题未多作规定，泉州法院对此进行了积极探索。

第一节　破产重整投资人的地位与权益保障

由于陷入困境，企业已经表明其自身造血功能不够，亟须新的注资。企业陷入经营困境，是其自身经营能力或者“造血功能”不足的体现。企业想要恢复自身功能，急待新资金的注入。这种给企业带来新资金（其形态可以为现金或资产等）以获得新债权或者股权等权利的第三方主体就是重整投资人，一般被称为“重整方”或“重整投资人”。我国《企业破产法》中并未涉及对重整投资人的规定，而在实践中重整投资人往往发挥着重要作用，有时甚至可能左右重整程序的成败。

一、重整投资人的主体地位

美国学者爱泼斯坦曾说:“了解一家适用重整程序的公司是否具有清偿能力的问题就像想知道一根火柴在划过火柴盒时是否能被划着一样,只有用过了这根火柴我们才能知道它是否能被划着。”①质言之,重整程序的最终效果如何,只能通过重整程序的实践进行来检验。重整投资人作为影响重整程序是否能够启动、重整程序能否顺利进行的重要主体,对唤起企业生机具有非比寻常的作用。企业活动所涉及的主要利害关系人包括债务人、普通债权人、有担保债权人、优先债权人、重整投资人、企业员工和企业管理层。在重整关系中,这些主体既有交叉,又有差异。

与债权人和债务人不同,重整投资人是一个非常重要但又处于变化中的主体。在重整程序开始后的一段时间,重整投资人一直处于一种试探、博弈和互相竞争的状态,也就是说,重整投资人的主体地位是随着重整程序推进不断变化的。在重整投资人的招募过程中,企业发布的招募公告性质上属于合同法中的要约邀请,重整投资人相当于要约邀请的相对方;在重整投资人与企业磋商、签订重整投资协议的过程中,重整投资人是合同相对方,根据双方签订的投资协议来履行相应的权利义务;随后,重整计划与重整投资协议在多方谈判下进行相应的调整,重整投资人同样作为合同的重要相对方;在重整计划的执行过程中,重整投资人根据重整计划执行入资或入股协议;当重整计划执行完毕,重整投资人入资或者入股的协议相应地也履行完毕或基本履行完毕,在通常情况下,此时重整投资人已经取代原有股东或债权人地位,成为事实上的企业控制人。可见,在重整投资人地位的不断变化时,企业的内部血液也在进行更替。

二、重整投资人的权利定位

重整投资人在重整程序中权利义务处于一个不断变化的过程中,总体来说,重整投资人权利义务要受重整投资协议的约束,在此协议的基础上扩展至先合

① 参见[美]大卫·G. 爱泼斯坦等:《美国破产法》,韩长印等译,中国政法大学出版社2003年版,第742页。

同阶段和后合同阶段。在重整投资人与债务人或者破产管理人签订正式合同或者交纳保证金后,重整投资人正式承担起了公司重整中的权利义务。最后的重整计划也为重整投资人设定了权利义务,从而明确了其在重整中的主体资格。重整制度固然有巨大的社会意义,但是,破产法不是一个创造或改变实体权利规则的领域,它必须以破产前和程序中各项实体权利为基础,以保障重整投资人的各项权益。“重整投资人作为重要参与方参加债务人重整,无不是承诺将自有优质资产注入债务人企业,或以现金补偿的方式直接承担债务人的全部或者部分债务,从而满足重整计划得以批准和执行的要求,从而以变更、增加、修正原债权债务关系的方式减轻债务人的债务负担,重整投资人由此成为重整计划之义务人。”①

从保护债权人利益、促进公司顺利重整的原则出发,重整投资人的主体地位确立以后,应当享有下列权利。

1. 知情权,包括对公司整体生产经营状况、债权债务状况以及治理结构等享有法律上的了解和知悉权利。新投资人介入重整程序是一个谈判和缔约的过程,这个过程是市场自治的问题,需要各相关主体无数次的博弈方能完成。如果握有控制权的一方不予配合,新投资人就很难进入。从更深刻的背景来看,这场博弈还依赖于资本市场和债权人市场的发展情况。如果整个市场运作的信息渠道不畅通、不活跃,就可能出现即使有更好的投资人,但是,因为信息的不充足、谈判的不充分而难以参与到其中来。解决这个问题较好的办法是首先进行资产评估,公布评估报告。让潜在的投资人通过评估报告了解资产状况,在获得充分的信息后再参与竞争。最后,通过债务人、债权人、出资人之间的博弈确定最优的选择。

2. 参与权,包括对重整计划草案的制订、与债权人等各方利益主体的谈判等权利,参与权不仅指重整程序的参与权,也包括在重整程序启动阶段公平参与招标投标,参与重整程序启动以后重整计划的制定、参加债权人会议、参与各方的

① 张仁辉:《破产重整中新投资人的法律地位及权利》,载王欣新、尹友正主编:《破产法论坛》(第4辑),法律出版社2010年版,第245页。

磋商、重整计划执行等。[①] 有观点认为,重整投资人也应当被赋予重整计划制定权。但重整投资人与管理人、债务人以及债权人相比,毕竟不是破产程序的直接权利义务人,因此,笔者认为从法理角度来看不应赋予重整投资人单独的重整计划制定权。但是,重整投资人应当对重整计划制定享有建议权和参与权,因为重整计划中往往包括重整投资人条款,重整投资人条款通常又包括 3 个方面:(1)重整投资人的确定;(2)重整融资的引入及使用;(3)重整投资人的资产重组方案(经营方案)。这几个问题,也是实务操作中的重要问题。重整投资人确定之后,将起草重整融资条款及资产重组方案并建议管理人或者自行管理的债务人将其列入重整计划。[②]

三、重整投资人的责任定位

(一)契约责任

重整计划是以挽救债务人、谋求债务人再生为主要目的,以清理债权债务关系为内容的协议。重整计划的目的是拯救陷入困境的企业,使其获得新生。重整计划的内容主要是关于企业债权债务的处理以及其他重整实务的契约安排。也就是说,重整计划是旨在促进企业再建重生,维持债务人继续营业,解决债务清偿问题的综合性合同。在契约关系中,首要的原则就是意思自治,合同双方在遵循意思自治的前提下约定各项权利义务,合同双方在享有权利的同时,也要履行义务。在契约中,一方或双方不履行义务或者履行义务与约定不符就必然要承担相应的契约责任。

(二)社会责任

众所周知,公司陷入困境很大程度上就是资金链出了问题,就一家陷入破产重整的公司而言,融资更困难,并且,其融资过程中所涉及的当事人已经远远超出了传统意义上的"契约相对性"原则,在这样一个高风险分蛋糕的现实中,立法和司法必须进行干预,以实现各方主体的利益最大化。[③] 重整投资人是重整程序

① 参见王龙刚:《救赎与博弈:公司重整融资的法律制度研究》,中国政法大学 2011 年博士学位论文,第 61 页。

② 参见池伟宏:《论重整计划的制定》,载《交大法学》2017 年第 3 期。

③ 参见王龙刚:《救赎与博弈:公司重整融资的法律制度研究》,中国政法大学 2011 年博士学位论文,第 20 页。

的重要主体，重整融资人取得重整中的公司治理权是当事人自治谈判和司法强制力规制的合力作用的结果。重整投资人介入重整程序，使重整中的公司的利益关系人发生改变，旧的契约关系已经随着重整的开始和破产法的强制性规定不复存在，当事人需要对重整中的公司的资本结构以及相应的权利义务重新谈判。重整投资人作为新的债务融资人，为了克服更严重的融资代理成本，需要更严厉的契约条款对重整程序施加一定的控制。在当前破产实践中，重整挽救对多数地方与企业来讲，由于地方市场经济环境不健全与传统观念束缚，往往需要市场与政府行政权力的力量结合进行。企业的破产不仅会产生债权债务清偿、财产资源再次分配等法律问题，还会衍生一系列需要政府履行职责解决的社会外部性问题，如职工的社会保险与救济安置、税务问题、工商登记问题、企业办社会的非经营性资产的移交与接收，乃至破产企业档案的保管等，都需要在破产过程中解决。① 这些问题想要得到妥善的解决，重整投资人在其中发挥着不可或缺的作用。

四、重整投资人的权益保障

（一）充分的信息披露——行使权利的前提

重整程序需要各方当事人长期的协作与参与，而充分、准确、及时的信息是消除冲突、实现合作的必要条件。我国破产立法初步构建起信息披露制度的框架，但是，义务主体主要限于债务人和管理人，对重整投资人的知情权并没有规定。重整投资人的公开招募、遴选方式、参与过程等都涉及信息披露，同时，债务人自身重要信息是否合理披露在很大程度上也会影响投资人的一系列决定。

重整投资人的遴选方式与重整投资人竞争的公平保障问题息息相关。首先，在我国部分发达城市，由于市场活跃、企业资金普遍雄厚，存在多方重整投资人竞相入驻重整企业的情况，公开透明的招募制度是保障最优投资人得以参加重整程序的必要条件。没有保障投资人公平参与招募权利的法律制度存在，容易在招募过程中产生恶性市场竞争。其次，在某些特殊行业，重整投资人的遴选

① 参见王欣新：《破产重整不是损害债权人的制度》，载《经济参考报》2016 年 10 月 18 日，第 8 版。

工作实际上是由政府部门或者由其指定的机构负责,在行政权力参与下重整更不宜缺失必要的法律规制,否则,立法空白会成为滋生权力寻租等现象的“温床”。因此,投资人入驻破产重整企业的过程,应该是在法律规制的框架下公开透明的招募过程,投资人的部分权利义务实际上在成为破产重整参与方前就已存在。比如,对重整企业相关信息的知情权,以及参与招募竞争的公平竞争权,部分权利不宜交由市场自我调节,不属于投资人应该承担的商业风险范围,投资人的基本权利应得到法律的确认与保障。[①] 全国破产重整信息网虽然一定程度上有助于推动破产企业的信息披露,但仍然无法使投资人获得交易所需的全面信息。为了促使市场交易各方当事人积极履行信息披露义务,各国立法对此作了明确规定,值得我国借鉴。例如,美国、英国、德国和日本等国家都在破产法中对此作了明确规定,从信息披露义务主体、范围、方式、期限以及法律责任等多方面予以规制。尤其是英国《破产法》规定了调查制度,立法赋予法院协助破产执业调查者调查破产实务真实状况的权力。为优化营商环境,我国《破产法司法解释三》第10条赋予了单个债权人信息查阅权,具有较大立法价值。投资人获取信息的权利既可参照该条执行,也可通过当事人契约自治自主约定。[②]

(二)重整投资的方式——各方博弈的结果

企业活动所涉及的主体多元、利益多样,如何对各种利益进行平衡和协调是法律面临的重要问题,这为利益分析方法提供了充分的施展空间。此外,企业中的利益关系处于动态发展中,在企业创立、发展和终止的不同阶段,各种主体之间的利益关系处于持续的变动中,需要根据具体的情况不断进行重新定位。

有学者认为,在出资人与重整投资人的博弈中,出资人权益会被不公平让渡。除清偿债务人外,出资人调整的权益很大一部分将被作为重整投资人挽救困境企业的对价,吸引重整方为公司提供偿债资金。为使企业尽快脱离泥沼,在引进重整投资人时企业往往会饮鸩止渴,出现侵害出资人利益,偏向重整投资人的倾向。[③] 重整融资是一种外部融资,即融资人向重整中的公司注入了新的投

① 参见周长:《论破产重整中战略投资人的权益保护》,载《中国集体经济》2019年第26期。

② 参见丁燕:《破产重整企业债权融资的异化及其解决》,载《华东政法大学学报》2019年第4期。

③ 参见张钦昱:《公司重整中出资人权益的保护——以出资人委员会为视角》,载《政治与法律》2018年第11期。

资。由于注入了新的资本必然形成新的契约关系。实证研究表明,在一般情况下,重整融资能够提高重整效率并提升重整中的公司的价值。但是,由于重整融资契约当事人的谈判地位不同,而且融资契约谈判的一方当事人实质上是代表重整中的公司的多方利益关系人的利益进行谈判,所以重整融资契约很容易产生负外部性。所以,有必要对这种契约加以管制,抑制当事人操纵契约谈判并通过融资契约转移价值,损害其他利益关系人的利益。①

重整企业可运用多种重整措施,达到恢复经营能力、清偿债务、避免破产的目的,除延期或减免偿还债务外,还可采取向新的战略投资者无偿转让全部或部分股权,核减或增加注册资本,向特定对象定向发行新股或债券,将债权转为股份,转让、置换营业或资产等方法。重整的目的在于维持公司之事业,而不限于公司本身,故必要时还可采取解散原有公司,设立第二公司或公司分立、与其他公司合并等方法。在立恒公司破产重整案中,管理人提议召开债权人委员会扩大会议,在充分听取债权人意见后,创造性地制定了“挂牌式”招募投资人的重整计划草案,由债权人会议自主决定“挂牌”底价(债权人清偿比例),并将调整“挂牌”价格及期限的权利赋予债权人委员会。企业进入重整程序后,依据破产法规定,为继续经营新获得的贷款、新发生的债务都可以作为共益债务,处于优先于旧债的清偿地位,这就有利于消除新债权人的顾虑,使企业获得新的资金与交易支持。② 在一般情况下,是由原股东通过股东权益的调整让渡来引入投资人,但也有投资人通过购买定向增发的股份入主上市公司。投资人为了减少收购成本,当然希望最大限度地减少自己的收购成本,而破产企业的出资人也希望在减少债权人利益的情况下使自己获得更多的回报。当然,在收购谈判中,投资人也会尽量地压低出售者即原股东的价格,所以债权人与重组方二者之间也会有利益冲突。③

在旗牌王服饰及其关联企业合并破产重整案中,管理人制定了没有意向投资人的重整计划草案。重整计划草案建立在管理人对企业全面清产核资及审查

---

① 参见张钦昱:《公司重整中出资人权益的保护——以出资人委员会为视角》,载《政治与法律》2018 年第 11 期。

② 参见王欣新:《无锡尚德重整:挽救企业的法律之路》,载《经济参考报》2013 年 5 月 21 日,第 8 版。

③ 参见王建平:《论破产重整中的利益平衡》,中国政法大学 2011 年博士学位论文,第 39 页。

确认的债权债务状况基础上，合理区分纳入重整范围的债务人资产、权益和未纳入重整范围的债务人资产、权益的范畴，科学测算出模拟清偿率，并在此基础上制定没有重整方的重整计划草案。重整计划表决通过后，再以重整计划设定的清偿率为底线，通过公开方式招募、确定意向投资人。这种处理方式，既可以保持困境企业的驰名商标等资产重整价值不减损，又有助于吸引更多的意向投资人以市场化方式自由博弈，公开、公平、公正地竞拍获得投资机会。

（三）债权的优先清偿——利益衡平的较量

担保债权人、普通债权人和投资者对企业资产都拥有某种权利，这些权利之间的先后顺序反映了每一个利益享有者在获取这些权利时达成的不同协议，有担保债权人在享有担保权益的同时也付出了一定的代价，如降低利率、提高贷款额、放弃其他保障措施等。如果在重整中限制担保债权人的权利，要求担保债权人承担重整失败带来的时间损耗、担保物贬值等损失，实际上是对当事人事先权益安排的违背。[①] 社会利益优先的理念不能够掩盖重整主体之间的地位差异，立法应当根据各自的特征，对不同参与人的利益进行协调和平衡。

破产重整融资至关重要，赋予其优先受偿权具有历史发展的必然性和逻辑自洽性，体现了法的公平、效率、利益平衡等基本价值。大多数国家都确认了重整融资中债权的优先权属性，但鉴于立法传统与技术之不同，体现法律性质的具体名称亦不同。如美国法上为“不同层级的贷款优先权”，日本法上为“共益债权”，我国参照“共益债务”处理。虽然名称及特征纷繁多样，但对其的法律保护均趋于一致，即确立优先性，使其优先于无担保债权得到受偿。[②] 对于贷予重整中公司之维持营运、进行重整程序所需之新资金，在现行法下系属重整债务而优先于重整债权受清偿，此优先受偿权之效力且不因裁定终止重整而受影响。换言之，在法院裁定重整程序终止后，对于优先于重整债权的重整期间注入的资金，依然属于“共益债务”优先清偿。

有学者认为，所谓优先于重整债权而为清偿具有两种意义。其一，重整程序中之所有重整债权，不问有无担保，均非依重整程序不得行使其权利，亦即其债

---

① 参见陈英：《破产重整中的利益分析与制度构造——以利益主体为视角》，山东大学出版社2013年版，第128页。

② 参见丁燕：《论破产重整融资中债权的优先性》，载《法学论坛》2019年第3期。

权陷于停止状态;重整债务则应随时清偿之。其二,重整债权,不问有无担保,均因重整计划而蒙受变更,并依重整计划而为清偿;反之,重整债务之债权人则不受重整计划之拘束,甚至重整计划中应确保重整债务之清偿而不得予以减免或变更。因此,为确保债务人公司于重整期间能获取所需资金,并承接前述保障有担保债权人之一贯主张,无论重整期间新资金之提供者系原债权人或第三人,新资金之清偿顺序宜在有担保债权人之后,但在无担保债权人之前,以使重整程序得顺利进行。①

在金威公司破产清算转重整案中,法院和管理人借助当地政府和商会力量,破产清算和重整同时进行,在清算核查的同时招募意向投资方,并优中选优,经过充分磋商谈判,确定一家投资公司作为战略投资人,随后法院裁定案件转入破产重整程序。我国《企业破产法》第 42 条第 4 项规定,共益债务包括"为债务人继续营业而应支付的劳动报酬和社会保险费用以及由此产生的其他债务"。根据文义解释与体系解释,"其他债务"应包含为继续营业而借款产生的债务。我国司法实践对此予以确认,如"深圳市亿商通进出口有限公司与东莞市清溪金卧牛实业有限公司企业借贷纠纷案",该判决明确了破产重整程序中的借款债务属于共益债务的认定情形,具有深远意义。《破产法司法解释三》第 2 条第 1 款规定,"破产申请受理后,经债权人会议决议通过,或者第一次债权人会议召开前经人民法院许可,管理人或者自行管理的债务人可以为债务人继续营业而借款。提供借款的债权人主张参照《企业破产法》第 42 条第 4 项的规定优先于普通破产债权清偿的,人民法院应予支持,但其主张优先于此前已就债务人特定财产享有担保的债权清偿的,人民法院不予支持"。有学者对此认为,我国现行立法关于新融资属于"共益债务"的法律定性仅使其优先于无担保债权,但其与既存担保债权之间的现实冲突仍然存在。② 然而,对于此问题,应当进行全面理解,事实上《破产法司法解释三》第 2 条从 4 个层面作出了规定:第一,明确规定在破产程序中符合相应条件的为债务人继续营业而发生的借款可以被认定为共益债务,由债务人财产随时清偿,当然也优先于普通破产债权清偿;第二,如果债务人企

① 参见王文宇:《公司法论》,台北,元照出版有限公司 2016 年版,第 581 ~582 页。

② 参见丁燕:《破产重整企业债权融资的异化及其解决》,载《华东政法大学学报》2019 年第 4 期。

业在此之前已经对特定财产设定抵押或其他物的担保,新借款被认定为共益债务的清偿不得损害此前已就债务人特定财产设定担保的债权的清偿利益;第三,如果为继续营业发生的借款设定了抵押,而抵押物在破产申请受理前已为其他债权人设定抵押的,要根据《物权法》第199条规定的顺序清偿;第四,在破产程序中为继续营业发生新的借款,要遵守法定的程序,就是需要经债权人会议决议通过,或者在第一次债权人会议召开前经人民法院许可。[①]《破产法司法解释三》第2条的重大意义就在于促进破产程序中的融资,最终更好地实现融资债权人、债务人企业、破产债权人的利益平衡。

第二节 泉州地区重整企业持续经营的探索

持续经营并非法律概念,而是一种会计假设,“是指被审计单位在编制财务报表时,假定其经营活动在可预见的将来会继续下去,不拟也不必终止经营或破产清算,可以在正常的经营过程中变现资产、清偿债务”。[②]《企业破产法》并未出现持续经营的表述,而是采取了“继续营业”的表述。[③] 虽然在实践中对重整企业的资产价值进行评估时往往也采用持续经营的概念,但是破产法中继续营业不等同于会计学中的持续经营概念。本书中使用的持续经营也并非会计学中的持续经营概念,而是与破产法中的继续营业含义相同,即企业不停止经营,持续开展经营活动。重整以维持债务人的营运价值为前提,营运价值的维持离不开企业的持续经营。但由于融资受限、资金匮乏、人员部分流失等原因,债务人在重整期间能否持续经营,实际上存在较大的不确定性。

---

① 参见最高人民法院民事审判第二庭:《最高人民法院关于企业破产法司法解释(三)理解与适用》,人民法院出版社2019年版,第45页。

② 参见中国注册会计师协会编:《审计》,经济科学出版社2016年版,第376页。

③ “营业”是经济学和法学上均为普遍适用之概念。在法学上,营业的意义是多种的,它有时是指商人的营利活动,也有时是指商人为实现一定的营利目的而运用全部财产的组织体,前者称为主观意义的营业,又称为活动的营业;后者称为客观意义的营业,又称为组织的营业。参见王保树:《商法总论》,清华大学出版社2007年版,第183页。

一、重整企业持续经营的价值与持续经营模式的选择

(一)重整企业持续经营的价值与必要性

首先,较之破产清算,重整程序维持了债务人的营运价值。该项价值系由债务人在此前的经营过程中逐渐积累所得,实际体现为两个方面:一方面,是债务人企业与生产要素所有者之间的关系,其中最典型的便是企业与其员工之间的关系,此外员工与企业财产、企业财产之间经长期磨合均建立了不同程度的关系;另一方面,则为企业与外部其他主体之间建立的关系,如企业与供货商、经销商、消费者等之间建立的关系,这些关系的建立需要投入大量的时间及金钱成本,并经过长期的磨合才能实现联合并流畅运行,这种关系即构成了重整程序需要保全的营运价值。换言之,当一方主体想要构建与某一存续的企业"完全一样"的新企业,该主体除了购置财产外需要多付出的成本便是该公司的营运价值。① 因此,在重整中对企业实施持续经营,能够维持企业的运转,维护企业的营运价值,维系企业的重整价值,进而促进重整的成功。但是,当债务人破产清算时,企业内在以及外在的关系将丧失殆尽,无法维系债务人的营运价值。

其次,对重整企业实施持续经营,可以保证生产设备、设施的有效运转及其维护,确保相关生产设备、设施的正常使用,避免停产停业产生报废、减损等损失,最大限度地保障财产的完整性,维系财产的整体价值。王卫国教授曾对此作了非常形象的比喻,将濒危企业比作"病马",则营运价值为"活马"价值,清算价值为"马肉"价值。② 无疑,"活马"的价值远高于"马肉"的价值,而对重整企业进行持续经营,才能让这匹马存活下来,进而有利于债权人利益最大化。相应地,债务人这匹马作为存活的困境企业,其拯救价值即体现在其继续经营价值高于清算价值。

最后,重整期间实施持续经营,将有利于债权人、债务人、出资人、企业职工等各利害关系人,有利于社会整体价值最大化。③ 特别是对非上市公司来讲,其

---

① 参见许胜锋:《破产重整中债务人自行管理制度的理论逻辑》,吉林大学2019年博士学位论文,第44页。

② 参见王卫国:《论重整制度》,载《法学研究》1996年第1期。

③ 参见贺小荣、王富博、杜军:《破产管理人与重整制度的探索与完善——〈全国法院破产审判工作会议纪要〉的理解与适用(上)》,载《人民司法(应用)》2018年第13期。

重整的价值主要体现为两方面,其资产及营运价值,或者其相关资质具有保留价值。在实践中前者的表现特征明显强于后者,更具有代表性。在保留资产和营运价值的重整过程中,往往需要维持债务人在重整期间的营业,以保证员工队伍的稳定、维持供应和采购关系以及保持市场占有率等。[①] 亦即,持续经营价值系在整合了各种关系的基础上所形成的,其在现实中存在于债务人与其他主体之间,而支撑该些关系的则是其背后的深远与广泛的社会利益以及公共利益。

(二)重整企业持续经营的立法规定

《企业破产法》虽然并未专门对重整企业的持续经营问题进行过多的规定,但根据《企业破产法》第 26 条的规定,在第一次债权人会议召开之前,管理人决定继续或者停止债务人的营业的,应当经人民法院许可,这从侧面反映出持续经营的重要性。同时,根据《企业破产法》第 42 条的规定,人民法院受理破产申请后,债务人为继续营业而支付的劳动报酬和社会保险费用以及由此产生的其他债务属于共益债务;以及第 75 条的规定,在重整期间,债务人或者管理人为继续营业而借款的,可以为该借款设定担保。该规定不仅明确了因持续经营产生的借款可以设定担保,而且持续经营应支付的劳动报酬及社会保险等费用属于共益债务,具有优先清偿的地位,持续经营涉及的相关事项能够获得法律的保障,减轻了债务人及利害相关方的疑虑。在此基础上,《企业破产法》第 81 条规定重整计划草案应当包括债务人的经营方案;以及第 87 条规定重整计划草案未通过时强制批准的条件之一即是要求经营方案具有可行性。此外,最高人民法院《破产审判工作会议纪要》第 17 点强调,重整不限于债务减免和财务调整,其重点应在于维持企业的营运价值。由此,要求人民法院在审查重整计划时,不仅需要作合法性审查,还应审查其中涉及的经营方案是否具有可行性。亦即,持续经营属于重整计划草案的必备内容和法院强制批准的必要条件,相应地,在企业重整中应当特别重视持续经营问题。

从另一个角度看,根据《企业破产法》第 25 条的规定,管理人的职责包括在第一次债权人会议召开之前,决定继续或者停止债务人的营业;管理和处分债务人的财产等。由此可见,目前对债务人的财产和营业事务进行管理属于管理人

---

① 参见许胜锋:《重整中债务人自行管理制度价值及风险的实用性研究》,载《中国政法大学学报》2017 年第 3 期。

的职责，进而可以推导出债务人营业事务原则上由管理人管理的结论，即由管理人管理的模式。同时，根据《企业破产法》第73条的规定，在重整期间，经债务人申请，人民法院批准，债务人可以在管理人的监督下自行管理财产和营业事务。根据该条规定，债务人可以在管理人监督下自行管理财产和营业事务，即债务人自行管理模式。该条款是借鉴美国破产法上占有中的债务人或者经管债务人（Debtor in Possession，DIP）制度所作的规定。[①] 亦即，重整企业的持续经营实际上有两种模式，即管理人负责和管理人监督下的债务人自行负责。经司法实践的探索，管理人负责的模式下还可以进一步区分为由管理人自行负责、管理人聘请债务人原经营管理层负责，以及委托第三方负责的托管经营等具体形式。

二、泉州重整企业持续经营的实践探索

（一）铁观音集团及安溪茶厂重整案持续经营实践

1. 基本情况介绍

安溪茶厂成立于1952年，是我国历史最悠久的三大国营茶厂之一，后由铁观音集团收购而成为其全资子公司。铁观音集团成立的数年后，启动了上市计划并于2012年6月进行IPO预披露，并为此投入了较大的资金，后由于市场及国家政策变动等原因，铁观音集团于2013年终止上市计划。之后，随着国家宏观经济下行、消费环境变化、市场调整以及担保链断裂等因素的不利影响，铁观音集团和安溪茶厂陷入债务危机。

2016年1月，债权人分别申请安溪茶厂和铁观音集团重整，安溪县人民法院及其上级法院泉州市中级人民法院分别予以受理，其后，两起案件由泉州市中级人民法院统一以“协调审理”方式审理。在对债务人实施持续经营的前提下，管理人通过公开遴选，引入投资人向铁观音集团增资2.2亿元，合计持有铁观音集团76.2%股份，相应地，原股东的股份稀释为23.8%，投资人同时向安溪茶厂提供偿债资金，故其出资人权益未作调整；铁观音集团普通债权清偿率为7.54%（其中，10万元以下部分清偿率30%），较之于模拟破产清算情况下，清偿率提高

① 参见高丝敏：《我国破产重整中债务人自行管理制度的完善——以信义义务为视角》，载《中国政法大学学报》2017年第3期。

了3倍;安溪茶厂普通债权清偿率16%(其中,10万元以下部分清偿率40%)。在2016年10月31日召开第二次债权人会议时,两家公司的重整计划均获得多个表决组的高票通过。2016年11月3日,泉州市中级人民法院裁定批准重整计划。2017年10月31日,泉州市中级人民法院裁定确认重整计划执行完毕。

该案是通过重整制度促进传统农业企业转型升级的典型案例。重整成功不仅使铁观音集团这一著名商号得以保留,而且,也带动了与之相关的茶农、茶配套生产商、茶叶营销加盟商产业的发展。重整计划批准后,投资人"互联网+"思维模式、合伙制商业模式、"制茶大师工作室"等创新模式的引入,对传统农业企业从营销模式、产品定位、科研创新等方面进行升级转型,同时,化解了金融债权约5.8亿元,有效防控了金融风险。①

2. 持续经营的必要性与具体操作

(1)持续经营的必要性

虽然,铁观音集团及安溪茶厂陷入困境,但其困境并非经营不当所致。铁观音集团的重整,属于再建型而非清算型重整,目的在于摆脱债务危机。虽然通过减债也能够维持企业的持续经营,但如果将来要实现跨越式发展,必须要引入投资人。然而,在投资人正式介入前,维持现有的商业信誉和影响力,是未来恢复生产和摆脱困境的有利因素,也可以减少投资人的忧虑,增强投资人的信心。因此,在重整程序中维持铁观音集团及安溪茶厂的经营,保留现有销售渠道和市场占有率是引进投资人和确保重整成功的关键。

在铁观音集团被裁定重整之前,加盟店已降至200家,实际销售额均较低,由此也同时导致安溪茶厂生产经营萎缩。虽然两家企业的生产与维护成本高居不下,持续经营仍会有大额亏损,但管理人经过分析论证,根据《企业破产法》第26条的规定适时向泉州市中级人民法院提出继续营业的申请,并获得了泉州市中级人民法院的批准。在遴选投资人的过程中,多家投资人看中铁观音集团的持续经营能力,并以高于正常评估价值的金额进行投资。在两家企业重整期间亏损合计约达500万元的情况下,投资人仍愿意额外投入3600万元用于提高清

---

① 参见《最高法发布10个破产审判典型案例破产重整保住安溪铁观音著名商号》,载法制日报网:http://www.legaldaily.com.cn/index/content/2018-03/07/content_7489652.htm?node=20908,最后访问日期:2019年10月20日。

偿率,保障了债权人利益的最大化。

(2)持续经营的具体操作

鉴于铁观音集团及安溪茶厂在重整期间持续经营时需要比较健全的经营管理团队,负责日常事务、恢复经营管理,但是,管理人主要由政府部门和中介机构组成,并不擅长经营事务。管理人认为,企业原有管理团队的构成较合理,熟悉经营管理事务,具有较丰富的经验,有利于经营事务的稳定和发展。因此,管理人根据《企业破产法》第74条的规定,聘任原经营人员负责营业事务,维系企业的营运价值,为重整成功奠定了坚实的基础。

同时,为了确保债权人的利益,由管理人对持续经营加强监管,对于经营性开支,需上报次月的经营预算,并报管理人及泉州市中级人民法院备案后执行。在实际经营过程中,上报上个月的经营实际开支情况由管理人及泉州市中级人民法院备案。对于预算外开支,则由企业专项报告管理人及泉州市中级人民法院后执行,确保持续经营正常开展及管理人与泉州市中级人民法院的监督。

3. 经验总结

铁观音集团及安溪茶厂能够重整成功,其中,非常重要的因素在于管理人及时果断决策对企业实施持续经营,有效维系了企业的营运价值。采用"委托公司管理层+管理人加强监管"的模式实施持续经营,不仅充分利用了原经营人员的专长,为重整做出贡献,同时,采用严格监管的方式对债务人持续经营加强监督,打消债权人的顾虑,切实保障债权人的利益,有效实现债权人等有关主体利益的最大化。铁观音集团与安溪茶厂通过重整,成功避免了破产清算的风险,获得投资人的注资,为今后的发展奠定了基础,也给安溪县的茶业注入生机与活力,有利于进一步带动茶产业的健康发展,为服务"三农"做出更大的贡献。

(二)旗牌王重整案持续经营实践

1. 基本情况介绍

旗牌王服饰创建于1988年,专营以牛仔裤为核心产品的休闲系列服饰,是我国著名的牛仔休闲服装生产和经营企业,凭借深厚的技术及质量底蕴,作为唯一的牛仔服装生产企业,参与了国家牛仔行业标准的制定。该企业在20多年的市场竞争中,长期处于优势地位,在我国市场综合占有率曾连续10多年位居前三名。作为福建省乃至全国驰名的休闲服饰品牌,旗牌王生产的牛仔裤始终走在业界前列,产品享有“国家免检产品”“中国驰名商标”等诸多荣誉,曾被全球五大品牌价值评估机构之一的“世界品牌实验室”评为“中国500最具价值品牌”。但是,由于经营管理不善,高成本融资,盲目投资直营店、各大区直销经营公司亏损、国内外经济下行等诸多因素影响,旗牌王陷入债务危机,生产经营也陷入困境。

2016年8月5日,根据中山市恒悦纺织服装有限公司的申请,泉州市中级人民法院裁定受理旗牌王服饰破产清算一案并于2016年8月23日决定将案件交洛江区人民法院审理,并指定旗牌王服饰清算组担任公司管理人。

2016年12月1日,洛江区人民法院根据申请裁定对旗牌王服饰及其关联公司旗牌王制衣、宝龙制衣合并重整。由于管理人在重整期间未能够及时招募到投资人,管理人遂制定了重整计划生效后再行招募投资人的方案。重整计划生效后,福建泉州匹克体育用品有限公司下属子公司泉州市达发置业投资有限公司于2017年12月通过公开竞拍获得旗牌王股权并正式入主旗牌王,旗牌王重整计划得以顺利执行。

2. 持续经营的必要性与具体操作

(1)持续经营的必要性

虽然旗牌王服饰经法院裁定进入破产清算程序,但是在管理人接管财产和营业事务后发现公司具有重整价值,具有持续经营的必要,而持续经营有利于维护企业品牌价值,有利于企业的挽救。经综合论证,旗牌王服饰以“上缴利润包干”的方式确定由债务人原经营管理人员承包经营,由此,可以有效降低留守人员的成本,进而降低破产费用与共益债务。同时,通过持续经营确保员工的收入及生活的稳定,可以有效避免广大员工失业,防范因员工失业而产生的群访或其他群体事件的发生。亦即,旗牌王服饰的持续经营,不仅能够有效保护债权人的利益,而且有利于员工利益保护及社会稳定。

(2)持续经营的具体操作

2016年8月30日,经旗牌王服饰管理人第一次会议审议,决定实施持续经营。在报经法院同意后,由管理人监督旗牌王服饰持续经营,维系其品牌价值。同时,由于管理人并非企业经营的专业人员,并不具备专业管理的优势,为充分发挥原经营人员的积极性,采取“上缴利润包干”的方式实施持续经营。具体而言,在管理人的监管下,由原经营管理人员推举的代表与企业签订承包协议,按

"净利润上缴包干"的方式承包经营,承包人按照约定将固定利润上缴发包人,超额部分则归承包人,不足部分由承包人补足。考虑资金不足的实际情况,持续经营以旗牌王服饰品牌的电商销售为主,以来料加工及旗牌王服饰代理商销售为辅,力所能及地保证一线员工的正常工作,并兼顾承包人上缴包干净利润及亏损的风险,力求实现顺利、平稳过渡,尽可能实现挽救企业的目标。

为了兼顾安全与效率,旗牌王服饰部分账户和资金移交由承包人用于开展持续经营,并赋予其一定的自主权。同时,承包人按照"现金日结日报"和"财务报表月结月报"的要求,由管理人授权的人员实施动态管理,随时抽查备案盘点设备库存、存货库存、现金余额等,严格防范资金及财产流失的风险。但生产营运的日常收支费用报销及账务核算由承包人自行决定,并报备"现金日结日报"和"财务报表月结月报"。承包人承包经营使用资金限于继续经营所须,且应当保证账面资金的安全使用与及时回收,如发生任何挪用、侵占等情况,依法追究承包人及相关人员的责任。

3. 经验总结

旗牌王重整案件系由破产清算程序转入重整程序,在旗牌王服饰进入破产程序时,其面临诸多不利影响。例如,电商要求旗牌王旗舰店下架、顾客对旗牌王品牌不信赖、相关合作企业担心后续无法保障等。但是,经管理人调查分析其具备重整的价值并及时决定实施持续经营,在充分发挥原经营人员专业优势的基础上,辅之以管理人的监督,采取多种措施开展持续经营,有效提高了旗牌王的信誉,维护了旗牌王的品牌价值。在管理人的有效监管下,资金亦得以有效运转,按照事前预算、事中监督、事后结算的方式进行动态管理,确保资金的安全。

旗牌王服饰实施的"上缴利润包干"方式,在降低持续经营风险的同时,可以有效刺激经营人员的积极性和创造性,有利于企业财产的保值与增值,也有利于维系企业的经营价值。相较管理人直接委托原经营人员管理而言,通过利润刺激的方式更能激发经营人员的潜力,在确保债务人经营利润的同时,采用市场化的手段开展持续经营,可以验证企业具有持续经营的价值,更有利于吸引投资人,为重整成功奠定基础。

虽然在重整期间未能引入投资人,但是旗牌王服饰在实施持续经营维持资产价值为重整奠定基础的同时,及时制定了重整计划草案并获得通过,所有普通债权人债权金额在5万元以下(含5万元)的部分按100%的比例清偿,有效避免了破产清算的风险。同时,重整计划的生效既保证了困境企业的驰名商标等资产价值不减损,又有利于吸引更多的意向投资人以市场化方式自由博弈,公开、公平、公正地竞争投资机会,而且,也正是由于持续经营得以维持了重整价值,最终才实现重整成功。

(三)富贵鸟股份重整案持续经营实践

1. 基本情况介绍

富贵鸟股份前身为"石狮市富贵鸟鞋业发展有限公司",成立于1995年11月20日,是香港福林皮件贸易公司出资设立的有限责任公司。2013年12月20日,富贵鸟股份在香港联合交易所有限公司主板上市,股票代码为01819。富贵鸟股份的皮鞋产品曾四次获得中国皮革工业协会授予的"中国真皮鞋王""中国真皮领先鞋王"称号。特别是在2012年,富贵鸟股份还位列全国第三大品牌商务休闲鞋产品制造商、第六大品牌鞋产品制造商。但在上市后,富贵鸟股份的业绩持续下滑。2016年9月1日,富贵鸟股份正式宣布停牌。2018年7月26日,泉州市中级人民法院裁定受理国泰君安证券股份有限公司对富贵鸟股份的重整申请,并于同日指定富贵鸟股份清算组担任管理人,负责重整工作。

2. 持续经营的必要性与具体操作

(1)持续经营的必要性

鉴于富贵鸟股份在鞋服行业具有相当的知名度与美誉度,历史上曾是行业领头羊和佼佼者,虽然生产规模逐年下滑,但研发及生产营运的能力仍在,经营亏损的主要原因是债务负担沉重、财务费用支出巨大、流动资金短缺。在富贵鸟股份进入重整程序后,财务成本支出得以降低。此外,重整程序之目的在于挽救企业,与清算程序迥然不同。就生产经营型企业而言,其在经营过程中形成的团队、品牌、渠道及商业信誉等无形资产是企业财产的有机组成部分,亦需通过持续经营予以维系。在重整期间实施持续经营才能够保持富贵鸟股份产品的现有销售渠道和市场占有率,也是企业核心的重整价值和引进重整投资人、重整成功的基础和关键。此外,对于富贵鸟股份生产经营中出现的缺乏流动资金的问题,已由债务人所在地供应链公司提供流动资金支持,保障了持续经营所需的流动资金。在此基础上,在重整期间富贵鸟股份持续经营,有利于增加收益,实现财产的保值增值，从而有效维护全体债权人的利益最大化。

(2)持续经营的具体操作

富贵鸟股份在进入重整程序之前，曾与某供应链公司持续沟通深度合作问题，后因委托经营的部分条款未能够形成一致意见而未达成合作。鉴于富贵鸟股份此前债券违约的影响，自行管理经营模式的适用存在较大障碍，故采取由管理人负责持续经营的模式。与铁观音集团重整案类似，考虑富贵鸟股份现有管理团队的构成较合理，熟悉经营管理事务，具有较丰富的经验，有利于经营事务的稳定和发展，因此，管理人根据《企业破产法》第 74 条的规定，聘任富贵鸟股份的经营管理人员负责营业事务，维系企业的营运价值。同时，为了打消债权人的顾虑，由管理人对富贵鸟股份的持续经营加强监管，对于经营性开支，需上报管理人及法院后执行，确保法院与管理人的严格有效监督。

3. 经验总结

虽然由于富贵鸟股份重整计划草案未能够获得债权人会议通过，导致富贵鸟股份被宣告破产清算，但是，在宣告破产之前管理人在持续经营方面所做的努力仍然值得赞赏。从持续经营效果看，在实施持续经营期间富贵鸟股份累计完成销售收入 7000 多万元，在不计提折旧、财务费用的情况下，实现净收益 500 多万元，实现了债务人财产的增值，进而有利于债权人利益最大化。在富贵鸟股份资产的后续整体处置过程中，其应收预付类债权、存货、长期股权投资、固定资产、无形资产等财产于 2019 年 10 月 29 日拍卖时，以 234, 080, 800 元成交，在本次拍卖底价 181, 580, 800 元的基础上实现了约 30% 的溢价。

三、重整企业持续经营制度的完善

(一)相关立法应当鼓励有营运价值的企业在进入破产程序后持续经营

关于债务人在进入破产程序之后是否继续营业的问题，《企业破产法》第 26 条规定，应由第一次债权人会议决定，而在此之前是否继续营业的问题，则由人民法院决定。考虑到破产程序的启动能够停止债权利息的计算，债务人在进入重整程序之后，财务成本大为缩减，从理论上看，应当能够实现盈利。但是，由于在该阶段的融资受限，生产经营规模受到较大的限制，而相应的生产设施维护、人力成本等无法同比例缩减，能否实现盈利将存在重大的不确定性，继续营业实际上存在一定的风险。在本章节选取的3起案例中,富贵鸟股份与旗牌王服饰实现了盈利,而铁观音集团则在持续亏损,但商事重整的理念就在于财产用于生产经营时的价值要高于被废弃出售时的价值,①其后的实际情况也证明确实如此。虽然重整期间出现了小额的亏损,但引入投资人时的溢价金额远高于该期间的亏损,在挽救债务人的同时,实现了债权人利益最大化。

就重整案件而言,为了维系重整价值、促进重整成功,采取持续经营为原则,停止营业为例外,比较容易理解。但是,对于破产清算案件的持续经营则存在较大争议。否定的观点认为,既然已经进入破产清算程序,则企业已经丧失重整价值,持续经营就应当停止;肯定的观点认为,虽然企业进入破产清算程序已经丧失了重整的价值,但是并不意味着一定要停止营业。如果持续经营有利于提高破产财产变现价值,在破产清算中也可以实施持续经营。而且,即使债务人经过重整,其仍然不可挽回地进入破产清算程序,重整期间的持续运营也可以视为一种信号,这种信号让所有依靠于债务人的主体有足够的时间进行调整以面对不太确定的未来,起到"减震器"的作用,避免了债务人突然的破产清算对依赖于债务人的利益相关方造成突然冲击。② 从实务情况看,一方面,很多案件在受理时以破产清算为由立案,在审理过程中经当事人申请而转换为重整案件。如果是在破产清算案件中即已停止营业,后续的重整将不具有可能性,因为《企业破产法》第70条第2款规定的后续申请权将丧失合理性。因此,在未转换为重整案件之前,有营运价值的债务人应当持续经营,在旗牌王服饰清算转重整案件中即体现了该项理念。另一方面,即使在重整失败而宣告破产清算案件中,在具备条件的情况下,实际上也应该继续债务人的营业,避免在财产处置之前的闲置,进而实现债权人利益最大化。

实际上,世界银行2018年在对全世界190个经济体营商环境的测评中,即提出"即便进入破产程序,也不要停止经营,25个国家允许在受理破产企业后可持续经营。继续经营可加快破产程序进程,确保企业财产价值最大化"。亦即,即

---

① 参见[美]查尔斯·J. 泰步:《美国破产法新论》(第3版)(下册),韩长印、何欢、王之洲译,中国政法大学出版社2017年版,第1130页。

② See William J. Woodward, Jr., "Control in Reorganization Law and Practice in China and the United States: An Essay on the Study of Contrast", 22 *Temple International and Comparative Law Journal* 2008 141: 157.

使以破产清算为案由受理,且未转换为重整或和解程序的案件,亦应当允许债务人阶段性的实施继续经营。例如,在北京利达海洋生物馆有限公司破产清算案中,基于对其下属的北京海洋馆经营事业进行拯救的目的,法院指导管理人采取在企业持续经营的状态下,将企业的全部财产、业务、正在履行的合同等整体打包,通过公开拍卖的方式变价处置。在依法保护员工、税务部门以及其他债权人的权益的同时,拯救了北京海洋馆,取得了良好的法律效果、经济效果和社会效果。①

(二)关于持续经营管理模式的选择

《企业破产法》规定了债务人自行管理与管理人管理两种模式,但并未就适用两种模式的法律条件作出规定。从司法实践看,对于存续式重整,应当优先考虑以债务人自行管理为原则,只有在债务人不愿意自行管理、存在违法及不诚信行为、明显不具备管理能力或者有其他显著不利于债权人利益的情形时,才由法院指定的管理人管理。② 但是,在泉州市民营企业重整案件中,为了取得政府部门的支持,除了"执转破"案件,一般均指定由政府相关职能部门与中介机构组成的清算组担任管理人。有一种观点认为,对于国有企业的重整,由国有股东、财务顾问、法律顾问组成清算组主导重整的模式,名义上是清算组模式,实质上符合 DIP 制度的运作机理。③ 但实际上,在泉州市民营企业重整案件中,清算组模式亦以债务人经营管理团队负责持续经营为基础,同时,清算组也能够协调企业经营过程中的相关问题,对企业实施帮扶。亦即,对于由清算组担任管理人的案件,虽然表面上采取的是管理人管理的模式,但是实际上并非管理人负责经营。从理念上看,其系为了发挥经营管理层的积极性,但其实质上更符合债务人自行管理的本质。④ 在铁观音集团重整案件与富贵鸟股份重整案件中,均由管理人团

---

① 参见《人民法院关于依法审理破产案件推进供给侧结构性改革典型案例》,载《人民法院报》2016 年 6 月 16 日,第 3 版。

② 参见王欣新、许胜锋:《落实全国法院民商事审判工作会议精神完善重整中的债务人自行管理制度》,载《人民法院报》2019 年 7 月 18 日,第 7 版。

③ 参见中国政法大学破产法与企业重组研究中心凯恩克劳斯课题研究组:《上市公司重整管理人制度研究》,载李曙光、郑志斌主编:《公司重整法律评论》(第 3 卷),法律出版社 2013 年版,第 44 页。

④ 参见许胜锋:《重整中债务人自行管理制度价值及风险的实用性研究》,载《中国政法大学学报》2017 年第 3 期。

队委托债务人现有团队负责经营。在旗牌王重整案件中,亦是由原经营管理层采取承包经营的方式开展持续经营,都发挥了原经营管理团队的优势。特别是旗牌王重整案件,在重整期间未能够顺利招募投资人的情况下,债务人原经营管理团队的持续经营确保了企业营运价值的维系,为重整的成功奠定了基础。

(三)持续经营的同时应当重视债务人困境原因的诊断

在企业重整过程中,虽然重整计划等文件中应当涉及对企业陷入经营困境的原因及将来持续经营方案等的分析和介绍,但是往往缺乏专业咨询机构的意见。由此而出现的情形是,部分企业的重整仅是单纯的债务危机化解,即便暂时解决债务危机也无法在将来获得持续发展,这无疑与重整制度的价值相背离。重整的目的绝不仅是简单的解决债务危机,而是挽救具有发展潜力的企业。相应地,挽救方案的实施,需要以重整期间的诊断为基础。根据现有法律的规定,管理人有中介机构和清算组两种形式,后者虽然包括相关的政府职能部门,但在企业困境原因分析等方面仍然可能存在一定的欠缺。在铁观音集团重整案件中,泉州市中级人民法院即作出了相应的探索,在管理人工作团队搭建方面建议清算组的牵头单位安溪县人民政府考虑由熟悉茶产业经营的人一并以管理人身份参与重整工作。作为一个产茶大县,安溪县在茶产业经营方面人才储备丰富,法院遂决定以管理人聘请工作人员的形式聘请安溪县茶叶协会一名副会长一并负责债务人的困境原因诊断等事项,该项探索取得了较好的工作效果。在其后受理的金威公司重整案件中,泉州市中级人民法院指定担任管理人的清算组成员中包括商会成员,这也正体现了管理人制度的改革方向。此即在具体的破产企业管理中,法院仍有必要根据单个企业的实际情况,指导上述中介机构吸收熟谙企业特点和营运规律、具有专业技术知识、经营能力的非中介机构类人员参与破产管理,确保企业破产病因诊断准确、企业拯救药方对症有效、经济资源配置整合合理。[①] 此外,亦可由管理人聘请行业专家或者是相关的中介机构监督债务人的经营,同时,协助管理人对困境企业破产病因进行诊断。由此,管理人团队对危困企业的病因诊断及救治,辅之以重整期间的持续经营,才能够促进危困企业高效的走出困境并健康发展。

① 参见贺小荣、王富博、杜军:《破产管理人与重整制度的探索与完善——〈全国法院破产审判工作会议纪要〉的理解与适用(上)》,载《人民司法(应用)》2018 年第 13 期。

(四)关于危困企业持续经营期间的融资问题

重整价值的维系,需要债务人的持续经营,而这以充裕的经营资金为基础。但从实务来看,传统的金融企业,如银行等机构,发放贷款时通常对借款人的信用评级等情况有专门的审核要求,但是破产重整企业在人民银行的征信系统中往往有多笔逾期、不良的信用记录,导致其无法通过银行授信筹集新资金。[①] 此时,仅依靠生产经营过程中产生的流动资金作为经营资金将极大地限制生产经营的正常开展,进而导致亏损。而且,对于周期性较强的企业来说,特定期间内如无相应的资金,在重整期间对破产企业的维系会产生比亏损更严重的不利影响。在铁观音集团重整案件办理过程中,重整期间正值春茶收购时期,如无法收购足额的春茶原材料,后续的销售将会断裂。在此情况下,管理人虽然在协调政府部门提供相关款项的基础上解决了部分资金,但仍然未能够彻底化解该项危机。2018 年 11 月,泉州市人民政府出台了《进一步支持民营企业健康发展行动方案》,其中即提出了"缓解融资困难,支持设立纾困基金"的方案。同时,相关的金融机构亦设立了相应的投资基金,如中国信达资产管理股份有限公司牵头建立的危困企业投资基金,其首期规模即高达 100 亿元,该基金专门面向已经进入司法破产程序,经过破产管理人的申请,可以运用于破产费用与共益债权的支付,按照市场化、法制化原则推进相应的投资。[②] 无疑,前述政策的出台,将为危困企业的救助,特别是企业在重整期间的融资提供相应的解决方案,进而有助于危困企业的救治。

---

① 参见荣艳:《浅析破产重整企业信用修复问题》,载周继业主编:《人民法院破产审判——江苏实践与经验》,法律出版社 2018 年版,第 243 页。

② 参见《信达设立 100 亿危困企业投资基金:聚焦装备制造等行业》,载第一财经网:https://www.yicai.com/news/5437223.html,最后访问日期:2020 年 6 月 20 日。

第六章　民营企业破产重整的债转股与出资人权益调整问题

制定重整计划是重整程序的关键环节，重整计划的内容涉及重整程序中债权人、重整方、债务人企业、出资人等各方主体的利益平衡与安排，直接关系企业重整的成败。债转股及出资人权益调整作为利益调整、平衡的重要手段，在企业重整实务中得到越来越广泛的应用，对这两个问题的进一步厘清、分析，有助于回应实务需求。

第一节　民营企业破产重整的债转股问题

债转股在企业重整中得到了广泛的应用，但是债权人还没有积极、主动地适用。由于在制度和理论层面还缺乏明确的规则以保护债权人的权益，债转股在制度设计、资产选择、利益协调等方面面临诸多亟待解决的矛盾和问题，[①]破产管理人以及债权债务人在适用债转股过程中遇到较大阻碍。

---

① 参见王爱民、麻勇爱、章也微：《市场化债转股参与主体演化博弈分析——基于"政府引导＋市场推动"的视角》，载《湖北经济学院学报》2017年第2期。

在重整程序中使用债转股其实并不“新鲜”，早在20世纪末，部分国企就曾通过债转股的方式将大量不良资产剥离，在解决国企亏损、银行贷款不良率高企、职工债权等问题上起到“一箭三雕”的作用。由于国际社会不承认我国是市场经济国家，我国在参与全球经济中深受其扰。随着国内政策与法律逐步与国际接轨，政策性债转股于2008年进入尾声后便逐渐向市场化债转股发展。债转股作为帮助企业脱困的金融工具之一，通过将债权人原先对公司的债权转为股权，不仅能够缩减企业的债务，也可以使债权人获得高于直接清算所获得的清偿。鉴于债转股的优越性，国务院于2016年9月发布了《关于积极稳妥降低企业杠杆率的意见》（以下简称《降杠杆率意见》）以及《关于市场化银行债权转股权的指导意见》（以下简称《债转股意见》），倡导在破产重整程序中采用市场化债转股手段缓解企业债务困境。最高人民法院于2019年3月28日发布的《破产法司法解释三》就是为了进一步保障债权人的权益，助力营商环境的优化建设。①

债转股主要涉及债权人权益调整等问题，因此，认真研究如何在市场化债转股实施过程中更好地保障债权人权益，具有重要的法律和现实意义。本节主要通过对债转股的一般理论问题进行分析，从泉州破产司法实践中总结经验，为我国破产重整实践和规则改进提供参考。

一、破产重整中债转股的一般理论

（一）债转股的利弊

首先，从有利的一面来看。第一，债转股能够帮助一大批承担国家重点项目的企业渡过行业周期底部，减轻其债务包袱，促使其进行产业升级。因为债转股后，企业不需要再还本付息，债务负担便随之减轻了，企业轻装上阵走上重组、注资、引入投资者和股改上市的改革之路。第二，在实行债转股后，将债权人与当事企业之间的债权关系转变为股权关系，解决了之前作为债权人与目标企业的信息不对称问题，取得对企业的监管权并能够深入参与企业的经营，通过重塑企业结构来对内提升管理经营水平、对外加强资源整合从而保障自身的权益。第

① 世界银行组织每年出台的全球营商环境报告中的核心评估指标之一就是“办理破产”，在其评分参照系数中债权人利益保护是重要参照点，这实际上是促进我国完善《破产法》立法的一股重要力量。

三，债转股所带来的社会影响相对较小且兼顾了债权人、企业、财政3方面的利益，因此，比较容易得到各方的支持，避免了企业因负债沉重大面积倒闭的局面，对维持宏观经济平稳运行发挥了重要作用。企业债权转变为股权，并不是简单的债务抵销，而是将偿债的方式进行了改变。这样，在没有增加财务支出的情况下又减轻了企业还债的负担，同时，也使债权人能够参与企业的管理。

其次，从不利的一面来。企业为了解决经营资金短缺的问题，在有债转股作为退路的情况下，企业通常会选择进一步举债，尤其是财务状况恶劣濒临破产的企业。在债务人将债权转换为债务人企业的股权后，若企业经营不善又再次进入破产程序，此时，转股债权人已成为债务人企业的股东，依照破产法规定的债务清偿顺序，股权劣后于其他债权人受偿。不仅如此，通过债转股减免债务还可能会对其他企业产生负面的示范效应。如果企业经营管理不善，没有办法按期归还金融机构贷款，通过债转股即可减免一定的债务，而经营良好的企业，却要按时还本付息。这种奖懒罚勤的做法，很可能会导致市场的逆向选择，好的企业也开始故意选择拖欠利息，在全社会范围内形成“赖账文化”，进而影响营商环境。如果债转股演变为豁免企业债务的“免费午餐”，不仅会严重损害金融机构的利益，还可能会摧毁“借债还钱”的传统社会道德观念，动摇社会信用基础，影响我国的法制化进程。①

（二）债权人利益保护的历史回归

早期的破产法纯粹是为了保护债权人的利益而设立的。不能全额清偿债务的商人被认定为破产人，在破产程序结束后，对于剩余的债务，破产人仍然要继续清偿。由此可以看出，破产与否并不影响债权的总额，债权并不因破产程序的终结而消灭，采取破产程序也许是为了缓解债权人与债务人的矛盾，是在已有的执行制度之外新设一种概括的执行制度，此时破产法的功能完全保护债权人的利益，以清偿债务为其最终目的。

随着商业活动日益频繁，越来越多的企业陷入财务困境，破产并不完全是债务人的个人原因，其中还有大量的诚实而不幸的经营者，为了保护众多无恶意的经营者，对破产人不能偿还的债务逐渐采取宽容态度，立法从破产有罪主义转变

---

① 参见胡建忠：《把握不良资产演化趋势，审慎推进市场化债转股》，载上海新金融研究院编：《新金融评论》2016年第4期（总第24期），第16页。

为破产无罪主义。在此观念下，破产程序终结后，免除债务人对剩余债务的清偿，实质上是给予债务人有限责任。[①] 破产法将债权人至上主义转为既保护债权人利益，同时又兼顾了债务人利益。第二次世界大战以来，经济衰退和企业关停潮也引发了进一步改革破产法的需求，以此来扫除经济下行带来的阴霾。[②] 其中，重整立法的典型代表是1978年美国《破产法》第11章。现代破产重整与破产清算的区别在于不是把企业肢解为生产要素，而是在保留企业组织的基础上，由参与其中的主体通过协商来决定企业要素的配置和未来的价值分配。[③] 重整制度的出现，将多方利益的冲突置于社会平台中，债权人的地位进一步被社会化，单纯的债务清理不再是破产的唯一目的，而是要维护债权人的利益和债务人的利益，将社会利益的衡平和协调作为一个更重要的价值取向。在债权人的地位的变化以及对“欠债还钱，天经地义”思想冲击下，各方利益关系人之间的矛盾愈发突出。因此，如何使社会个体和社会整体之间处于应有的位置和最佳的连接状态就是现代法律制度的追求所在；[④]而法律的天平向任何一方倾斜的同时，意味着对另一方利益的牺牲，为此，破产法必须秉持衡平原则去实现公平与正义。

然而，在债务人中心主义下，债权人的地位和利益受到了严重损害，随着经济和社会的发展，世界各国逐渐认识到保护债权人利益的重要性，如美国《2005年破产滥用预防及消费者保护法案》中加大了对债权人的保护力度，强调了在破产重整立法中平衡债务人与债权人之间的利益，是其对重整制度的自我修缮。[⑤] 再如，欧洲多数国家规定：“破产重整程序的启动必须建立在债权人同意的基础上，法院对破产重整计划的批准条件也要基于达到法定多数要求和符合债权人

---

① 参见范健主编：《商法》，高等教育出版社、北京大学出版社2002年版，第225～228页。

② See B. G. Garruthes, T. C. Halliday, *Rescue Business-The Making of corporate Bankruptcy Law in England and the United States*, Clarendon Press, Oxford, 1998, p. 245.

③ 参见许德风：《论私法上财产的定价——以交易中的估值机制为中心》，载《中国法学》2009年第6期。

④ 参见刘文华、潘静成：《中国经济法教程》（修订版），中国人民大学出版社1995年版，第37页。

⑤ 参见胡利玲：《困境企业拯救的法律机制研究——以制度改进为中心》，中国政法大学2007年博士学位论文，第32页。

利益的原则”。[①] 赋予债权人平等的地位，是破产法历史价值的回归，不同的是，这并非回到起点，而是螺旋式上升的发展，现在的破产法虽然重视了债权人利益，但并未将其置于其他主体之上，债权人利益更多的是被作为利益博弈中的一方来看待。从立法本位的角度考虑，可以说，破产法立法宗旨经历了由债权人本位—债务人与债权人的利益平衡本位—社会利益与债权人债务人利益并重的发展过程。[②]

二、破产重整中债转股存在的问题

（一）债转股中强裁规则的误读

当事人的有效谈判是重整制度的灵魂，也是体现制度价值的不二法门。但当事人的自发谈判不代表有效谈判，容易陷入“囚徒困境”，从而产生损人不利己的两败结果。[③] 因此，仍然需要一个机制去引导谈判行为向均衡结果发展：“投票和表决是由能够产生均衡结果的精巧程序控制的。”[④]法规的结构中含有迫使行为达成稳定结果的建筑砌块，因此，可以达到“结构引致的均衡”。[⑤] 在重整中，强裁规则是平衡当事人投票和表决的巧妙设计。强裁规则的目的在于防止当事人滥用投票权，对合理的计划造成“钳制”。[⑥] 笔者认为，强裁规则应该处于一种“引而不发”的状态而不是公权力介入重整中“冠冕堂皇”的理由。目前，司法界忽视了规则本身的精细化设置和引导当事人行为的主要功能，而将适用强裁规则视为挽救危困企业的司法能动性。强裁规则并不是站在意思自治的敌对面，相反，该规则应当被作为当事人充分谈判结果的模拟，而不是频繁地去通过司法进行强裁。

---

① European Union, “Bankruptcy and a Fresh Start: Stigma on Failure and Legal Consequences of Bankruptcy”, *Philippe & Partners and Deloitte & Touche Corporate Finance*, *Brussels*, July 2002.

② 参见韩长印：《破产理念的立法演变与破产程序的驱动机制》，载《法律科学（西北政法学院学报）》2002 年第 4 期。

③ 高丝敏：《重整计划强裁规则的误读与重释》，载《中外法学》2018 年第 1 期。

④ ［冰］思拉恩·埃格特森：《经济行为与制度》，吴经邦、李耀、朱寒松、王志宏译，商务印书馆 2004 年版，第 66 页。

⑤ 同上。

⑥ 参见汪世虎：《重整计划与债权人利益的保护》，载《法学》2007 年第 1 期。

(二)债转股中强裁规则的偏离

强裁规则的使用处处体现了法院行使自由裁量权的艺术,[①]期望法官在短时间内对超越其业务范围内的诸多问题作出精准的判断难度极大,强裁规则的滥用不仅会使债转股涉及的利益方雪上加霜,还会摧毁社会对本就因历史缘故“名声”不好的债转股建立的好感。2018 年 3 月 4 日,最高人民法院印发的《破产审判工作会议纪要》指出,人民法院应当审慎适用《企业破产法》第 87 条第 2 款,不得滥用强制批准权。笔者认为,目前运用强裁规则时存在对最大利益原则、绝对优先原则、最低限度接受原则与可行性原则的偏离。

1. 最大利益原则的偏离

最大利益原则,指的是为反对方案的债权人提供了最低待遇,使其不因反对计划而获得比清算更差的待遇。具体体现在我国《企业破产法》第 87 条第 3 款[②]中。但在实践中,债权人最大利益原则存在形式化倾向,破产管理人在制定重整计划确定重整债权清偿率时,只是在清算债权清偿率基础上增加一定比例,仅在形式上满足了最大利益原则,[③]以至于曾有人毫不避讳地说“新破产法实施后,债务重组简单了,只要债务人聘请评估机构评出企业的偿债能力,并在清算条件下的偿债率之上加两个百分点,然后把偿债能力分析报告发给债权人表决,如果重整计划未获通过,法院强制裁定就行了”。[④] 在此种情况下,会使本应保障各方利害关系人多赢的重整程序变成对债务人的强制减债程序,不仅违背了重整程序的设计初衷,而且也会严重损害债权人的利益。

2. 绝对优先原则的偏离

绝对优先原则的理论基础是“债权人协商模型”,主要制度价值在于促进相

---

① See Even C. Hollander & Bonnie Alyssa Bolz, “S-Till Undesided: The Determination of Interest Rates for the Cram Down of Secured Claims in Chapter 11”, 1 *Pratt's Journal of Bankruptcy Law*, 507 (2005 – 2006).

② 《企业破产法》第 87 条:“未通过重整计划草案的表决组拒绝再次表决或者再次表决仍未通过重整计划草案,但重整计划草案符合下列条件的,债务人或者管理人可以申请人民法院批准重整计划草案:……(三)按照重整计划草案,普通债权所获得的清偿比例,不低于其在重整计划草案被提请批准时依照破产清算程序所能获得的清偿比例,或者该表决组已经通过重整计划草案。”

③ 如 *ST 帝贤 B 重整债权受偿率为 3%,仅高于清偿债权受偿率 2%;山西海鑫钢铁重整债权受偿率为 4.01%,仅高于清偿债权受偿率 0.66%。

④ 许美征:《正确理解破产重整制度》,载《中国证券报》2009 年 5 月 12 日,第 A10 版。

关利益者进行协商谈判，提高重整效率，使重整价值得以公平、公正地进行分配。[①] 该原则具体体现在我国《企业破产法》第87条[②]和第113条[③]中。有学者经过对强制批准重整计划的13家上市公司进行实证分析，得出普通债权人平均分担的损失远远大于出资人分担的损失的结论。[④] 在实践中，由于以下原因导致偏离或突破绝对优先原则成为一种常态，笔者认为，造成此种状况的原因可能是以下3点：一是理性的市场主体出于自身利益的考量，往往会通过各种途径规避绝对优先原则的适用，从而获得明显不合理的利益；二是为尽量达到实质意义上的公平、公正，给予某些为重整做出贡献的相关利益主体以一定的利益是必要的；三是法官在进行利益平衡时，往往会考虑公共政策、政治环境等因素。

3. 最低限度接受原则的偏离

最低限度接受原则，是指法院强制批准重整计划前表决通过重整计划的表决组数量的最低限度，即至少有多少表决组通过了重整计划，法院才可以强制批准重整计划。我国《企业破产法》第87条规定，在"部分表决组未通过重整计划草案的"情况下，法院对重整计划草案可以行使强裁权力，但由于未直接明确规定通过重整计划草案的最低表决组数量，因而，在司法实践中极有可能出现表决

① 参见丁燕、黄涛周：《绝对优先原则的重新审视》，载《东方论坛》2017年第1期。

② 《企业破产法》第87条："未通过重整计划草案的表决组拒绝再次表决或者再次表决仍未通过重整计划草案，但重整计划草案符合下列条件的，债务人或者管理人可以申请人民法院批准重整计划草案：（一）按照重整计划草案，本法第八十二条第一款第一项所列债权就该特定财产将获得全额清偿，其因延期清偿所受的损失将得到公平补偿，并且其担保权未受到实质性损害，或者该表决组已经通过重整计划草案；（二）按照重整计划草案，本法第八十二条第一款第二项、第三项所列债权将获得全额清偿，或者相应表决组已经通过重整计划草案……（五）重整计划草案公平对待同一表决组的成员，并且所规定的债权清偿顺序不违反本法第一百一十三条的规定。"

③ 《企业破产法》第113条："破产财产在优先清偿破产费用和共益债务后，依照下列顺序清偿：（一）破产人所欠职工的工资和医疗、伤残补助、抚恤费用，所欠的应当划入职工个人账户的基本养老保险、基本医疗保险费用，以及法律、行政法规规定应当支付给职工的补偿金；（二）破产人欠缴的除前项规定以外的社会保险费用和破产人所欠税款；（三）普通破产债权。破产财产不足以清偿同一顺序的清偿要求的，按照比例分配。破产企业的董事、监事和高级管理人员的工资按照该企业职工的平均工资计算。"

④ 齐明、郭瑶：《破产重整计划强制批准制度的反思与完善——基于上市公司破产重整案件的实证分析》，载《广西大学学报》（哲学社会科学版）2018年第2期。"经统计，在强制批准重整计划的13家上市公司破产重整案件中，普通债权平均清偿率约为18.65%，中位值为13%；原出资人在重整后公司中股权的平均保有率约为76.13%，是普通债权清偿率的四倍多，中位值为80%。普通债权清偿率与上市公司原出资人重整后的股份保有率对比，可以在一定程度上反映出强制批准重整计划的上市公司重整案件中，普通债权人平均分担的损失远远大于出资人分担的损失。"

组均不通过重整计划草案但法院却强制批准重整计划的情况。①

4. 可行性原则的偏离

我国《企业破产法》规定，强制批准重整方案需要债务人的经营方案具有可行性。② 可行性原则，是指法院在行使强制批准权的过程中，必须对该方案的实现可能性作出一定的判断，因重整计划中的经营方案的可行性往往与实施措施正确有关，且在实践中只注重重整的结果，所以法官审查可行性的重点应该是排查经营方案是否具有法律和经济上的明显不可行性。可行性标准旨在排除那些空想的、不具有可操作性的重整计划草案，防止重整程序的滥用，为此，要求人民法院对重整计划草案，特别是其中的经营方案进行必要的实质审查。人民法院的审查要依据客观事实，而不是没有依据支撑的预测和过于乐观的遐想。重整成功仅有债务人的真诚和意愿是不够的，还必须有切实的措施保证。③ 为此，要在重整计划草案中对债务人或者重组方挽救企业的资金来源、注入时间、资产置换、股权变更等情况进行明确的规定，要有书面证据支撑。人民法院是否需要审查重整计划草案中经营方案的可行性是一个有争议的问题，因为这里涉及商业判断，而在其他案件中法院通常是不需要进行商业判断的。在司法实践中，较大部分的债务人在经过破产重整程序后并没有涅槃重生，企业的经营能力和业绩表现完全脱离了重整计划中经营方案的描述，导致债权人持有的债务人股份价值大大缩水，甚至一文不值，债权人在重整程序获得的高清偿率也因此成为一张空头支票。一个不应该重整成功的企业的"成功重整"意味着将投资风险从先前的投资者转嫁给在后的投资者。

（三）估值判断问题

市场化债转股的核心在于市场化定价，在市场化的条件下，债转股要求债权

---

① "曲阜金皇活塞股份有限公司破产重整案件，经过三次债权人会议表决，除了职工债权组、税收债权组通过重整计划草案外，担保债权组、大额普通债权组、小额普通债权组、出资人组均未通过，最后法院适用强裁规则通过了重整计划。"饶碧霞：《重整计划强裁背景下异议债权人保护问题研究》，华东政法大学2018年硕士学位论文，第13页。

② 《企业破产法》第87条："未通过重整计划草案的表决组拒绝再次表决或者再次表决仍未通过重整计划草案，但重整计划草案符合下列条件的，债务人或者管理人可以申请人民法院批准重整计划草案：……（六）债务人的经营方案具有可行性。"

③ 参见张海征、王欣新：《论法院强制批准重整计划制度之完善》，载《首都师范大学学报》（社会科学版）2014年第4期。

转让要通过评估或者估价的程序进行公允定价，科学合理地确认转让价格。[①] 在重整程序中，如果债务人的股份缺乏流通性，股份被分配给众多的债权人后，出现的结果将是单个债权人特别是小额债权人持有的股份缺乏流动性且持股比例较低，无法获得对公司的控制权，势必导致股份价值折价，[②]但鲜有重整计划考虑股份流动性不足和非控制股权折价对股份定价的影响。我国《企业破产法》对估值方法没有直接作出规定，在实践中法院通常会指定或者由管理人委托第三方中介机构对清算程序中普通债权的清偿比例进行评估测算，作为确定普通债权最低清偿比例的法律依据。但是，在司法实践中，法官并不参与商业判断，在估值问题产生争议时也不直接作出裁决，而估值涉及财产剩余价值等核心问题，因此，利益相关人有强烈的动机暗中操纵，从而造成了估值结果与原本价值严重背离。事实上，当前的司法估值只能解决最大利益标准所需要的最低清偿比例标准，但市场估值需要更复杂的商业判断。

三、破产重整中债转股的相关建议

（一）加强“银、府、院”联动

最高人民法院《破产审判工作会议纪要》第16条规定：“人民法院要与政府建立沟通协调机制，帮助管理人或债务人解决重整计划草案制定中的困难和问题”。第21条规定：“企业重整后，投资主体、股权结构、公司治理模式、经营方式等与原企业相比，往往发生了根本变化，人民法院要通过加强与政府的沟通协调，帮助重整企业修复信用记录，依法获取税收优惠，以利于重整企业恢复正常生产经营”。再者，根据《降杠杆率意见》的规定：“……三、营造良好的市场与政策环境：更好发挥政府作用。政府在降杠杆工作中的职责是制定规则，完善政策，适当引导，依法监督，维护公平竞争的市场秩序，保持社会稳定，做好职工合法权益保护等社会保障兜底工作，确保降杠杆在市场化、法治化轨道上平稳有序推进。政府在引导降杠杆过程中，要依法依规、遵循规律、规范行为，不干预降杠杆工作中各市场主体的相关决策和具体事务。同时，各级人民政府要切实履行

① 参见池伟宏：《论重整计划的制定》，载《交大法学》2017年第3期。

② 参见蔡曼莉、徐翌成、陈洁：《关于完善重大资产重组股份发行定价机制的思考》，载《证券市场导报》2011年第6期。

好国有企业出资人职责，在国有企业降杠杆决策中依照法律法规和公司章程行使国有股东权利。”

上述情形的产生源于破产法天然具有较强的社会功能与广泛影响，在企业破产程序中除要面对破产法上的诸多问题外，还附带解决因企业破产而产生的一系列需要政府履行职责解决的与破产相关的社会衍生问题，其他国家都是通过相关的法律或制度予以解决的，但目前我国法律制度正在不断完善之中，破产法的顺利实施还存在一定的阻碍，需要进行大量的社会协调工作。重整程序虽然由法院主导，但由企业破产产生的衍生问题，严格来说并不属于法院的审判职能与管理人的破产管理工作范围，而是本应由政府部门负责并解决，因此，仅凭法院一己之力是很难取得重整成功的。这就决定了破产审判工作，尤其是重大破产案件的审判工作在社会配套法律制度不健全的情况下难以离开外部支持。

在诺奇股份重整案中，“开发区管委会遵照市委、市政府关于处置‘诺奇股份事件’的指示精神，迅速成立了诺奇股份应急处置工作组，开展相关应对处置工作，通过工作组的努力，及时并有效地减轻了诺奇股份风险事件所造成的负面影响。2015 年 1 月 20 日，经市政府同意，在原工作组的基础上，成立了诺奇股份清算组，为诺奇股份妥善清理债权债务和依法开展各项脱困工作进行指导、监督和协助。清算组主要由政府部门组成，同时吸收北京市中伦（深圳）律师事务所作为清算组成员，共同为诺奇股份脱困工作提供支持”。①

目前，这种支持主要是以“府院联动”的方式进行。同时，银行、法院、政府对各自系统内的政策文件皆有自己的理解，对于其他系统的政策文件存在理解偏差，为了弥平“理解沟壑”，切实落实《降杠杆率意见》中“国家发展改革委、人民银行、财政部、银监会等相关部门和单位要建立积极稳妥降低企业杠杆率部际联席会议制度，加强综合协调指导，完善配套措施，组织先行先试，统筹推进各项工作”。泉州市中级人民法院因地制宜，因案、因企施策，积极探索创新司法重整工作。深化府院联动，建立破产案件府院联席会议的制度，推动制定《关于推进企业兼并重组的十条措施》，设立企业破产处置专项资金，并针对破产审判中遇到的涉税、土地、工商注销等问题，与有关部门多次会商，牵头拟定《关于加快推进

① 2015 年 4 月 1 日，泉州市中级人民法院依法裁定受理罗达思制衣公司申请诺奇股份重整一案。诺奇股份重整案系全国首例 H 股上市公司成功重整案。

企业破产处置工作措施》,并报送市政府审议通过,为全省破产审判"府院联动"作出良好示范。将泉州经验以及相关做法推广至全国范围,需要在现有"府院联动"的基础上紧密联系银行等金融机构,形成"银、府、院"联动,将"银、府、院"联动常态化。

重整案件并不能仅满足于"终止",更应该对企业后续动态实时跟踪。"法治是最好的营商环境",泉州地区民营资本市场十分活跃,泉州法院为民营资本的蓬勃发展保驾护航。对于重整案件,泉州法院不仅仅满足于"终止了事",对于后续动态、企业的经营状况、债权债务未履行部分等方面持续跟踪,结合管理人的意见对在重整过程中出现的长期性问题全力解决。在债转股计划履行的过程中,难免会出现各种问题,"徒法不足以自行",泉州法院全面监督重整计划切实有效的落实,关注战略投资人公司运营成效,定期走访了解企业经营状况,将问题类型化,对于不影响全局的细枝末节及时化解排除,对关系全局影响重大的问题组织法院力量加强研判,遏制事态的恶化。

(二)加强异议债权人保护机制

我国《企业破产法》没有规定异议债权人在法院强裁后不满的救济途径,笔者建议,可以向上一级法院申请复议。严格来说,债权人的异议或不满并非单纯针对重整清偿率,而是针对债权不能清偿的背后原因。在实践中,民营公司的破产固然有公司经营不善、市场剧烈变化等外部原因,但更多的情形是公司大股东、实际控制人违规侵犯公司的财产权,通过关联交易、对外提供担保等手段掏空公司财产,并最终造成公司财产的巨额损失。也就是说,债权人对清偿比例的不满本质上是对大股东侵吞公司财产的行为未受惩处的结果不满,是对公司法关于刺破公司面纱等债权人保护制度未能实现的现实不满。现行的做法从表面上看是将债权人的破产清偿率从清算程序中的零或较低比例提高到较高比例,但本质上是以破产重整程序之名,行逃避股东责任之实。①

重整计划主要是对债权人与债务人的利益进行分配,对此,应当有相关配套制度设计,目前,我国《企业破产法》没有法院强裁的具体前置性制度规定。笔者认为,在破产重整程序中应当增设重整计划草案强裁的听证制度,即法院在收到

① 参见许德风:《破产法论:解释与功能比较的视角》,北京大学出版社2015年版,第478~479页。

管理人或债务人的强制裁定重整计划后，应当向债权人及相关利害关系主体进行公告，对重整计划草案有异议的，可以向法院提出，并规定异议期。[①] 如果收到债权人、债务人及相关利害关系人的异议申请，法院应当召集债务人、债权人、管理人、投资人及相关专家等召开听证会，异议主体应当承担相应的举证责任。经过听证会论证，对重整计划草案如确需裁定批准的，法院应当予以批准；反之，法院应当裁定终止重整程序，并宣告债务人破产。

（三）估价自由合理化

在重整程序中以债转股的股权定价一般都是委托第三方中介机构根据企业的相关历史财务资料进行评估，而非基于债务人进入破产程序后的现状。因此，除债务人清偿能力分析报告外，股份流动性和控制权溢价或非控股权折价都会对股份价值产生很大的影响，因此，就债务人在重整程序中获得的股份权益价值，不能简单以股东全部权益乘以全体债权人持股比例来进行计算，而应充分考量债权人获得的股份流动性和控制权溢价或非控股权折价，并在评估报告中披露评估结果是否考虑了控制权对评估对象价值的影响。[②] 除对债务人股东全部权益进行评估外，评估机构还应就全体债权人获得的债务人股份价值进行评估。

债务人、债权人、重整投资人等利害关系人自然有自己认为公允的商业估值方法，利害关系人对债务人财产的估值可能采用的方法包括但不限于：绝对估值法、相对估值法与实物期权估值法等。目标重组企业的信息披露不是非常及时，公开信息还不充分，所以基于绝对估值法所演算的因素，在企业上不能被充分挖掘，所以在估值方面还存在不少瑕疵。相对估值法的假设更严苛，需要建立在市场公开透明且有效的基础上，市场内有足够多的公司可以进行对比以及公司间的差异能够量化，但其无法完全反映一个公司的增长潜质，无法对企业进行合理估值。而实物期权法不同于传统的估值方法，将企业的发展考虑在内，故其比较适合于发展潜力巨大但并不稳定的重组企业。正确的估值不仅可以给理性判断

---

① 参见程博：《僵尸企业破产重整研究——以中冶葫芦岛有色破产重整案等为例》，河北经贸大学2017年硕士学位论文，第20页。

② 深圳证券交易所创业企业培训中心编著：《上市公司并购重组问答》，中国财政经济出版社2007年版，第105页。

提供依据,也能够活跃市场交易投资的情况。① 因此,笔者较为推荐实物期权法对重组企业进行估值,除债务人偿债能力分析报告外,还应当聘请评估机构出具债务人股份价值评估报告,共同作为以股份清偿债务的定价依据。

最高人民法院《破产审判工作会议纪要》重点谈及了健全破产审判工作机制,在总体要求和专项的具体规定当中都提到一个核心问题:要建立协商沟通机制下的破产重整。重整本质上是一个协商、沟通机制下的步骤性安排,从程序启动一直到最后重整计划草案的执行,都是基于双方当事人及其他参与主体参与之下的一种行为的沟通,那么作为其中的债转股就更需要参与双方协商沟通推进下去,所以,债权的调整最终仍将回归重整计划制定过程中的商业谈判。相类似的是,美国联邦破产法院通常会依据当事人在各听审中所提交的证据,对债务人财产的价值进行判断,进而对与估值相关的任何问题进行处理,这种做法通常被称为"司法估值"。② 因此,笔者建议,可以借鉴美国《破产法》实践,在未来司法解释制定中参考估值争议的解决机制,在估值问题发生争议时启动简易的异议程序解决争议。

第二节 民营企业破产重整的出资人权益调整

"出资人权益调整,即股东权益调整,是指在重整程序中,对重整企业的股权结构进行调整,引入新股东,降低原股东的持股比例或者股东增加投资,以改变企业的投资构成,优化企业的治理结构,使企业获得重生的重整措施。"③它是平衡债权人与出资人、重整投资人与出资人相互之间利益的重要手段,愈发成为司法实践中重整计划草案的核心内容。泉州法院审理的铁观音集团、诺奇股份、奇星机械、超越服饰、旗牌王系企业等大多数案件的重整计划均涉及对出资人权益的调整。

---

① 参见张晔:《新三板挂牌公司估值实证研究——以互联网行业为例》,浙江大学 2017 年硕士学位论文,第 3 页。

② 参见美国破产法协会:《美国破产重整制度改革调研报告》,何欢、韩长印译,中国政法大学出版社 2016 年版,第 210 页。

③ 赵柯:《上市公司重整中的股东权益调整问题研究》,载奚晓明主编:《民商事审判指导》(2009 年第 2 辑),人民法院出版社 2009 年版,第 112 页。

一、调整出资人权益的合理性

在破产程序中，普通债权人的债权无法获得足额清偿。为实现债务人企业重生，往往需要普通债权人豁免债务人企业的部分债务，以减轻企业清偿债务的压力。我国《企业破产法》框架下的重整制度，更多关注的是债权的调整问题，"主要通过公司与债权人会议达成削减债务或延期偿还的偿债协议，帮助公司降低财务成本，使公司在经营中逐渐恢复盈利能力，最终重新恢复生机"。[①] 但是，重整作为实现各方利益最大化的制度设计，更应是债权人与债务人企业、债权人与出资人、出资人与投资人相互谅解、相互妥协、相互合作的过程。尤其债权人对债务人企业陷入经营困境往往并无过错，其豁免的债权不得再向重整后的企业主张，而出资人尤其是控股股东及大股东，对企业陷入困境负有不可推卸的责任，却将继续分享重整后企业的营运价值。在此情况下，若不对出资人权益进行调整，则相当于由债权人承担全部的重整成本，出资人独享重整成功的果实。所以，基于公平原则的考虑，出资人显然应当对债权人有所交代，共担重整成本，对其权益进行一定的调整便显得理所当然。"若不对出资人的股份作出一定的削减，放纵出资人专享重整收益，仅由债权人承担重整的巨额成本，有违实质公平原则。股东调整的那部分权益既可以认为是出资人所承担的公司损失，也可以认为是公司重整所需要的一部分成本，更可以认为是股东为了自身利益最大化而做的自主决定。"[②]

二、出资人权益调整的路径

出资人权益调整在企业重整中发挥着重要作用，但《企业破产法》对相关内容并未详述，仅规定"重整计划草案涉及出资人权益调整事项的，应当设出资人组，对该事项进行表决"。以及，人民法院在决定是否强制批准重整计划草案时，

---

① 许胜锋主编：《人民法院审理企业破产案件裁判规则解析》，法律出版社 2016 年版，第 293 页。

② 李曙光、张彧通：《上市公司重整中股东权益调整的界限》，载李曙光、郑志斌主编：《公司重整法律评论》（第 3 卷），法律出版社 2013 年版，第 63 页。转引自曹文兵：《上市公司重整中出资人权益调整的检视与完善——基于 51 家上市公司破产重整案件的实证分析》，载《法律适用》2018 年第 17 期。

审查内容之一为“重整计划草案对出资人权益的调整公平、公正,或者出资人组已经通过重整计划草案”。在企业重整实践中,对出资人权益的调整主要依循以下路径展开。

(一)确定调整方案

在确定权益调整方案时,主要考虑两个方面的问题:一是来源,即拟调整的出资人权益从哪来;二是去向,即调整出来的权益如何分配。

1. 来源——存量股让渡或扩股。存量股让渡是指不改变公司的股本总量,只对出资人持有的股权、股份进行调减。在此种模式下,公司的总股本不变,只是全部或部分出资人持股比例下降。其中,又针对不同企业的股权结构情况、股东经营责任大小等进行具体的调整比例设计。扩股,则是指原出资人的持股数不变,但由于总股本增加,出资人持有的股权比例相应下降。扩股的部分可由公司公积金转增或者由重整投资人直接增资。

诺奇股份重整案采用调整存量内资股的方式,即对内资股股东持有的股份进行调整,其中,大股东丁某调整比例100%,其余内资股股东调整85%,共计调整内资股股份约4亿股。上述绝大多数股份由重整投资人受让以获得1.5亿元的偿债资金,重整投资人获得诺奇股份51%的股份,取得公司的控制权。金威公司、旗牌王系、立恒公司、奇星机械、奇信机械、超越服饰等重整案也采取了存量股调整的股东权益调整方式,将所有股东的100%股权进行了调减。在铁观音集团重整案中,一方面,考虑集团原股东大部分为安溪县的制茶大师,若调整其股权,不利于调动这些股东在重整期间及重整后的积极性;另一方面,考虑股东手上持有的股权大多已设定质押或被法院查封,倘若无法与质权人或股东债权人全部协商一致,那么调整存量股的方案在执行过程中将面临极大障碍,最终导致企业重整受阻。最终决定采用增资扩股的方式,由重整投资人注资2.2亿元,持有铁观音集团76.2%的股权,原出资人股权比例稀释为23.8%。

2. 分配——调整出来的出资人权益或由明确的受让人受让或者交由网络拍卖平台公开招募。招募重整投资人是重整案件成功的关键,在实践中并非所有案件都能在重整计划草案制定时就确定重整投资人,越来越多的案件采用股权拍卖的方式完成投资人的招募工作。也就是说,将调整出来的权益放至网络拍卖平台公开竞价,价高者获得重整投资人的资格。旗牌王系、立恒公司、奇星机械、奇信机械、超越服饰等重整案均采用了股权拍卖的方式确定投资人,由最高竞价者获得相应的出资人权益。除由重整投资人受让出资人权益外,为了提高债权人的清偿率、争取债权人对重整工作的支持,在实践中还采用债转股的方式,将调整出来的部分出资人权益用以向债权人进行清偿,常见于上市公司的重整。诺奇股份重整案便将调整出来的约1亿股内资股份分配给普通债权人清偿债务,股份清偿价值以流通股停牌价每股港币1元(按停牌日汇率中间价折算为每股人民币0.79432元)确定,股份清偿率约6.64%。

(二)调整方案的表决

1.表决主体的确定

根据《企业破产法》第85条第2款之规定,重整计划草案涉及出资人权益调整事项的,除应由债权人对重整计划草案进行表决外,还应当组织出资人对该事项进行表决。理论界对出资人在破产程序中是否享有权益,是否继续得以行使表决权存在争议。多数学者认为,判断出资人在企业进入重整程序后是否仍享有权益,应视债务人企业的资产情况而定。如果债务人企业的净资产为负数,就不存在股东权益。反之,就应当认可股东对企业仍享有权益,得以行使表决权。"当债务人净资产为负时,出资人对重整计划草案通过与否不享有表决权,换言之,出资人对重整计划享有表决权是以出资人对债务人清偿债务后的剩余财产的请求权为基础的。"[①]"设置股东组对重整计划草案进行表决应仅限于债务人净资产为正的情况下,当债务人的净资产为零或呈负数时,股东组不应行使表决权。"[②]但另有观点认为,"在公司达到破产界限而进入重整程序时,由于出资人对于公司已经不享有潜在利益,因此立法在此时不应赋予其表决权"。[③]

笔者认为,出资人因其对公司的出资而享有权益,当公司的净资产为零或负数时,意味着公司已无剩余财产,出资人对公司的投入已全部损失,其享有权益的财产基础已经灭失。但公司净资产为零或负数并不影响对债务人企业是否具备重整价值的判断,这种判断往往取决于债务人企业是否拥有发展前景,即是否

---

① 李国光主编:《新企业破产法条文释义》,人民法院出版社2006年版,第417页。

② 贾林青、钟欣:《我国企业重整制度的法律构建研究》,载《中国司法》2005年第6期。

③ 汤维建:《我国破产法草案在重整程序设计上的若干争议问题之我见》,载《法学家》2005年第2期。

具有营运价值,而非企业的净资产状况。债务人企业一旦被认定具备重整价值,那么,从动态经营的角度来看,企业的股权(股份)具有价值就是毋庸置疑的。出资人有望凭借其持有的股权(股份)从公司后续经营中获取利益。当决定对企业实施重整并对出资人权益进行调整的,意味着出资人的可期待利益受到影响,此时,认可出资人在重整程序中享有权益,赋予其相应的表决权就显得理所当然了。

认可出资人在重整程序中得以行使表决权,并不意味着全体股东均需对出资人权益调整方案进行表决。在诺奇股份重整案中,公司股权结构由境内内资股股东和H股公众股股东组成,其中,境内非流通股份占73.67%,H股股份占26.33%。若决定调整H股股民的股份,除需解决采用何种表决方式外,还需解决跨境法律适用的难题。即使出资人组整体表决比例通过,投反对票的H股股民仍有可能会向香港证监会、香港联交所投诉,甚至不排除依照香港特别行政区法律启动确认程序,否认大陆司法程序作出的权益调整。另外,H股股份在香港中央结算公司登记存管,将H股股份调整出来在境内进行分配,也将面临登记事项调整的障碍。这些因素都使出资人权益调整的部分陷入不可控的状态,很有可能影响整个重整程序的进程及结果。全盘考虑境内外股东的持股比例、组织表决的可行性、表决通过的可能性及可能面临的障碍等因素后,最终确定仅调整境内内资股股东的持股数,并由内资股股东组成出资人组进行表决,权益未受到调整的H股股东未参与表决。这一做法符合《破产法司法解释三》第11条第2款关于权益未受到调整的股东不参加重整计划草案的表决的有关规定。

2. 通过比例的确定

《企业破产法》规定对重整计划草案的表决采用"到会人数多数决"和"全体债权额多数决"双重标准,但这一规定仅适用于债权人组,对出资人组是否适用相同标准并未明确。不少国家和地区对这一问题采用的是股权额单一标准,如日本、韩国规定通过比例为"1/2以上",并未对人数作出要求。最高人民法院在《审理上市公司破产重整纪要》中指出,"出资人组对重整计划草案中涉及出资人权益调整事项的表决,经参与表决的出资人所持表决权2/3以上通过的,即为该组通过重整计划草案"。可见,最高人民法院在这一问题上倾向于采用"到会资本多数决"的单一标准。

在诺奇股份重整案设定出资人组表决通过比例时，鉴于出资人调整方案并非针对个别股东的个别调整，而是在公司处于非正常经营状况下，对全体内资股股东股份的整体调整，故决定参照诺奇股份公司章程及《公司法》关于股份有限公司股东大会表决的相关规定，以出席会议的股东所持表决权为统计依据。考虑到《企业破产法》对重整计划草案的表决规定了较其他事项更高的通过比例，即代表2/3以上的债权额，出资人权益调整亦为重整计划草案的内容之一，因此，采用《企业破产法》关于2/3以上表决权的规定。即以是否获得参与表决的2/3以上表决权通过作为判断出资人组是否表决通过权益调整方案的标准。这一设计也与最高人民法院《审理上市公司破产重整纪要》上述规定相吻合。最终，7位内资股股东到会参与表决，5位股东同意出资人权益调整方案，赞同票所代表的表决权占出席会议全部表决权的82.14%，出资人组表决通过。

在金威公司重整案与奇星机械、奇信机械重整案中，亦参照《公司法》关于重大事项需经2/3以上表决权通过的规定来设定出资人组表决的通过比例。鉴于金威公司、奇星机械、奇信机械均为有限责任公司，所以与诺奇股份采用到会表决权不同，上述公司以全部出资人的表决权为基数来统计出资人组的表决结果。

（三）调整方案的执行

在不少重整案件中，出资人权益调整方案获得批准后，却面临执行困局。一方面，很多债务人企业的股权已经设定担保物权；另一方面，由于出资人自身债务的原因，其持有的企业股权很可能已被人民法院查封冻结，导致权益调整无法顺利实施，影响债务人企业成功重整。现行立法并未明确赋予破产法院可以重整计划为依据，直接解除股权上的权利负担或查封冻结。因被调整的股权系出资人的财产，而非债务人企业的财产，无法援引《企业破产法》第19条之规定，要求查封法院解除其上的财产保全措施。再者，对股权享有担保权利的债权人并非全部都是债务人企业的债权人，即使同为债务人企业的债权人，其依法仍有权要求出资人以其财产承担相应的责任。可见，化解出资人权益调整方案执行困局的关键就在于调和债务人企业的债权人与企业出资人的债权人之间的利益冲突。

在立恒公司重整案中，公司两名原股东分别将各自名下的部分立恒公司股权份额（共计占立恒公司总股本的40%）出质给债权人，担保24,855,815.14元债权。虽然两名股东均同意出资人权益调整方案,但由于股权上设定了质押,即使重整计划草案通过,届时也将面临执行困境。因此,在制定重整计划草案时,便将这一问题的解决一并考虑在内。鉴于股权质权人同时亦是立恒公司的债权人,经事先与股权质权人协商一致,重整计划草案规定,将出资人持有的公司100%股权进行网拍,所得款项在清偿破产费用、共益债务、职工债权、税款债权后、向普通债权人清偿前,优先提取25%用于向质权人清偿,剩余的款项再向普通债权人清偿。该方案最终交由债权人会议表决通过,妥善解决了股权质押带来的出资人权益调整执行难题。

三、完善出资人权益调整制度的具体建议

尽管在理论上,在资能抵债情形下企业也可依法进入重整程序,但从目前来看,尚未发现这一情形下的企业重整实例。因此,下文主要围绕资不抵债情形下,出资人权益调整相关问题的完善。

(一)明确调整方案公平、公正的具体审查标准

我国《企业破产法》认可出资人对出资人权益调整事项享有表决权,同时规定,即使出资人组表决未通过的,只要重整计划草案对出资人权益的调整符合公平、公正标准的,人民法院即可予以强制批准,体现了司法权对重整程序意思自治的干预。但《企业破产法》并未对"公平、公正"的具体审查标准作出规定。

笔者认为,出资人组未能表决通过,主要反映出两方面的冲突:一方面是出资人与债权人之间的冲突,另一方面则可能是出资人之间的冲突。就出资人与债权人之间的冲突而言,出资人不愿意为了清偿企业债权人的债权而使自身的出资人地位有所减损。在这一情形下,由于企业已经资不抵债,净资产为负数,出资人将无从获得企业的剩余资产,也就是说,此时股东持有的公司股权价值为零。此时,需以债权人利益优先为原则,债权人表决通过重整计划草案的,应当认定出资人权益调整方案符合全体债权人的利益且公平、公正,由此得以对出资人的权益进行强制调减。在超越服饰重整案中,虽然出资人组最终未能表决通过,但所有债权人组别均表决同意该重整计划草案,法院最终强制批准重整计划草案。

就出资人之间的冲突而言,"公平、公正"则要体现出资人之间的利益平衡,

主要有以下两点。

首先,区分出资人对企业的控制程度。一般而言,出资人内部应遵循股权平等的原则,如此,很容易得出对出资人权益的调整应当按相同比例进行的结论。有学者指出,"这种形式上的平等并非《企业破产法》所称'公平对待'所有的出资人,《企业破产法》要求的不是一个简单地按相同比例调整的问题,而是一个寻求真实的出资人权益按照相同的比例和条件予以调整的问题"。① 笔者赞同这一论点。在因企业重整需要对出资人权益进行调整的情况下,对股权平等原则的遵循要求重整计划草案的制定者兼顾"一视同仁"与"差别对待"的要求,即对持有相同种类或持股份额相当的股东一视同仁,在对他们进行权益调整时应尽可能采用同一的标准,原则上进行相同比例的调减。对于不同种类、持股份额差异较大的股东则设计有差别的调整方案,如不同的股权调整方式或者不同的调整比例。具体来说,控股股东、非流通股股东大多是公司的实际控制人或者经营管理人员,得以对公司经营管理活动施加直接、有效的影响,上述主体对公司经营失败陷入困境负有不可推卸的责任,对其股权的调减比例应适当高于其他股东。"股权平等原则并非要求所有出资人按照同样的比例接受调整,如果大股东和中小股东以相同比例调整其权益范围,无疑是将本不应当由中小股东承担的公司经营失败的责任强加到它们身上,这不利于保护中小股东的合法权益。"②从目前上市公司重整实践来看,只有少数案件采用对全体股东适用相同比例调减的方式进行出资人权益调整。在大多数案件中,出资人权益调整方案体现了对控制股东与中小股东、非流通股股东与流通股股东的差异性对待,对控制股东、非流通股股东规定了更高的调减比例。"重整计划的出资人权益调整的比例尽管不同,但其调整的方法和条件能够平衡所有的出资人利益。"③

其次,考察出资人的过错程度。此即考察各股东对公司经营陷入困境所存在的过错程度或应担负责任的大小。这符合最高人民法院《审理上市公司破产重整纪要》的精神,该纪要指出,"控股股东、实际控制人及其关联方在上市公司

---

① 邹海林:《破产法——程序理论与制度结构解析》,中国社会科学出版社 2016 年版,第 425 页。

② 李曙光、张彧通:《上市公司重整中股东权益调整的界限》,载李曙光、郑志斌主编:《公司重整法律评论》(第 3 卷),法律出版社 2013 年版,第 66 页。

③ 邹海林:《法院强制批准重整计划的不确定性》,载《法律适用》2012 年第 11 期。

破产重整程序前因违规占用、担保等行为对上市公司造成损害的，制定重整计划草案时应当根据其过错对控股股东及实际控制人支配的股东的股权作相应调整”。一旦发现股东在公司经营中存在违规占用公司资金、利用公司对外担保及利用不正当关联交易转移公司资产等侵害公司利益的行为，对此，应视为其对公司经营陷入困境负有相应责任，重整计划草案制定者在设计出资人权益调整方案时需相应提高对此类股东股权的调减幅度，以区别于那些对公司陷入经营困境不存在过错或无须担责的股东，以体现权责利相统一。诺奇股份的实际控制人、大股东丁某在公司陷入经营困境后，突然失联，弃企逃债，导致公司境况进一步恶化。鉴于上述情形，在调整出资人权益时，便将丁某与其他内资股股东进行适当区分，设定了不同的权益调整比例。

（二）股权负担的处理

对股权负担的处理与该股权是否仍有价值紧密联系。将出资人权益调整给重整投资人的安排，使股权看似仍有价值，从而可能得出即使债务人企业已资不抵债，但公司仍有运营价值，股东股权不可随意被清零的结论。笔者认为，运营价值并非当期价值，债务人企业运营价值的认定应建立在重整成功的前提下，也就是说，只有当公司重整获得成功并且正常经营后，才有可能创造所谓的运营价值。因此，可以说，在资不抵债情形下，债务人企业的股权价值是由重整所形成的，并非其自身独立具备的价值，以运营价值为由否认可以对股权进行清零的观点不能成立。股东的股权在重整程序进行的当下，并无价值可言，不存在股东的债权人因股权上设置的负担而得到保障。因此，在二者发生冲突时，应优先保障重整的顺利进行，着力解决股权上的负担。

一是协商解决。在担保物权人不多、查封冻结轮候次数不多的情形下，可与各担保物权人、申请查封人进行协商，由担保物权人、申请查封人主动办理担保物权注销或申请解除查封措施。若担保物权人、申请查封人同时也是债务人企业的债权人，双重身份导致他们更乐于接受重整的安排，毕竟企业一旦进入破产清算，那么以企业股权进行的担保或是对企业股权的查封就显得毫无意义。此时，协商成功的可能性将大大增加。当担保物权人、申请查封人并非债务人企业的债权人时，可考虑由投资人或出资人出面协商，给予另外的补偿。

二是推动股权处置。此即在第一查封顺位的执行案件中进行股权变价，根据《最高人民法院关于人民法院民事执行中查封、扣押、冻结财产的规定》第30条第2款的规定，“查封、扣押、冻结的财产已经被执行拍卖、变卖或者抵债的，查封、扣押、冻结的效力消灭”。如此，不仅担保权人得以股权变价款优先受偿，股权上的轮候查封也得以解除。待股权变价完成后，新股权受让人取得出资人的地位，同样受重整计划草案对出资人权益调整方案的约束。

（三）债转股相关问题的厘清

《企业破产法》并未对重整中的债转股其明确规定，学界对此认识不一。有学者认为，“企业重整中的债转股具有债权出资与债务清偿双重法律性质”。[①]另有论者认为，“破产重整中的债转股与其说是通过债权转股权实施实现的一种投资，毋宁说是债务人在违约后实施的一种代物清偿或者专为清偿，在性质上属于违约损害赔偿请求权，系救济性的请求权而非原权请求权”。[②] 对此，有学者指出，“债权人和债务人企业（出资人）进行债转股的，通常以其相互间的‘协议’来进行，债权的消灭因为债转股交易的‘协议’约定的法律事实而发生，并不都能指向代物清偿行为或者债权出资的抵销行为……债转股是债权人和相对人（包括但不限于债务人企业、出资人）形成的以债权‘交易’出资人权益的一种复合法律行为，而非单纯的代物清偿或抵销行为。”[③]

笔者认为，在重整框架内，债转股是通过向债权人分配债务人企业的股份的方式清偿债务，以进一步提高债权人的清偿率。它是解决债权债务问题的一种方式，而并非解决债权债务问题导致的后果。在重整中运用债转股应注意以下几个方面。

1. 集体清偿债务的具体方式

在实践中，一般将债转股作为现金清偿的配套方案，提高债权人的总体清偿率。同时通过分配出资人权益的方式清偿债权人的债权，债权人得以成为重整后企业的股东，共享企业重整的成果，更容易使对企业进行重整获得债权人的认同，重整草案获得表决通过。重整中的债转股作为重整的程序事项，应当遵循破产程序作为概括执行程序以多数决形成集体意思的规则。具体来说，对债权以

---

① 王欣新：《企业重整中的商业银行债转股》，载《中国人民大学学报》2017年第2期。

② 韩长印：《企业破产法视角下的商业银行债转股问题》，载《法学》2017年第11期。

③ 邹海林：《透视重整程序中的债转股》，载《法律适用》2018年第19期。

债转股方式调整的债权人组,应当适用人数过半,债权额超过该组别债权总额的2/3以上的表决规则。

2. 债转股的对外效力

债转股除对重整程序中的债权人、出资人、重整投资人等利害关系人产生影响外,还将影响债务人企业连带责任人的责任认定。笔者认为,重整程序中的债转股是重整草案设计的债权调整与清偿的一种方式,债权人的债权在重整程序中按比例得到清偿,不因采用债转股的方式改变按比例清偿的实质。根据《企业破产法》第92~124条之规定,"债权人对债务人的保证人和其他连带责债务人所享有的权利,不受重整计划的影响"。"破产人的保证人和其他连带债务人,在破产程序终结后,对债权人依照破产清算程序未受清偿的债权,依法继续承担清偿责任。"所以,重整程序采用债转股模式的,不影响债权人依法享有的就未受偿的部分对连带责任人享有的权利。

第七章　民营企业破产程序中的资产处置

债务人财产是债权人在破产程序中得以公平有序受偿的重要物质保障,其完整性直接决定着破产程序能否顺利进行。我国企业破产法在债务人财产范围上采用的是膨胀主义立法模式。根据我国企业破产法的规定,债务人财产包括破产申请受理时属于债务人的全部财产,也包括破产申请受理后至破产程序终结前债务人取得的财产,甚至包括破产程序终结后又发现的应当供分配的其他债务人财产。此即债务人财产既包括债务人破产时占有的静态财产和债务人破产时没有占有但基于相关权利依法应当追回的属于债务人的动态财产,也包括债务人继续营业时新取得的财产。① 除货币、实物外,债务人依法享有的可以用货币估价并可以依法转让的债权等财产权益都是债务人财产的重要组成部分。在实践中,债务人企业的静态财产比较好把握,而动态财产的认定与实现对破产企业来说是巨大的挑战,因此,本章不再对静态财产的确定进行详细的介绍,对于破产法中明确规定

---

①　参见张先明:《积极追收债务人财产 充分保障债权人利益——最高人民法院民二庭负责人答记者问》,载《人民法院报》2013 年 9 月 13 日,第 4 版。

的如撤销权、取回权、抵销权等债务人财产确定制度也不再赘述。本章将着重分析动态财产的确定与追收难点：对外债权追收与代持股问题。目前，尚未有针对这两个问题的具体法律规定，导致实践中操作不一且实现困难，本章希望通过对泉州地区相关实践做法的介绍，为各地区的实务工作提供良好的借鉴。

第一节 破产企业对外债权追收问题

破产企业的对外债权是指有效形成的、到期并在诉讼时效内的债权。对于进入破产程序时未到期的债权，《审理破产案件若干规定》第70条规定，在债务人被宣告破产时未到期的债权视为已到期，属于破产财产，但应当减去未到期的利息。本节对于破产企业对外债权追收的分析将从对外债权追收的基本形式出发，剖析目前债权追收的现状与难点问题，最后基于泉州地区债权追收的实践提出可操作性的建议。

一、破产企业对外债权追收的主要形式

债权追收的方式包括诉讼追收、非诉讼追收、委托追收、债权转让等方式，每种方式都存在各自的优势和劣势，但不存在绝对的好坏之分。在实践中，管理人应该基于实际的需要，根据成本和效益的原则，选择最适合本企业债权的追收方式。同时，管理人对债权追收的管理应当对债权人会议进行说明和分析并获得其同意，避免因为债权人的抵触情绪导致程序的不当拖延。下文将对债权的追收方式进行逐一的介绍。

(一)非诉追收

债权实现最理想的形式应该是合同双方建立良好的信赖关系，到期按时清偿债务。在债务人不按期清偿债务的情形下，债权人应当优先采取非诉的形式追收债权。非诉追收的优势在于低成本和高效性，一般通过双方的协商沟通或者直接行使权利就可以实现债权，其缺点在于协商结果对双方缺乏实质的约束力。

非诉手段追收债权的方式主要有以下几种。(1)债务重组。债务重组是指破产企业按照其与债务人达成的协议，同意债务人修改债务条件的事项。进行

债务重组的前提条件是债务人有良好的偿债意愿,目的是通过新的契约安排来制止债权继续恶化,恢复债务人的偿债能力。债务重组具体形式包括本息清收、减让清收。本息清收指通过调整还款期限或利率水平,增强债务人的还款信心和能力,尽可能连本带息回收债权。减让清收指对应收利息或本金做出折让,向债务人作出让步,以便尽快回收部分债权。(2)处置抵押物。在有抵押物的债权中,债权具有了物权的属性。在一般情况下,该类债权的价值就是作为抵押物的实物资产的价值。实物资产往往比不良债权更容易回收变现,但在追收前要注意是否存在重复抵押、法院查封等问题。(3)请求保证人代偿。如果债务人无力或拒绝偿还债务,债权人可以要求该笔债务的保证人承担连带责任代位清偿债务。①

(二)诉讼追收

诉讼追收,是指通过法院解决争议、强制债务人清偿债务的债权追收方式。诉讼追收的优势在于其强制性和终局性,劣势在于通过诉讼程序解决争议需要耗费很大的时间成本,在一定程度上会影响破产程序的进行和债权的分配。

具体而言,通过诉讼形式追收债权包含以下几种方式。(1)诉讼追偿。债权人在诉讼时效期限内可直接向人民法院提起诉讼追收债款。如果债务人下落不明,可由债权人向法院申请宣告债务人为失踪,然后由代管人从失踪人的财产中支付借款。(2)行使代位权。当债务人无力履行债务,同时,债务人享有对别人的债权却怠于行使,致使债权人的到期债权不能实现的,债权人可以向人民法院请求以自己的名义代位行使债务人的债权。(3)申请债务人破产。通过以上途径都无法收回债权的,债权人可以采取通过申请债务人或保证人破产,通过破产程序实现其债权。②

(三)其他方式

考虑破产企业本身人力资源的稀缺性,就大型民营企业破产案件而言,由管理人亲自追收企业全部对外债权是不现实的,为了利用现有资源实现债权追收最大化的目标,管理人可以委托中介机构进行对外债权追收,也可以通过转让对外债权的方式间接实现其对外债权。(1)委托处置。管理人可以将破产企业的

---

① 参见李观荣:《追收与盘活——不良债权的处置方式》,载《产权导刊》2007年第3期。

② 同上。

债权委托给律师事务所、商业调查公司等中介机构，让对方做普通代理或风险代理。在普通代理中，代理费用可以按债权金额或追收债权的数量确定。在风险代理中，双方共担债权回收的风险，同时收益也由双方共享。债权人一般仅需交纳必要的启动费用（主要是差旅费），事成之后再按约定比例分成（一般为回收金额的5%～30%），很可能会收到事半功倍的效果。(2)债权转让。债权转让一般有协议转让、拍卖、招投标这3种处理方式。只有一个意向受让方时，由交易双方通过洽谈，以协议转让的交易方式成交。当有两个或两个以上意向受让方，且转让的债权适宜采取拍卖方式进行交易的，以拍卖的形式进行转让。当有3个或3个以上意向受让方，且转让的债权适宜采取招投标方式进行交易的，以招投标的形式进行转让。①

二、破产企业对外债权追收现状及难点问题分析

通过对泉州市破产企业对外追收债权的数据分析可以看出，各破产企业对外债权占债务人财产的比重参差不齐，占比少的企业仅为10%，最多的可以达到80%。不良债权在对外债权中占比较高，一般在50%左右，不良债权基本上不存在成功追收的可能性。在普通债权中，应收账款占对外债权的绝大多数，其次是政府的退税款、补偿金。成功追收的债权占对外债权的20%～40%，相对债权总数来说对外债权追收比例较低。对外债权追收的低回收率主要有以下几个因素。

（一）对外债权确认难度大

对外债权追收的前提是确认对外债权的真实有效，具备相应的合同、票据等证明文件证明债权的真实存在，这些文件的缺失和瑕疵是导致债权确认困难的重要原因。泉州民营企业的不良债权在企业所有债权中占比50%，可以在一定程度上说明民营企业对于对外债务疏于管理。在实践中，民营企业对企业的合同风险管理能力存在普遍的不足，体现在以下3点中。(1)企业在签订合同时对双方权利义务约定不明。比较典型的是利息约定问题，在管理人的实务工作中经常发现破产企业的对外债权没有约定利息或利息约定不明确，给管理人后续

① 参见李观荣：《追收与盘活——不良债权的处置方式》，载《产权导刊》2007年第3期。

债权的确定和追收造成了困难。(2)企业对合同、收据等文件材料没有专门的保管责任人员,主体不明确导致各主体之间对保管责任的推诿,出现合同文件重复管理和管理缺失的极端现象,影响了权利证明文件的完整性,证明文件的瑕疵导致了对外债权追收的困境。(3)泉州民营经济发达,但也存在一定程度的家企不分、账目混乱等问题,导致了企业债务不清、追索困难。

企业对外债权确认困难的另一个重要原因是,虽然企业存在真实完整的债权凭证,但企业的相关责任人员不配合企业材料交接工作,给管理人的债权确认工作造成阻碍。企业进入破产程序后,管理人对企业对外债权的追收主要是基于其接收的债务人企业的财务账册、相关合同和收据等凭证。企业的账册资料等文件作为破产案件审理的关键因素,涉及企业清产核资、债权核对追索、资金流向审查等方方面面,这些文件存在瑕疵或者因为债务人企业的负责人下落不明无法交接、不配合交接使得管理人接管的材料不完整、不真实,导致对外债权追索率极低,给破产程序的审理造成了较大的阻碍。如在闽超鞋业公司破产重整案中,在立案受理后,管理人多次以书面和口头的形式,要求闽超鞋业公司独资股东陈某向管理人移交历年的账册和报表等资料,但陈某以公司原财务人员已经离职,需银行流水单作账等理由推诿,在立案后即未再移交任何账册凭证,且对管理人提出的资产去向,厂房占用出租情况等关键问题表述不一。闽超鞋业公司除不能提供完整账册外,还对其控制下的有效资产进行私下出租收取租金,拒不向管理人进行说明和解释,而且也未能移交相关的债权债务的凭据,导致管理人无法查清闽超鞋业公司真实的财务状况,对管理人及时进行债权确认和追收造成了阻碍。在诺奇股份重整案件中,在资产评估过程中,评估机构发现公司账目不完整,缺少原始的合同协议、票据,预付账款也缺少银行付款凭证,查验无法通过诺奇股份提供原始的债权凭证确认债权的真实完整性,同时,通过函证往来单位,但直至报告出具日没有收到确定金额回函,导致无法对应收账款、预付账款和其他应收款的价值进行评估,对后续的债权追收产生了不良影响。

(二)债权追收成本和风险过高

从对外债权追收的人力和费用成本来看,在企业跨地区发展普遍的背景下,大部分民营企业的经营业务不限于某个地点,而是遍布全国各地,形成的对外债权也遍布全国各地。在跨地区进行债权追收过程中,不可避免会产生相应的差旅费、劳务费等费用。在对外债权数额小且分散的情形下,追收成本,甚至可能会超过收回的财产价值,在极端情况下破产企业甚至无法负担追收债权的费用,在这些情况下是否追收、如何追收、追收费用的来源都是需要平衡并综合考量的问题。从对外债权追收的时间成本来看,在不同地点追收债权或是通过诉讼方式追收债权都会导致时间成本的耗费。从债权追收的结果来看,民营企业对外债权中不良债权占比颇高,还不能排除债权在追收期间内继续恶化的可能性,债权追收的结果具有极高的不确定性。即使是通过诉讼方式确定的权利,有时因为债务人情况的恶化不能保证债权完全实现,债权追收的风险极高。

(三)债权追收主体的不作为

《企业破产法》第25条规定,管理人履行接管债务人的财产、调查债务人财产状况并制作财产状况报告、管理和处分债务人的财产的职责。因此,对外债权追收的实施主体是破产企业的管理人,管理人的追收行为应当向法院和债权人会议、债委会汇报,并由其监督。管理人作为对外债权追收的主体,其对债权追收的积极性直接影响债权追收的效果。在实践中,因为对外债权的回收率较低,为20%~40%,坏账比例占所有债权的50%以上,债权追收的高成本性、低回收率、不确定性令管理人望而止步,没有充分的内因调动管理人的积极性去追收债权。同时,对于管理人怠于履行追收债权的行为缺乏外在的约束机制,在一定程度上会加剧管理人怠于履行追收对外债权的义务。

(四)债权价值转化困难

在企业的日常经营活动中,其形成的债权大部分是金钱之债,如应收账款、应收票据、预付账款、其他应收款、应收股利、应收利息和应收补贴款等。金钱之债实现后不存在价值转化的问题,直接以货币形式加入债务人的整体财产。但在实践中,企业还可能享有劳务之债,即企业已经支付了相应的价款,债务人尚未提供劳务的债。虽然劳务之债也是包含财产权益的权利或者行为,但是在企业破产的前提下,尤其是就破产清算的企业而言,这些权利和行为对其没有任何价值可言,也无法对债权人进行分配。如破产企业享有的广告服务债权,债务人有对破产企业的特定产品进行宣传的义务,但是,在企业破产的情形下,对产品的宣传没有现实的价值。对这些债权是否追收、追收后如何转化成可分配的财产都是困扰实践工作者的难题。

(五)外在环境对债权追收的阻碍

对外债权的追收时常需要相关部门的协助,如法院、税务部门、银行等。在实践中,由于管理人与各个相关单位之间的沟通机制不畅通给债权追收造成了困难。就涉税问题而言,在有的案件中,因企业存在历史欠税,在破产程序中开具新的税票存在诸多困难,影响了企业应收账款的回收和企业重整期间的经营活动。如在先创电子、先创通信破产清算案中,两家公司拥有合计约3.5亿元的应收账款,收回账款需申领税务发票,但税务部门以两家公司在破产之前没有缴纳应缴税款为由,停止向公司出售发票。此外,有时破产企业的应收账款存在重复查封、重复冻结的情况,管理人持破产法院解除查封、冻结的裁定并不能让银行解除保全措施,银行方面要求需要作出保全裁定法院的文书方能解除,也即现行立法上没有授予破产庭更高的权力,也影响了债权的成功追收。

三、民营企业破产程序中对外债权追收的完善建议

民营企业因为企业间关联程度复杂,存在家企不分、账务混乱、互联互保现象,内部治理不规范加上缺乏有效的监督制约机制,使民营企业成为不良债权问题的高发地带。泉州法院在破产民营企业对外债权追收方面进行了长时间的探索并积累了一定的经验。

(一)引导民营企业建立企业合同风险控制机制

企业内部治理机构不规范是民营企业的普遍问题,也引发了企业破产程序中财务关系梳理困难、债权追索难的困境。防范债权追收困难的根本在于引导企业树立正确的观念,支持民营企业建立企业的合同风险控制机制,从根本上避免不良债权出现的可能性。

合同的风险控制包括事前风险控制、事中风险控制、事后风险控制。事前的风险控制,是指在签订合同前应当对对方企业的信用状况、履约能力做充分的尽职调查,防范合同相对方不履行债权的可能性;事中的风险控制,是指要正确指导民营企业定不同合同的标准合同范本,标准范本中应对合同双方的权利义务、违约责任、救济措施作出明确的约定;事后的风险控制,是指在签订合同之后应当对合同相关的文本、收据等证明材料设立专门的管理部门对其进行管理,同时,要对合同相对方的履约能力进行持续的考察,在对方履约状况恶化时要及时

行使抗辩权等权利。

(二)法院对管理人工作提供必要的协助

一般来讲,法院对破产企业的约束力比管理人对破产企业约束力强。管理人对破产企业财产、账簿等的接收存在困难的,法院应当对破产企业进行指导和约束,责令债务人履行法定义务。同时,法院应当积极支持管理人管理债务人财产的各项工作,在破产案件审理中向管理人签发调查令,为管理人调查债务人企业对外债权情况提供便利。如在富贵鸟股份破产案中,泉州市中级人民法院根据管理人的申请,签发22份调查令协助审计机构调取相关企业的银行流水,保障专项审计顺利开展,为调查核实企业对外债权具体情况奠定基础。

(三)分类追收债权

因为拥有资源的有限性,管理人应通过成本效益的分析对破产企业事务进行成本和风险评级,偏向性地集中资源和精力处理相对成本低、收益高的工作。在管理人进行对外债权追收工作之前,管理人应通过比较对外债权追收的全部成本和收益来评估债权追收的价值。

并非所有的债权都具有追收的价值和可能性。在进行债权追收之前,管理人应提前对破产企业的债权进行分类,对各类债权进行统一管理和审计,区分有追收可能性和无追收可能性的债权,对有追收可能性的债权再区分重点和非重点、首要和次要进行追收,以实现资源的最大化利用和债权的最大化实现。同时,为了节约债权追收的时间和费用成本,对跨地区的债权追收,除由当地的分公司进行追收外,可以采取委托追收的方式,委托当地的代理商、律师事务所等中介机构进行债权的追收,并支付一定费用。对于金额较大或者管理人认为需要单项委托的债权追收,可以采取单项委托的方式;对于单户金额较小、地域分布集中的债权可以采取打包委托的方式,打包处理可以极大降低债权追收的成本,提高债权追收的效率。一般可以按照债权的某些共性来进行打包,如破产企业债务人的所在地、所处行业、所属集团、担保人、借款性质等。委托费用的计算根据实际情况选择按件或按回收的债权金额确定。

在实践中,并非破产企业的所有对外债权回收后对破产企业都是有现实价值的,如上文提及的广告服务。管理人应在实践中通过不同的方式对这些债权进行形式上的转换以实现其最大的价值,如可以通过转让的方式将其转化为金钱之债。例如，可以通过法院官网、微信公众号、全国企业破产重整案件信息网等平台发布债权转让资讯，或是借力淘宝、京东等电商平台进行网拍。在诺奇股份重整案中，对于对外债权采取了无保留价拍卖的方式处置，由管理人依法委托拍卖机构对该等资产采取单独或者整体打包的方式予以公开拍卖；如拍卖机构不接受该等资产的委托拍卖或经拍卖未能成交的，将由管理人依法实施无保留价公开变卖。为了避免暗箱操控、损害债权人利益的情形出现，转让的过程应当公开，并公布破产案件进展情况和管理人工作进程，实现破产程序公开透明，债权效益最大化。

（四）探索建立简易和快速审理机制

通过诉讼方式追收债权的一大障碍在于其程序的冗长。法院对于债权追收的诉讼可以建立简易审理和快速审理机制以保证债权及时实现，同时，也能保障破产程序的顺利推进。如在通过破产程序追收债权的情况下，在管理人确实无法接管债务人的账簿或接管的账簿不完整、不真实，通过现有线索查找、追回的资产不足以支付破产费用的，法院应及时宣告债务人破产并裁定终结破产程序。同时，法院可以在终结裁定中列明前述事实，以便债权人按《公司法司法解释二》第 18 条第 2 款、第 3 款规定，追索有限责任公司的股东、股份有限公司的董事和控股股东对公司债务的连带清偿责任，以及实际控制人的相应责任。如果破产程序终结后两年内发现有依法应当追回的财产或者应当分配的其他财产的，债权人可以请求法院追加分配。法院应当及时审结破产企业的债权纠纷，防止破产程序的不当拖延。泉州市中级人民法院在全省率先探索破产案件简化审模式，建立破产案件繁简分流机制。充分考量破产企业的经营、财产状况等特征，明确可适用简易审的情形和排除简易审的情形；从缩短限定审理期限、简化审理方式、简化债权人会议制度等方面入手，明确简化审的审理规则，出台《关于简化企业破产案件审理程序和推进“执转破”工作的操作规程（试行）》，推动全市法院全面实施破产案件简化审程序，切实提高破产案件审理效率。

（五）畅通沟通协调机制

管理人、法院、政府相关部门、银行等主体之间形成良好的沟通机制能较好地促进债权追收的进程。泉州在建立多方沟通协调机制方面作出了如下的探索。（1）畅通三级人民法院沟通机制。泉州法院的破产审判工作得到省高级人民法院的精心指导及有力支持,在破产案件中遇到债务人企业需兄弟法院解除查封、中止执行的,及时请示上级法院进行协调,解决了十余起重整案面临的资产冻结、查控、追索等难题。(2)建立府院联席会议制度。通过建立府院联席会议的制度,落实府院统一协调机制,加强沟通和交流,积极回应对防范金融风险的司法需求。在破产工作中充分利用政府法院的协调优势与中介机构专业优势,将各方的优势有机结合。在债权追收工作中,虽然管理人对于债权追收的经验丰富,但是其作为与相对方平等的民事主体,如果对方主体怠于履行义务,其债权追收工作实难实现,无法推动追收的进展,而通过政府的协调优势可以有效化解这个难题。(3)探索建立管理人与银行的良好的合作关系。管理人追收债权需要了解破产企业债务人的资产状况,以及在其不履行义务的时候需要银行的积极配合,在管理人和银行之间建立良好的合作关系,就债权追收而言有良好的促进作用。2019 年 9 月,泉州市破产管理人协会与中国建设银行泉州分行为了更好地推动双方业务合作,实现合作"双赢",经友好协商,合意建立长期、稳定的全面战略合作关系,充分发挥各自优势,推进泉州市破产管理人协会与中国建设银行泉州分行的业务合作。

(六)探索建立债权追收激励和惩戒机制

1. 激励机制

管理人怠于履行追收债权的职责除因债权本身难以确认、债权追收的高成本和高风险外,还因为债务人企业本身可能无产可破,其获取报酬的可能性极低,即使是在债务人企业还有一定财产的情形下,债权追收的结果具有不确定性,债权追收可能没有任何结果,管理人没有报酬保证且存在需要垫付资金的可能性。

为强化企业破产保障,加快破产案件审理进度,解决无产可破企业破产的难题,提高管理人的工作积极性,泉州地区设立了市级 200 万元,县(市、区)级各 100 万元的企业破产处置专项资金,泉州市中级人民法院还联合有关部门制定了《泉州市企业破产处置专项资金管理使用暂行办法》,在一定程度上保证了管理人的报酬和开展工作的费用,有助于提高管理人追收债权的积极性。可以覆盖的费用包括管理债务人财产支出的费用、管理人执行职务的费用、报酬和聘用工作人员的费用、破产案件的诉讼费用、案件审理中发生的合理的差旅费等。

同时,为了激励管理人更好地履行职责,可以通过"基础报酬+奖励金"的模式确定管理人的报酬,并将债权追收的成效作为发放奖励金的考量因素之一,以提高管理人的积极性。

2. 惩戒机制

根据《企业破产法》第25条和第27条的规定,管理人有调查财产、管理债务人财产的义务,管理人应当勤勉尽责,忠实执行职务。该条规定中包含追收对外债权的含义。针对管理人不积极履行债权追收职责的,可以通过以下方式对其进行惩戒。(1)罚款与赔偿。根据《企业破产法》第130条的规定,管理人未依照本法规定勤勉尽责,忠实执行职务的,法院可以依法处以罚款;给债权人、债务人或者第三人造成损失的,依法承担相应的赔偿责任。(2)变更报酬。债权人对管理人履行职务的行为存疑的,债权人会议可以就管理人的报酬向法院提出异议,法院可以根据案件具体情况重新确定管理人的报酬。(3)更换管理人。管理人不履行法定职责的,债权人会议可以以管理人不履行职务为由请求法院更换管理人。(4)限制参加摇号和竞选。对于管理人不履行职务的行为,法院可以根据其性质、主观恶性、程度和影响后果责令其一定次数内不能参加管理人选任的摇号和竞选。(5)移除管理人名册。对于多次不积极履行追收债权职责的管理人,可以对其进行降级处理或移出管理人名册。

《企业破产法》第15条、第127条规定了破产企业有关人员的保管义务和责任范围。考虑实践中情况的复杂性,破产法把责任主体的范围进行了扩大规定,将其扩大到直接责任人员。《企业破产法》没有对违反保管、移交义务的处罚程序作出明确的规定,但是在第127条规定了债务人违反法律规定的,人民法院可以依职权对直接责任人员依法处以罚款。在实践中,一般是管理人发现债务人直接责任人员的渎职行为,因此,可以由管理人申请法院启动审查程序。《企业破产法》第129条还规定特殊情况下,除了训诫和罚款,还可以对不履行法定义务的相关责任人员进行拘留。破产法中未针对罚款和拘留作出具体的规定,法院可以参照《民事诉讼法》关于"妨害民事诉讼的强制措施"的相关规定,对个人进行罚款的,为人民币10万元以下,对单位进行罚款的,为人民币5万元以上100万元以下;适用拘留措施的,为15日以下。法院对于具体的金额和日期具有自由裁量的权限,在自由裁量时,可以考虑以下因素。

(1)管理人的建议。管理人是破产程序中最重要的角色之一,其与债务人的联系也最密切,对案件的事实情况最了解,对债务人相关责任人的行为对管理人工作和破产程序造成的妨碍具有综合、系统的评估。(2)责任人的主观恶性和造成的危害后果。法院在行使自由裁量权时应当将责任人的主观恶性纳入考虑范围内,并结合其所造成的危害结果进行综合考量。(3)管理人因责任人的不配合行为所额外付出的时间和金钱成本。债务人相关责任人员的不配合或不履行将给管理人的工作带来极度的不便,管理人将不得不采取更多的途径和方法获取本该由责任人员直接提供的信息,如补充调查、外出走访、补充核查。(4)处罚的示范效果。处罚的最终目的是通过处罚震慑相关主体,使所有债务人的责任人员今后都能配合法院、管理人工作的需要积极履行法定义务。①

对管理人和相关责任人员的处罚宜采取听证的程序。采用听证程序而非直接处罚可以保障当事人提出异议和申辩的权利,处罚前举行听证程序也有利于及时化解矛盾,迅速作出决定,促进破产程序的进程。同时,为了应保障处罚的救济程序,处罚人有权对法院作出的处罚决定向上一级法院申请复议。

3. 移送处理

对于破产企业拒绝移交债务人企业财务账册、会计凭证的线索,或者隐瞒企业真实财产、债权债务状况的行为已经涉嫌犯罪的,应将其相关责任人员及时移送公安机关查处,切实维护金融安全。如前文提及的闽超鞋业公司破产重整案,闽超鞋业公司独资股东陈某故意隐匿会计凭证、会计账簿、财务会计报告,未能在指定期限内提供真实、合法、完整的会计核算资料,且拒不说明公司真实的资产和财产状况,致使管理人无法查清闽超鞋业公司真实的财产状况和负债情况,因涉嫌隐匿会计凭证罪等罪名被提起公诉。陈某申请破产目的不纯,存在“假破产真逃债”嫌疑,并以各种理由推诿不移交账册,不配合管理人正当履职,移送处理对其他破产案件的债务人产生了强大的“警钟”效应,促使债务人在破产申请前摒弃“私心杂念”,全面移交账册资料,积极配合管理人履职。同时,也体现了法院打击逃废债的决心,在社会上形成了强大的法律威慑效应,破除部分债权人

① 参见许胜锋主编:《人民法院审理企业破产案件裁判规则解析》,法律出版社 2016 年版,第 374 页。

对破产工作的错误认知，提升社会认同感和诚信制度的建设。

第二节　破产程序中民营企业代持股权归属问题

虽然《公司法》明确要求股东的姓名或者名称应当记载于公司章程和股东名册以及工商登记等相关资料中，但是在商事活动中代持协议十分常见。《公司法》并未明确实际出资人与名义股东的含义，笔者认为，应采纳最高人民法院的观点，实际出资人是指实际出资、享有相应投资权益但是却并不被记载于公司文件的投资者；名义股东与实际出资人相对，是指并未出资却被记载于公司文件、行使股权之人。① 实际出资人与名义股东之间的法律关系不仅涉及实际出资人的股东资格和权益，还涉及公司内部其他股东以及公司外部第三人的权益，对各方均影响甚大，在《公司法司法解释三》以及相关文件②发布后相关法律纠纷愈发突出。在经济下行大背景下，大量的企业进入破产程序，使上述协议中的实际出资人、名义股东以及相关债权人的关系再次陷入不确定的状态，即破产企业作为名义股东所代持的股份是否属于债务人财产？破产企业作为实际出资人所拥有的股权是否属于债务人财产？目前，包括《企业破产法》《公司法》及相关司法解释等对此都没有作出明确规定，尚存许多需要填补的空白。笔者认为，司法实践对破产程序中代持股权的归属并没有局限于商事外观主义，而是对其进行适当的突破，进而实现债务人财产的最大化。此即企业不论是以名义股东，还是实际出资人进入破产程序的，基于公示公信原则和债权人利益最大化的立法思路，皆可主张代持股份作为债务人财产用以清偿债务。

---

① 参见奚晓明主编：《最高人民法院关于公司法解释（三）、清算纪要理解与适用》，人民法院出版社 2014 年版，第 384 页。

② 《公司法司法解释三》第 25 条正式对实际出资人与名义股东订立的隐名持股协议的有效性予以确认规定，第 26 条规定名义股东对登记在其名下的股权处分构成无权处分，间接承认了实际出资人才是股权的真实权利人。（经 2014 年《最高人民法院关于修改关于适用〈中华人民共和国公司法〉若干问题的规定的决定》修改后变更为第 24 条、第 25 条）。《规范审理公司设立、出资、股权确认等案件——最高人民法院民二庭负责人答本报记者问》之第 8 问“实际出资人与名义股东可在隐名持股协议中自由约定投资权益的归属”，载《人民法院报》2011 年 2 月 16 日，第 3 版。

一、外观主义与实质主义之争——“第三人”的范围

（一）外观主义

外观主义广泛适用于商法领域，是一项重要的裁判原则，是信赖保护原则在商法领域的具体实现，具体是指，在商事交易过程中，以交易人所实施的行为外观认定该行为所产生的法律后果。外观体现为主体外观、权利外观、法律关系外观和法律事实外观，为保护对外观的信赖，商事立法和商事审判中外观事实可以优先于法律真实，这是特定场合衡量商事主体本人与第三人之间利益冲突的结果。外观主义主要法律依据是《公司法》第 32 条第 3 款：“公司应当将股东的姓名或者名称向公司登记机关登记，登记事项发生变更的，应当办理变更登记。未经登记或者变更登记的，不得对抗第三人。”工商登记具有公示公信效力，申请执行人基于该权利外观产生信赖利益，即使最终该股权的真实权属与权利外观不符，在未经法定程序进行股权变更登记之前，应根据工商登记中的记载材料进行权属判断。在股权强制执行过程中，申请执行人基于工商登记的信息向法院执行部门提供执行线索，执行部门对登记在被执行人名下的股权进行强制执行是顺理成章的行为。基于在当事人之间尊重当事人的选择，真实的意思表示只有在当事人之间才具有比外观主义更高的效力，法律并不禁止和排斥当事人之间对物的归属作出约定这一情况无法成为对第三人排斥外观主义适用的逻辑，因此，隐名股东不能以其与显名股东之间的内部约定对抗外部债权人对显名股东主张的正当权利。至于隐名股东的权益保护，笔者认为，其可向显名股东主张赔偿相应损失。

在广诚公司与飞越集团股权确认纠纷再审案①中，最高人民法院认为，双方的争议焦点是飞越集团代持的上市公司棱光公司的股份能否确权给广诚公司的问题，依照《证券法》第 63 条、第 67 条的规定，飞越集团未将其为广诚公司代持股权的事实向有关部门报告并向社会披露，亦未办理股权变更登记，不发生物权设立和变动的法律效果。根据商事外观主义原则，有关公示体现出的权利外观，导致第三人对该权利外观产生信赖，即使真实状况与第三人的信赖不符，只要第

① 广诚公司与飞越集团股权确认纠纷再审案，最高人民法院（2013）民申字第 758 号。

三人的信赖合理，投资人依上市公司已登记事项作出的意思表示和行为应受法律的优先保护。广诚公司虽为案涉股权的实际出资人，其与飞越集团签订协议约定该股权为广诚公司所有，但该股权登记在飞越集团名下，且经证券登记公司予以确认，飞越集团、棱光公司亦向社会予以公告，对外具有公示效应。因此，广诚公司与飞越集团之间的股权代持协议具有内部效力，对于飞越集团的债权人来讲，股权登记具有公信力，广诚公司对外不具有公示股东的法律地位，不得以内部股权代持协议有效为由来对抗外部债权人对显名股东的正当权利。飞越集团的债权人闽发证券有限责任公司①在飞越集团破产的情况下，根据登记及公告的公示公信力有理由相信飞越集团持有棱光公司股票，有权利就该股权实现其债权。

在王某华与申利公司股权确认纠纷再审案②中，江苏省无锡市中级人民法院认为，申利公司代持的鹏鹞股份公司的40万股股权不能确权给王某华。王某华以申利公司的名义出资购买诉争股份，并登记于申利公司名下，根据《公司法》的规定，股权变更经登记发生法律效力，对外具有公示效力，申利公司在外观上已具有股东特征，王某华根据与申利公司之间的协议约定其为股权的实际所有人，但这仅仅是对内产生的效力，并不足以对抗外部第三人依据诉争股份登记所产生的信赖利益。王某华虽是案涉股权的实际出资人，但该股权登记在申利公司名下，申利公司、鹏鹞股份公司也向社会予以公示，因此应当按照公示的内容，认定该股权由记名股东申利公司享有。现申利公司已进入破产清算程序并已被裁定宣告破产，申利公司的债权人难以得到全额清偿。申利公司的债权人基于诉争股份登记公示的外观，有理由相信申利公司是诉争股份的真正权利人，有权利就该股权实现其债权。如果仅考虑实际出资人和名义股东之间的内部关系，从而支持王某华确认以及返还股权的诉讼请求，将损害申利公司其他债权人的利益。因此，一审法院认可王某华与申利公司之间存在代持股权事实，但对王某华要求确权的诉讼请求不予支持，是正确的。

---

① 2008年7月9日，福州市中级人民法院受理闽发证券有限责任公司申请飞越集团破产还债一案，2009年10月28日该院裁定宣告飞越集团破产。

② 王某华与申利公司股权确认纠纷再审案，江苏省无锡市中级人民法院(2017)苏02民终3235号。

(二)实质主义

实质主义认为,商事外观主义原则的适用范围不包括非交易第三人,即《公司法》第32条第3款所规定的"第三人"应当缩小解释为仅限于第三人因信赖登记而与名义股东进行商事交易(如股权转让、抵押等)的行为;反之,若申请执行人与名义股东之间并非发生股权直接交易行为而是由于其他商事活动而发生债权债务关系,则不属于公司法中第三人的含括范围。[①] 当名义股东的债权人提起强制执行申请时,隐名股东通常会提起执行异议之诉,在案外人执行异议之诉中,人民法院应对案外人就执行标的物是否享有足以排除强制执行的权益进行实质性审查,即执行异议之诉的目的在于对争议权利的归属进行实质性审查。通常应从权利形成时间、权利性质、案件关联性的角度以及债权人是否就案涉股权建立任何信赖法律关系等各方面进行分析,进而判断申请人是否属于因信赖权利外观而需要保护的民事法律行为之善意第三人,当权利的实际享有者与被执行人不一致时,即可实现对强制执行的有效对抗。而实质出资人与名义股东存在代持股协议,且实质出资人进行了实际出资,法律肯定实质出资人依协议享有投资权益,从事实的标准来看,应当保护实质出资人的实际权益。

外观主义原则所运用的领域有限,主要运用于交易行为领域,[②]其目的在于减少交易成本、维护交易安全,而且,也仅在不得已的情况下,才作为所有权绝对的例外,过度适用外观主义可能损害实际权利人的利益,因此,强制执行对象的确定应重财产的实质归属,不能片面追求执行效率单纯地取决于公示外观,进而放弃公正之追求。2019年《全国民商事审判会议纪要》就外观主义保护的问题在引言部分予以强调,要求"特别注意外观主义系民商法上的学理概括,并非现行法律规定的原则,现行法律只是规定了体现外观主义的具体规则,如《物权法》第106条规定的善意取得,《合同法》第49条、《民法总则》第172条规定的表见代理,《合同法》第50条规定的越权代表,审判实务中应当依据有关具体法律规则进行判断,类推适用亦应当以法律规则设定的情形、条件为基础。从现行法律规则看,外观主义是为保护交易安全设置的例外规定,一般适用于因合理信赖权

---

① 参见孙宏涛、刘秉昊:《股权、合伙份额等投资权益执行疑难问题研究》,载《上海法治报》2019年1月30日,第B05版。

② 参见张国键:《商事法论》,台北,三民书局1980年版,第45页。

利外观或意思表示外观的交易行为。对于实际权利人与名义权利人的关系,应注重财产的实质归属,而不单纯地取决于公示外观。总之,审判实务中要准确把握外观主义的适用边界,避免泛化和滥用”。

在执行领域,名义股东的债权人与其并未就诉争股权设定质押等交易性行为。换言之,股权在此时仅是作为名义股东的一般责任财产,倘若债权人想要该诉争股权成为特定的责任财产,就应当要求登记股东将股权进行抵押等行为即发生交易行为,未设定抵押权而后主张信赖利益保护而要求执行诉争股权,法律不应当给予其过度的保护。有学者进一步认为,“在执行领域,执行申请人与被执行财产之间的关系方面,不属于基于法律行为而生的物权变动,执行标的是归属于哪一方并不能运用外观主义,而是要遵循实事求是的原则”。① 简单来说,名义股东的债权人与实质出资人之间的问题可以理解为,作为案外人的实质出资人的投资权益与债权人就追要债权申请法院强制执行名义股东名下股份之权利何者优先的问题,是两害相比取其轻,即在必须有一方受害的情况下,哪一方受害更公平。

在陈某与某厂某清算组股权确认纠纷一案中,上海市长宁区人民法院认为,讼争法人股虽登记在原上海电线塑料制品厂名下,但是该法人股实际由原告出资购买,权属应由原告享有并无异议,且无相反证据推翻原告出资购买讼争法人股的事实,故法院对原告所主张之事实予以确认。② 又如在华莱公司与新汇通公司确权纠纷再审案中,海南省高级人民法院认为,《公司法》第 33 条规定了股东名册记载和公司登记机关登记两种备案形式,其备案内容和作用也有不同。其中,股东名册记载的股东可以主张行使股东权利,未经公司登记机关登记或者变更登记的,不得对抗第三人。其目的是保护交易安全即《公司法》第 72 条规定的股权转让、《物权法》第 223 条规定的股权质押等行使处分权的交易,以保护平等民事主体之间交易的相对人即第三人的权益。海发行清算组是华莱公司的借贷债权人,没有与华莱公司就其名下的投资股权成立交易关系,该投资股权也并非其与华莱公司之间债权纠纷生效法律文书指定交付的特定物。海发行清算组认

---

① 崔建远:《论外观主义的运用边界》,载《清华法学》2019 年第 5 期。

② 陈某与某厂某清算组股权确认纠纷案,上海市长宁区人民法院(2010)长民二(商)初字第 1231 号。

为,第三人是指除当事人以外的任何第三人,这一理解是错误的。认为海发行清算组是《公司法》第33条第3款规定的善意取得的第三人主张,亦不符合我国《物权法》第106条规定的法定条件,而且,该法条规定的也是平等民事主体之间的物权转让即交易行为,从而支持新汇通公司的确权请求。①

(三)厘清"第三人"范畴

广诚公司与飞越集团股权确认纠纷再审案和王某华与申利公司股权确认纠纷再审案两个案件表明,在破产程序中,虽然破产债务人持有的股权属于第三人,即破产债务人的股权为代持,该股权本不属于破产债务人的财产。《公司法司法解释三》第25条第1款、第2款对实质出资人与代持人之间股权代持的归属,明确规定在内部关系上股权权益应归属于委托人,但鉴于破产债务人的债权人的信赖利益,实质出资人不得以其与代持人的内部关系对抗外部的第三人,因此,代持的股权应认定为债务人破产财产。但是,在陈某与某厂某清算组股权确认纠纷一案和华莱公司与新汇通公司确权纠纷再审案中,实际出资人破产时,名义股东的债权人为什么就不能依照信赖商事外观将其作为名义股东债权人的财产进行清偿呢?是司法实践对外观主义和实质主义的混乱适用,还是有其他的利益考量?上述案例表明,在股权代持纠纷中,无论是委托人破产,还是受托人破产,只要破产债务人的管理人主张代持股权为破产债务人的财产,法院均应支持管理人的请求,为什么会出现突破外观主义进而对破产债务人的特别保护?是否有深层次的法律立法导向?而且,法院在案件中并没有依照破产法的法条进行判决,到底是巧合造成的上述结果,还是法官在判决时候已经将其纳入判决的依据中?

对于如何理解《公司法》第32条第3款规定的第三人,省高级人民法院和最高人民法院的法官各执一词。比如,在华莱公司与新汇通公司确权纠纷再审案中,将商事交易中应予保护的第三人范围作了限缩,是指与交易标的有利害关系之人,既包括交易标的的物权人,也包括对交易标的享有物上期待权的第三人,不包括交易标的权利人的普通债权人。而与之截然不同的是最高人民法院在王某歧与刘某苹、詹某才等申诉申请一案②中的观点,该案认为《公司法》第32条第

① 华莱公司与新汇通公司确权纠纷再审案,海南省高级人民法院(2012)琼民再终字第3号。

② 王某歧与刘某苹、詹某才案外人执行异议之诉案,最高人民法院(2016)最高法民申3132号。

3 款所称的第三人,并不限缩于与显名股东存在股权交易关系的债权人。根据商事外观主义原则,有关公示体现出来的权利外观,导致第三人对该权利外观产生信赖,即使真实状况与第三人的信赖不符,只要第三人的信赖合理,第三人的民事法律行为效力即应受到法律的优先保护。基于上述原则,名义股东的非基于股权处分的债权人亦应属于法律保护的"第三人"范畴。最高人民法院在前述民事裁定书中已表明了代持股协议不得对抗强制执行申请人的观点。

司法实践中的争议说明需要对第三人范围进行明确,哲学家奥斯汀提出,"我们不仅要盯住词……而且也要领悟到这些词所意指的实存,我们正在用对词的深入认识来加深对现象的理解。"①在此基础上,还需理清词语所处的语境才能明确它们的意义,②而对于注重"法言法语"的法学而言,推敲专业术语更是十分必要。只有先对第三人这一概念予以廓清,才能进一步分析《公司法》第 32 条第 3 款是否能够作为判定"实际出资人能否对抗名义股东债权人对名义股东名下隐名股权强制执行"的法律规范基础。从立法沿革来看,"不得对抗第三人"这一规定是在《公司法》2005 年修订时增加的关于"登记对抗制度"的规定,直到 2013 年《公司法》再次修订时,立法者仍未对第三人的范围进行明确界定,留下了法律解释的空间以及法律适用的不确定性。有观点认为:"外观、信赖是权利外观主义构成的基本要素,而交易行为是权利外观主义适用的场域,权利外观主义对第三人利益保护的最终目的是保护交易安全,因此不应扩展到非交易场合,依据上述法律解释的基本标准和论证过程,《公司法》第 32 条第 3 款规定中的第三人范围应限缩解释为交易第三人。"③笔者认为,在破产程序中不应该局限于某一个主义的限制,应当优先保护债权人的利益,理由如下。

首先,对《公司法》第 32 条第 3 款不应当作限缩理解。从法律规范角度看,现行法律规范对于《公司法》第 32 条第 3 款中所称的"第三人"并未给出明确的范畴界定,即当前并无法律规定该条文所指"第三人"仅限于商事交易领域,因此,债权人有权依据工商登记认定股权归属,并有权申请对显名股东的股权进行

---

① John Austin, "A Plea for Excuses", *Proceedings of Aristotelian Society*, 1956(7).

② 哈特在《法学中的定义和理论》中指出,几乎每一个法律、法学的赐予都没有确定的、一成不变的意义,而是依其被使用的语境环境、条件和方式有着多重意义,只有弄清这些语境,才能确定它们的意义。

③ 王君:《隐名股权强制执行法律问题研究》,吉林大学 2019 年硕士学位论文,第 6 页。

强制执行。换个角度说,法院在司法审判实践中应对民事案件与商事案件的裁判逻辑进行区分。在民事关系中,法律的核心在于保障真实权利人的权益,而在商事活动中,基于商事外观主义这一为了降低交易成本、维护交易安全而产生的特殊制度,法律则侧重于优先保护当事人基于外观而产生的信赖利益。① 也就是说,就第三人而言,工商登记具有公示与推定效力,如果没有其他相反的证据推翻,那么就可以认为工商登记所记载的就是公司股东,与股权交易相关的外部第三人也可以依此得到法律上的保护。

其次,在破产法的语境下,破产企业的债权人能否适用外观主义即是否属于《公司法》第32条规定的"第三人"需要从企业破产法的立法宗旨、债务清偿、制度价值、立法观念等角度去分析。其一,企业破产法的立法宗旨便是在债务人面临"公共池塘"困境时,统一全体债权人的追偿行动并最大化可供债权人整体分配的财产;其二,从债务清偿的角度看,与诉讼法中的执行制度相比,普通的民事执行程序是为某个债权人的利益而进行的个别执行程序,而破产属于概括的执行程序,即为全体债权人的利益而对债务人的全部财产进行的执行程序;②其三,从企业破产法的制度价值来看,其制度设立的目标便是公平保护债权人与债务人利益,并且,是将公平作为企业破产法的首要目标,如果认为在个别执行程序中的代持股协议不得对抗强制执行,并以此类推至破产程序中,破产债权人也不能对抗代持股协议,显然与企业破产法的制度价值相悖;其四,从立法观念上说,《破产法司法解释二》也规定:"债务人依法享有的股权等均应认定为债务人财产。"因此,将破产企业为他人代持的股权纳入破产财团中供破产债权人分配,将有利于破产债权人利益的最大化进而体现破产法的价值所在,从而可以得出当名义股东进入破产程序后名义股东的债权人应属于为《公司法》第32条规定的第三人范畴的结论。

二、膨胀主义下的代持股归属

在债务人财产的构成范围上有固定主义和膨胀主义两种立法模式。

---

① 参见陈笑莉:《债权人申请执行显名股东代持股权的司法考察与法理研究》,载《海南金融》2018年第2期。

② 参见王欣新主编:《破产法原理与案例教程》(第2版),中国人民大学出版社2015年版,第5页。

在固定主义模式下，债务人财产在破产申请受理或者破产宣告时即已确定，该立法模式常常被用于自然人破产体系中，其优点在于能够将“诚实而不幸”的自然人从债务的泥潭中解救出来，在司法实践中体现为当债务人提出破产申请或者法院裁定破产程序启动，债务人仅需将他们此时所拥有的全部财产用于清偿债务即可，而对于他们在此之后获得的财产则无须再对之前未获清偿的债务而继续清偿，这也是满足早期社会中多以自然人作为经商主体这一时代背景的立法考量，固定主义的立法例体现了当时对经商主体即债务人的一定保护，而这种保护很显然是以牺牲一定的债权人利益为代价的。

在膨胀主义模式下，以最大化债务人财产为原则，在破产财产范畴内穷尽一切方式尽可能地扩大债务人所拥有的财产，破产程序的启动或者债务人所提出破产申请并不意味着破产财产范围的固定，即债务人财产不仅包括申请受理时属于债务人的全部财产，也包括破产申请受理后至破产程序终结前债务人取得的财产，甚至还包括破产程序终结后又发现的应当供分配的其他债务人财产，进而最大限度地保证债权人利益的实现。我国传统债法文化上“欠债还钱”的观念，已经深深地烙入我国社会文化进而反映为法律文化的基础，债务如若履行不能，还有“父债子偿”等相关债的继承，债务的必须履行不仅是债法的基本原则，而且也是我国社会的基本社会价值和道德准则。由此可见，由于社会文化的巨大差异，我国法律体系难以直接移植国外破产法采用的倾向于债务人特殊保护的立法政策，而必须结合国情寻求自身的发展途径。因此，我国《企业破产法》在破产财产范围上采用的是膨胀主义立法模式，从立法观念上说，为了最大限度地实现破产程序中债权人的利益，有必要在破产财产范围的问题上采取宽松的态度，尽可能将破产债务人各类财产纳入破产财产中来。[①] 从我国 1986 年和 2006 年两部破产立法来看，2006 年的破产法对“债务人财产”和“破产财产”作了清楚的区分，破产财产体现在破产清算一章中的第 107 条“债务人被宣告破产后，债务人称为破产人，债务人财产称为破产财产”。之所以对债务人财产和破产财产进行区分，有学者指出，是由于“在此前我国的破产制度中，清算程序居于主导地位，破产财产通常指代的就是清算程序中的债务人财产，二者区别不大；在新破

---

① 参见许德风：《破产法论：解释与功能比较的视角》，北京大学出版社 2015 年版，第 364 页。

产法中新增了以企业复苏为目标的重整程序,此前的破产财产不能准确概括重整程序下的债务人财产状态”。① 尽可能地变现债务人的财产对债权人进行分配和清偿是一项基本的法律原则,在此立法追求下,我国采用了膨胀主义的立法模式尽可能把债务人拥有的所有财产都容纳进来,具体体现如下。

破产债务人财产是“债务人对其债权人承担债务的责任财产,在破产程序中是债权人得以公平、有序受偿的重要物质保障”。②《企业破产法》第 30 条规定了破产债务人的财产范围,“破产申请受理时属于债务人的全部财产,以及破产申请受理后至破产程序终结前债务人取得的财产,为债务人财产”,之后又作了进一步规定“根据我国企业破产法的规定,债务人财产包括破产申请受理时属于债务人的全部财产,也包括破产申请受理后至破产程序终结前债务人取得的财产,甚至包括破产程序终结后又发现的应当供分配的其他债务人财产。此即债务人财产既包括债务人破产时占有的静态财产和债务人破产时没有占有但基于相关权利依法应当追回的属于债务人的动态财产,也包括债务人继续营业时新取得的财产”。③《破产法司法解释二》第 2 条分 4 个条款对非债务人财产做进一步规定,④较 2002 年颁布的《审理破产案件若干规定》第 71 条限缩明显。由此可见,关于债务人财产的范围呈现认定债务人财产扩张有余、对非债务人财产限缩加强的态势,这与破产法公平清理债权债务,保护债权人和债务人的合法权益,维护社会主义市场经济秩序的理念相契合。“破产程序中的各项实体性权利,包括撤销权、取回权、抵销权、债务人财产保全的自动解除和执行中止,以及有关债务人财产的衍生诉讼等都是紧紧围绕着债务人财产的确定、增加、减少而展开的。债务人财产的准确把握和有效追收,直接决定着破产程序能否顺利进行,以

① 李曙光:《论新破产法第 30 条中的债务人财产制度》,载《武汉理工大学学报》(社会科学版)2007 年第 1 期。

② 《积极追收债务人财产 充分保障债权人利益——最高人民法院民二庭负责人答记者问》,载《人民法院报》2013 年 9 月 13 日,第 4 版。

③ 同上。

④ 《破产法司法解释二》第 2 条规定:“下列财产不应认定为债务人财产:(一)债务人基于仓储、保管、承揽、代销、借用、寄存、租赁等合同或者其他法律关系占有、使用的他人财产;(二)债务人在所有权保留买卖中尚未取得所有权的财产;(三)所有权专属于国家且不得转让的财产;(四)其他依照法律、行政法规不属于债务人的财产。”

及债权人能否得到最大化的权利保护和公平受偿。"①破产法的财产制度无不体现着破产财产最大化的立法理念，甚至为此对一些在常态下应予维护的交易在破产程序中却予以撤销，即为了破产程序中全体债权人利益的最大化，有时甚至不得不牺牲交易安全。当然，这一牺牲总体而言也应是公平的。基于上述分析，企业进入破产程序，将其作为实际出资人或名义股东所持有的股权纳入债务人财产以清偿债务符合《企业破产法》第1条"规范企业破产程序，公平清理债权债务，保护债权人和债务人的合法权益，维护社会主义市场经济秩序"之立法精神。

三、结语

在以往的司法实践中，企业作为实际出资人能否对抗名义股东的债权人对名义股权的强制执行，无论是理论界，还是实务界至今都没有对这一问题形成统一的认识，这也是实务中经常出现"类案不同判"的原因之一。2019年《全国民商事审判会议纪要》明确回应了司法实践中的疑难问题，为司法实践的统一指出明路。当今时代社会日新月异，互联网时代的到来让小到市井生活，大到商事交易的变化速度大大超出以往，法律自身又自带滞后属性。因而，在我国民法物债二分与公司法基本程序下，将实际出资人与名义股东之间的代持股关系作为普通债权债务关系，并参照股权转让的规则对股权归属进行认定，与整个民商法基本体系更契合。不过，这也在一定程度上限制了将新思维引入解决代持股的相关问题中去，间接影响了商事创新的速度，无论何种创新在这种体系压力面前均难以"自保"。上述这种契合民商法基本体系的解释显然也无法适应我国营商环境的建设需要。在这背后，其实体现的是我国不断变化的社会活动与庞大繁杂的民商法体系之间的适应问题，社会的快速发展对固有的民商法体系提出了更高的适应性要求，而庞大的体系压力却使理论研究与司法实践难以跟上社会发展的速度。在实践中，代持股相关问题的逐渐凸显，就是商事活动变化的缩影，而对这些问题的研究与解决往往又只得据守在固有的民商法逻辑内，所谓的利益衡量其实也是在该逻辑内定型，其实际可调整的范围有限，因而投射到个案中

① 《积极追收债务人财产 充分保障债权人利益——最高人民法院民二庭负责人答记者问》，载《人民法院报》2013年9月13日，第4版。

有时难以达到较好的调整效果。①

破产程序作为概括执行程序，除吸收执行程序中关于公示公信原则、交易安全等基本法理外，还可以根据破产程序的特点对代持股权问题的处理进行适当延伸，在破产法的债权人利益最大化的原则下考虑这一问题。

现代破产法将多方利益的冲突置于社会平台中，债权人的地位进一步被社会化，单纯的债务清理不再是破产的唯一目的，而是要维护债权人的利益和债务人的利益，将社会利益的衡平和协调作为一个更重要的价值取向。现在的破产法虽然重视了债权人利益，但并未将其置于其他主体之上，债权人利益更多的是被作为利益博弈中的一方来看待。从立法本位的角度考虑，可以说破产法立法宗旨经历了由债权人本位—债务人与债权人的利益平衡本位—社会利益与债权人债务人利益并重的发展过程。从破产法立法沿革来看，当名义股东进入破产程序，为最大化债务人财产以及公示公信原则出发，可认定代持股权属于债务人财产。基于相同思路出发，当实际出资人进入破产程序，为最大化保全责任财产，仍应认定代持股权属于实际出资人所有，可以股权清偿债务人。当名义股东与实际出资人均进入破产程序，依据名义股东进入破产程序规则比照处理。

① 参见韩若愚：《论代持股关系中股权的归属与处分》，浙江大学2017年硕士学位论文，第43页。

第八章　民营企业合并破产的实践运用

企业之间通过股权、合同、人事安排等方式构建关联企业集团,对于节约经济成本、扩大经营规模、提高竞争能力具有明显优势。但关联企业中的控制企业也容易利用其控制权进行不正当的交易或财产转移,这在以家族经营为主要形式的民营企业中表现得更明显。针对关联企业的具体情况,理论和实践中主要有几种处理模式:当不正当关联交易是偶然、个别行为时,通过法人人格否认制度、破产撤销权制度、无效行为制度进行调整即可,关联企业之间总体还是独立的,为了破产审判的价值考虑,可以采用程序合并破产的方式进行审理;当关联企业财产、债务混同、账面混乱、不再享有独立的经营决策、人事安排、资金调配等权利,经济上的独立人格已经死亡,法律上的独立人格已经成了侵害债权人的幌子,逐一利用破产撤销权制度、无效行为制度等进行纠偏丧失可能性,应通过实质合并破产的方式,消弭关联企业之间的债权债务,将企业之间的财产和负债并为一体,对债权人统一清偿。

第一节　实质合并破产的实践运用

实质合并破产,是指关联企业之间存在严重法人人格混同情况，导致在破产程序中，消弭各关联企业之间的债权债务关系，将企业之间的财产和负债并为一体，对债权人统一清偿。在司法实践中，实质合并破产的主要问题主要体现在判断标准，程序、法律后果等方面，本节梳理了我国实质合并破产的司法实践，并从以上方面对实质合并破产的实践问题展开分析。

一、实质合并破产的渊源及在我国的发展

实质合并破产源于美国的破产司法实践，经历尝试、发展、慎用的历程，与实质合并破产制度在我国破产审判实践的发展是十分类似的。

（一）我国实质合并破产司法实践检视

实质合并破产制度在我国的发展可以归纳为：立法上不作规定、最高人民法院鼓励尝试、各地司法实践积极探索3个层次。

1. 从立法层面上看，《企业破产法》没有规定合并破产，而是贯彻企业法人独立破产的原则。

2. 最高人民法院鼓励尝试。在2018年的《破产审判工作会议纪要》出台前，最高人民法院对实质合并破产一直持欲说还休的态度。最高人民法院《关于哈尔滨百货采购供应站申请破产一案的复函》（法函〔1995〕48号）、①《关于山东南极洲集团股份有限公司破产案件审理涉及企业分立问题如何处置的答复》②以及近年来最高人民法院公布的十大破产案例也不乏实质合并破产的案例，均可见最高人民法院对实质合并破产的态度。

3. 各地人民法院广泛探索。2012年7月2日广东省高级人民法院出台《全省部分法院破产审判业务座谈会纪要》、2013年7月22日北京市高级人民法院发布《企业破产案件审理规程》、2016年8月10日江苏省高级人民法院发布《关于充分发挥破产审判职能作用服务保障供给侧结构性改革去产能的意见》，均对实质合并破产的适用标准、程序等问题进行了规定。通过全国破产重整信息网

---

① 该复函指出，"哈尔滨百货采购供应站在负债累累的情况下，抽出其绝大部分注册资金开办哈尔滨康安批发市场……可将康安批发市场的现有全部财产及其债务纳入百货供应站破产清偿范围之内"。

② 该答复指出"……如企业分立被人民法院依法认定为属于以逃债为目的的，原企业可以与新企业一并破产，以最大保护债权人的利益"。

查询，在自2007年6月1日至2019年10月3日发布的破产案件裁判文书中，有1802条记录与合并破产有关，剔除重复的案件后，共有176件实质合并破产案件。通过最高人民法院以及江苏、浙江、广东、安徽等省高级人民法院公布的破产典型案例，检索到14件实质合并破产的案例。通过分析这些案件，可以窥探自《企业破产法》实施以来，我国实质合并破产的司法实践情况。

首先，实质合并破产案件呈逐步上升趋势，尤其是2015年之后上升势头加快，[①]这与破产案件数量增加正向相关；其次，从检索的案件看，浙江、江苏两省的法院受理了86件实质合并破产案件，约占全国实质合并破产案件总数的45%，这些省份是我国民营经济十分活跃的地区，反映出关联企业人格混同的现象十分突出；最后，从关联企业的数量看，69%的案件中关联企业的数量为2～4家，但仍有5%的案件中关联企业的数量为10～20家，有6%的案件中关联企业的数量为20家以上，其中，在沈阳市中级人民法院受理的辉山乳业系列企业破产案件中，涉及关联企业共83家之多。这些关联企业之间，有些的确是基于企业集团发展需要，在其上下游行业或关联的行业之间组建企业集团，形成关联企业，如房地产公司、物业公司共同形成企业集团、能源集团公司下设立矿业公司、煤业公司、能源投资公司等，但也有一些企业对于关联企业设立带有极大的随意性，这在民营企业中尤为突出，如浙江省杭州市萧山区人民法院受理的浙江盛和居发展有限公司破产案件中，其关联企业包括了建设工程公司、石材陶瓷公司、汽车交易公司、物业公司、服饰公司等，[②]也可以体现公司实际控制人盲目扩张、滥用控制权的情况。

（二）泉州实质合并破产司法实践检视

自《企业破产法》实施以来，泉州两级法院共审理了15个涉及关联企业集团的破产案件，其中，10个关联企业破产案件采用实质合并的审理方式，5个关联企业的破产案件则采用程序合并的审理方式。实质合并破产案件的情况详见表1：

---

① 根据检索的实质合并破产案件，2015年之前合计有21件，2015年至2019年每年实质合并破产的案件数量分别为14件、34件、37件、53件、31件。

② 详见（2016）浙0109民破12号、13号、14号、15号、16号、17号、18号、19号、20号、21号、22号、23号、24号民事裁定书。

表1　泉州法院实质合并破产案件概况

案件	申请人	合并时间	启动模式	判断标准	债权人参与	管理人
旗牌王服饰、旗牌王制衣、宝龙制衣合并重整案	债务人	2016年	分别受理合并式①	人格混同	债权人会议表决	清算组
江南电器、长江家电合并清算案	管理人	2016年	分别受理合并式	人格混同	裁定后通知债权人	清算组
明发模具、闽发鞋材、闽发模具、南光轻工合并清算案	管理人	2017年	个别受理拉入式②	人格混同、审判效率	裁定后通知债权人	两家律所
奇星机械、奇信机械合并重整案	管理人	2018年	个别受理拉入式	人格混同、债权人整体利益、重整可能	裁定前召开听证会	清算组
锦绣庄木偶馆、锦绣庄旅游、锦绣庄工艺品、锦绣文化合并清算案	管理人	2016年	分别受理合并式	人格混同、审判效率、公正清偿	裁定前通过债权人会议征求意见	清算组
中宇建材、中宇卫浴、中宇陶瓷、中宇电镀、永胜电镀、高宇卫浴合并重整案	管理人	2016年	个别受理拉入式	人格混同、审判效率、公平清偿	裁定后通知债权人	清算组

① 法院分别受理各关联企业破产案件，然后裁定各个关联企业合并破产。

② 法院受理一家或几家关联企业破产后，将没有进入破产程序的关联企业并入已经受理的关联企业破产案件中。

续表

案件	申请人	合并时间	启动模式	判断标准	债权人参与	管理人
瑜鼎机械、瑜鼎投资、蓝星数控、泓晟鼎重工合并清算案	管理人	2016 年	个别受理拉入式	人格混同、审判效率、公平清偿	裁定后通知债权人	清算组
三信织造、中橡乳胶合并重整案	管理人	2017 年	分别受理合并式	人格混同、公平清偿	裁定后通知债权人	清算组
益源鞋业、晟兴皮革、策乐实业合并清算案	债权人	2016 年	个别受理拉入式	人格混同	裁定后通知债权人	清算组
小玩皮织造、小玩皮营销、恒业服装、大松树服装合并清算案	管理人	2017 年	分别受理合并式	人格混同、审判效率、公平清偿	裁定后通知债权人	清算组

分析泉州两级法院实质合并破产的案件审理情况，可以得出以下结论。

1. 在关联企业破产案件中，有 66.7% 的案件采用实质合并的审理方式，这些企业大多存在各关联企业之间属同一人或同一家族控制，经营人员混同、经营场所混同，账目、资金混同、业务混同的情形，如闽发模具与明发模具、闽发鞋材破产受理前三年的往来业务大多为资金拆借；①旗牌王服饰等关联企业存在控制人相同、员工、经营场所、业务混同的情形；②奇星机械和奇信机械存在资产统一管理、调配，财务统一记账，互相担保、利益输送和债务负担并未按各企业独立如实记载的情形。③

① 参见福建省晋江市人民法院(2016)闽0582破3号之四民事裁定书。

② 参见福建省泉州市洛江区人民法院(2016)闽0504破2号之四民事裁定书。

③ 参见福建省泉州市鲤城区人民法院(2018)闽0502破1号民事裁定书。

2. 除奇星机械、奇信机械合并重整案外，其他实质合并破产案件都在《破产审判工作会议纪要》施行之前。彼时，合并审理缺乏全国性统一规定，泉州两级法院结合案件的特点，借鉴外省法院合并破产审理经验，积极探索关联企业合并破产的具体审理方式，可以总结为大胆尝试、谨慎合并，大多数案件关于人格混同的认定，都结合会计师事务所对关联企业人格混同作出的专项审计意见，旗牌王服饰等关联企业重整案、锦绣庄木偶馆等关联企业清算案、奇星机械等关联企业重整案、闽发模具等关联企业重整案等，均是如此。① 会计师事务所作为独立的中介机构，具备中立性、专业性的特点，有助于法院客观认定企业是否存在法人人格混同需要实质合并破产的情形，也对债权人、债务人更有说服力，避免当事人对合并审理产生异议；个别案件通过审判委员会讨论，决定合并审理，如中宇系企业合并重整案、②奇星机械等关联企业重整案。③

3. 反思上述案例，也存在共同的弊端，即在裁定实质合并之前缺少征求债权人意见，而在破产审判经验较丰富的浙江、江苏、广东等省，在受理合并破产之前，大多通过听证会、债权人会议等形式披露关联企业之间人格混同以及合并破产申请的有关情况。保护债权人的知情权及异议权，可以预先对债权人、债务人可能提出的异议进行解释，防范纠纷发生，但泉州两级法院在裁定合并破产之前缺乏这方面的做法，虽然实质合并之后没有债权人对合并审理提出异议，但随着破产案件的普遍化以及《破产审判工作会议纪要》的施行，当事人对知情权、异议权必然更重视，应根据《破产审判工作会议纪要》的规定，细化听证会的召开程序、参会人员、信息披露等方面内容，切实保护当事人的知情权、异议权。

二、实质合并破产的判断标准

实质合并的标准，学术界历来有所争论，王欣新教授认为，实质合并破产的类别性标准包括：人格混同、欺诈、债权人收益、重整需要。④ 徐阳光教授提出了

① 参见福建省泉州市洛江区人民法院(2016)闽0504破2号之四民事裁定书、福建省泉州市中级人民法院(2016)闽05民破5号之二民事裁定书、福建省泉州市鲤城区人民法院(2018)闽0502破1号民事裁定书、福建省晋江市人民法院(2016)闽0582破3号之四民事裁定书。

② 参见福建省泉州市中级人民法院(2016)闽05民破4号之一民事裁定书。

③ 参见福建省泉州市鲤城区人民法院(2018)闽0502破1号民事裁定书。

④ 参见王欣新：《关联企业实质合并破产标准研究》，载《法律适用(司法案例)》2017年第8期。

人格混同的26个因素并指出除考察是否存在人格混同情形外,还要关注破产程序价值、债权人利益保障、经济效率和司法效率。① 在司法实践中,实质合并破产的企业存在以下情形。

(一)存在人格混同情形

在司法实践中,关联企业人格混同的具体类型主要体现在机构混同、人员混同、财务混同、业务混同、相互担保、互相拆借、受同一人或同一家族控制等情形,如中宇系破产案件中,6家企业的法定代表人和实际控制人均为蔡氏父子2人,除车间一线工人处,所有人员均集中在中宇建材的办公楼办公,集团内部资金统一调配、采购及销售等生产经营和财务收支已完全混同。② 在闽发模具等关联企业合并重整案件中,大量债权人持明发模具出具的债权凭证向闽发模具申报债权,可以看出,在人格混同的情况下,债权人已经将债务人视为一个整体,不加以区分。③ 笔者认为,《破产审判工作会议纪要》第33条规定的"关联企业之间资产的混同程度及其持续时间、各企业之间的利益关系"系用于判断关联企业是否存在混同情况及混同的程度,而"债权人整体清偿利益、增加企业重整的可能性"及破产审判效率均非合并破产的判断标准,而是合并破产的作用,不可以混淆。

如何区分关联企业之间正常的关联、协作关系和需要合并破产的人格混同关系是司法实践的难点,笔者认为,公司法人人格独立是现代公司法人制度的基本原则,在破产程序中应审慎适用关联企业实质合并破产。根据《破产审判工作会议纪要》的规定,对关联企业成员以单独判断破产原因并适用单个破产程序为基本原则。只有当关联企业成员之间存在法人人格高度混同、区分各关联企业成员财产的成本过高、严重损害债权人公平清偿利益时,方可例外适用实质合并破产方式进行审理。在一般的关联企业中,由于存在母子公司、兄弟公司的关系,由母公司统一进行生产经营的协调,调配,人事安排是企业集团内部经营管理的常态,不能简单以关联企业之间存在统一调配、人事交叉、生产交叉等因素认定存在严重人格混同现象而进行实质合并破产。在人格混同的具体表现形式

---

① 参见徐阳光:《论关联企业实质合并破产》,载《中外法学》2017年第3期。

② 参见福建省泉州市中级人民法院(2016)闽05民破4号之一民事裁定书。

③ 参见福建省晋江市人民法院(2016)闽0582破3号之四民事裁定书。

中,财产混同和债务混同是最重要的也是必要的条件,只要不存在资产、负债的严重混同,即使存在其他方面的情形,不能以人格混同为由合并破产,而应通过破产撤销权、法人人格否认制度、衡平居次原则或程序合并的方式进行处理。①

例如,在内外矿业管理人申请将内外矿业及其七个子公司实质合并破产重整的案件中,泉州市中级人民法院认为内外矿业对子公司存在一定程度的控制,但在母子公司的结构下,母公司系唯一股东或控股股东,其对子公司人员、业务、财务、设备实施统一管理属于企业集团经营中较普遍的现象,不能因此就认定母子公司之间应进行实质合并破产,还应进一步审查公司之间的财产是否独立、能否区分。在该案中,母子公司名下各有相应资产,权属明确,调拨去向清晰,足以区分,审计机构和评估机构均已对内外矿业及除金塔矿业公司以外的六家子公司的资产负债情况进行区分,并针对每家公司分别出具了审计报告和评估报告,内外矿业及其子公司的资产负债没有达到难以区分的混同程度,不同意实质合并破产的申请。②

(二)人格混同的程度严重

根据《破产审判工作会议纪要》的规定,人格混同必须达到区分各关联企业成员财产的成本过高、严重损害债权人公平清偿利益的程度,才可以进行实质合并重整。这说明在审理涉及关联企业合并破产的案件中,应贯彻例外性、谨慎性原则,首先尊重各关联企业的独立人格,只有存在无法区分各自的财产、负债或者区分各自资产、负债将耗费大量时间和成本时,才例外地适用实质合并审理的方式。

如何认定关联企业人格混同的严重程度是司法实践的难点,泉州两级法院多参考中介机构的意见。因为,从经济层面上判断关联企业是否具备人格混同情形以及混同的程度具有专业性,法官一般不具备这样的专业知识,因此,聘用中介机构对关联企业的人格混同程度作出专项审计报告,更具备权威性和中立性,有助于帮助法官作出正确的司法裁判。因此,在审计工作开始前,法院一般要求将关联企业之间是否存在人格混同关系及混同程度作为审计内容之一,并要求管理人就是否对关联企业实质合并破产进行分析。

---

① 参见王欣新:《关联企业实质合并破产标准研究》,载《法律适用(司法案例)》2017 年第 8 期。

② 参见福建省泉州市中级人民法院(2018)闽05 破终2 号民事裁定书。

对于实质合并破产，司法实践中常见的另一问题是，各关联企业是否均需具备破产原因。最高人民法院法官认为，人民法院的审查内容包括关联企业成员应当分别或在整体上达到破产界限，[①]并不要求每个关联企业均必须具备破产原因。笔者认为，各关联企业在具备前述两个条件前提下，无须要求每个关联企业均具备破产原因，只需关联企业整体具备破产原因即可，这样，可以更好地规制企业实际控制人为了逃避债务成立关联企业并大量转移财产的欺诈行为。在益源鞋业与晟兴皮革、策乐实业破产案件中，益源鞋业的主要经营性资产及优质资源已无偿调拨给晟兴皮革和策乐实业管理和使用，不合并重整难以厘清各自债权债务，也将严重损害相关债权人的利益，而3个关联企业整体已经具备破产原因，因此，惠安县人民法院则采用拉入式的方式，没有另行审查策乐实业、晟兴皮革是否具备破产原因，而分别将晟兴皮革、策乐实业并入益源鞋业的重整程序。[②]

三、实质合并破产的程序

（一）实质合并破产的申请人

《破产审判工作会议纪要》并没有对实质合并破产的申请人作出规定，《北京市高级人民法院企业破产案件审理规程》第7条规定，关联企业成员、关联企业成员的债权人、关联企业成员的清算义务人、已经进入破产程序的关联企业成员的管理人，可以向人民法院提出对关联企业进行合并破产的申请。在泉州的司法实践中大多以管理人申请为主，也有个别案件系债务人或债权人申请。根据《企业破产法》的规定，债权人、债务人、负有清算责任的人、占出资额10%以上的出资人（仅限于重整）有权申请企业破产，因此，这些主体均有权申请关联企业合并破产。管理人负有核查企业债权债务关系的职责，如果其在接管企业的过程中，发现关联企业之间存在人格混同应当合并破产，其有责任申请合并破产。法院在审理涉及关联企业的破产案件时，应主动要求管理人对关联企业是否存在人格混同情况进行调查。

---

① 参见贺小荣、葛洪涛、郁琳：《破产清算、关联企业破产以及执行与破产衔接的规范与完善——〈全国法院破产审判工作会议纪要〉的理解与适用（下）》，载《人民司法（应用）》2018年第16期。

② 参见福建省惠安县人民法院（2016）闽05民破2号之一民事裁定书、（2016）闽05民破2号之二民事裁定书。

申请人的不同关系人格混同的举证责任分配:债权人申请合并,由于其对关联企业之间的内部关系无法知悉,其仅需提供初步证据证明其所信赖的交易对象是整个关联企业而非其中某个企业,或关联企业之间存在受同一人控制、营业混同、资产混同、债务混同等人格混同情形的初步证据,如果关联企业否认存在人格混同,则应提供相反证据证明;债务人、管理人、出资人、清算义务人申请合并,由于这些主体均清楚或有条件调查关联企业之间的内部关系,应对其申请承担举证责任。

(二)实质合并破产的启动方式

《破产审判工作会议纪要》对实质合并破产的启动方式并没有作出限制性规定,泉州市司法实践中主要有两种做法:分别受理合并式、个别受理拉入式,其他地方法院也存在根据申请人的申请在受理企业破产同时裁定合并破产。[①] 笔者认为,第二种方式突破了"依申请受理破产"的规定,且在法院仅受理个别关联企业成员破产的情况下,管理人仅接管部分企业,尚无法更全面地调查关联企业是否存在人格混同的情况,因此,除非存在个别关联企业不具备破产原因、关联企业整体具备破产原因,且存在人格混同必须进行实质合并破产的情况,否则不宜采用拉入式的方式启动实质合并破产;第三种方式无法对关联企业是否混同进行充分调查,即使申请人在申请合并时提交了中介机构出具的有关人格混同的审计报告,由于该报告是申请人单方委托出具,并非法院或管理人委托的中介机构作出,缺乏中立性,因此,该种启动方式也不具有合理性,容易引发债权人的质疑;第一种启动方式最为合理,法院分别受理企业破产案件指定管理人后,管理人可以对关联企业是否存在人格混同进行充分调查,可以委托中介机构进行中立、科学、专业的专项审计,有助于法院更全面准确地判断应否受理实质合并破产申请。

(三)听证会

《破产审判工作会议纪要》第33条规定,法院收到合并申请后应及时通知相关利害关系人并组织听证。该条款缺乏对参会人、听证会程序、信息披露等方面

---

① 安徽祥龙建设集团有限公司、安徽祥龙钢结构有限公司申请合并破产重整,安徽省宣城市宣州区人民法院裁定两家企业合并重整。参见安徽省宣城市宣州区人民法院(2019)皖1802破申1号民事裁定书。

的规定,笔者认为,应对这些内容进行细化。

1. 参会人的确定

结合听证会的目的,听证会参会人员包括债务人、债权人、职工或工会代表、管理人及审计人员等。值得注意的是,债务人包括了各关联企业的法定代表人、实际控制人、高级管理人员,以查明企业间是否存在人格混同的情况;法院应采用书面通知的方式通知债权人参加听证会,对于未知的债权人,则以公告的方式通知其参加听证会。为了防止债权人过多影响听证会顺利召开,可以设定参会登记制度,即在会议召开前一定时间,通知拟参加听证会的债权人向法院登记,如果人数过多,法院可以在管理人的配合下,组织同类债权人推荐代表参加听证会。在奇星机械、奇信机械合并重整案中,法院通知债权人代表、公司法定代表人、职工代表及工会代表参加听证会。两家企业的法定代表人、职工代表及工会代表均同意实质合并重整,债权人虽然未表态,但在会后规定的异议期内亦未提出异议,听证会取得了很好的效果。

2. 披露的信息及披露的程度

在法院裁定是否受理实质合并破产前召开听证会,是为了保护因合并或不合并破产受到影响的债权人、债务人的利益,因此,在听证会上应对关联企业有关人格混同的信息进行披露,便于债权人了解关联企业内部关系,也有助于其将来行使异议权。对于信息披露的内容,《破产审判工作会议纪要》并没有详细规定。结合司法实践以及听证会设定的目的,笔者认为,披露的信息应当包括以下几个方面:中介机构针对关联企业是否存在人格混同问题所作的专项审计报告,内容应包括企业的实际控制人、账户管理、资金调配、经营决策、人事安排、资金拆借、相互担保、经营场所、企业对外经营行为的名义等情况,如果没有进行专项审计,则应由债务人对前述问题进行披露并提供相应的证据;管理人对关联企业是否存在人格混同作出的专项法律意见;关联企业的法定代表人、实际控制人、股东、财务人员、其他高级管理人员对关联企业是否存在人格混同情况进行陈述。信息披露的程度应以还原关联企业内部关系的真实情况为原则。有观点认为,法院应及时督促管理人分别模拟计算实质合并前各关联企业的债权清偿率以及合并后整体的债权清偿率,为债权人作出理性判断提供科学依据,并为异议债权人提供快捷方便的司法救济途径。[①] 对此，笔者认为，由于在裁定是否合并审理之前，管理人往往无法对关联企业整体的真实债权债务进行厘清，也正是因为人格混同无法厘清所以才申请合并破产，因此，分别计算出合并前各企业的清偿率以及合并后的整体清偿率在技术上非常困难，且披露该内容无助于法院裁定是否合并破产。正如前文所述，合并破产的标准是人格混同及其程度，只要存在人格混同现象以致必须合并破产，那么即使合并前后清偿率产生巨大变化，也不能影响实质合并裁定的作出。因此，要求管理人作出清偿率的估算不可能、不准确、不必要，反而会导致债权人因所谓的"清偿率"降低而影响破产审判的顺利进行，进而没有必要披露所谓的合并前后的清偿率。

3. 质询环节的设定

为了让法院充分了解关联企业是否存在人格混同的情况，应当在听证会中参照民事诉讼法举证、质证程序规定，设定质询环节。具体设想如下：法院在收到申请人有关合并破产的申请及相关证据后，法院应对全体债权人、债务人、投资人发出通知及公告，告知合并破产的法律后果，通知利害关系人可以在一定时间内到法院领取相应的申请材料，并提出书面异议及证据。在听证会过程中，由提出异议的利害关系人与申请人就关联企业之间是否存在人格混同问题进行相互质询，发表意见。

四、实质合并破产的法律后果

《破产审判工作会议纪要》第 36 条对实质合并破产的法律后果进行概括性的规定，包括以下几个方面。

（一）关联企业之间的债权债务归于消灭

这一法律后果是统一且没有争议的，实质合并的关键就在于否认关联企业的独立人格，消灭所有关联企业内部的债权债务关系，各企业的财产合并为一个整体由全部关联企业的债权人公平清偿。最高人民法院的法官也指出，对于实质混同的关联企业，将各关联企业的债务人的资产负债进行合并处理，关联企业

---

① 参见曹文兵：《供给侧改革背景下实质合并破产制度的构建与完善——以 16 件关联企业实质合并破产案件为分析样本》，载《理论月刊》2019 年第 7 期。

之间的互负债务直接进行核销,互相担保债务按照一笔进行计算,最终统一获得清偿。[①]

(二)关联企业之间相互担保的处理

在司法实践中,存在人格混同的关联企业大多存在严重的相互担保问题,当债权人既对某一关联企业申报主债权,又对另一关联企业申报保证债权,或者对两个关联企业申报两笔保证债权时,各地法院存在不同的处理方式:有的法院认定合并破产后,关联企业之间系一个整体,保证系指当债务人不履行债务时,由保证人按照约定履行债务或者承担责任的行为。根据前述定义,保证人应为区别于债务人的第三人。关联企业之间已基于合并破产而归于同一,故保证人无须再承担保证责任。[②] 也有的法院认为,各关联企业保证人应根据合同约定为主债务人的债务承担保证责任。[③] 对此,笔者认为,前一种观点更符合实质合并破产的内涵,在中宇系企业合并重整案中,债权人对关联企业之一申报主债权,又对另一关联企业申报担保债权的,按一笔债权进行清偿。因为在人格混同的情况下,各个关联企业应视为一个主体,因此,前述问题可以理解为一个企业为自己的债务提供保证担保、一个企业为他人的债务提供两次相同的保证担保,其法律效果应认定为一笔债务。

(三)与破产有关的时间点问题

与破产有关的时间点包括撤销权的起算时间、利息止付时间、重整期限的起算时间。

1. 利息止付时间

对于利息止付时间,各地法院存在不同处理方式:有的法院认为,企业先后被裁定受理破产申请,当企业被裁定合并破产时,以最先受理破产的时间作为整个关联企业的利息止付时间,理由在于统一各个关联企业的普通债权清偿率,确保公平清偿。[④] 有的学者也支持这一观点,认为这一处理方式可以避免关联企业

---

① 参见郁琳:《关联企业破产整体重整的规制》,载《人民司法(应用)》2016 年第 28 期。

② 参见山东省高级人民法院(2017)鲁民终 28 号民事判决书、浙江省绍兴市柯桥区人民法院(2019)浙 0603 民初 1796 号民事判决书。

③ 参见重庆市第一中级人民法院(2017)渝 01 民初 905 号民事判决书。

④ 参见最高人民法院(2019)最高法民申 265 号民事裁定书,浙江省高级人民法院(2017)浙民终 808 号民事判决书、浙江省衢州市中级人民法院(2019)浙 08 民终 110 号民事判决书。

债务规模扩大,提高清偿率,鼓励关联企业尽早进入破产程序,发挥破产保护功能;[①]也有的法院认为,应以各个关联企业分别受理破产的时间作为利息止付时间。[②]

2. 撤销权行使时间

破产撤销权是《企业破产法》规定的避免债务人在破产受理临界期内加害债权人的不当行为或个别清偿的行为而设定的制度。对于破产临界期的设定,是为了限制管理人行使撤销权的范围,既保护债权人的利益,又维护债务人行使权利的自由,既保护正常的交易安全、维护经济秩序,又打击破产诈骗行为和个别清偿行为。联合国贸易法委员会破产法立法指南第三部分《破产企业集团对待办法》规定了两种处理模式:一种是同于单独破产,以各关联企业成员破产申请受理之时作为各自撤销权可撤销期间起算点;另一种则是以最先进入破产程序的关联企业成员破产申请受理之时作为统一的撤销权起算点。无论属于哪一种情况,为确保透明度和可预见性,都应在破产法中具体规定这一时间。[③] 在实践中,有的法院采用第二种模式,如惠州市创成发展有限公司等4家企业合并重整案。[④]

对于前述两个问题时间点的处理,笔者认为,实质合并破产是关联企业之间经济上的混同可以被视为一个整体,法院裁定将各个关联企业视为一个整体进行破产处置。在法院裁定合并前,各个关联企业仍具备独立的法人人格,与债务人交易的第三人往往无法预见企业破产的情况,也无法预见合并破产的情况,在《企业破产法》对利息止付时间、撤销权起算时间没有作出特殊规定的情况下,应以法院受理各个关联企业破产的时间作为利息止付时间、撤销权起算时间,避免债权人因企业合并破产而受到过大的影响,维护交易安全和交易秩序,保护善意

---

① 参见王静、蒋伟:《实质合并破产制度适用实证研究——以企业破产法实施以来76个案例为样本》,载《法律适用》2019年第12期。

② 参见重庆市第一中级人民法院(2017)渝01民初905号民事判决书。

③ 联合国贸易法委员会破产法立法指南第三部分《破产企业集团对待办法》,联合国维也纳办事处英文出版和图书馆科2012年版,第69页。转引自王静、蒋伟:《实质合并破产制度适用实证研究——以企业破产法实施以来76件案例为样本》,载《法律适用》2019年第12期。

④ 参见陈向科:《关联公司合并重整的几点探索与思考——以创成公等四家公司合并重整案为例》,载南方号:http://static.nfapp.southcn.com/content/201802/10/c965441.html,最后访问日期:2019年10月20日。

第三人的利益。

3. 重整计划提交时间的起算点

《企业破产法》对合并重整情形下重整计划提交时间的起算点没有作出特殊规定。我国个别地方法院对此进行突破性规定，如深圳市中级人民法院《审理企业重整案件的工作指引（试行）》第54条第3款规定，合并前已经经过的重整计划草案提交期限，经管理人或债务人申请，可以重新起算。对此，笔者认为，前述利息止付时间、撤销权的起算时间涉及债权人的实体权利、交易安全和秩序，在破产法没有明确规定的情形下，不宜另作他处。而重整计划的提交时间不涉及债权人利益和交易安全、秩序问题，是为了确保重整程序高效推进的制度设计，且《企业破产法》本来就规定了管理人或债务人可以申请延期提交重整计划，在关联企业合并破产之后，资产调查、债权债务的确认、投资人的招募、重整计划的拟定等方面内容都发生重大变动，相比单独企业重整更具复杂性，因此，应以实质合并重整受理之日作为重整计划提交时间的起算点更恰当。

第二节　程序合并破产的实践运用

当关联企业不具备人格混同需要实质合并破产的情形时，由于企业之间存在一定关联性，其破产审理方式也应有别于单个破产企业，对此，《破产审判工作会议纪要》规定了程序合并破产的审理方式。本节围绕程序合并破产的适用条件、程序协调方式、程序合并破产中劣后债权的确认三个问题展开分析。

一、程序合并破产的内涵及适用条件

在美国，程序合并又称非实质合并审理，是指当两个以上的债务人提起不同的破产申请时，法院把他们作为一个案件进行审理的程序。合并审理并不影响债权人和其他利害关系人的实体利益，与实质合并不同，在合并审理案件中，每个债务人的财产是分开的，不同债务人之间的债务并不消灭，合并审理的各债权

人只能从各自的债务人财产中获得清偿。①

我国地方法院也对程序合并破产进行了一定尝试。2012 年 7 月 2 日，广东省高级人民法院关于《全省部分法院破产审判业务座谈会纪要》规定，为减少不同程序间的协调成本、保障破产程序公平有序进行，对尚不符合合并破产条件的关联企业成员破产案件，如确属必要，可报经有权决定管辖的上级法院批准，由控制企业所在地或主要财产所在地法院集中审理。《破产审判工作会议纪要》借鉴其他国家经验、总结我国破产司法实践，对关联企业程序合并破产进行了概括性规定，即多个关联企业成员均存在破产原因但不符合实质合并条件的，人民法院可根据相关主体的申请对多个破产程序进行协调审理，并可根据程序协调的需要，综合考虑破产案件审理的效率、破产申请的先后顺序、成员负债规模大小、核心控制企业住所地等因素，由共同的上级法院确定一家法院集中管辖。

根据《破产审判工作会议纪要》第 38 条、第 39 条的规定，程序合并的适用条件为：

1. 各关联企业均具备破产原因；《企业破产法》对如何判断破产原因已经明确规定，此处不再赘述。

2. 不存在严重人格混同需要实质合并审理的情况；如何区分严重人格混同和企业集团正常的关联关系，本文第一节已有论述，此处不再重复。

3. 确有必要进行程序合并。

《破产审判工作会议纪要》对此没有明确规定，但这是程序合并破产这一制度设计的应有之义。如果缺乏第三个条件，则各个企业各自进行破产即可，无须构建程序合并破产制度。对于程序合并破产的必要性，可以从以下方面理解。

1. 需要程序合并的企业在股权、人事、业务等方面具有关联性。例如，在铁观音集团重整案和安溪茶厂重整案中，安溪茶厂是铁观音集团的全资子公司，前者主要负责生产、后者主要负责销售；东海轻工清算案和麒麟织造清算案件，两家企业的股东相同、实际控制人相同。

2. 采用程序合并的审理方式有助于厘清关联企业之间关系、查清关联企业

① 参见[美]大卫·G. 爱波斯坦等：《美国破产法》，韩长印等译，中国政法大学出版社 2003 年版，第 24 页。

的资产、负债等情况。在翔升纺织和翔运纺织破产案的审理过程中，法院指定同一合议庭同一主审人负责案件的审理，指定成员相关的清算组担任案件管理人，可以同时掌握两家企业的相互关系和资产负债的情况，便于对是否合并审理、关联方债权的认定等关键问题准确认定。

3. 采取程序合并有助于提高破产审判效益，节约破产费用。在清算的情况下，对关联财产进行统一管理，整体拍卖，更有利于提升资产价值，起到"1 + 1 > 2"的效果；在重整情况下，统一招募投资人，可以发挥各个关联企业成员在行业结构、专利技术、销售渠道等方面的整体优势，提高重整成功可能。

二、程序合并的具体模式

对于程序合并，《破产审判工作会议纪要》只规定集中管辖，对于具体如何进行程序协调，并没有明确规定。泉州两级法院目前审理了 5 个程序合并的破产案件，主要情况见表 2。

表 2　泉州人民法院程序合并破产案件审理概况

案件	管辖权处理	异议情况	管理人
铁观音集团重整案、安溪茶厂重整案	安溪法院受理安溪茶厂重整案后移送由泉州市中级人民法院管辖	无任何主体对程序合并提出异议	由成员相同的清算组担任管理人
翔升纺织清算案、翔运纺织清算案	两家企业根据其工商登记地均由永春法院管辖	无任何主体对程序合并提出异议	由成员相同的清算组担任管理人
奔达金银丝线清算案、福建奔达纱线清算案、泉州奔达染织清算案、泉州奔达纱线清算案	泉州市中级人民法院受理泉州奔达染织、泉州奔达纱线破产案后经请示将案件移交给永春法院审理	无任何主体对程序合并提出异议	奔达金银丝线、福建奔达纱线的管理人由成员相同的清算组担任，泉州奔达染织、泉州奔达纱线的管理人由前述清算组中的律师事务所担任

续表

案件	管辖权处理	异议情况	管理人
东海轻工清算案、麒麟纺织清算案	两家企业根据其工商登记地均由惠安法院管辖	管理人曾申请实质合并审理,法院经审查后没有同意管理人的申请,之后无任何主体对程序合并审理提出异议	由成员相同的清算组担任管理人
煌坤五金清算案、红普家具清算案、宏益用具清算案	煌坤五金根据工商登记由惠安法院管辖,红普家具、宏益用具根据工商登记本应由泉州市中级人民法院管辖,经向省院请示,由惠安法院审理	管理人曾申请实质合并审理,法院经审查后没有同意管理人的申请,之后无任何主体对程序合并审理提出异议	成员相同的清算组担任管理人

结合泉州审判实践,泉州法院关联企业程序合并破产的具体做法如下。

(一)分别受理,集中管辖

在破产申请审查时,法院对是否存在关联企业,是否需要程序合并审理进行审查、预判。当不同法院根据企业工商登记机关的不同分别审查各自企业的破产申请时,各法院之间应主动沟通案件审查的情况。案件受理后,则根据《民事诉讼法》的规定,通过管辖权的协调,由同一法院审理关联企业的破产案件,法院指定同一合议庭、同一主审人负责案件的审理。在确定管辖的问题上,主要以企业主要财产所在地、主要经营场所所在地,控制企业所在地作为主要考虑因素,结合法院的审判力量,案件受理的前后顺序等因素综合确定管辖法院。例如,在奔达系4家企业中,企业的主要财产由奔达金银丝线、福建奔达纱线两家企业掌控,4家企业中只有这2家企业是实际经营的。这2家企业的工商登记机关为永春县工商局,依法应由永春县人民法院管辖。泉州奔达纱线、泉州奔达染织的工商登记机关为泉州市工商局,但这两家公司没有实际经营,且财产极少,如果由泉州市中级人民法院审理反而不便于案件审理,因此,经向福建省高级人民法院请示,奔达系4家企业的破产案件均由永春县人民法院组建同一合议庭审理,更有利于提高审判效率。

在司法实践中,笔者遇到的主要困难是,协调管辖权需要一定时间,如何理顺破产审判效率和集中管辖的矛盾。对此,可以采取以下做法:首先,积极与上级法院协调,缩短管辖权协调时间;其次,受理各关联企业破产案件的法院根据破产法的相关规定开展工作,不因管辖权协调事宜而导致案件停滞;再次,在协调管辖权的过程中,受理各关联企业破产案件的法院加强沟通,确保全面把握关联企业破产案件的整体情况;最后,确定集中管辖的法院后,不负责后续审理工作的法院做好交接工作,确保集中管辖的法院继续完成关联企业的破产审理工作。

(二)指定相同管理人

根据《企业破产案件指定管理人的规定》,人民法院一般应按照管理人名册所列名单采取轮候,抽签、摇号等随机方式公开指定管理人,确保管理人指定的中立性、公开性、专业性,但也没有排除在特定情况下指定清算组作为管理人的情况。当关联企业破产案件采用程序合并的审理方式时,原则上指定同一管理人担任关联企业破产案件的管理人,统一对关联企业开展资产调查、债权申报、审核、主要债权人沟通、评估、审计等工作,减少不同管理人产生的沟通协调成本,有助于管理人全面掌握关联企业内部资产、负债的区分和联系,以便准确判断关联企业之间是否存在人格混同,是否需要进行实质合并破产。

在指定管理人的具体方式上,由于前述 5 个关联企业破产案件在破产受理之前均已经成立了清算组,清算组由政府相关职能部门和专业破产律师组成,政府职能部门可以在破产案件审理过程中为财产调查、银行债权人沟通、招商引资、商业谈判等方面提供便利,而律师可以为破产案件提供法律支持,克服了传统清算组的弊端,因此,法院均指定清算组作为管理人,以实现同一管理人的目的。如果企业破产之前没有成立清算组,则根据《企业破产案件指定管理人的规定》,先通过摇号等公开方式选择中介机构作为某一家关联企业的管理人,其他关联企业则通过指定的方式直接指定之前的管理人作为管理人;如果因为其他关联企业破产导致破产案件的工作量及复杂程度增大,则可以通过摇号或其他方式选择另外的中介机构与之前选定的管理人组成联合管理人,共同负责关联企业的管理人工作;如果在破产案件审理过程中,由于某个企业的债权人或债务人对管理人的工作提出异议,认为其不适宜担任管理人,法院依法免除其管理人资格的,则原则上同时免除其担任其他关联企业破产案件管理人的资格。

(三)对关联企业之间是否存在高度人格混同进行专项分析

在进行程序合并审理的破产案件中,企业之间必然存在一定关联性,这种关联性是企业集团内部正常的关联,或是存在高度混同而需要采用实质合并破产的审理方式,这是关联企业破产审理过程中不可回避的问题。法院在审理过程中,应主动对该问题进行审查。审查主要包括两个方面:首先,对关联企业的内部关系进行审计,将是否存在人格混同问题作为审计的关键问题,由审计机构从经济层面对关联企业之间的关联关系进行分析;其次,结合审计机构的审计结论,管理人从法律角度对关联企业能否适用实质合并破产进行法律分析,以便判断继续进行程序合并的审理工作或者由程序合并转化为实质合并。在泉州法院审理的上述5个涉及关联企业的程序合并破产案件中,法院均委托审计机构进行审计,审计机构均分别对每个关联企业成员作出审计意见。在东海轻工等关联企业清算案中,东海轻工的管理人曾申请将东海轻工和麒麟纺织实质合并审理,但法院考虑审计机构可对两家企业的资产负债进行区分,分别独立出具审计报告,因此,没有采纳管理人的意见。

(四)同步推进破产案件的各个程序

为了发挥程序合并的优势,泉州法院原则上同步推进每个关联企业成员的破产审理程序,具体包括选择同一家机构作为各个关联企业的评估机构、审计机构,指定统一债权申报的截止时间,同时召开债权人会议,同步进行债权的审查、确认工作、同步进行财产变价、分配、同步招募同一战略投资人对企业进行重整。

当关联企业在同一时期进入破产程序的,同步推进程序较容易实现,如果关联企业进入破产程序的时间相隔较长,则应灵活处理。个别企业的个别债权因诉讼等原因无法在短期内确认,不影响该企业的其他债权和其他关联企业的债权确认;个别企业的财产因权属争议无法在短期内进行评估、变价、分配的,不影响该企业的其他财产和其他关联企业财产的评估、变价、分配;个别企业因个别债权、财产确认复杂不影响其他关联企业终结破产程序;个别企业清算转重整或重整转清算,不影响其他企业按照原有的破产程序推进工作。总之,同步推进程序系为了提高破产审判效率、节约破产费用,但如果个案原因无法实现同步,则不能为了审判效率牺牲案件审理的公正、公开性。

三、程序合并破产的劣后债权的确认

根据《破产审判工作会议纪要》第 39 条[①]的规定，程序合并破产只是程序协调，其法律后果与一般单个企业破产无异，但对于内部债权人，则应注意深石原则的适用问题。[②]

“深石原则”，又称衡平居次原则，源于美国联邦最高法院在 1939 年审理泰勒诉标准电气石油公司案件（Taylor v. Standard Gas & Elec. Co.），经过若干判例的发展，规定于《美国破产法案》第 510 条（C）款中。根据该规定，法院可以在深石原则下，将一项已经认可的债权的一部分或全部居于另一项已经认可的债权的一部分或全部之后或者是将一项已经认可的利益的一部分或全部居于另一项已经认可的利益一部分或全部之后，或者将居次债权的担保物移转到破产财产中。[③] 德国、加拿大均规定了或发展了深石原则。[④]

深石原则在破产领域的运用主要体现在，其将企业的控制人对企业的债权在一定条件下，调整其清偿顺序为劣后于普通债权，并对该债权所享有的抵销权、别除权予以限制。对于此种劣后债权的确认及法律效果，《破产审判工作会议纪要》第 39 条、《破产法司法解释二》第 46 条[⑤]均有概况性的规定。

（一）劣后债权的确认条件

劣后债权的确认可以从主体条件、行为条件两方面进行分析，同时，符合主体条件、行为条件的债权应被确认为劣后债权。

---

① 《破产审判工作会议纪要》第 39 条规定，协调审理不消灭关联企业成员之间的债权债务关系，不对关联企业成员的财产进行合并，各关联企业成员的债权人仍以该企业成员财产为限依法获得清偿。但关联企业成员之间不当利用关联关系形成的债权，应当劣后于其他普通债权顺序清偿，且该劣后债权人不得就其他关联企业成员提供的特定财产优先受偿。

② 深石原则并非程序合并破产特有的法律后果，只要符合深石原则的适用条件，无论是否采用程序合并破产的审理方式都应依法适用，只是程序合并破产涉及关联企业，深石原则的适用更普遍。

③ 参见李飞主编：《当代外国破产法》，郑冲等译，中国法制出版社 2006 年版，第 539 页。

④ 参见郭子敬：《深石原则的法律问题研究——以沙港公司诉开天公司为例》，兰州大学 2019 年硕士学位论文，第 14～18 页。

⑤ 《破产法司法解释二》第 46 条规定：债务人的股东主张以下列债务与债务人对其负有的债务抵销，债务人管理人提出异议的，人民法院应予支持：(1) 债务人股东因欠缴债务人的出资或者抽逃出资对债务人所负的债务；(2) 债务人股东滥用股东权利或者关联关系损害公司利益对债务人所负的债务。

1. 主体条件

劣后债权的债权人是对企业享有一定控制权的人，包括以下几种。

（1）企业的股东，但持股比例小的股东或不参与企业经营的股东，一般不受深石原则的规制。

（2）与企业同受另一家企业控制的兄弟公司。在司法实践中，被确认为劣后债权的债权人多为企业的股东，但母子公司只是关联企业最基本的形式，当两个公司同受一个母公司控制时，相互之间进行非常规交易或其他不正当利益转移的可能性也很大，而且更具有隐蔽性，因此，具有关联关系的兄弟公司也应纳入深石原则规制范围，才能解决关联企业在破产中引发的问题；

（3）对企业有控制权的人，如实际控制人、公司董事、监事、经理及高级管理人。这些主体实际掌控并清楚公司运营状况，其对破产企业形成的债权也要受到深石原则的检视，如果存在违反诚信原则，利用控制权不当形成债权，也应当被确认为劣后债权。

2. 行为条件

各国对深石原则的适用条件有所不同，美国没有对深石原则的适用条件进行具体规定，由法官自由裁量确定。德国则奉行自动居次原则，股东对公司的贷款一律居次于其他债权人。①

（1）出资不实，抽逃出资。应从两个层面分析股东的债权，如果股东的债权是合法形成的债权，不存在其他不公平、不诚信的行为，则该债权不受深石原则的限制依法予以确认，但股东补缴出资之前，其债权不受清偿，不得主张债务抵销；如果该股东的债权系股东利用其控制地位不当形成，则即使股东补足出资，该债权也应认定为劣后债权。如在孙小霞与刘祖林、力通公司破产债权确认纠纷一案中，刘祖林作为公司股东，其抽逃出资对公司负有补足出资的债务，其对公司形同时也享有债权，如果直接将二者抵销，侵害了其他债权人的利益。②

（2）股东出资虽然到位，但明显无法满足公司正常经营的资金需求，公司经营需要依靠股东借款维持。2014 年《公司法》将原有的资本实缴制修改为无最低出资额的资本认缴制，虽然刺激了经济发展，但发起人可以在较低注册资金的

① 参见张慧慧：《适用“深石原则”的法律问题研究》，烟台大学 2018 年硕士学位论文，第 11 页。

② 参见山东省威海经济技术开发区人民法院（2019）鲁 1092 民初 1201 号民事判决书。

情况下成立公司,通过借款给公司的方式维系公司经营,如果公司经营情况不好甚至破产时,股东可以其债权与普通债权人获得同等清偿,甚至股东可以利用其对公司的控制地位,为其债权设定担保物权,这对公司外部债权人十分不公。在此种情况下,股东的债权应劣后于普通债权。如在恒利源公司与奇源公司、达钢集团普通破产债权确认纠纷一案中,奇源公司的注册资金全部投资到位,但其运营所需资金周转,由其股东达钢集团转入,且未转为奇源公司的公司资本,现奇源公司已进入破产程序,转入的款项应为该公司的破产债权,由于公司股东达钢集团参与奇源公司的生产经营,对该公司的生产经营起了主导作用。现奇源公司进入破产清算,其股东达钢集团应负相关责任,达钢集团的破产债权确认为劣后债权。[①] 值得注意的是,股东借款给公司的情况应根据个案具体分析,公司资本不足在公司成立之初便存续、是长期现象,或是公司运营过程中因公司扩张、但无力继续投入资金而导致,股东贷款给公司是公司设立之初便通过贷款维系公司运营,或是公司运营出现困难,股东为帮助公司脱困而贷款,前者适用深石原则,后者则不能适用深石原则。

(3)股东或其他控制人利用控制地位,违反诚实信用原则,利用其与公司的关联关系,作出损害被控制公司利益的行为并因此对被控制公司享有债权。《公司法》第 20 条、第 21 条、第 147 条规定了股东及董事、监事、高级管理人员的忠实义务。如果股东或其他控制人利用其控制地位,违反诚信义务并因此获得对公司的债权,则该债权劣后于公司普通债权人。例如,联建中国公司与联建香港公司破产债权确认纠纷一案,联建香港公司利用关联交易损害联建中国公司利益,不当减少了联建中国公司的交易所得,联建中国公司借款亦发生于上述交易年度之后,损害联建中国公司利益的行为与借款必要性存在关联。若允许联建香港公司对联建中国公司的债权与其他普通债权人同一顺位清偿,对公司外部债权人明显不公平,也与权利不得滥用的法律原则相违背。[②]

由于经济生活的多样性,关联方利用关联关系不当形成债权的情形很多,劣后债权确认的条件实难完全界定,建议在立法过程中,可以采用概况加列举的方式,首先列举出适用深石原则的典型行为,然后依托《公司法》第 20 条、第 21 条、

---

① 参见湖南省祁东县人民法院(2019)湘 0426 民初 103 号民事判决书。
② 参见江苏省苏州市中级人民法院(2017)苏 05 民终 5795 号民事判决书。

第147条等对诚信义务的规定,采用概括方式将控制人因其不诚信、不公平行为所形成的债权纳入深石原则的规制范围,防止挂一漏万。

(二)劣后债权的审查

对于劣后债权的审查,《破产审判工作会议纪要》没有规定,《重庆市高级人民法院〈关于审理破产案件法律适用问题的解答〉》(渝高法〔2017〕207号)第5条、第6条[①]规定了劣后债权及审核、确认的程序,体现了我国部分法院在破产审理实践中对劣后债权的探索及总结。

对于关联方债权的审查,司法实践中主要存在两个问题:第一,法院对于关联方债权的审查应采取被动中立的态度,还是主动干涉的态度;第二,对关联方债权的审查,是在债权审查阶段进行审查或是在财产分配阶段对分配顺序进行规定。

对于第一个问题,笔者认为,法院在破产审判过程中应处于居中审理、程序引导、监督管理人的地位,不宜主动干涉管理人对于债权的审查过程及结果,但出于监督指导的角色,以及关联企业破产案件的特殊性,法院应主动提示管理人着重对企业的关联方债权进行审查,如果存在股东债权人或其他关联方债权人,应对其债权是否适用深石原则进行审查,并在编制债权时中对股东债权人、关联方债权人的债权进行详细披露,披露的内容应包括债权人、债务人的关系、债权形成的过程,是否适用深石原则及详细原因、法律后果。债权表交由全体债权人、债务人审查后,债权人或债务人提出异议的,可以提出破产债权确认之诉;债权人、债务人均无异议的,法院则裁定确认该债权及债权的清偿顺位。

对于第二个问题,笔者认为,在两个阶段进行审查均可以,建议在第一个阶

① 《重庆市高级人民法院〈关于审理破产案件法律适用问题的解答〉》(渝高法〔2017〕207号)第5条规定,具有以下情形之一的,可以将公司股东或实际控制人对公司债权确定为劣后债权,安排在普通债权之后受偿:(1)公司股东未履行或未全面履行出资义务,抽逃出资而对公司负有债务,其债权在未履行或未全面履行出资义务、抽逃出资范围内的部分;(2)公司注册资本明显不足以负担公司正常运作,公司运作依靠向股东或实际控制人负债筹集,股东或实际控制人因此而对公司形成的债权;(3)公司控制股东或实际控制人为了自身利益,与公司之间因不公平交易而产生的债权。公司股东或实际控制人在前述情形下形成的劣后债权,不得行使别除权、抵销权。第6条规定,管理人在拟定债权表时,应当对公司股东或实际控制人债权是否属于劣后债权作出认定,并提交债权人会议核查。债务人、债权人无异议的,人民法院应裁定确认。债务人、债权人有异议的,可以向人民法院提起破产债权确认诉讼。

段就对劣后债权进行审查、确认，如果利害关系人对债权性质的确认存在争议，可以通过破产债权确认之诉进行救济，防止在财产分配阶段界定时影响财产分配及整个破产程序。劣后债权也是普通债权，只是分配顺序劣后于普通债权，如果在债权审查确认阶段没有对关联方债权的性质确认为劣后债权，也不妨碍在财产分配阶段对债权人的分配顺序进行安排并提交债权人表决。翔升纺织清算案、翔运纺织清算案的《破产财产分配方案》均规定，清偿顺序为可供分配的财产价值扣除破产费用、共益债务、预留债权、抵押财产价值后，按劳动债权、税收债权、普通债权、劣后债权的顺序进行分配。法院通过在分配方案中设定劣后债权的方式，为可能的劣后债权的确认预留空间。

（三）劣后债权确认的法律后果

劣后债权确认的法律后果体现为对债权清偿顺序的调整、对抵销权、别除权、优先权的限制。《破产审判工作会议纪要》第 39 条仅对债权清偿顺序以及别除权的限制进行规定，《破产法司法解释二》第 46 条则从抵销权禁止的层面进行规定，共同构建劣后债权的法律后果。

1. 关联方因不当关联行为取得的债权劣后于外部普通债权。深石原则不等同于法人人格否认制度，并不从实体上消灭关联方债权，而是该债权的清偿顺序劣后于普通债权。虽然在企业破产的情况下，普通债权基本上无法全额清偿（极个别的情况下，企业进入破产程序后，由于企业的房地产、股权价值大幅度上涨的情况例外），关联方债权劣后于普通债权，其清偿率基本为零，但不能认定关联方债权为零，因此，四川省广安市前锋区人民法院（2017）川 1603 民初 1308 号民事判决书中，一方面法院认定原告转入公司的款项系投资款，另一方面又认定系劣后债权，本身就存在矛盾，如果认定劣后债权，其判决驳回原告请求确认债权的诉讼请求是错误的，应裁定确认原告的债权数额，并确认该债权劣后于普通债权清偿。

2. 关联方因不当关联行为取得的债权，不享有别除权、优先权、抵销权。关联方基于其与被控制公司内部关系的特殊性，其更容易优于其他普通债权人使其债权获得物权担保或享有其他优先权。限制关联方债权人的别除权、优先权、抵销权，将担保物纳入破产财产由债权人统一清偿，可以实现破产法的公平清偿原则，也是对其债权为劣后债权这一属性的贯彻，否则，将会使劣后债权沦为形式。

3. 股东出资不足、抽逃出资的情况，其在补足出资之前不得主张债权清偿。股东的出资是公司经营的资本基础，出资不实、抽逃出资将可能导致公司经营先天不足，并更容易沦落破产境地。补足出资是股东的法定义务，在破产程序中，管理人的重要职责之一就是审查公司出资是否到位，如果股东存在出资不实、抽逃出资的情况，则有义务向股东追回补足，作为公司的财产向债权人清偿。如果将股东的出资义务与其对公司的债权并行，则无异于免除了股东的部分出资义务，将极大损害债权人的利益。因此，在股东补足出资前，其债权不仅应定性为劣后债权，且不得主张清偿。

第九章　民营企业破产清算与重整程序转换问题研究

我国破产法将破产程序分为破产清算、破产重整与破产和解三种程序，以适应不同主体的特点与需求，并且根据债权人意志、企业财务状况等作出转换。其中比较常用的是清算程序和重整程序。联合国《破产法立法指南》要求破产制度应在清算和重整之间求得平衡。我国的破产法对于从重整到清算，从清算到重整规定了相应的法律要件。就当下而言，对于两种程序的互相转换研究可以让我们更深入地比较两种制度差异之处，总体考察破产制度的不足或缺陷。本章以泉州市中级人民法院审理的富贵鸟股份重整转清算案，锦绣庄系列企业清算试图转重整案为例展开分析，探讨与分析其中存在具有普遍性意义的法律问题。

第一节　破产清算与重整程序的价值比较与思辨

一、破产清算与重整的异同

破产清算程序是重整制度的根源与基础，重整制度是在清算制度的基础上发展出来的，共同组成了现行破产制度。两者的相异之处在于：立法目的不同，破产清算以处置破产资产,公平清偿债权人为目的。重整制度以拯救困境企业为目的,申请人的资格不同,清算系由债务人和债权人提出,重整还增加了占债务人注册资本十分之一的出资人申请。介入程度不一:在清算程序中,法院干预主导程度低;在重整程序中,法院主导程序色彩浓。主体关系不同:清算是零和博弈,有人多获得一些分配就必然导致其他权利人获得分配减少,亦即某一债权人收入的增加来自其他权利人收入的减少;重整是非零和博弈,运营价值促进了财富的增长,部分成员收入的增加并不一定来自其他成员的减少。企业是否存续不同:破产清算要将破产企业主体在法律上消灭,并将企业的财产在债权人之间进行公平分配;而破产重整除了要清偿债权,破产企业还将继续经营。

二、破产清算与重整价值功能思辨

重整制度相较清算制度,有更受社会各界欢迎的功能。“原本会消灭的就业机会也可以得到保留,至少是一定程度上的保留。所有这些,对于政府来说,无论是在财政收入方面还是在社会关系方面,都是有意义的。”①况且,重整有着产业转型升级,招商引资、缓解经济风险等社会经济目标,因此,政府往往对重整制度有更高的期待。作为积极挽救企业的重生型债务纠纷解决制度,破产重整不像破产清算那样,消灭债务人主体资格进而分配债务人的财产,而是采取重整措施与资源配置手段,力图保留企业的运营价值与社会资源,并最终使债权人等各方利害关系人得到较破产清算更多的清偿等利益。通过重整程序,不仅可以更大限度地维护债权人、债务人、企业出资人的正当权益,而且可以防止出现企业连锁破产、职工失业以及由此引发的社会不稳定等问题。

然而,上述的论点是建立在对企业市场价值的自我论述上,建立在重整制度完善的基础上,建立在部分利益群体的意志的前提下的,忽略了重整的机会成本和社会成本,以及由此所带来的损失进一步扩大的风险和可能的不良示范的社会风险。一个企业是否有挽救机会、重生可能,我国破产法上对此并没有提供切实可行的操作标准,启动重整仍然存在门槛不高,程序性规范缺乏的问题。重整

---

① 李永军:《强制和解与重整的制度差异及价值考量》,载吴汉东主编:《私法研究》(第2卷),中国政法大学出版社2003年版,第18页。

原因仍失之于宽松,只要债务人不能清偿到期债务或者有明显丧失清偿能力可能的,都可以申请重整。申请只是依赖于部分破产参与人的意志。在这样宽松的申请条件下,如果没有坚持以企业的运营价值作为重整判断标准,而是以其他目标或利益作为重整申请标准,让一个没有复苏希望的企业进入重整程序,将有违中央处置"僵尸企业"的政策意图,资产效用价值仍然低下,投资价值无法体现,甚至呈现负面效应,优胜劣汰和优化资源配置的破产制度功能价值无法得到有效体现,所带来的只能是对社会资源的严重浪费与损失。

三、破产制度的目标与追求

习近平总书记在其《中国农村市场化建设研究》一书中指出:"所谓市场化,是指市场经济体系覆盖了社会生产的各个领域和各个方面,市场机制贯穿和渗透于社会生产的各个层面和各个环节,市场意识成为人们进行生产和活动的基本意识,市场行为成为人们的自觉行为,市场准则成为人们共同遵守的社会准则,标志着市场经济发展到了成熟阶段。"[①]市场化是我国改革开放后经济发展所努力追求的目标,经历了从计划经济到市场经济的发展历程,我国的经济随着市场化的深入得以高速增长,人均国民生产总值也从 1978 年的 56 美元增长到了 2019 年的 1 万多美元。市场经济的发展对于国力的增强、人民福祉提升具有强大的促进作用。

我国现阶段的经济发展战略目标是建设社会主义市场经济,市场经济就是法治经济,我国社会建设的战略目标是建设社会主义法治社会,因此,所有的社会秩序调整与规制都应围绕这两个战略目标展开。市场化、法治化应该成为破产审判制度追求的目标。市场经济是平等充分竞争的经济,以公平法律规则为唯一竞争规则的经济秩序,以此选优汰劣,方能建设一个健康有序的市场经济、一个获得国际社会承认的市场经济国家。无论以何种理由、方式,强行维持市场竞争失败者的延续,甚至制定不公平的市场保护制度,就是对社会资源的错配与浪费,对竞争胜利者的压制与打击,对法治秩序的违反与挑战,势将阻碍社会的进步,走向社会的反动。

---

① 习近平:《中国农村市场化建设研究》,人民出版社 2001 年版,第 18 页。

第二节 泉州破产审判程序转换存在的问题与应对

案例一

2018年7月26日,泉州市中级人民法院裁定受理国泰君安申请富贵鸟股份重整一案,并于同日作出(2018)闽05破4号决定书,指定富贵鸟股份清算组担任管理人,负责富贵鸟股份的重整工作,依据《企业破产法》的规定履行职责。在2019年5月与7月的两次债权人会议上,管理人所提交的重整计划草案均没有获得法定多数通过,2019年8月23日,泉州市中级人民法院作出(2018)闽05破4号之五民事裁定书裁定终止富贵鸟股份重整程序,宣告富贵鸟股份破产。富贵鸟股份名下的财产已经拍卖成交并已部分分配完毕。

案例二

2016年5月26日,泉州市中级人民法院根据债权人申请,分别裁定受理锦绣庄木偶馆破产清算一案及锦绣庄旅游破产清算一案。2016年11月22日裁定合并审理锦绣庄旅游破产案、锦绣庄工艺品、锦绣文化破产案,其间,案件曾经以破产重整及和解为方向进行推进,寻找投资人及与债权人协商,但由于资金的落实问题,无法进入重整程序。在清算过程中,财产处置变价方案3次表决皆无法获得债权人大会通过,后管理人请求法院对变价处置方案予以批准,法院强行批准了处置方案,锦绣庄名下不动产得以拍卖成交。

在上述富贵鸟股份清算案与锦绣庄清算案中,两案均试图重整,前者以重整申请始,以清算终,后者在清算过程中多次努力向重整方向努力,然最终转换不成功。但两案以市场化、法治化为原则开展破产审判工作,处置结果赢得了债权人和社会各界的高度肯定。

一、市场化法治化原则——重整或清算选择问题

在破产业界,以经济成本为分析工具论证重整与清算比较优势,往往会得出重整更有效率的结论,主要论点是重整将使企业富有经验的劳动者和管理者、企

业供应链条、商誉等成本得以保存。但如果仅考虑成本而忽视运营价值，就会得出一切困境企业最好的出路都是清算的错误结论。

事实上，上述论点忽略了内部成本已经成为沉没成本，无关企业清算或重整。在企业生死存亡之际，只能考虑内部成本是否能够在将来给企业带来盈利，也就是企业今后的运营价值相对于清算价值是否具有比较优势。运营价值是指一个企业存续具有盈利能力的前景，清算价值是企业资产被处置时的出售价值。一般而言，选择重整程序就是认为企业经重整后盈利得到的价值高于清算价值，也就是运营价值必然高于清算价值，因此，只有在一个企业存在运营价值比较优势的情况下，企业才应当被重整。"富贵鸟"是中国驰名商标，富贵鸟股份是福建鞋业的龙头企业，产品质量过硬、市场接受度高，具有完善的供应链条和商誉。锦绣庄系列企业因为大多债权人向法院表示债务人仍有重生的可能，希望对锦绣庄进行重整。当地政府亦对重整表示支持，希望重整该企业，使其成为国家级5A风景名胜区清源山旅游文化综合体的景区配套项目，并愿意牵头成立清算组并担任破产管理人。然而，进入审理进程后，富贵鸟股份存在较大的资金成本压力，在重整存续期间经营情况并不理想，在供应链公司提供大量资金的前提下仍然持续亏损。从某种意义上可以说，富贵鸟股份资源使用效率低，其企业整体资产已经无法产生运营价值。锦绣庄系列企业经过十几轮洽商，均无外来投资者愿意接手。过多的商业谈判导致审理时间过长、审理效率低下，重整或清算成本居高不下，可能导致损失进一步扩大。从两案招商引资和经营情况可以看出，战略投资方给予两个企业的前景评价较低，也就是市场给予两个企业的运营价值较低的评价。

二、权利的保护与规制——债权人权益保护问题

2019年5月和7月，富贵鸟股份债权人会议先后两次以书面方式对重整计划草案进行表决。法院认为，债权人自治原则是破产程序应当遵循的法治原则。富贵鸟股份重整计划草案经两次债权人会议表决，均未获得通过，依照《企业破产法》第87条第2款的规定，债权人会议未表决通过重整计划草案的，人民法院应当审慎适用强制批准计划，法院对管理人提交的重整计划草案不予批准。

锦绣庄案立案之初,大多数债权人均表示愿意重整,法院与管理人向重整方向努力,先后与十余位意向投资方进行了洽商,但均无果而终。同时,法院尊重部分债权人提出的债转股等意见,多次要求管理人与债权人接洽,但由于资金的落实问题,全体债权人意志难以统一,最终债权人和解自救方案亦无法形成一致意见。鉴于重整、和解之路均已经无法继续,为最大限度地保障广大债权人民主权利、给予债权人更多自主权,在第三次债权人会议上现场征求参会债权人关于起拍价的意见,并以债权人建议的最高起拍价进行二次表决,但仍未获得通过。2019 年 7 月 25 日,泉州市中级人民法院裁定认可管理人提出的不动产、动产变价处置方案,以第三次债权人会议上债权人提出的不动产最高价为起拍价,启动破产拍卖程序。

破产制度应该首重保护债权人利益,主要有以下 3 个理由。

首先,从利益受损与风险承担的角度看,相较债务人和其他主体来说,普通债权人利益在破产中受到的损害最大,换句话说,所谓的破产制度是建立在以大部分普通债权人利益为代价的基础上,正如王泽鉴先生所洞见:“(1)构成债务人责任客体的财产,变化不定,景气无常,财产的散逸非债权人所能预见或控制。(2)债权不论发生先后,均居于平等地位,债权重叠又为当代交易的通常现象,责任财产综能维持不减,众人参与分配,亦难期全获清偿。(3)为政府财政之目的而创设税捐的优先权,为保护劳工,另建立工资优先受偿制度。”因而,债权人往往须通过债权的保全与担保来“为债权的实现而奋斗”。[①] 这就使根据其他法律获得更全面保障的债权人在破产程序中处于一个更易受到损害的地位,债权人应当拥有更多的权力以保障其利益。因此,这也要求债权人利益更应当得到法律的有效保障。

其次,从法律利益衡量的角度看,法律对特定利益群体的维护应当有利于实现制度利益,破产法是调整债权债务关系的基本法律关系,在这一特殊的债权债务关系阶段,协调债权人和债务人之间的利益关系,债权人同意各项方案的通过是保障破产审判顺利的基础。

最后,从选择其他利益产生不利结果的角度看。在多种利益之间,债权人与

① 王泽鉴:《债法原理》,中国政法大学出版社 2001 年版,第 31 ~ 32 页。

债务人之间是存在利益冲突的,当企业进入清算或重整状态时,企业资产理论上已为债权人所拥有,其他各方利益主体如果得到最大保护有损于风险与责任承担持平原则,不利于公平正义。从社会利益的角度看,在债权人无法有效地维护自己的权利时,信用制度和市场经济就将受到严重损害。因此,债权人利益在破产法保护中应成为首位的群体利益。

当然,所有权利都应该有边界。依照经济学理论,人是理性自利的,债权人大多只关心自己的债权是否得到最大的补偿,既不在乎债务企业的生存,也不关心社会经济效益、劳工就业等目标,在趋利冲动下,可能会造成对一时因为经济形势或资金链问题的健康公司的不当清算,造成企业资产的浪费。由债权人所组成的意思自治团队——债权人大会或债权人委员会具有《企业破产法》第15条规定的审查债权,停业或继续营业、通过和解重整案,通过财产管理、变价、分配方案等重大权力。然而,如债权人会议不能通过方案或通过对于社会法益有所损害的决议,这时不但需要法官的依法介入以衡平利益,也要求债权人在破产程序中应具有一定的理性和专业,而不是为一己私利阻挠和拖延破产审判进程。这既是债权人在破产审判中的基本责任,也是应当予以及时规范的行为。在审理锦绣庄系列企业清算案中,债权人大会始终不能表决通过破产财产变价方案,甚至在法院要求由其自主协商提出最高价格时仍然不愿意通过(尽管最终拍卖成交价格是拍卖市场所决定,非法院所能为)。债权人滥用了其破产权利,法律应对此加以规制。首先,合理界分权利与权力范围。私法归私法,在债权人自主权利范畴,如放弃申报,放弃担保等;公权归公权,如法院依职权范围,破产程序启动,法律明确规定事项,法院与其他机关协调事项等。其次,应区分受公共制约的权利。权利实现应该通过公共路径,并受到公共利益的制约。最后,债权人大会应促进开放性的商谈机制,加强沟通,使所有债权人尽可能地参与洽商并能自由民主地表达意志。

三、权力的谦抑与担当——裁定强制批准问题

笔者研究的强制批准问题,并非只探讨业界经常讨论的重整计划草案的强制批准通过,还探讨了清算过程中的方案强制通过问题。前者指当重整计划被提交债权人会议进行表决后,未被各表决组一致通过时,但重整计划草案符合清

算价值保障原则、可行性原则、绝对优先原则、公平对待原则、最低限度接受原则等五项原则的,债务人或者管理人可以申请人民法院批准重整计划草案。如富贵鸟股份债权人会议对重整计划草案进行第一次表决时,同意票债权人 137 家,占到会有表决权债权人人数的 39.48%,代表的债权金额为 213,194,223.32 元,占有表决权普通债权总额的 6.92%。在进行第二次表决时,同意该方案的普通债权人 235 家,占到会有表决权债权人人数的 67.53%,代表的债权金额为 766,758,608.55 元,占有表决权普通债权总额的 24.88%。管理人申请强制批准通过,根据权力自我节制和内敛的谦仰性原则,[①]泉州市中级人民法院充分审查了重整计划草案,认为债权人的通过债权额过低,违背了大部分普通债权人的意思表示,有违意思自治原则。审慎的行使司法权力,驳回富贵鸟股份管理人的申请,终止富贵鸟股份重整程序、宣告富贵鸟股份破产。

在破产案件中,在坚持债权人利益最大化原则,对债权人权利施以严格保护的同时,也要限制权利的滥用与恣意,传统上,破产法是保护私权的商事法律,而现代破产法则因破产案件引发大量劳动者失业、地区经济衰退、行业不景气,甚至危及社会稳定等问题,逐渐超越债权人和债务人的团体利益平衡的理念,更新为维护社会整体利益的理念,因而具备了经济法理念的性质。[②] 因此,破产法既要追求商事效率,也要平衡各冲突利益,保证社会公共利益如社会资源配置的效率,因此,应当对债权人的权利恣意加以限制。如在锦绣庄清算案审理中,变价方案经过三次债权人会议都没有获得通过,资产如迟迟没有处置将导致贬值,从而损害大部分债权人的利益,基于资产变现效率考虑,为尽快出售破产资产,法院裁定认可了财产变价方案,避免资产变现遥遥无期,体现了司法权的担当。

四、资产价值最大化——破产资产处置问题

破产资产处置程序是破产财产变价和分配的集中体现,破产企业资产被转移到更能有效利用这些资产的市场主体手中,从而更有效地运用和利用资产,有

---

① 参见刘大洪、段宏磊:《谦抑性视野中经济法理论体系的重构》,载《法商研究》2014 年第 6 期。

② 参见王欣新:《“僵尸企业”治理与破产法的实施》,载王欣新:《破产法前沿问题思辨》,法律出版社 2017 年版,第 11 页。

利于实现市场对资源的有效配置,从而实现破产资产价值最大化,整个社会也将从这种价值的最大化中获益。这就是市场经济中经济理性自由选择的体现,通过市场自由交易为社会增加了财富。

企业在经营过程中,往往要对商品品牌、商业渠道等投入较大的成本,以维持和扩大企业生产经营,以为产品赢得高附加值,但企业资产在清算变卖时,能变现的往往只是企业的部分有形资产,且可能存在价值损耗,不得不以较低价值出卖。因此,企业财产经历破产清算可能造成其价值流失和资源浪费,富贵鸟股份在处置财产时,对这些无形利益加以保留,并进行了客观的评估,以创造相应的价值回报。如富贵鸟股份资产在重整计划草案中的对价为:清偿期半年的,投资人提供的资金为2.28亿元;清偿期2年的,投资人提供的资金为2.4亿元。相应资产在破产清算程序中的拍卖成交价为2.38亿元。从这个意义可以说,清算过程增加了富贵鸟股份资产的效率与效用价值。显然,这无论是对于破产参与人,还是社会都是有利的。

对于破产企业以其所有的房屋建筑物或者土地对外签订的租赁合同在破产宣告时尚未履行完毕的,因为破产清算中的债务人财产要出售变价以清偿债务,附带租约将可能增加资产变价难度或大幅降低财产价值,故依照《企业破产法》第18条的规定,管理人有权单方解除租赁合同,突破了“买卖不破租赁”的原则,给债务人财产最大保护,以保护破产资产价值最大化。对于解除租赁合同,审判实践中存在大量的承租人以各种理由拒绝搬离的现象,但在破产法对此类行为并无规范,审判实践对此存有困惑,是由管理人起诉待法院判决后再申请执行,还是由管理人直接向法院申请强制执行,全国各地法院的实践做法不一。然而,这个问题又至关重要,是破产处置能否成功,债权人能否得以清偿的关键,更是影响买受人的购买意愿及破产处置工作效率的主要原因。在锦绣庄清算案中,经由管理人申请,在保障债权人合法权益的前提下,由法院执行部门对锦绣庄案的承租人强制腾空,移除了资产处置程序中最大的障碍,保障了买受人的合法权益,顺利推进了破产清算进程。然而,这终究只是审判实践中的探索行为,要全面推进破产审判,特别是全国法院正在推行的执转破工作,有必要针对出租破产财产出台可操作性强的处置操作规范。

第三节 破产清算制度的理论检视与改革

在富贵鸟股份案和锦绣庄清算案审理过程中，笔者在协调、监督过程中充分了解了债权人、债务人、股东等各方的利益诉求，既认识到了民营企业生长的不易，也了解了破产参与人对于公平与效率、责任承担、权力与权利的界限等朴素要求，这些诉求说明破产审判工作还有不足之处，破产审判仍有较大提升空间。正如习近平总书记所言："人民对于美好生活的向往，就是我们奋斗的目标。"破产法必须提供符合保护大多数人利益，更能够体现公平与效率的原则和规则。否则，破产制度不但不能成为汰劣选优，维护市场健康秩序的利器，反而可能成为某些人逃债的"避风港"，进而侵蚀市场经济的基础。对这一问题的回答需要深入破产制度的内部机理，寻找破产制度内在的逻辑和规律，提出改革与完善破产法的建议，为人民法院妥善处置"僵尸企业"提供理论与实证支撑。

一、破产制度应注重效率与公平均衡

破产效率可分为审判效率或制度效率：前者指案件审判时间投入效能比，后者指制度成本与收益之比。两者系一体之两面：一方面，如果个案不能高效、直接地解决纠纷，则制度价值就无法体现，人们也会因个案的低效效应拒绝通过这种制度解决问题；另一方面，制度的不合理致使个案无法公平高效进行，从而导致恶性循环。承认社会资源的稀缺性是研究效率命题的前提。正因为无论是国家之间，还是企业之间，都存在激烈的资源竞争，所以要求我们应建立优化资源配置的法律机制，以促进资源配置高效优化，促进社会经济的健康发展与质量提升。

在个案效率上，相较其他国家审判制度，我国的破产审判制度比较重视效率，为破产审判的各个时间节点设置了长短不一的时间限制，这固然是值得称道的一面，也有利于推进破产审判工作，如富贵鸟股份重整转清算案在16个月时间内开始分配清偿。然而，从破产审判实践运行情况来看，破产程序被适用的比

例低，[①]显示破产制度并没有被认可和选择成为市场主体退出市场的主要法律机制。

现代制度经济学理论认为，制度能增进效率，促进经济增长，是配置资源的最有效工具，从某种意义上可以说：制度是最大生产力。当企业进入破产状态时，企业处于严重亏损或其经营收入不能弥补生产成本，说明资产效率极其低下，资产的用途价值成为负数。此时，无论从社会还是从私人的角度讲，将这些资产转向其他用途上都是帕累托改进。在此前提下，对破产参与人来说，相对破产清算，重整是一个更优的选择。如锦绣庄清算案，锦绣庄债权人大会迟迟不愿意通过破产财产变价方案，导致案件审理时间过长，引发社会争议。原因当然是多方面的，主要是债权人因制度原因对于方案有错误的预期，这种错误的预期来自制度既不能给予利益的诱导，也不能给予他们刚性的惩罚，还有不能正确认知案件投入成本。今后的破产法改革要注重制度效率，要从扩大意思自治空间，保护债权人权利给予利益诱导，提升制度效率增长空间。明确破产中各项民事、行政、刑事责任，减少阻碍因素和寻租空间，减少制度效率阻碍因素，要根据案件特点积极探索庭外重组、预重整制度和简易破产程序建设，降低整体管理费用与成本，以创新促进效率，全方位提升破产制度效率。

公平与正义是法律制度的核心价值，是法律研究永恒的话题。古代大贤亚里士多德认为，公平与正义应涵括"分配的正义"与"矫正的正义"，正义最基本的形式是比例平等，按照个体的价值获得相应比例的分配。[②] 这也是破产制度历史使命与存在价值。破产制度是公平偿债制度，公平主要体现为债务清偿的实质公平，如禁止个别清偿行为、禁止特定期限内的不公正交易行为、对抵销的特别规定，待履行合同的特别规定等。同时，在不同种类债权中设计特定的清偿顺序，与金融机构、劳动群体、税务机关等特殊债权主体达成利益平衡，追求社会公平。首先，要坚持破产法的私法本质，塑造尊重商事主体私权的观念，既要认识破产法是市场经济法律的一部分，也是综合法律体系一部分，建立与公司法、物

---

① 以2014年企业退出市场方式的数据统计为例，全国企业注销数量为505,866户，吊销数量为214,130户，而全国法院一共审结的破产案件为2059件。参见高翔：《破产制度能有效清理市场经济中的信用垃圾——访中国政法大学法学教授、破产法与企业重组研究中心主任李曙光》，载《上海证券报》2016年6月2日，第12版。

② 参见[古希腊]亚里士多德：《政治学》，吴寿彭译，商务印书馆1996年版，第148页。

权法、证券法、税法等法律相互配合的市场配套机制。其次，坚持破产法保护债权人利益的最大原则，加强债权人权利保护，赋予其确实的程序权利和实体权利。最后，要保障程序的公正。谎言与暗箱操作必将催生利益独占与各种丑恶现象盛行，也让人们不愿意服从与接受破产法的规制。阳光是最好杀病毒剂，真相是最好的疫苗。破产程序的公开性、透明性、正当性对于保障破产参与人权利、防止破产中的次生损害具有非常重要的作用，同时，程序的正当性能为结果赋予合理性和正义性，从而为人们接受。①

二、破产制度应着重责任承担与规制

就我国破产法立法倾向而言，是以国家干预思想为主导，体现在破产法中众多法院职权的规定和义务规范。然而，不知是立法技术问题，还是经验缺失原因，总体而言，我国企业破产法的责任规定仍然偏于空泛和软弱。固然对破产企业科以众多的法律义务，如债务人移交财务账册、移交财产、印章文件、列席债务人会议等义务，但对债务人违反该义务的行为如何处罚，缺乏相应的责任规定，令法律形同虚设，债务人法律责任缺位严重影响了债权人的权利，破坏了破产审判制度的基石。

1. 民事责任方面。从市场经济债务契约的角度分析，破产就是在企业违约时对企业的一种惩罚机制。清算只是通过对债务企业的资产的重新分配来解决对作为破产风险承担者的债权人的补偿问题。重整则是以让渡破产企业所有权及未来的收益来对债权人进行补偿。好的破产程序不但应当通过破产状态给经营者以及股东严厉惩罚，从而保证债务的约束作用，破产程序如果对未能按时偿还债务的企业处罚过轻，就将影响债务契约的法律约束作用。就当下而言，很多破产违法现象没有得到责任规制，特别是实践中最常见也最为人所诟病的是，有的企业在破产前处于严重亏损状态，企业没有及时披露真实财务状况，反而隐瞒真实情况向外借贷或转移资产，并利用破产撤销权一年除斥期间拖延申请以转移资产，甚至出现企业主“跑路”，逍遥法外，债务人企业“人去楼空”的现象，导

① 参见［日］谷口安平：《程序的正义与诉讼》，王亚新、刘荣军译，中国政法大学出版社1996年版，第1～18页。

致在审判实践中对不履行义务的隐匿、妨碍、破坏破产等行为无法准确制裁及严厉打击，“破产逃债”成为民间舆论风潮，引发了不良社会示范。这与破产法虽然规定了众多义务，但却没有规定相应的民事责任或者民事责任不明确有重大关系。如《企业破产法》第125条所规定的公司董、监、高违反忠实义务、勤勉义务应依法承担民事责任。然而，忠实、勤勉义务具体内容、具体主体如何并不明确。

2. 行政责任方面。由于破产法从1986年的政策性破产转向2006年市场化破产，侧重市场自发秩序和商事主体意思自治，破产法的行政责任也大幅删减，难以在事前、事后对企业主科以行政责任与防控，让部分不法企业主可以恶意操控和掏空公司，事后仍然可以有恃无恐的继续操控企业，无法建立对不法行为人的民事责任与行政责任和刑事责任的有效责任链条。

3. 刑事责任方面。纵使民事、行政责任完备，然而，缺乏刑事责任的破产法规范仍是一个不完整的规范，让破产法失去其威慑力，难以遏制破产审判中的违法行为，无法对破产犯罪嫌疑人施以有效的惩治。世界各国通例，破产保护的前提是诚实守信，对于不诚实债务人的刑事责任追究是非常严厉的。我国刑法中关于破产的犯罪规范不够完善，仅规定了欺诈破产罪对违反破产法的行为人进行处罚，且法律操作性不强，法律之间配套不足，使审判实践中罕有适用欺诈破产罪名。前文所述怠于申请破产的违法行为，隐匿财产或拒不说明、拒绝移交财产、财务账册、印章等拒不履行破产义务，此类现象在破产审判实践中较常见。我国并无相关措施强制债务人义务的履行，以至于债权人因此受损严重，社会反响强烈，刑法中应增设怠于申请破产罪、拒绝说明和提交账册、隐匿财产罪等以强化刑事制裁。从比较法的角度看，这些罪名在国外立法中也较为普遍，如德国、日本等。[①] 当然，刑法制定也不能太过严厉，动辄入刑，从一个极端走向另一个极端，以致有的企业家宁愿“跑路”也不愿意破产，对于诚实守信的企业主应当给予宽容与保护，这也是破产法的应有之义。

---

① 德国《破产法》第98条规定：“(1)以为得到符合真相的陈述而有必要为限，由破产法院命令债务人作出代宣誓之保证并作成笔录，保证其已尽其所知如实、正确和完整地作出了所要求的情况告知。”日本《破产法》第270条规定：“无论在破产程序开始的前后，对于以损害债权人利益为目的，隐匿、伪造或变造关于债务人的业务以及财产(继承财产的破产，则为属于继承财产的财产)状况的账簿、文件及其他物品者，在就债务人的破产程序开始的而决定已经生效之时，处以三年以下有期徒刑或者300万日元以下的罚金，或者并处……”

三、破产制度应重视权力谦抑与担当

现代有的政治经济理论认为,配置资源最有效率的机制是市场自发创造或救济机制,然而,市场经济中也会出现契约失灵问题,"市场机制不能解决宏观总量的平衡;市场经济不能解决国民经济的长期发展问题;市场经济难以调整和优化产业结构;市场机制不能适应公共物品的有效生产;市场机制难以解决外部效应问题;市场机制无法防止垄断;市场机制不能解决收入分配不公问题;市场机制本身容易受到破坏"。① 因此,破产市场化需要适度的国家干预。由于我国破产审判实践不多、立法时间晚,故我国企业破产法规则相对于市场经济发达国家显得有些简单、不够成熟,无法为破产审判实践提供足够的法律支撑,审判实践中所涉及的很多问题缺乏规范或语焉不详,与证券法、税法、公司法、刑法衔接失序,如债权人、债务人权利,资产涉税,资产处置等都缺乏可操作的规范。

因此,利益冲突更剧烈,失灵现象更严重,需要国家通过法律活动来对破产程序和过程进行干预。有的理论认为,政府最重要的职责是制定公平的规则,当好"守夜人",如果超越权力干预,构成对当事人意思自治和市场机制的过多限制。这两种理论都具有正当性和可行性,应视权力与权利的性质而行。

1. 破产审判权力行使特色与尺度。破产制度就本质而言是对于市场经济秩序的干预,或者称为规范和调整,其正当性与必要性毋庸置疑。然而,这种干预应该有其法律尺度在,也就是要进行理性、谨慎、有效的干预。相较法院其他诉讼程序,破产审判是一种特别的审判制度,其既体现法院诉讼程序裁判特征,又体现概括执行程序特点,是一种集合式特别程序。在破产审判中,破产管理人实施的对破产企业财产接管、管理、处分、分配,对破产债权的确认等准司法工作需要法官的监督、确认、裁决;法官扮演决策者、裁决者的角色。其中,既有司法权性质,如审查破产立案,确认破产债权、别除权、取回权、抵销权、破产共益权等,破产财产分配中一些特殊债务需要特殊的清偿安排问题等;又有准行政权性质,如监督并干预债权人大会和债权人委员会的产生,决定破产财产管理与分配中的重大事项。裁决不仅包含裁判也包含管理,裁决对象既包括法律行为也包括

---

① 席恒:《公与私:公共事业运行机制研究》,商务印书馆2003年版,第63页。

商业行为，裁决规范既包括破产法、公司法等商事规范，又包括民事法、刑事法、行政法等，裁决大部分具有终局性，

因此，相较其他程序，破产程序中的法官在理论上有更多的自由裁量权。在这种前提下，公权力的行使尺度如何把握至为关键。首先，总体原则要保证破产程序的公平与效率，权力行使要体现谦抑与担当。其次，权力行使要符合“比例原则”达到权利与权力的平衡，首先发端于行政法领域后借鉴到民商法领域的比例原则是这样表述的：“行政权力的运行应当考量行政行为目标的实现与相对人合法权益保障等因素，权力的行使应当是符合目标实现之要求的，而且若会对相对人权益造成损害，那么应将这种损害限制在必要程度和尽可能小的范围之内，使之维系适当的比例。”①市场经济是以自由平等的意思表示为主要基础的，破产法作为一部调整市场经济中商事法律关系的法律，市场经济是意思自治与市场自发秩序调节为主，应提供给破产参与人足够的意思自治的空间，只有市场缺位，才能由权力补位，不能以权力替代市场决定资源配置，否则将走上改革开放前的老路。最后，规范法官裁量权力细则，约束审判权，防范道德风险。权力是把“双刃剑”，“一切有权力的人都容易滥用权力，这是万古不易的一条经验。有权力的人们使用权力一直到遇有界限的地方才休止。……从事物的性质来说，要防止滥用权力，就必须以权力约束权力”。② 制定法律规范对法官行使权力进行规范，在法官裁量的范围上，只有在全体利益相关人利益有影响和对个别利益相关人利益有重大影响的事项范围内，方能施加限制；在裁量方式上，应是自治为先、干预滞后的工作程式；在裁量授权上，应当有明确的法律授权；在裁量程序上，要保证破产参与者能够自由充分表达意志并有一定的救济机制。如表达意见或异议的机会、复议或快速上诉的权利；又如在重整计划强制批准时应设置听证程序，科以债务人、管理人信息报告说明义务，给予债权人复议上诉等救济权利等；同时，要限制其权利，不能让权利滥用、阻碍，甚至破坏破产审判进程。

2. 破产审判要具有勇气与担当。破产审判权力作为一种公权力，既要充分尊重当事人意思表示，自我谦仰，审慎行使人民赋予的权力。又要勇于担当，知难而上，勇于承担责任。例如，重整计划强制批准是我国公权力干预意思自治的

---

① 姜明安：《行政法与行政诉讼法》，北京大学出版社 2005 年版，第 71 页。

② [法]孟德斯鸠：《论法的精神》(上)，张雁深译，商务印书馆 1997 年版，第 154 页。

重要体现。我国的破产理论界对法院该项权力多有批评,“存在法院既不尊重债权人,重整计划强制批准债务人财务与经营现状,也忽视债权人的反对意见,而进行强制批准的案件,甚至部分的法院越来越倾向于主动利用职权进行强制批准”。[①] 当然,破产审判进程从某种意义上是国家干预市场秩序的理念的结果,责权利应该成为统一的存在,行使权力的同时要勇于承担法律责任,不能因缺乏操作规范或者破产审判存在的诸多难题有畏难情绪。如在锦绣庄清算案中,由于参与者拒绝协商造成变价方案无法通过,在缺乏明确规范的情况下,泉州市中级人民法院勇于担当,在变价方案批准及承租人存在妨碍物权行为时,果断地行使司法权,这需要法官的道德勇气担当。

四、破产审判应坚持市场化与法治化

法律制度建设的动因来自市场对与之相适应制度的需求,中国目前的法律体系是随着经济发展得以建设与渐趋完备的。“市场经济就是法治经济”,法治化成为市场经济发展的内在需求。市场准入法、市场交易法和市场退出法三者共同组成一个市场经济的运行体系。三者当中,尤其以市场退出法最为关键。破产法作为市场退出的主要法律,其本质在于处理债权债务关系,债权债务关系是商业交易和市场信用的基础。关于债权债务关系的法律可以说是市场经济法中最重要的制度,因此,破产法被称为市场经济宪法。在处置“僵尸企业”时,坚持市场化和法治化应成为破产审判的最大原则。

高度法治化的破产制度是治疗亚健康市场经济的一剂治本良方,能为市场主体提供稳定的市场预期,降低交易成本,保障市场优胜劣汰作用的正常发挥。这里的法治是指“已制定的法律获得人们的普遍遵从,人们在法治下所遵从的法律是良好的法律”。[②] 由此说明法治涵括两个最重要的方面,良好的法律是普遍遵从的前提,人们普遍的遵从是法治的效果。这里的良好的法律一般指形式合理、内容正确、效果良好的法律。[③] 就法治效果而言,法律并非只是统治者的意

① 李曙光:《上市公司重整五大问题急需司法解释规范》,载《法制日报》2008 年 10 月 13 日,第 4 版。

② [古希腊]亚里士多德:《政治学》,商务印书馆 1981 年版,第 16 页。

③ 参见[美]E. 博登海默:《法理学——法哲学及其方法》,邓正来等译,华夏出版社 1987 年版,第 335 页。

志,而应是全民的意志,也就是社会公众的认同与服从,法律实现的基础主要在于人们的主动认可与接受,而不是被动服从。“守法的普遍程度历来是检验‘法治’水平高低的最为重要的形式要件。”[①]然而,我国目前审判实践中的破产守法状况并不乐观,长期以来破产制度存在适用率低、程序漫长,规避破产法律、破产违法现象比比皆是等制度失灵现象。究其原因,既有社会上普遍权大于法思想的影响,也有违法成本小,法律不公平、不平等的原因。总体而言,这说明现行破产法所提供的制度远远不能适应市场的需求,不能适应加速市场出清,处置“僵尸企业”的政策目标要求,不能适应人民的司法需求。进而缺乏良好的法律也就无法要求人们普遍的遵从。因此,建设良好的破产法治制度首要是根据破产法中债权人和债务人、行政部门、律师、会计师、评估师等不同主体的利益与需求制定破产法治制度,确立一系列的公平“游戏规则”,让游戏参与者高度认同规则。正如凯尔森指出,“每一社会秩序、每一社会——因为社会不过是一个社会秩序——的功能,就是促成人们的一定的互惠行为:使他们不作出根据某种理由被认为有害于社会的某些行为,并使他们作出根据某种理由被认为有利社会的其他行为”。[②] 通过公正法律规则对民众行为实施引导,在这种行为准则下为或不为一定行为。为破产参与人提供行为预期,将每个人的行为设置明确的规范将其确定化、公示化,从而使破产主体对他人能为何种行为、不能为何种行为予以预测和把握。加强信息披露,特别是债务人的信息披露义务,增加违法的成本,推进破产程序公开。在市场化方面要充分尊重市场主体、尊重市场主体意思自治,要在破产重整申请、重整可行性判断,管理人、评估、拍卖、变卖等环节深化市场机制探索,引入市场专业人士与团队协助参与破产审判事务,在破产事务涉及商业或市场事项时充分听取商会等商业自治团体意见,要研究探索引进民营企业家或职业管理人担任管理人,提高破产审判法治化与市场化结合,在市场化的基础上建设破产制度,建设符合市场需求、与市场相适应的法治化破产制度。

破产法是市场经济宪法。破产制度在妥善处置“僵尸企业”、加速市场出清与市场拯救、优化配置市场资源、保障社会经济稳定与发展方面具有不可替代的

---

① 胡旭晟:《法学:理想与批判》,法律出版社2004年版,第113页。

② [奥]凯尔森:《法与国家的一般理论》,沈宗灵译,中国大百科全书出版社1996年版,第16页。

作用。我国的企业破产制度脱胎于计划经济时代,因此,先天存在市场主体不平等、市场培育不充分、市场化改革没有到位等不足,相对于市场的司法需求仍然显得过于简单,不利于破产审判实践操作,我国破产审判实践仍然步履维艰。非市场化、法治化的破产制度不仅容易损害债权人的合法权益,甚至可能扰乱市场经济的交易秩序,潜藏着巨大的金融风险,也制约着经济增长和经济转型。通过对富贵鸟股份重整转清算和锦绣庄系列案件的考察分析,笔者发现,尽管两个案件的审理结果是令社会满意的,但从两个案件曲折的过程可以看出,除制度上的缺陷外,由于破产司法环境的影响,在重整与清算制度运行时存在重整与清算的制度选择无一定之规,债权人利益保护乏力与权利滥用并行。权力、权利行使方式与尺度有待规范,破产资产处置面临重重阻碍等问题,从而使破产法治建设面临诸多挑战,并进而可能演化为破产秩序危机。要破除破产审判的痛点难点、解决破产审判中存在的问题,就要从效率、公平、权利保护、权力制约等方面完善破产制度,加强制度供给,为破产审判提供高度市场化、法治化的破产制度,有效发挥破产制度促进市场经济秩序健康,推动经济社会高质量发展的制度价值与功能。

第十章　民营企业破产中的刑民交叉问题研究

在破产程序中，刑民交叉问题层出不穷。如何破解破产程序中遇到的刑民交叉问题，既有理论研究意义，也有现实指导意义。2016年泉州市中级人民法院、泉州市人民检察院、泉州市地方金融监督管理局联合出台《关于加强刑民衔接维护金融生态的意见》（以下简称《刑民衔接意见》），建立刑民交叉案件信息共享、疑难问题会商、线索排查、业务互助、工作巡查及联络等机制，提升打逃追赃多方合力。本章结合泉州地区的实践做法，着重对破产案件刑民交叉程序问题、涉刑请求权的清偿顺位、逃废债的刑事责任认定与规则等问题展开分析。

第一节　破产案件刑民交叉程序问题研究

在企业破产程序中，当出现刑民交叉的情况应如何处理刑民程序的衔接及相关问题，破产法及相关司法解释并无明确规定，而当破产案件遇到刑民交叉时，这是一个绕不过去的问题。福建省泉州市是中国民营经济较发达地区之一，民营企业数量占据整体企业数量超过99%，笔者拟以泉州市民营企业破产案例遇到的刑民交叉问题为出发点,对破产案件刑民交叉的程序问题作以探讨。

一、我国刑民交叉的历史沿革

刑民交叉,又称“民刑交叉”“刑民交错”“刑民交织”“刑民结合”,是指民事案件与刑事案件在法律事实、法律主体方面存在完全重合或者部分重合,从而导致案件的刑事、民事部分之间在程序处理、责任承担等方面相互交叉和渗透。[①]刑民交叉不是一个法律概念,不是刑事诉讼法的法定原则,也不是民事诉讼法的法定原则,而是法律处理程序之中所遵循的一种司法规则,可以视为我国的一种司法制度。

在我国现行法律层面,并无刑民交叉的相关规定,有关内容体现在最高人民法院、最高人民检察院及公安部颁布的相关司法解释或规范性文件。刑民交叉的规定自诞生之日起,付诸实践至今已有30余载,也历经了许多演变和发展,但在学界和实务界仍然存在很大的争议,2014年7月最高人民法院公布了《关于审理民刑交叉案件若干问题的规定(征求意见稿)》,但至今未能发布施行中见到端倪。

1985年8月19日,最高人民法院、最高人民检察院、公安部联合下发《关于及时查处在经济纠纷案件中发现的经济犯罪的通知》规定,“各级人民法院在审理经济纠纷案件中,如发现有经济犯罪问题,应按照最高人民法院、最高人民检察院、公安部《关于执行刑事诉讼法规定的案件管辖范围的通知》,将经济犯罪的有关材料分别移送给有管辖权的公安机关或检察机关侦查、起诉,公安机关或检察机关均应及时予以受理”。这是最早有关刑民交叉的规范性文件,提出了“先刑后民”原则。1987年3月11日,最高人民法院、最高人民检察院、公安部联合发布《关于在审理经济纠纷案件中发现经济犯罪必须及时移送的通知》作进一步规定,“人民法院在审理经济纠纷案件中发现经济犯罪时,一般应将经济犯罪与经济纠纷全案移送,依照刑事诉讼法第五十三条和五十四条的规定办理;如果经济纠纷与经济犯罪必须分案处理的,或者经济纠纷经审结后又发现有经济犯罪的,可只移送经济犯罪部分。对于经公安、检察机关侦察,犯罪事实搞清后,仍需

---

① 王林清、刘高:《民刑交叉中合同效力的认定和诉讼程序的构建》,载《法学家》2015年第2期。

分案审理的,经济纠纷部分退回人民法院继续审理”,这被视为“先刑后民”的最终确立。上述两个文件已于2013年1月被废止。

1998年4月21日,最高人民法院发布《关于在审理经济纠纷案件中涉及经济犯罪嫌疑若干问题的规定》,第1条规定“同一公民、法人或其他经济组织因不同的法律事实,分别涉及经济纠纷和经济犯罪嫌疑的,经济纠纷案件和经济犯罪嫌疑案件应当分开审理”;第10条规定“人民法院在审理经济纠纷案件中,发现与本案有牵连,但与本案不是同一法律关系的经济犯罪嫌疑线索、材料,应将犯罪嫌疑线索、材料移送有关公安机关或检察机关查处,经济纠纷案件继续审理”;第11条规定“人民法院作为经济纠纷受理的案件,经审理认为不属于经济纠纷案件而有经济犯罪嫌疑的,应当裁定驳回起诉,将有关材料移送公安机关或检察机关”。这被认为是“先刑后民”最全面、最清晰的规定,在一定程度上纠正了上述最高人民法院1985年和1987年两个通知“全案移送”(一概移送)的做法。该规定既规定了“先刑后民”原则,也规定了“刑民并行”原则。

2014年3月25日,最高人民法院、最高人民检察院、公安部联合下发《关于办理非法集资刑事案件适用法律若干问题的意见》,第7条规定“关于涉及民事案件的处理问题:对于公安机关、人民检察院、人民法院正在侦查、起诉、审理的非法集资刑事案件,有关单位或者个人就同一事实向人民法院提起民事诉讼或者申请执行涉案财物的,人民法院应当不予受理,并将有关材料移送公安机关或者检察机关。人民法院在审理民事案件或者执行过程中,发现有非法集资犯罪嫌疑的,应当裁定驳回起诉或者中止执行,并及时将有关材料移送公安机关或者检察机关。公安机关、人民检察院、人民法院在侦查、起诉、审理非法集资刑事案件中,发现与人民法院正在审理的民事案件属同一事实,或者被申请执行的财物属于涉案财物的,应当及时通报相关人民法院。人民法院经审查认为确属涉嫌犯罪的,依照前款规定处理”。对于非法集资类犯罪的处理,该意见延续规定了“先刑后民”原则,只是较之前的规定,将刑民交叉问题处理上的“同一性”标准从“不同的法律事实”“同一法律关系”的表述更换为“同一事实”的表述。

2015年8月6日,最高人民法院公布《关于审理民间借贷案件适用法律若干问题的规定》,第5条规定“人民法院立案后,发现民间借贷行为本身涉嫌非法集资犯罪的,应当裁定驳回起诉,并将涉嫌非法集资犯罪的线索、材料移送公安或者检察机关”;第6条规定“人民法院立案后,发现与民间借贷纠纷案件虽有关联但不是同一事实的涉嫌非法集资等犯罪的线索、材料的,人民法院应当继续审理民间借贷纠纷案件,并将涉嫌非法集资等犯罪的线索、材料移送公安或者检察机关”。该规定延续了“同一事实”的认定标准,既延续规定了“先刑后民”原则,也延续规定了“刑民并行”原则。

2017年11月24日,最高人民检察院、公安部联合发布《关于公安机关办理经济犯罪案件的若干规定》,第22条规定“涉嫌经济犯罪的案件与人民法院正在审理或者作出生效裁判文书以及仲裁机构作出裁决的民事案件有关联但不属同一法律事实的,公安机关可以立案侦查,但是不得以刑事立案为由要求人民法院移送案件、裁定驳回起诉、中止诉讼、判决驳回诉讼请求、中止执行或者撤销判决、裁定,或者要求人民法院撤销仲裁裁决”,从另一角度强化规定了“刑民并行”原则。

2019年11月8日,最高人民法院《全国民商事审判会议纪要》第十二章关于民刑交叉案件的程序处理,规定了同一当事人因不同事实分别发生民商事纠纷与刑事犯罪应当分别审理的情形、涉众型经济犯罪与民商事案件交叉的处理程序以及民刑交叉案件中民商事案件中止审理的条件,规范了“民刑并行”“先刑后民”的程序处理。

通过梳理以上各项规定可以看出,我国刑民交叉相关规定的历史沿革,从其演化中能够感受到该司法规则日益丰富,司法原则源于生动活泼的司法实践,又反过来指导司法实践;从一开始的“先刑后民”,逐渐地演变出“刑民并行”“先民后刑”等。

二、破产案件刑民交叉的分类

(一)从涉刑主体上区分,分为破产企业的股东、实际控制人、董监高、员工涉刑与破产企业涉刑

破产企业的股东、实际控制人、董监高、员工涉刑,指股东、实际控制人、董监高、员工等个人犯罪,办案机关追究自然人刑事责任,破产企业不涉及单位犯罪。虽然是自然人犯罪,但往往会涉及破产企业。比如,对涉案人加以刑事措施,会影响破产审理、破产管理与破产处置;涉案人侵占、侵吞、不当处置破产企业财

产，会影响破产程序中对债务人财产的追收、收回、变现、分配等；涉资金类案件（如非法集资罪、非法吸收公众存款罪、骗取贷款罪等），会影响被害人的经济损失是否纳入破产债权范围，如果被纳入破产债权范围的话，是以刑事判决认定的经济损失作为债权认定依据，还是按民商法律规则予以审查认定，也会产生冲突。虽然破产企业自然人涉刑，但可能与破产事务交织在一起，形成破产审判的"民刑交叉"问题。在实践中，民营企业不涉刑，但其实际控制人、高管、员工涉刑，[①]虽然最终按"民刑并行"处理，但客观上还是影响了部分破产工作的进度。

破产企业涉刑是单位犯罪，通常在妨害对企业的管理秩序罪、破坏金融管理秩序罪、金融诈骗罪、危害税收征管罪等领域多发。破产企业涉刑后办案机关对企业实际控制人、有关直接责任人员采取刑事强制措施会与破产程序中需要实际控制人配合产生冲突；对刑事涉案财物采取查封扣押冻结，会与管理人全面接管破产财产的履职产生冲突；法院判决认定被害人的经济损失，对单位判处罚金，并判处退赃退赔，会与债权申报、债权审查认定、破产财产分配等产生冲突。在实践中，发生过破产企业涉刑与破产企业的股东、实际控制人涉刑交织在一起，一并被追究刑事责任。[②]

（二）从时间上区分，分为破产程序早于刑事程序与破产程序晚于刑事程序

破产程序早于刑事程序，是指在破产程序启动之后、在破产程序进行中发生了破产企业涉刑案件，或破产企业的股东、实际控制人、董监高、员工涉刑案件。破产程序晚于刑事程序，是指在破产程序启动之前，就已经发生了破产企业涉刑案件，或破产企业的股东、实际控制人、董监高、员工涉刑案件。

破产程序与刑事程序孰先孰后，在通常情况下并不影响对破产案件刑民交叉的程序处理和实体处理，但也有例外。譬如，某债务企业涉及非法集资被刑事立案在先，而该债务企业又是单纯从事资金揽放业务的（如 P2P 平台），在刑事诉讼未终结之前提起破产清算的，人民法院应当裁定不予受理。实务界人士也提出，对于单纯从事"非吸"平台企业，由于没有其他经营等债务，资产负债清理与刑事裁决的执行所涉及的事实完全相同，刑事在先应无问题。反之，假设该债务

① 参见晋江市人民法院（2018）闽 0582 刑初 2439 号刑事判决书。

② 参见泉州市丰泽区人民法院（2017）0503 刑初 321 号刑事判决书，泉州市中级人民法院（2019）闽 05 刑终 598 号刑事判决书。

企业进入破产程序后,人民法院发现企业主实施了"假破产、真逃债",涉嫌虚假破产罪或其他刑事犯罪,应当及时将有关材料移交刑事机关,并裁定驳回申请。

上述两种情形因涉刑申请破产时应裁定不予受理,或者受理之后经过审查后裁定驳回申请,是较典型的"先刑后民",导致在破产程序中"刑民无实质交叉",无须处理刑民交叉后引发的一系列实体问题。因此,从刑民立案时间上分别考察涉刑案件的性质、是否予以受理、受理后是否应予驳回、对日后审理破产案件可能带来的影响等,具有现实意义。

(三)从涉嫌犯罪类型上区分,分为虚假破产罪等破产欺诈犯罪与破产欺诈类犯罪以外的犯罪

由于虚假破产罪等破产欺诈犯罪本质上是"假破产、真逃债"的犯罪行为,是刑事法律与刑事政策重点打击的对象之一。只要涉及此类犯罪,无论是破产受理之前或者之后,均应当移送刑事侦办,严格执行"先刑后民",并裁定不予受理。当虚假破产罪侦查终结后,证明犯罪指控不存在或不构罪的,人民法院可以重新审查破产申请,符合企业破产法规定的予以受理。

而涉虚假破产罪等破产欺诈犯罪以外罪名的,无论是破产受理之前或者之后,原则上贯彻执行"刑民并行",破产程序与刑事程序既互相独立又相互协调推进,共同解决在破产程序中的刑民交叉问题。"先刑后民""先民后刑"是补充,应具体案件具体分析,然后分别作出处理。

三、破产案件刑民交叉程序的处理原则

刑民交叉经历发展和演变,整个脉络逐渐清晰起来,但仍然存在很大争议,从"先刑后民"逐渐地演化出"刑民并行""先民后刑"。破产实践积累了丰富案例和宝贵经验,运用刑民交叉一般原理与规则,结合破产实际,总结和提炼破产中刑民交叉程序的处理原则,具有积极意义和指导作用。

笔者认为,应当确立以"刑民并行"为一般原则,以"先刑后民""先民后刑"为补充原则,坚持原则与灵活运用相结合来处理破产案件刑民交叉遇到的相关法律问题。

1. 从刑民交叉产生与发展过程来看,最早产生"先刑后民""一刀切"做法到后来废止最早规定,出台相对灵活、变通的规则再到后来逐渐地演化出"刑民并

行”“先民后刑”，并在后续出台的相关司法解释、规范性文件中强调“刑民并行”的重要性，从中可以看出在纠正先前“先刑后民”的做法，这种纠偏的背后有其深刻的社会原因，在强调“先刑后民”的时代，维稳思维作怪。但随着社会经济与民主法制的发展、依法治国方略的实施，在民事程序中，即使不应该抛弃“先刑后民”，也应当对其有所控制和制约。

经过30多年的实践与发展，刑民交叉演化出“先刑后民”“刑民并行”“先民后刑”等处理原则，有着丰富的内涵，它们既承担着各自功能，也互相牵连，在具体适用上，应当具体问题具体分析，再不能搞“一刀切”做法。

2. 从民事程序与刑事程序的不同功能来看，它们分属于不同的法律部门，调整社会关系的不同领域，实现不同的法律功能。民事程序解决的平等主体之间的纠纷，刑事程序追究的是犯罪行为。不能将两种法律程序对立起来，不能在适用上“非此即彼”，更不能将“先刑后民”绝对化和常态化。[①]

理论上，破产程序属于广义上的民事程序，但又有别于一般的民事程序，破产程序的功能在于规范企业破产，公平清理债权债务，保护债权人和债务人的合法权益，维护社会主义市场经济秩序，是一种概括性执行程序。我国《企业破产法》兼具私法和公法的双重属性，既要解决债权债务清偿的民商事法律问题，还要解决企业破产时的社会公平问题，亦即其追求高效与公平这两项目标。[②] 因此，破产程序不同于一般的民商事程序，更与刑事程序功能有别，在破产程序出现刑民交叉时，破产程序与刑事程序协调推进，契合法律精神。

3. 从破产法的价值与破产程序的实践来看，破产法的价值在于对全体债权人实施一种公平保护，在于对全体债权人实现公平偿债，在于对诚信的债务人给予依法免债，从而实现社会的公平与正义。在破产程序中，往往涉及众多债权人，往往涉及对破产财产清资核产，受理法院、管理人、债权人会发起对破产财产的追收、取回等，保护破产财产不流失，保护破产财产的保值、增值。当破产程序启动后，如因某一刑事程序而导致破产程序发生中止或终结，则会涉及广大债权人、破产企业等各方重大利益，特别是刑事程序往往过于冗长，一拖少则数个月，

---

① 参见陕西破产法研究会：《破产案件所涉刑民交叉问题研讨综述》，载陕西省法学会官网：http://www.sxfx.org.cn/ListContent.aspx?hit=207&id=2052，最后访问日期：2019年10月19日。

② 参见王欣新：《破产前沿问题思辨》（上册），法律出版社2017年版，第29页。

多则数年,如果一味地适用“先刑后民”,当刑事程序终结后再来处理破产程序,可能会导致破产财产流失殆尽,债权人通过各种法律、非法律手段哄抢企业财产,甚至引发债权人集体上访、闹访等社会问题,造成破产法无法实现自身价值,名存实亡。

因此,对于破产案件刑民交叉程序的处理原则,虽然目前法无明文,但实务界希望立法机关、司法机关能够尽早确立相关司法规则,以更好地指导司法实践。同时,在法律法规和司法解释未出台前,深刻理解相关司法解释、规范性文件的精神,并运用于破产工作中指导破产实践更是当务之急。

四、破产程序和刑事程序的交叉运用

(一)破产中发现刑事犯罪事实或线索,移送刑事侦查程序

综观最高人民法院、最高人民检察院及公安部的相关规定,人民法院在审理民商事案件中(含破产案件),如发现经济犯罪事实或线索的,应当移送公安机关侦查。启动移送程序包含3种情形:法院依职权审查移送;当事人向公安机关报案、控告,公安机关予以立案侦查,或当事人向人民法院申请移送刑事侦查;以及公安机关或人民法院不予办理,当事人申请检察院予以法律监督。在破产案件审理中,人民法院发现经济犯罪事实或线索,依照司法解释或规范性法律文件规定,应当移送公安机关侦查。在程序上,如果人民法院认为债务人涉嫌虚假破产罪等破产欺诈犯罪,公安机关也认为债务人构罪并予以立案,则按“先刑事后民事”,破产法院应当裁定驳回破产申请;相反,如果公安机关认为债务人不构罪而不予立案,破产法院应当继续破产案件的审理。如果人民法院认为债务人或者债务人的实际控制人、股东、董监高、员工等涉嫌破产欺诈犯罪以外的其他犯罪,需要移送公安机关刑事侦查,公安机关也认为债务人或债务人相关人员构罪并予以立案侦查,人民法院应当具体案件具体分析:一般情况下刑事部分并不影响破产程序继续进行,构成“刑民并行”,破产程序与刑事程序各自进行,协调推进;相反,如果公安机关认为债务人或债务人相关人员不构罪而不予立案侦查的,破产法院应当继续破产案件的审理。

在破产程序中,当发现刑事犯罪事实或线索,由谁启动刑事程序?对此,法律、司法解释或规范性文件并无明文规定。破产法规定了管理人肩负着调查、追

收、管理、估价、处分、分配债务人财产之职责，无论管理人在工作中发现相关犯罪事实或线索，或者管理人接到相关举报、控告而获得相关犯罪事实或线索，或者相关机构、部门向管理人移送相关犯罪事实或线索，管理人负有筛查、初查、复核的权限和职能，并根据调查情况提出专项报告，包括犯罪线索的来源、犯罪事实的调查、对照刑法和刑事诉讼法提出初步意见和建议，报告于债权人会议或债权人委员会，并报告审理法院，这是启动刑事程序的前期工作。法院接到管理人专项报告后，如果经过审查判断认为涉嫌构成犯罪需要移送刑事侦查的，是否需要听取债权人会议或债权人委员会意见？当法院作出移送决定时，是由管理人直接向公安机关移送犯罪事实或线索，还是由审理法院直接向公安机关移送？这些程序性安排，法律也未作出规定。结合两高及公安部关于刑民交叉的相关规定精神，笔者认为，应当由法院决定是否移送，当法院作出移送决定后也应当由法院直接经办，由管理人负责移送缺乏法律依据，实际效果也不理想。在云海体育清算案①中，管理人移送工作遇到了困难。对此，笔者认为，解决“移送难”的问题，可以通过府院联动机制协调解决，也可以向人民检察院申请法律监督，但这均属个案协调，不如法律、政策规定具有稳定性，不是长久之计。

（二）刑事案件未审结是否导致破产程序中止

我国《民事诉讼法》第150条第1款第5项规定，本案必须以另一案的审理结果为依据，而另一案尚未审结的，人民法院应当裁定中止诉讼。在破产程序中，无论是破产企业涉刑，或是破产企业的股东、实际控制人、董监高、员工涉刑，判断是否应当中止破产程序的标准在于刑事涉案的财产与破产财产是否高度混同。这里的破产财产是指整体上的破产财产，而不是指某一部分破产财产，如果仅是某一部分破产财产与刑事涉案的财产混同，不能中止破产程序。比如，企业涉嫌虚假破产罪，针对的是整个债务人企业的财产，而不是其中某一部分财产。根据《民事诉讼法》的规定，虚假破产罪决定着破产程序是否能够进行下去，罪名成立则破产程序终止，罪名不成立则破产程序照常进行。在泉州民营企业破产涉刑的几个案件中，都属于破产程序与刑事程齐头并进、交叉进行，并无先后之分。尚未遇到刑事案件导致破产程序中止之情形。

---

① 参见泉州市中级人民法院（2018）闽05破8号民事裁定书。

（三）破产程序中，被办案机关查封扣押冻结财物的解除保全

《企业破产法》第19条规定，“人民法院受理破产申请后，有关债务人财产的保全措施应当解除，执行程序应当中止”。《破产法司法解释二》第7条规定，“对债务人财产已采取保全措施的相关单位，在知悉人民法院已裁定受理有关债务人的破产申请后，应当依照企业破产法第十九条的规定及时解除对债务人财产的保全措施”。在学理解释上，这里的“相关单位”应当包括司法机关、刑事机关、行政机关。但实践中仍然存在问题，因为目前的解释仅停留在司法解释层面，对刑事机关、行政机关是否有约束力并不明确。

实践中，刑事部门往往会对涉刑案件的财产采取查封扣押冻结强制措施，当管理人依照破产法规定向刑事部门申请解除保全措施时，刑事部门经常以追缴赃物赃款、退赔被害人经济损失等为由拒绝解除保全措施，二者发生冲突。同时，行政执法部门依据《行政强制法》规定，也可以对行政行为相对人破产企业实施查封扣押冻结强制措施，当管理人申请解除保全措施时，行政机关会以查处行政违法行为为由拒绝解除行政措施，二者也会发生冲突。

目前，法律没有规定受理破产法院可以径行裁定解除保全措施，这会给破产实践带来困难，让管理人、法院无所适从。因此，在全国人大法工委立法解释规定“受理破产申请的人民法院可以径行裁定解除原有保全措施”①之前，由管理人、法院与刑事部门、行政机关沟通协调解决，是目前唯一可行有效的途径。当然，如果被查封扣押冻结的财产已特定化，即该财产可以从破产财产中剥离出来，与破产企业的其他财产相区别，则刑事部门、行政机关可以继续查封扣押冻结，留待程序终结时发还被害人等。而财产特定化在实操中缺少规范，存在争议，这有待于在立法上加以明确规定。

（四）刑事退赔被害人损失与破产债权审查认定的衔接程序

我国《刑法》第64条规定，“犯罪分子违法所得的一切财物，应当予以追缴或者责令退赔，对被害人的合法财产，应当及时返还；违禁品和供犯罪所用的本人财物，应当予以没收。没收的财产和罚金，一律上缴国库，不得挪用和自行处理”。在泉州市民营企业破产案例中，出现许多被害人在企业进入破产程序前，

① 奚晓明主编：《关于企业破产法司法解释理解与适用》，人民法院出版社2013年版，第172页。

通过诉讼调解、仲裁调解方式取得生效的裁判文书;在进入破产程序后,他们向管理人申报债权;在后来的刑事程序中,他们又以被害人身份主张赔偿损失,刑事判决以被骗本金扣除已收回的本金、利息的余额作为赔偿经济损失的数额。在这3个程序中,产生了3个债权(权利)金额:一是在诉讼、仲裁程序中产生的本金、利息金额,该金额最多;二是在破产程序中认定的债权金额,该金额由本金加上截止破产受理日计算的利息组成,该金额居中;三是刑事程序中刑事判决认定退赔损失的金额,该金额最少,由本金扣除历史上被害人已收回的部分本金加上已收回的利息后的余额。在破产分配程序中,到底应当执行何种标准来认定债权人债权,是管理人面临的棘手问题。

根据目前刑事规范,认定被害人损失是对刑事被告人定罪处刑的重要依据,当人民法院认定被害人经济损失后,应当同时判处退赔,这是法律上的强制性规范。因此,有人认为,在目前缺乏相关法律规范的情况下,受理破产申请的人民法院,以及管理人在刑事判决下达之前,加强与刑事审判的人民法院沟通协调,在作出刑事判决中不对被害人的损失金额进行退赔,这在法理上是说不通的,也与现行法相悖。也有人认为,"破产程序与刑事程序的衔接,原则上以刑事程序能够基本清理完毕刑事受害人债权为原则"。[①] 笔者认为,从被害人实现债权的角度来看,此说法有一定道理,但两个程序的衔接应有更大的外延,故而,该说法有一定的局限性。

笔者认为,基于破产程序是特别程序,在债权人(含被害人)债权审查认定问题上,应当优先适用破产程序,与其他未列为被害人的债权人享有同等待遇、公平对待,既不能劣后,也不能优先,执行债权审查认定金额,实质上是依据法律规则,基于公平合理原则,对被害人的经济损失进行一定幅度的调整,将刑事认定金额调整至破产程序认定的债权金额,这在法理上说得通,也符合逻辑。在实践中,经过诉讼、仲裁程序所形成的生效裁判文书是债权人申报债权的重要依据,也是管理人初步审查债权的主要依据,管理人依据债权人申报情况、申报证明材料形成初步审查意见,可以对照刑事判决书认定进行比对,但不以刑事判决书认定为依据,而是形成一个独立的初审结论,从而同等保护刑事被害人的债权权利。

---

① 唐华:《破产案件中的刑民交叉问题——从解读破产法的目的与功能出发》,载王欣新、郑志斌主编:《破产法论坛》(第13辑),法律出版社2018年版,第689页。

(五)刑事程序中追赃追回财产的处置程序

在刑事程序中,由于刑事侦查手段的介入,债务企业及实际控制人、股东、高管、员工等在被刑事调查过程中,自愿退赃、退还赃款赃物时有发生。在刑事程序中,追赃的目的是发还、退赔给被害人,执行退赔的标准是赃款赃物能够特定化。当赃款赃物不能特定化时,如何处置?一是犯罪人利用债务企业等作为手段实施犯罪所得,应纳入债务人财产的范围;二是犯罪人的个人非法取得赃款所得能否一并纳入破产财产范围,如果个人人格与企业人格混同,或者犯罪人利用职务实施犯罪所得,完全可以将其纳入企业财产范围,在破产程序中一并处置分配。

第二节 破产涉刑请求权的清偿顺位

民营企业破产中的刑民交叉问题不仅涉及集中于破产程序中的刑事与民事程序规则的冲突,还在破产请求权类型的实体层面面临刑事与民事的竞合。进入破产程序中的债务人处于丧失债务清偿能力的极端困境,债务人资产往往无法清偿全部对外债务,债务人的各方权利人基于不同类型的请求权在破产程序中按照破产程序统一受偿,实现破产程序中的公平受偿的前提是适用统一、公平的破产请求权清偿顺位规则。因此,破产权利清偿顺位也成为破产法律制度中重点与难点,破产涉刑请求权的加入更加剧了破产权利清偿顺位规则设置的困难。民营企业破产涉刑请求权主要包括刑事追缴金、刑事罚金等请求权类型,需要针对不同涉刑请求权,与破产民事请求权进行细致的比较,妥当设置刑民请求权的破产清偿顺位,以实现破产正义的理念。

一、泉州市民营企业破产中的涉刑请求权问题

请求权原为私法概念,破产本质上为私法意义上的权利实现程序,基于债务人财产提出的权利实现主张,无论权利源泉为刑法、行政法或民法,在破产程序中均表现为请求权。民营企业破产涉刑请求权主要包括刑事追缴金、刑事罚金等请求权类型。

泉州市在民营企业破产处置中,重视发挥府院联动,在维护民营企业合法权

益的同时,积极应对涉刑问题。具体而言,包括以下工作举措。一是创新打击恶意逃废债工作机制,有效追回破产"刑民交叉"所涉追缴金。健全打击企业恶意逃废银行债务工作机制,实行"镇街、部门、公安三级约谈,案件调处组、防控办两级会商"打逃机制,明确打击逃废债工作流程,精准定位恶意逃废债企业打击对象,开展深层次打击行动。二是创新联合惩戒限制措施,在落实失信人员联合惩戒措施的基础上,创新失信人员全方位限制举措,出台了《金融风险重点企业限制措施》,提升或新增限制措施。另外,泉州市中级人民法院联合有关部门出台的《刑民衔接意见》规定重点排查以下涉嫌刑事犯罪的行为:

1. 以欺骗手段取得银行等金融机构贷款(涉嫌骗取贷款罪)或者以非法占有为目的诈骗银行等金融机构贷款(涉嫌贷款诈骗罪)的行为;

2. 采用多种方法掩饰、隐瞒明知是破坏金融管理秩序犯罪、金融诈骗犯罪等违法所得及其收益的来源和性质的行为(涉嫌洗钱犯罪);

3. 对人民法院的判决、裁定有能力执行而拒不执行,情节严重的行为(涉嫌拒不执行判决、裁定罪);

4. 隐藏、转移、变卖、故意毁损已被司法机关查封、扣押、冻结的财产,情节严重的行为(涉嫌非法处置查封、扣押、冻结的财产罪);

5. 为谋取不正当利益,以捏造的事实提起民事诉讼,妨害司法秩序或者严重侵害他人合法权益的行为(涉嫌虚假诉讼罪);

6. 隐匿或者故意销毁依法应当保存的会计凭证、会计账簿、财务会计报告,情节严重的行为(涉嫌隐匿、故意销毁会计凭证、会计账簿和财务会计报告罪);

7. 银行业从业人员职务犯罪行为(涉嫌受贿罪、非国家工作人员受贿罪、贪污罪、职务侵占罪、挪用公款罪、挪用资金罪、违法发放贷款罪等);

8. 破产案件审理过程中发现的公司股东、发起人、实际控制人、经营者、董事、监事、高级管理人员、财会人员等违反法律规定涉嫌犯罪的行为(涉嫌职务侵占罪、挪用资金罪、虚报注册资本罪、虚假出资、抽逃出资罪、妨害清算罪、虚假破产罪等;

9. 其他严重损害经济金融平稳健康发展并涉嫌刑事犯罪的行为。

骗取贷款罪、贷款诈骗罪等诈骗类罪名,洗钱类犯罪,非法处置查封、扣押、冻结的财产罪,职务侵占罪、挪用资金罪、虚报注册资本罪、虚假出资、抽逃出资罪、妨害清算罪、虚假破产罪等罪名，在破产程序中将涉及刑事追缴金、刑事罚金的清偿；拒不执行判决、裁定罪，虚假诉讼罪，隐匿、故意销毁会计凭证、会计账簿和财务会计报告罪，受贿罪、非国家工作人员受贿罪、贪污罪、职务侵占罪、挪用公款罪、挪用资金罪、违法发放贷款罪等罪名，在破产程序中将主要涉及刑事罚金的清偿。

二、民营企业破产中涉刑请求权的界定

（一）刑事追缴的内涵与性质

我国《刑法》第64条规定了刑事追缴的适用情形，对“犯罪分子违法所得的一切财物，应当予以追缴或者责令退赔；对被害人的合法财产，应当及时返还”。2014年《刑事裁判涉财产执行的规定》第10条第1款、第4款分别规定：“对赃款赃物及其收益，人民法院应当一并追缴”，“对于被害人的损失，应当按照刑事裁判认定的实际损失予以发还或者赔偿。”

针对刑事追缴的外延，刑法学界主要有以下不同的观点：（1）追缴是指将罪犯的违法所得强制收归国有；①（2）追缴是有权的司法机关对犯罪分子违法取得的相关财物采用强制手段缴回的司法行为，对缴至司法机关的财物最终应如何处置，并不是追缴这一法律行为所能涵摄的，其应属于返还、没收等应予表达的内容，②即追缴并不涵盖违法所得财物的最终归属；（3）在我国刑法中，追缴是对特定的财物的强制性划拨、缴纳行为，并非一种程序上的强制措施，而应当是一种终局性处分措施；③（4）追缴为刑事诉讼的具体环节，刑事追缴涉及刑事诉讼的各阶段、各部门，它既包括司法机关追回赃款赃物的过程行为，又包括司法机关对赃款赃物进行最后处理的结果行为。④ 笔者同意第二种主张，从法律规范实证分析角度考虑，我国《刑法》第64条将追缴与责令退赔并列，并未将追缴的外延伸展至最终的处分结果上。扩言之，追缴的违法所得可能有3种处理结果——“上缴国库”、“责令退赔”和“返还被害人”，而刑法没收的结果只有一种，

① 参见郎胜主编：《中华人民共和国刑法释义》，法律出版社2009年版，第63页。
② 参见徐娟：《刑事追缴研究》，西南政法大学2013年硕士学位论文，第2页。
③ 参见张伟、戴哲宇：《浅析刑事涉案财物的追缴及分配》，载《法学杂志》2017年第5期。
④ 参见杜芳：《论刑事追缴程序》，载《求索》2009年第1期。

即“上缴国库”。[①] 这也是追缴与刑事返还、责任退赔、没收财产等范畴的区别。

(二)刑事追缴与刑事罚金的辨析

刑事追缴具有不同于刑事罚金的属性。前者体现的是对受害人经济损失的补偿,追缴款项一般应返还给受害人;而后者除对受害人的精神慰藉外,还主要彰显了犯罪行为对国家社会秩序的破坏与法律对其的否定性评价,通过刑事罚金这一“惩罚性赔偿”手段,实现对社会公共利益维护的目的,由此,刑事罚金收缴后要归于国库。追缴最根本的任务是剥夺行为人的犯罪收益,通常的罚金刑不能实现此目的,而追缴恰恰是一种不关罪责的财产权利法秩序的维持。[②] “不让犯罪分子从犯罪行为中得到利益”是法律公正、合理的应有之义,是刑事追缴制度存在的法理基础,其背后思想是刑罚功利主义。[③]

(三)破产刑民交叉的清偿思路

刑事追缴是针对赃款赃物的处置措施,而赃款赃物是以违法犯罪行为的成立为前提的,因此,刑事追缴与刑事罚金在程序上均只有通过司法机关的生效裁决才能予以认定。由此就产生了有权机关的认定与破产程序的开展之间关系处理的问题。笔者认为,首先,刑事程序与破产程序可以协调进行,但最终追缴金、刑事罚金必须在破产程序中统一清偿。这是在债务人丧失清偿能力的情况下,充分、公平地保障债权人受偿利益的要求,且破产债权既有的申报、确认与清偿规则能够满足刑事法律关系中受害人以及国家利益保障的需要,我国《企业破产法》第 19 条也支持了通过破产程序一并处置的方式。其次,对于债务人被宣告破产后,刑事案件尚未审结的,可以采用 2013 年《浙江高院民二庭企业破产案件涉集资类犯罪讨论纪要》中提出的处理方式,其规定:“管理人可以参照企业破产法第 119 条的规定,将登记为破产债权人的犯罪受害人的分配额留存。管理人根据企业破产案件和相关集资类犯罪刑事案件的情况,拟定针对以下财产的附条件分配方案:(1)解除刑事查封、冻结措施后交由企业破产程序分配的财产;(2)刑事诉讼程序终结后追回的财产;(3)不属于涉集资类犯罪赃款赃物,依法发还的债务人企业合法财产。法院对前款情形的破产财产分配方案的合法性、

---

① 陈灿平:《刑民实体法关系初探》,法律出版社 2009 年版,第 128 页。

② 参见徐娟:《刑事追缴研究》,西南政法大学 2013 年硕士学位论文,第 8 页。

③ 参见吴广哲:《论我国追缴违法所得判决的实现路径》,载《河北法学》2017 年第 1 期。

合理性和可操作性进行审查,并依法作出裁定。”

2014年《刑事裁判涉财产执行的规定》第13条规定:“被执行人在执行中同时承担刑事责任、民事责任,其财产不足以支付的,按照下列顺序执行:(1)人身损害赔偿中的医疗费用;(2)退赔被害人的损失;(3)其他民事债务;(4)罚金;(5)没收财产。债权人对执行标的依法享有优先受偿权,其主张优先受偿的,人民法院应当在前款第(1)项规定的医疗费用受偿后,予以支持。”其中第2项“退赔被害人的损失”即为追缴金,《刑事裁判涉财产执行的规定》将追缴金列于一般民事债权之前清偿,刑事罚金劣后受偿,刑事执行顺位安排基本合理。

三、破产程序中刑事追缴的开展

(一)破产取回权与刑事追缴

我国《企业破产法》第38条规定:“人民法院受理破产申请后,债务人占有的不属于债务人的财产,该财产的权利人可以通过管理人取回。”取回权并非创设性权利,而是民法的返还原物请求权在破产程序中的反映,返还原物请求权作为保护所有权的最主要方式,旨在救济所有权人对物的占有,是民法上一项极为重要的物权请求权。[①]《物权法》第34条规定:“无权占有不动产或者动产的,权利人可以请求返还原物。”取回权制度的价值基础是“不得将他人财产据为己有”的朴素的公平观念,不应仅依据债务人占有财产的表象就认定该财产归其所有,进而作为债务人的破产财产。在这一观念下,取回权成立的终极性依据在于经济、道德以及社会一般观念层面权利的实际归属,因此,其“权源”并不局限于民法上的“物权”。[②] 破产法上的取回权分为一般取回权与特别取回权,后者通常包括出卖人取回权(《企业破产法》第39条)、代偿取回权(《破产法司法解释二》第32条)和行纪人取回权。对行纪人取回权,目前我国破产法中虽然尚无明确规定,但是,由于其在一般民事法理上成立,所以在司法实践中原则上得到了承认。[③]

对于债务人从事犯罪行为所获得的特定物,由受害人通过行使破产取回权,取回追缴物。问题在于,债务人不法获取的货币等种类物,权利人能否行使破产

① 参见滕佳一:《返还原物请求权体系解释论》,载《比较法研究》2017年第6期。
② 参见许德凤:《论债权的破产取回》,载《法学》2012年第6期。
③ 参见王欣新:《破产法》(第3版),中国人民大学出版社2011年版,第145页。

取回权取回？就法理而言，货币是具有高度代替性的种类物与消费物，占有货币的主体即被推定为货币的所有权人，货币一般不发生所有物返还请求权与占有恢复的诉权问题。[①]《最高人民法院关于河南省高级人民法院就郑州亚细亚五彩购物广场有限公司破产一案中董桂琴等50家商户能否行使取回权问题请示的答复》（〔2003〕民二他字第14号）指出："董桂琴等50家商户与亚细亚五彩购物广场有限公司（以下简称五彩购物广场）形成了委托收取销售货款的关系，现有证据不能证明五彩购物广场对所收取的货款开立专门账户加以管理，即五彩购物广场代收的货款没有特定化。由于货币作为动产的特殊属性，董桂琴等50家商户对没有特定化的货款不具有所有权关系，在企业破产还债程序中不能行使取回权，可以以普通债权人的身份参与破产财产的分配。"因此，如果对特定货币行使取回权，则必须通过一些特殊方式将该货币独立出来，使其具有区别于其他货币的特征，此时，货币才具有物的特定性。[②] 且该货币在破产程序启动之前已经独立存在，在法院受理破产申请之后产生的货币返还请求权，需要通过共益债务来实现，而非行使取回权。

随着交易形式的多样化发展，将货币特定化的保证金交易，如开立信用证保证金、股民保证金、信托资金等形式逐渐出现。在这种交易形式下，货币虽然转移占有，但由于其与占有人自有资金相对独立，并且是可识别的，基于当事人之间的交易安排，权利人并不丧失已转移货币的所有权，出于保护权利人的目的，应当确认当事人的这种安排，客观上使货币的占有与所有相分离。[③] 例如，我国证券公司的客户交易结算资金也是一种货币表现形态，但因其在商业银行独立于证券公司，以单独客户的名义立户管理，具备了特定财产的独立性特征，而具有了成为取回权标的物的"资质"。因此，《证券法》第139条第2款规定："证券公司不得将客户的交易结算资金和证券归入其自有财产。禁止任何单位或者个人以任何形式挪用客户的交易结算资金和证券。证券公司破产或者清算时，客户的交易结算资金和证券不属于其破产财产或者清算财产。非因客户本身的债

---

① 参见张小姣：《破产程序中特定化货币取回权研究》，吉林大学2015年硕士学位论文，第3页。

② 同上书，第8页。

③ 参见郑余秋：《论证券公司破产程序中的客户保护》，中国政法大学2009年硕士学位论文，第10页。

务或者法律规定的其他情形，不得查封、冻结、扣划或者强制执行客户的交易结算资金和证券。”同时，就信托财产而言，根据《信托法》第15条、第16条的规定，信托财产不属于委托人或受托人财产，当委托人或受托人被宣告破产时，信托财产不作为其清算财产；除非委托人是唯一受益人的，信托终止，信托财产作为其清算财产；当委托人作为共同受益人时，其信托受益权作为清算财产。由此，在受益人被宣告破产情形下，可以得出，信托财产亦独立于受益人的财产，信托关系并不终止，但受益人所享有的受益权可以作为破产财产用于分配。[①] 信托财产的所有权人可以在信托财产未被依法归入破产财产的情形下行使取回权。而信托财产往往以设置独立账户中的货币形式展现，其独立性也为破产取回权的行使创造了条件。在德国破产程序中，当信托受托人破产时，委托人可以根据其在债法上的返还交付请求权取回，但如果信托受托人只是在债法上承诺将一个向来属于受托人的标的物，在将来为委托人以信托形式来持有，则委托人不得取回。[②] 由此，取回权以特定物为标的，作为种类物的货币在一定条件下可以转化为特定物，从而消除成为取回权标的的障碍。例如，债务人被刑事法院认定构成骗取出口退税罪，倘若其骗取的出口退税款置于设立的专用账户中，该账户与债务人其他账户得以实现完全隔离，从而该账户中的货币具有了特定性，对于骗取出口退税款的债务人破产程序启动后，债务人独立的出口退税专用账户中的款项，税务机关得向破产管理人主张取回权，进而实现该专户中追缴金的受偿。

（二）破产程序中刑事追缴金的清偿

当追缴的赃款赃物为特定物时，追缴人可以行使破产取回权。《浙江高院民二庭企业破产案件涉集资类犯罪讨论纪要》对此予以明确规定：“在审理企业破产案件过程中，因债务人的犯罪行为而非法占有的不属于债务人的财产，可以在刑事判决生效后，依照企业破产法第三十八条之规定，由受害人以财产权利人的名义通过管理人取回。”刑事受害人对于债务人因实施犯罪行为所获得的特定物，不受破产程序的限制，无须向管理人申报权利，得随时主张取回，其所行使的

---

① 参见熊艳红：《破产一般取回权研究》，西南政法大学2010年硕士学位论文，第14页。

② 参见[德]莱因哈德·波克：《德国破产法导论》，王艳柯译，北京大学出版社2014年版，第132页。

取回权为一般取回权当无疑义。但是,在债务人将不法获取的货币等种类物,或将不法获取的特定物变价,并与破产财产混同的情况下,一般取回权消灭,受害人此时是否享有特别取回权中的代偿取回权存在疑问。

代偿取回权,是指当取回权的标的财产被非法转让或灭失时,该财产的权利人有权取回转让其财产所得到的对待给付财产或补偿金,没有代偿取回权,一般取回权人只能以取回权标的物的损害赔偿请求权作为破产债权要求清偿,从而受到损失,代偿取回权是对一般取回权制度的必要补充。① 就本可被请求取回的标的物,如在破产程序启动前被债务人或在程序启动后被管理人无权处分,按照德国《破产法》第48条规定,取回权继续存在于对待给付之上,与代偿取回权意旨相同,但倘若对待给付财团里存在的状态不可分辨,取回权消灭,权利人仅得主张不当得利或损害赔偿请求权。② 混同的种类物在一般情况下不存在代偿财产的情形,更遑论代偿财产与债务人财产相区分,债务人获取的种类物随占有发生了转移,当债务人刑事责任与受害人的追缴权确定后,混同的事实阻止了追缴的种类物所有权恢复的可行性,追缴物已经属于债务人的破产财产。如此认定,虽严格了取回权适用范围,但更有利于债权人整体利益的公平。③

四、刑事罚金的劣后清偿顺位

破产程序的目的,在于使各债权人的债权获得公平的清偿。然而在债务人破产财产价值最大化的共同目标之外,破产债权人相互之间的利益关系常常处于相反之地位,每一债权人总希望其他债权人劣后自己受偿,自身债权尽早获得分配,以提升债权清偿率,于是破产债权顺位成为困扰破产程序顺利进行的难题。④

---

① 参见王欣新:《破产法》(第3版),中国人民大学出版社2011年版,第151页。

② 参见[德]莱因哈德·波克:《德国破产法导论》,王艳柯译,北京大学出版社2014年版,第133页。

③ 参见2016年11月5日,江苏省高级人民法院民二庭庭长夏正芳在中国破产法论坛——破产与金融问题专题研讨会上的发言内容,载 https://mp.weixin.qq.com/s?__biz=MzAxNTI0NDU5NQ==&mid=2650131535&idx=1&sn=76d4a977492ca6bf8b5d7676f857dbbe&chksm=83866013b4f1e905f1a706303e1d06cacd9984739c55e4417158a340be25f3177ecfd7611e79&mpshare=1&scene=1&srcid=1009dMc8umKP7Gj8kscxdw8p#rd,最后访问日期:2020年3月9日。

④ 参见吴传颐:《比较破产法》,商务印书馆2013年版,第267页。

在追缴金之后，最后需要明确刑事罚金的破产清偿顺位。《审理破产案件若干规定》第61条对破产除斥债权的范围作出了规定，明确"行政、司法机关对破产企业的罚款、罚金以及其他有关费用"不属于破产债权。而之后的《企业破产法》并未明确针对债务人的刑事罚金的破产债权清偿顺位，我国其他多处立法规范倾向于在债务人丧失清偿能力的状况下，罚金列在一般民事债权之后受偿。[①]就法理而言，罚金具有惩罚性质，当债务人破产时，如果继续支持基于破产债务人违法行为而生的罚金与普通债权一并受偿，其实际效果可能不是"惩罚"了债务人而是其他普通债权人，而若将罚金予以排除，不予受偿，又有损国家强制力的威严与法律实施的有效性。[②] 罚金的清偿顺位当在除斥债权与劣后债权之间进行选择。

除斥债权，是指根据破产法的规定因特定原因被排斥于破产程序外，不得从破产财产中受偿的债权；劣后债权，是指在破产清偿顺序上排列于普通破产债权之后的债权。[③] 在权利设置上，不同于除斥债权，劣后债权仍保留着清偿的可能，并优先于股权受偿，享有债权人一定的权利。罚金等特殊债权在请求权性质上，与破产程序中得以清偿的其他债权并无本质差异，理应在满足优先债权、普通债权后得到合理清偿，不宜将其武断地排除在破产企业应予偿还的债务"队伍"之外。[④] 所以，以中道思维考量，宜将刑事罚金设为破产程序中的劣后债权受偿；尤其是在目前破产欺诈行为较猖獗的情况下，可以为债权人的利益提供更周全的保护。[⑤] 且我国《企业破产法》已借鉴国外经验将"停止支付"作为认定破产原因的重要标准，债务人在并非资不抵债的情况下也可能因"停止支付"被宣告破产，其破产财产清偿普通债权后仍有剩余的可能性较高，引入劣后债权有实

---

① 如我国《刑法》第36条第2款明确规定："承担民事赔偿责任的犯罪分子，同时被判处罚金，其财产不足以全部支付的，或者被判处没收财产的，应当先承担对被害人的民事赔偿责任。"《公司法》第214条规定："公司违反本法规定，应当承担民事赔偿责任和缴纳罚款、罚金的，其财产不足以支付时，先承担民事赔偿责任。"《证券法》第232条则规定："违反本法规定，应当承担民事赔偿责任和缴纳罚款、罚金，其财产不足以同时支付时，先承担民事赔偿责任。"

② 参见于新循、彭旭林：《论我国破产债权例外制度——基于劣后债权的制度构建视角》，载《四川师范大学学报》(社会科学版)2015年第3期。

③ 参见王欣新：《破产法》(第3版)，中国人民大学出版社2011年版，198～199页。

④ 参见于新循、彭旭林：《论我国破产债权例外制度——基于劣后债权的制度构建视角》，载《四川师范大学学报》(社会科学版)2015年第3期。

⑤ 参见王欣新：《破产法》(第3版)，中国人民大学出版社2011年版，第198～199页。

际意义。[①] 日本《破产法》第99条第1款规定的劣后债权,包括破产程序开始后的利息、损害赔偿金、参加破产程序而所需的费用、罚金、违章罚款、因不申报或少申报税款而需要缴纳的附加税金等。同时,该法第99条第2款规定了约定劣后债权的存在类型,债权人与债务人在破产程序开始之前达成了关于某些债权属于劣后债权协议的,这些债权即为约定劣后债权,比法定劣后债权还要滞后受偿。[②]

我国实行有限主体破产的非自然人破产制度。即使将刑事罚金采取劣后债权受偿的处理方法,在债务人破产程序结束,市场监管部门对破产企业予以注销,债务人实际获得债务免责之时,刑事罚金将不具备再获得清偿的可能性。此时,需要在破产程序中建立刑事罚金的责任免除规则,以应对实践中的需要,这也是维护我国司法与政府权威的需要。

第三节 破产逃废债的刑事责任认定与规制

近年来,破产法在各地得到广泛推广应用,它在实现债权公平有序受偿,债务人企业主体盘活及出清,维护诚信规范的市场环境等方面起到了有目共睹的成效。但同时,随着市场经济的发展,企业各类逃废债务以及隐匿转移财产的行为屡见不鲜,严重破坏了社会主义市场经济的交易规则,扰乱了诚信经营的市场秩序,甚至易引发区域性的金融风险。逃废债问题的频发固然与逃废债的方式、手段的复杂性、隐蔽性有关,但亦与刑法、破产法对于相关行为和手段规制的不完善有关。本节主要从泉州市近年来打击破产逃废债的做法经验等出发,结合相关法律法规,探讨破产中逃废债问题的刑事责任认定与规制。

一、破产逃废债的概念和手段

(一)定义

逃废债,是指通过转移、隐匿财产、串通虚构债务、架空企业、降低偿债能力

---

① 参见徐振增、宫艳艳:《破产法设置劣后债权的问题研究》,载《广西民族大学学报》(哲学社会科学版)2015年第2期。

② 参见[日]山本和彦:《日本倒产处理法入门》,金春等译,法律出版社2016年版,第63页。

等不正当方式,以达到逃避应履债务的目的。而破产中的逃废债,是指破产受理前后,债务人及相关人员违反法律规定,恶意逃避应履行债务的行为。

(二)主要手段

目前,对于逃废债问题没有明确的法律界定,笔者梳理各地打击逃废债问题的相关文件、案例,结合泉州的审判实践,认为其主要手段集中在以下几个方面。

1. 通过藏匿、转移资产等方式恶意逃避偿债责任。这是一种较普遍和常见的逃废债方式。在企业破产前,为逃避执行及债权人的追债,债务人通过各种手段转移财产。第一种是“金蝉脱壳”式,即注册一家新公司,但仍是原套人马、同一场所、品牌代持等形式,把所有业务移花接木至新企业,架空旧企业。后通过申请旧企业破产方式,让旧企业“背锅”债务,以达到逃废债务的目的。第二种是“另起炉灶”式,主要通过清空企业,搬离财产,注册新企,换地重生,一些企业直接搬离到外省,给债权人追索和法院执行制造障碍。第三种是“瞒天过海”式,采取承包、承租原企业的方式,明为租赁企业厂房设备,实际上通过长期租赁的形式,全盘承接原企业机台设备、供应渠道等,“挖空”原企业。依照《最高人民法院关于人民法院执行工作若干问题的规定(试行)》第78条第2款规定:“若必须执行已被承包或租赁的企业法人分支机构的财产时,对承包人或承租人投入及应得的收益应依法保护。”很多债务人就利用该条规则,将财产进行恶意出租,在执行过程中提出执行异议,给法院执行的查封处置设置各种障碍,即使资产被拍卖了,腾空亦是困难重重。上述几种逃废债方式,实际是利用各种途径,巧立名目,以合法形式掩盖非法目的,意图达到逃废债的目的。如闽发模具破产案件,在破产申请前,企业将所有的债务都以闽发模具的名义出具,但该企业名下除机台外,无任何有价值的资产。主要的不动产及房产都在另外两家关联企业明发模具、闽发鞋材名下,存在明显的将债务和资产剥离,清算负债企业,洗白有资关联企业的目的。后经管理人申请,法院审查认定3家企业资产混同、场所、经营者统一,系关联企业,裁定将未申请破产的两家关联企业合并破产,实现资产的统一处置,公平分配。

2. 拒不配合管理人履职。按照《企业破产法》的规定,企业在进入破产程序后,所有的营业事务、企业资料账册、公章等都应移交给法院指定的管理人,但部分企业以各种方式不配合管理人履职,甚至制造障碍,“分庭抗礼”,以达到逃废债的目的。一种是百般推诿，拒不移交资料营业事务，使管理人进驻企业后无从下手。另一种是"明修栈道，暗度陈仓"，一些民营企业有几套账本，隐匿反映企业真实资产状况的账本，而向管理人提供虚假的账本，该类账本要么记载不清，要么前后矛盾，以原财务离职，无法核查等原因推脱不知情。部分企业账册记载不详细，出入较大，如账册记载的货物价值以出厂价格计算，而货物实际都为经销商退回的滞销货、返修货等，甚至很多已经在仓库堆放几年发霉虫蛀，清点后实际价值与账册记载出入较大，提供的账册无法反映企业的真实资产情况。再如，闽超鞋业公司重整案，公司法定代表人陈某经管理人、法官多次释明，以财务账册需要整理、无法联络到原财务等缘由推诿拒不移送账册，并以企业的沿街店面已转移或存在纠纷为由自行收取租金，且不提供相关转让凭证，存在明显的逃废债嫌疑。

3. 串通虚构债权，向关系人单方偿债。一种是指债务人与第三人串通，通过诉讼或者仲裁方式伪造借款凭证，虚构债务，参与破产企业财产的分配。在企业进入破产程序后，隐瞒事实，向管理人申报债权。另一种是在企业破产前，向特定关系人或者供应商个别偿债，清空企业有效资产。虽然《企业破产法》第 33 条对该类个别偿债行为有一定规制，即人民法院受理破产申请前 6 个月内，债务人有本法第 2 条第 1 款规定的情形，仍对个别债权人进行清偿的，管理人有权请求人民法院予以撤销。[①] 6 个月的可撤销期间，从制定的初衷看，是为了维护交易及合同的稳定性，但在司法实践中也存在着规定时限过短、管理人有力难出的问题。从泉州民营企业的破产情况分析，企业从出现危机到实际进入破产往往需要 2～3 年的时间，破产前 6 个月，企业早已进入"僵尸"期，已无任何资金往来。

4. 其他逃废债手段。总结起来有以下几类：一是为逃避债务出逃国（境）外或者不知去向的，即将公司清空后，人去楼空；二是恶意注销企业，以虚假破产等形式逃废债务；三是以暴力、威胁等手段妨碍、抗拒司法机关执行的；四是虚构隐瞒事实，擅自处置抵押物的；五是恶意为他人提供担保，影响其自身偿债能力的；六是诉讼中变更法人、转让股份，变换名称，企图设置"防火墙"，规避执行的。

---

① 参见李翔：《我国刑法上之破产犯罪研究——兼评〈刑法〉第 162 条之二》，载《法学论坛》2007 年第 5 期。

(三)主要危害

1. 拖延破产案件进程。债务人怠于或者拒不配合管理人履职,推诿提供企业资料和账册,使管理人无法对企业的营业事务进行完全的接管,对彻底清查企业资产状况、处置资产追索债权、应对衍生诉讼等方面,产生了诸多的不利影响。尤其是一些企业的主要资产,如厂房不动产,被债务人在破产前长期出租、变价转让,资产腾空、撤销诉讼等极大拖延了破产进程,使管理人工作感觉深陷泥潭,债权人受偿长期无望,法院案件久拖不决。

2. 降低破产法律效果。破产法的目的之一,是通过企业破产程序,实现市场资源的合理配置流转和"僵尸企业"的出清,最终实现所有债权人债权的公平有序受偿,营造法治诚信的经营环境。部分债务人目的不纯,意图通过破产程序逃废债务,降低了整个破产程序的司法公信。尤其是在企业破产工作开展的初期,债权人对破产法公平偿债的作用理解不清,如若允许逃废债行为盛行,必使法院企业破产工作的开展举步维艰。

3. 破坏社会诚信体系。《左传》云:"信,国之宝也,民之所庇也。"信用是市场经济的基石,信用是由法律维系的,只有良好的法律,才能培育出良好的社会信用;社会诚信系统问题归根结底是法律制度的问题。① 破产法的作用就是让诚信的受困企业依法免除债务,让失信欺诈的企业受到法律制裁。如若允许逃废债盛行猖獗,失信者得利的畸形现象必然将使整个社会诚信体系陷入一个危险的境地,引发社会的连锁反应,造成社会信用生态的失衡。

(四)成因分析

1. 主观因素。诚信经营是企业长期发展的存续之道,是企业走向成功的通行证,这是毋庸置疑的,也是每家企业成长壮大的基本准则。但随着内外部环境的变化和竞争的加剧,尤其是企业在走下坡路和濒临破产时,自身的"求生欲"和"留后路"的考虑,往往使企业经营者的心态发生变化,开始试探执法边缘,甚至铤而走险。

2. 客观因素。泉州市地处沿海改革开放第一线,从20世纪80年代的"三闲起步"(闲房、闲资、闲散劳动力),"三来一补"(来料加工、来样加工、来件装配和

---

① 参见申丽芳:《〈破产法〉与信用》,载《企业经济》2006年第9期。

补偿贸易)过渡,创造出以"市场经济为主、外向型经济为主、股份合作制为主、多种经济成分共同发展"为主要特征的经济发展模式,引导民营经济进一步发展壮大,形成优势产业集群。泉州市的民营经济在外部呈现块状化经营,但在早期发展中内部呈现家族化的特征。家族化经营利弊均存,在早期资产积累、人事凝聚等方面有其有利于企业的一面。但随着企业生产经营的扩大和现代化经营管理模式的需求,经营理念和方式的转变,早期的家企模式逐渐剥离摒弃。但对于发展初期的企业和一些小型企业,这一问题仍存在,但导致客观上对区分企业资产情况产生了不利影响。

二、破产中逃废债涉及的主要罪名

《企业破产法》第131条规定,"违反本法规定,构成犯罪的,依法追究刑事责任"。涉及破产的刑事犯罪,主要是指破产受理前后,债务人及其相关人员违反刑法及破产法的相关规定,损害破产企业及债权人利益,影响破产进程,情节严重,构成犯罪应受刑事处罚的情形。破产犯罪根据发生时间的前后,可分为"破产受理前的犯罪"和"破产程序中的犯罪"。

(一)破产受理前可能涉及的罪名

1.贷款诈骗罪与骗取贷款罪

贷款诈骗罪,是指以编造引进资金、项目等虚假理由,或使用虚假的经济合同、证明文件以及使用虚假的产权证明作担保或者重复担保,以非法占有为目的诈骗贷款的行为。[①] 骗取贷款罪,是指以欺骗手段取得银行或者其他金融机构贷款、票据承兑、信用证、保函等,给银行或者其他金融机构造成重大损失或者有其他严重情节的行为。[②]

---

① 《刑法》第193条。
② 《刑法》第175条之一。

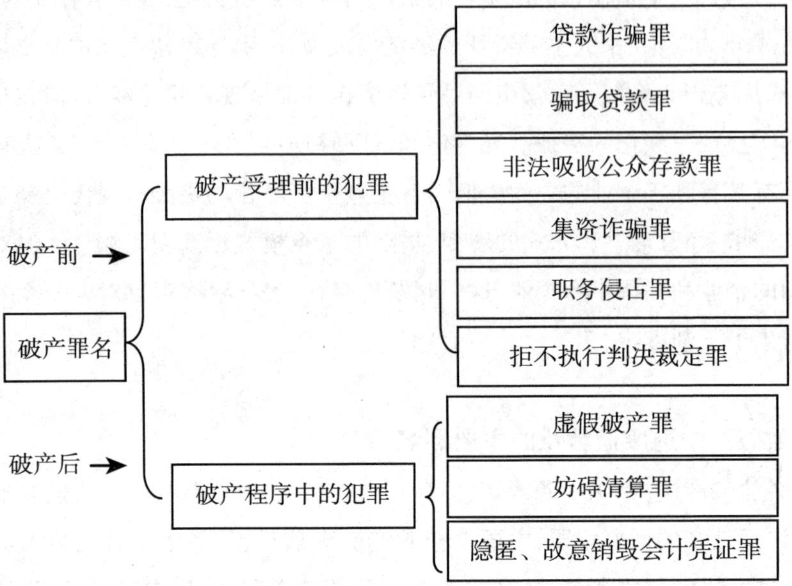

图5 破产罪名图例

主观上是否有非法占有贷款的目的，是骗取贷款罪与贷款诈骗罪的主要区别。在实践中，编造和虚构事实、提供虚假证明文件，骗取银行或者其他金融机构在证据的审查上较好认定，但嫌疑人是否有非法占有的目的主观动机是较难判断的。因此，目前，涉贷诈骗类案件主要集中在骗取贷款罪，主要原因为贷款资金无法追回是既成事实，但在贷款时嫌疑人是否具有非法占有目的无法形成确凿有力的证据。贷款资金无法收回的原因要和正常的企业生产经营亏损、投资失败等作区分，否则会造成标准不一，打击面过宽。在破产案件审理过程中，管理人应对主要贷款资金的流向进行追索查证，摸清贷款资金的去向，对去向不明或者流向存疑的贷款资金，可能涉嫌犯罪的，应及时向法院报告。

2. 非法吸收公众存款罪与集资诈骗罪

非法吸收公众存款罪，是指未经批准，向社会不特定对象吸收资金，出具凭证，承诺在一定期限内还本付息的行为。① 集资诈骗罪，是指以非法占有为目的，使用诈骗方法进行非法集资，扰乱国家正常金融秩序的行为。②

① 《刑法》第176条。
② 《刑法》第192条。

这两个罪名在破产中主要涉及破产前向不特定对象非法募集资金的行为，前者是用于生产经营，而后者是归个人挥霍。在破产案件审理中，主要涉及刑事追偿和破产债权的竞合和保障问题，即刑民交叉方面，本章第二节已作了充分的阐述。

3. 职务侵占罪

职务侵占罪，是指公司、企业或者其他单位的人员，利用职务上的便利，将本单位财物非法占为己有，数额较大的行为。①

在破产中，职务侵占罪主要涉及的是企业股东或者实际控制人对企业资产的侵占。一些民营企业受制于其产生环境的影响，仍存在企业资产和个人、家庭资产无法划定明显界限，甚至无法分割的问题。从目的看，职务侵占罪是为了保护公司及股东的利益，在公司正常生产经营期间，在财产混同的情况下，较难认定企业经营者的职务侵占行为。因为此时，企业与个人的财产是双向流动的，虽然企业资产可能变为个人财产，但个人财产亦会投入作为公司资本。但是，在企业经营遇到困难，甚至陷入破产困境时，企业经营者或股东将企业财产转移隐匿，其侵占的虽然仍是公司的财产，但其损害的是广大债权人的利益。这样的行为在主观上也已发生转变，即意图将企业的财产转移为个人财产逃避债务，财产的流向也变为单向输出，其侵害的对象不仅是企业作为市场主体独立的财产权，更侵害了相关债权人的合法权益，应受刑罚的规制。因此，对于此类罪与非罪的界限比较模糊的行为，司法机关在刑罚裁决上，仍应立足于社会的普遍认知和当地的经营特点以及企业经营者的主观故意程度，依法合理拿捏刑事尺度，坚持宽严相济的刑事政策。

4. 拒不执行法院判决、裁定罪

拒不执行判决、裁定罪，是指对人民法院已经发生法律效力的判决、裁定有能力执行而拒不执行，情节严重的行为。②

拒不执行判决裁定罪在破产中主要问题是可能涉及跟其他罪名的竞合，即隐匿转移财产等行为，也可能构成妨碍清算罪、隐匿、故意销毁会计凭证、会计账簿、财务会计报告罪等，此时，应按照牵连犯的处理原则，从一重罪处断。

拒不执行判决、裁定罪是在打击各类逃废债问题时较直接和普遍的刑事规

① 《刑法》第271条。

② 《刑法》第313条。

制措施。2018 年 7 月,福建省高级人民法院、福建省人民检察院、福建省公安厅修订完善《关于办理拒不执行判决、裁定刑事案件若干问题的指导意见》,加大拒执案件的办理力度,打击各类逃废债行为。尤其是随着近年来"基本解决执行难"工作的推进,拒执犯罪的追究力度加大,移送的案件数量大幅上升,有效地打击和震慑了债务人各类逃废债行为。

(二)破产受理后可能涉及的罪名

1. 虚假破产罪与妨碍清算罪

虚假破产罪,虚假破产行为表现为公司、企业通过隐匿财产、承担虚构的债务或者以其他方法转移、处分财产,实施虚假破产,严重损害债权人或者其他人利益。本罪中比较特殊的是,构成犯罪必须要以进入破产程序为条件,如果实施了上述隐匿财产、虚构债务、转移处分财产行为,但尚未进入破产程序的,不作为该罪论处。①

妨害清算罪,是指公司、企业进行清算时,隐匿财产,对资产负债表或者财产清单作虚伪记载,或者在未清偿债务前擅自分配公司、企业财产,严重损害债权人或者其他人利益的行为。本罪必须发生在公司依照法定程序清算或者破产过程中。②

在泉州市的审判实践中,尚无虚假破产罪、妨碍清算罪处理的案例,主要原因有以下两点。一是取证难判断难。上述犯罪情节具有一定的隐蔽性,债权人和管理人很难找到确实充分的证据。在实践中,企业何时开始资不抵债,何时开始出现破产事由的临界点往往很难把握。而且,债务人转移财产的手段一般很隐晦,或以合法形式掩盖,管理人在接手后很难通过财务报表、汇款记录等予以查证。二是与其他罪名竞合。如其隐匿转移财产的情节在破产立案前可能构成拒不执行判决、裁定罪被追责。在破产立案后,企业为了达到逃废债目的,隐瞒财产或资金去向,销毁或者隐匿账册的行为,可能构成隐匿、故意销毁会计凭证、会计账簿、财务会计报告罪,但上述行为亦是一种隐匿财产的行为,可能和虚假破产罪、妨碍清算罪产生竞合。

---

① 参见李翔:《破产犯罪与破产法的协调及立法完善》,载《人民检察》2007 年第 21 期。

② 参见杜文俊:《单位人格在单位犯罪中的定罪和处刑功能研究》,载《政治与法律》2006 年第 6 期。

2. 隐匿、故意销毁会计凭证、会计账簿、财务会计报告罪

隐匿、故意销毁会计凭证、会计账簿、财务会计报告罪,是指相关人员隐匿或者故意销毁依法应当保存的会计凭证、会计账簿、财务会计报告,情节严重的行为。①

会计凭证和财务账册是核查企业资产情况、厘清债权债务关系以及实现企业清产核资的重要凭证。如破产企业在管理人接管企业后,拒不提供上述财务资料,将使管理人的工作举步维艰、无从下手。一方面,没有会计凭证、账册,债权人申报的债权无企业相关财务资料可核查,给债权审核工作带来极大不便;另一方面,无法核查企业的资产情况,企业股东是否有隐匿转移财产无从对证。

如闽超鞋业公司重整案,其公司法定代表人以财务离职会计资料需要整理等理由,推诿不提供账册资料。法院经审查认为,破产立案后,作为相关义务人有义务提供真实完整的证据材料,并不因为法院的立案就免除举证义务。闽超鞋业公司及其法定代表人陈某在立案后经管理人和法院多次口头、书面催告,仍拒不提交完整的财务账册,且说法不一,存在这明显隐匿账册的嫌疑。陈某拒不提供账册的行为不但影响了破产案件的审理,致使管理人无法正常开展清产核资工作,债权人对此反应强烈,在社会上也造成了非常恶劣的影响。故法院以涉嫌隐匿毁弃财务账册移送公安机关进行立案侦查。最终,陈某被判处隐匿会计凭证、会计账簿、财务会计报告罪等罪名,数罪并罚,被追究刑事责任。

三、实践中遇到的破产涉刑问题

(一)破产案件受理后,破产企业是否作为刑事责任主体

依照《最高人民法院关于执行〈中华人民共和国刑事诉讼法〉若干问题的解释》第215条规定,“人民法院审理单位犯罪案件,被告单位被注销或宣告破产,但单位犯罪直接负责的主管人员和其他直接责任人员应当负刑事责任的,应当继续审理”。《最高人民检察院关于涉嫌犯罪单位被撤销、注销、吊销营业执照或者宣告破产的应如何进行追诉问题的批复》指出,涉嫌犯罪的单位被撤销、注销、吊销营业执照或者宣告破产的,应当根据刑法关于单位犯罪的相关规定,对实施

---

① 《刑法》第162条。

犯罪行为的该单位直接负责的主管人员和其他直接责任人员追究刑事责任,对该单位不再追诉。

对于该处宣告破产的程序节点如何把握,是破产立案开始,还是破产程序终结后,存在争议。一种观点认为,破产立案后不应再将企业列为刑事责任主体,受理企业的破产程序尤其是破产清算程序,意味着企业进入市场退出机制,再列刑事主体已无意义。另一种观点认为,在破产程序终结前,仍应列破产企业作为刑事嫌疑人。

笔者认为,我国刑事责任中,关于不起诉主要是以下3种情形:一是法定不起诉,二是酌定不起诉,三是证据不足不起诉。其中,法定不起诉适用在本文中主要指的是犯罪嫌疑人、被告人死亡的,也就是企业主体已不存在,一般是指企业在移送审查起诉时,已被注销、撤销和吊销,自然无法承担法律所赋予的义务,也不能作为一个受刑主体。但进入破产程序企业不一定消亡,破产重整和和解仍存在企业延续的可能。因此,破产立案受理后,破产案件终结前,仍应将企业作为刑事责任的主体。但在实践中容易产生混淆的是重整转清算过程,裁定书表述为终止重整程序,宣告企业破产。此处的宣告破产不应理解为刑事责任主体上的宣告破产。

(二)移送的主体

对于移送刑事责任的主体问题,从实践看,主要存在以下3类。一是债权人,依照《刑法》、《刑事诉讼法》和《关于公安机关办理经济犯罪案件的若干规定》,任何公民和单位遭受经济侵害或者发现涉嫌经济犯罪的,均可采取来人、来函、来电的方式向经侦部门进行报案、举报或者亲自扭送、动员涉案犯罪嫌疑人主动到公安机关投案自首。因此,债权人如发现债务人企业存在逃废债行为可能涉嫌犯罪的,可收集相关证据后直接向经侦部门报案,也可以把线索和证据反映给管理人或法院。二是管理人,管理人在履职过程中,应尽到勤勉尽责,对于债权人反映的债务人相关逃废债行为,应做好核实调查,对涉嫌犯罪的,可向公安经侦部门报案或向法院汇报。三是法院,在泉州市的司法实践中,对于犯罪线索的反映,一般为“债权人→管理人→法院”,即法院成为最后的移送主体。法院在移送犯罪线索中,要注意做好以下两点:一是对债权人反映的相关犯罪线索仍应先交由管理人作审查,并出具相关的审查报告;二是法院自身对相关线索仍应做好甄别,结合管理人的审查报告,作出综合判断。

四、破产案件审理中如何做好逃废债防范工作

一是风险识别,严格审查。根据2016年《最高人民法院关于破产立案受理有关问题的通知》的精神,现阶段实行立案与审查分离的机制,由立案部门登记立案后,交由审判业务部门审查裁定是否受理。这种机制在一定程度上能解决破产案件立案难的问题,打通了加强破产审判工作的首要环节。但放开并不意味着放任,还应坚持松紧并重,在立案审查中,仍要注意适当的实体审查及风险评估,对于有明显逃废债嫌疑的,债权人反映逃废债问题较为强烈的破产申请,除资产负债表、财产清单等必备材料外,必要时可让债务人提供近3年的会计凭证或审计报告。对于企业实际经营者,亦可以笔录的形式,打好"预防针",告知隐匿账册、转移财产、虚构债务等的相关法律后果。

二是审慎对待,监督到位。对于破产案件受理后,相关人员推诿或拒不移交账册、会计凭证的,由管理人和法院释明相关的法律后果,对释明后仍百般推诿或不知悔改,给管理人的审计核资工作带来巨大阻碍,严重破坏破产案件进程的,对其涉嫌犯罪行为坚决移送。同时,法院要做好监督协调工作,不能做"放手掌柜",眼要盯紧,手要抓牢。在债权审查认定中,管理人应注重证据审查,特别是涉及企业的民间借贷案件,除借条外,还应着重审查资金交付、与企业的关系等。对于涉及企业法定代表人、实际控制人直系亲属或关系密切人的债权审慎认定。如在金威公司破产重整案中,对于公司法定代表人近亲属及股东申报的1亿元债权,不予认定,由其通过司法程序另行确认,确保了管理人所认定债权的公信力。

三是标本兼治,宽严相济。抓住症结,源头控制,重点整治各类失信行为。市场监管部门应严格审查涉诉案件的股权转让、法定代表人变更,阻断失信人的逃废债路径。法院要加强执行攻坚的力度,对恶意逃废债务的行为,始终保持高压态势。发现转移财产、逃废债务的,情节恶劣的,以拒执罪移送公安部门。对发现有"假破产、真逃债"嫌疑的,及时采取罚款、训诫、拘留等强制措施,驳回其破产申请,涉嫌犯罪的移送公安部门处理。同时,应坚持宽严相济的打击政策,加强宣传引导,优化营商环境。

四是“府院联动”,形成合力。严厉打击各类逃废债行为是防范金融风险的重要工作之一。泉州法院破产案件受理初期,采取由政府牵头,市管部门、金融监管部门、税务部门、商会、律师等为成员的清算组作为管理人的模式,虽然具有一定的行政色彩,但能最大限度调集相关部门的力量,畅通沟通渠道,形成合力。协调性的事务由职能部门处理,具体债权审核、企业经营等方面交由律师专业团队负责,各司其职,各尽所能,取得了较好的效果。政府的权威性在一定程度上消除了债权人的质疑,也给破产企业一定的震慑,能最大限度地保障破产工作的快速开展。同时,公检法部门应建立逃废债移送机制,合力打击各类逃废债行为。积极调研建议,由政府牵头,形成打击逃废债的会议纪要和相关规范性文件,加大失信的惩戒力度,营造稳定、可预期、法治化的营商环境。

第十一章　民营企业破产中管理人制度的完善

破产管理人，是破产程序的主要推动者和破产事务的具体执行者，关系破产企业的命运和未来发展。民营企业破产工作离不开破产管理人。自《企业破产法》借鉴管理人制度以来，虽然经过十余年的破产实践，但管理人制度还存在不少争议和需要完善的地方，如如何认识管理人的角色，如何加强管理人的管理，如何界定管理人与破产法官的权力边界等。本章结合泉州市民营企业破产实践中遇到的一些问题以及一些有益的做法，重点探讨管理人的法律地位和职能、管理人行业自治以及管理人账户资金的监管。

第一节　破产管理人的法律地位与职能

人民法院、债务人、债权人、破产管理人都是企业破产程序的重要参与者，其中，破产管理人在破产程序中发挥着重要的作用。债务人、债权人是破产财产的直接利害关系人，为保障破产程序的公平公正，显然不能由他们管理、分配并处置破产财产。法院虽然在整个破产程序中居主导地位，但是由于司法机关的性质，审判任务极为繁重,加上破产各环节涉及许多专业性较强的非司法事务,如会计、审计、资产拍卖等,因此,不便直接管理破产事务。而管理人地位中立,本身与破产财产无直接利害关系,他们的参与对于保证破产程序公平、公正、高效地完成意义重大。2007 年我国《企业破产法》首度把管理人制度写入我国的破产程序中,该制度在我国的破产法司法实践中发挥了极重要的作用。但是,由于立法不完善,特别是对于管理人的法律地位立法不明晰,造成了相关制度,如管理人选任制度、监督制度等存在若干不足,影响了司法实践的效率。2015 年泉州法院系统大力推动民营企业破产案件,司法实践中也针对破产管理人名册制度、选任制度、内外监督等机制进行积极探索和努力改进,本节从理论出发结合本地实践对管理人相关制度进行分析探讨,以期进一步健全完善我国的破产管理人制度。

一、我国立法对破产管理人的法律定位

尽管管理人制度是 2007 年正式被写入我国现行的《企业破产法》的,但是考虑到现行的管理人制度是从 1986 年我国的《企业破产法(试行)》规定的破产清算组过渡而来的,所以要全面了解我国立法对破产管理人的法律定位,有必要先深入分析原破产清算组的性质。

(一)《企业破产法(试行)》对破产清算组的相关法律规定

第一,对于破产清算组的产生,依据《企业破产法(试行)》相关法律规定,清算组由法院依法成立,其成员由法院从相关部门和专业人员中指定。可见,清算组的产生是一种较典型的“司法委任”。第二,从对清算组的监督来看,立法规定清算组是由法院指定,依法对法院负责并报告工作的,法院自然成为监督主体。第三,从清算组的报酬确定和法律责任承担情况来看,清算组在组织清算中不领取报酬,也不对清算过程中的行为独立承担责任。综上,可以看出在破产清算程序中,破产清算组是属于准司法机构。

(二)现行《企业破产法》中对管理人的法律规定

2007 年《企业破产法》虽然立法明确了管理人有独立的法律地位,能独立承担法律责任。但是,从其他相关的法律规定来看,我国现行《企业破产法》中管理

人的选任仍延续了原清算组的"司法委任"的性质。[1]《企业破产法》第22条规定,在管理人的选任权方面法院有绝对的主导权。尽管立法同时规定,在管理人不能胜任或不能公正执行破产事务时,债权人会议可以申请更换管理人,但是最终裁决还是在法院。

此外,《企业破产法》及相关司法解释对管理人制度的其他法律规定也存在一些缺陷。首先,从管理人的责任承担看,管理人经指定后,就成为一个独立于法院的主体,在处理破产事务中,享有独立的实体权利和程序权利,同时对其违法失职行为独立承担法律责任。但另外,法条又明确规定管理人只能以债务人的名义"参加诉讼、仲裁或者其他法律程序"。这样的规定明显与管理人独立地位的立法精神不相符合。其次,从管理人的职权范围来看,虽然《企业破产法》对于管理人的职权范围有清晰的界定,但无论是具体内容,还是操作的程序都过于简单,甚至在一些地方存在缺陷。最后,管理人的报酬制度不甚合理。从理论上说,管理人对破产财产的处置、分配主要目的是实现全体债权人利益最大化,所以债权人是破产财产分配的直接受益人,他们最迫切希望管理人的管理到位、服务优质以最大限度地实现债权,故债权人应有权参与,甚至决定管理人的报酬。然而,我国现行破产法明确规定管理人的报酬由法院确定,尽管法律同时规定,债权人会议对管理人的报酬有异议的,有权向法院提出,可在司法实践中,法院在管理人报酬确定上依然享有较大的主导权。上述立法存在的差异也造成实践活动中破产管理人职责界限不清,使其在履职过程中遇到一些问题。

二、泉州地区破产管理人制度的现状与问题

泉州市作为我国破产审判起步较晚但发展较快的地区,其在破产管理人制度的实践操作上取得了一定的成效,但是在现实层面上也遇到了诸多的问题。

(一)泉州管理人制度的现状

1. 编制了管理人名册。2015年年底泉州市中级人民法院正式编制并对外公布首批管理人名册,入册的管理人类型也采取多元化方式。2015年泉州地区编制的破产管理人名册中,包括15家机构管理人、8名个人管理人,机构数量占比65%,

---

① 参见谢辉:《我国破产管理人的法律地位》,载《人民法治》2016年第11期。

居于主导地位。在机构管理人名册中,不仅有律师事务所,还包括会计师事务所、清算公司等,体现了法律法规中对管理人中立性、独立性、专业性及多样化的要求。

2. 确立多样化的选任方式。根据《企业破产案件指定管理人的规定》,在我国管理人的选任方式可以采取轮候、抽签、摇号等随机方式公开指定,对于某些特殊的破产案件,还可以采取邀请竞争、接受推荐的方式对管理人进行指定。在推进破产案件审判初期,泉州地区为了提高本地管理人的专业水平,保证破产案件的审判质量,选择了每起案件均由外地管理人与本地管理人"1+1"方式组建管理团队,共同担负管理职能,之后逐步建立本地管理人独立承担管理职能的模式。在本地管理人独立承担管理职能的情况下,泉州地区法院系统确定了以法院选任为主的选任模式,并且规定了直接指定、随机选任及竞争性选任三种选任方式。实践中,如图6所示,采取随机方式指定管理人的占比50%以上,是主要的选任方式。

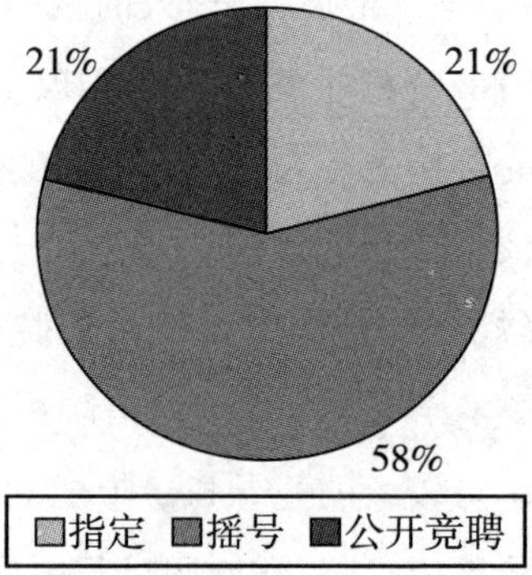

图6 泉州市各级法院破产案件管理人选定方式

3. 进一步完善对管理人的监督体制。其一,外部监督方面。外部监督通常是法院监督。法院可以确定管理人的选任和更换,债权人会议和债权人委员会若对破产管理人选任、替换有异议的,须向法院申请,由法院作出决定。其二,内部监督方面,实行行业自治组织的监督。2017年在泉州市中级人民法院的指导下,泉州市破产管理人自治组织——泉州市破产管理人协会建立。此协会是包括15家机构管理人以及8位个人管理人组成的行业自治组织,通过制定自律规则、相应的纪律处分机制对协会的成员进行管理,以更好地提升破产管理人的履职能力。

(二)实践中存在的问题

1. 管理人选任制度存在缺陷。第一,名册制度缺乏动态管理。由于各种原因,管理人入选名册后,法院没有建立起相应的考核、处罚及除名、重选等制度,导致管理人名册多年未进行调整变动。这样,使在册的管理人缺乏竞争意识,不利于其更好地履行职能。第二,选任方式不够灵活。比如,通过随机摇号方式选任管理人看似公平,避免了恣意指定,但有时无法保证选任的管理人业务能力、专业水平能够胜任破产案件的工作。在实践中,由于部分执转破案件收益不高,低于破产管理人办理其他业务的收益,故随机摇号还会出现管理人被选中却怠于履职或者辞职的现象,使法院破产案件的审理工作陷入被动境地。

2. 管理人的履职困境。第一,由于实践中管理人的选任方式依然以法院为主导,这种做法虽然能够在一定程度上提升破产程序的效率,但是却可能使管理人失去了独立性和中立性,而且也可能损害债务人、债权人、企业职工等主体的合法利益。第二,履行职责受阻。破产案件牵涉关系众多、矛盾复杂,管理人必须协调债权人、债务人、职工等各利益诉求。为妥善解决破产中遇到的各类问题,还需要同人民政府、市场监管、税务、社保等部门沟通协调。由于管理人仅仅是法院通过法定程序指定的社会中介机构和个人,并非法定的国家机关,致使管理人在破产事务的处理过程中,经常面临调查权受到限制的尴尬与困境,难以顺利地履行法定职责。例如,管理人无权向银行申请查询债务人的银行账户,尽管可以通过法院开具的调查令解决,但是,在实践中有的管理人即使持有调查令仍然会遭到拒绝或者推诿。第三,管理人本身能力不足造成的问题。以泉州本地为例,2015 年年底泉州市中级人民法院编制了破产管理人名册,但有些入册机构没有大型案件的处置经验,造成案件接手后部分机构甚至出现无所适从的情况。面对上述情况,在采用随机选任时,无论是破产企业、法院或入册中介机构均面临较大风险,一旦随机选中的管理人不能胜任,则案件面临烂尾或是更换管理人、时间成本加大的问题。

3. 职能监督机制不健全。对管理人履职的监督应包括监督的主体、监督的内容以及失职的责任承担问题。在监督主体方面,如前所述,在我国立法以及司法实践中法院是最关键的监督者。可是,法院的主要功能是审判案件,如何能够在整个破产案件过程中对管理人实施事无巨细的全面监督?譬如,在管理人的更换制度方面,现行《企业破产法》虽然规定了一定情形下破产管理人可以依法更换,但是被更换的管理人报酬如何确定、应如何交接、拒不配合交接的法律后果为何，都没有具体的法律、司法解释规定。此外，在对管理人的追责问题上，法院也因缺乏具体明确的依据及操作规范而遭遇困境。

三、我国破产管理人制度的完善

通过上文的分析，同时，结合泉州地区近年来民营企业破产审判的实践，笔者建议借鉴英美法系破产法的成功经验，适当引入信托说，规定管理人为破产财产受托人，同时，针对实践中出现的问题，从管理人选任制度、报酬激励、监督等方面进行完善。

（一）管理人选任制度的完善

首先，选任主体。破产就是通过特定的程序确保能够将债务人剩余的资产公平公正的分配给所有债权人，从而保证所有债权人的利益。在我国现行的法律体系下，立法仍然明确采用法院主导的模式选出管理人，这种做法虽然能够在一定程度上提升破产程序的效率，但是有可能影响到破产程序的公平、公正。建议将破产管理人的选任权、主导权赋予债权人会议，这样更符合立法根本。

其次，选任程序。若采取债权人会议选任，考虑从法院受理破产申请到债权人会议选任破产管理人有一段时间间隔，其间，可能出现因无人管理导致全体债权人合法利益被侵犯的情况，故建议先由部分债权人选任临时管理人，待第一次债权人会议召开之后再确定是追认，还是另行选任管理人。当然，为了尽可能地保障各方面的合法权益，也有必要对债权人会议的选任进行监督。建议从债权人选任程序设计上进行监督，具体程序如下。第一，由法院编制并提前公布管理人名册。第二，进入破产公告后，债权人应从法院编制的管理人名册中选择临时的管理人，由该临时管理人对破产财产进行管理和处置。第三，在第一次债权人会议召开期间，由第一次债权人会议确定正式的管理人。该正式管理人可以是临时管理人，也可以是重新选任的管理人。一旦选定管理人，必须在指定期限内将名单提交法院进行审查，同时告知债务人。第四，若债务人对该结果有异议的，应在一定期限内向法院提出，由法院作出裁定。若法院裁定对第一次债权人会议选出的管理人未通过的，债权人会议需要重新按照上述程序再次选任管理人。为了防止出现多次否决的情况影响破产程序的效率，债权人会议选任不能超过两次，否则由法院直接指定。

最后,选任方式建议适当采取跨区域选任模式。管理人选任的地域限制问题一直被许多中介机构和个人所诟病,认为其降低了管理人市场的流动性,所以可以考虑跨区域选任。特别是针对某些大型企业、疑难复杂的破产案件,除跨地区选任外地管理人外,还可以在复杂破产案件中汇聚多方力量,选任联合管理人。

当然,除债权人选任外,在特殊情势下也可以由法院强制指定或者债务人选任,如预重整程序。在预重整程序中,为顺利达成重整计划,债务人企业与债权人进行谈判过程中往往会聘请财会、律师等专业人员参与协商谈判。这些专业人员能提早介入企业重整,参与整个谈判过程,对于债务人现状、债务人与各债权人的利益诉求都比较了解,因此,在正式破产重整阶段中他们是最适合的管理人人选。反之,若正式进入重整程序后,法院依照《企业破产法》的规定重新指定或者更换管理人,不利于调动债权人和债务人企业参与重整的积极性,降低预重整程序的效率,与预重整制度建立的目的背道而驰。所以从提升重整效率、节省时间金钱成本、最大限度地实现当事人的重整利益角度,在预重整阶段,也可以适当考虑由债务人选定管理人并经债权人确认。

(二)建立破产管理人名册分级和动态管理制度

建议施行管理人分级制度。通过管理人分级,使在册管理人的专业水平与破产案件难度相挂钩,这样,可以让不同能力等级的管理人参与不同难度的破产案件中;此外,也可以保证破产案件管理人名册的专业性与活跃度,鼓励管理人不断地提升专业素养以提升等级。目前,我国已经有部分省实施了管理人分级制度。例如,江西省高级人民法院从专业水平、机构规模、执业业绩等方面对破产管理人进行评分,把管理人分为 3 个等级,同时将破产案件按照一定标准分为 3 类来匹配管理人的级别,该做法可以适当完善并推广至全国。

建议实施对管理人的动态式管理。一方面,法院应当对管理人进行定期考核,对于未达到考核要求的,法院有权作出停止任职直至除名的决定;另一方面,在除名的同时应同步更新管理人名册,让未在册的符合条件的社会中介机构或个人都有编入管理人名册的机会。通过上述淘汰、增补措施,保证管理人名册进出通道的畅通,从而提升管理人的业务水平。

(三)完善破产管理人的报酬机制

管理人参与破产程序后,其职权的履行就是为了公平清理债权债务,在公平清偿的前提下实现债权人利益最大化。所以管理人报酬从理论上看应该是由最终受益人即债权人来确定。但依据我国现行《企业破产法》的规定及司法解释,法院是管理人报酬的确定主体。可见,破产管理人报酬的确定与提供服务和接受服务的主体并不相干,明显存在缺陷。

这里可以借鉴信托破产制度下的规定。在破产信托制度下,管理人的报酬是由受托人,即管理人和受益人即债权人双方依据破产管理的市场行情和服务质量为标准协商确定的。譬如,在重整程序的持续经营中,若管理人的管理活动为债务人创造了较高的经济效益,债权人会议可以通过管理人报酬方案的补充决议,对管理人进行适当奖励,该做法能大大提高管理人工作的积极性。

(四)加强破产管理人的外部监督

如前所述,笔者认为,应赋予破产债权人更多的决定权和参与权,故对管理人外部监督的主体应从法院转移至债权人。但是,考虑破产案件关乎职工的安置、费用的清偿等诸多可能涉及公共利益的事项,若仅以债权人为主要监督主体,可能会损害其他相关主体利益,甚至危害到社会的和谐稳定。对此,可以考虑设置专门的监督机构进行监督。笔者建议,可以借鉴美国联邦托管人制度,由托管人专门负责监督私人破产托管人和对破产案件进行行政管理。[①] 建立司法行政监督机构,一方面可以对管理人的行为进行监督,另一方面还可以使法院从破产监督工作中脱身,更好地保证破产程序的公正与高效。

(五)其他消除管理人履职障碍的措施

1. 完善管理人协会制度,加强管理人队伍建设。对于管理人在工作中面临的困境和阻碍,可以由管理人协会出面,以行业协会的名义与相关部门进行交涉,扫清管理人的履职障碍。譬如,泉州市破产管理人协会正与当地保险机构进行竞争性谈判,考虑选择合适的保险机构为泉州地区破产管理人承保职业责任险,降低管理人的执业风险。

2. 建立健全府院良性联动机制。破产案件往往牵涉众多的利益关系,管理人在履职过程中需要同各方进行积极地沟通和处理,更需要当地党政机关的协调与配合。所以,应尽快建立并健全一套符合我国新时代国情的府院良性联动

---

① 参见贺轶民:《美国联邦破产托管人制度的启示》,载《法学杂志》2015 年第 5 期。

机制，才可以有效提高破产审判的效率，优化营商环境。

第二节　管理人行业协会的构建与完善

2015年4月1日，泉州市中级人民法院受理福建省首例H股企业重整成功案件诺奇股份重整案，就此开启了《企业破产法》实施8年后的泉州市破产审判第一案。2015年12月，泉州市中级人民法院编制了首批破产管理人名册。2017年12月9日泉州市破产管理人协会成立，标志着泉州市管理人行业自治迈出坚实的第一步，开启管理人行业自治新的篇章。

综观全国，《企业破产法》实施后，2009年11月4日天津市对原天津市清算行业协会（成立于2001年6月4日）进行更名改造，更名后称为天津市清算破产管理人行业协会，这是《企业破产法》施行后全国第一家破产管理人行业协会。2014年广州市成立全国第一家地市级管理人行业协会。截至2019年10月31日，全国总共成立51家管理人行业协会，其中省级9家，地市级40家，县级2家。全国性的管理人行业协会尚未成立。《破产审判工作会议纪要》指出，“管理人是破产程序的主要推动者和破产事务的具体执行者，管理人的能力和素质不仅影响破产审判工作的质量，还关系到破产企业的命运和未来发展。人民法院应当支持、引导、推动成立管理人协会”。要推动建立管理人协会，规范对管理人的管理，要注重发挥管理人协会在管理人队伍指导、规范、发展、淘汰和管理人报酬保障等方面的职能作用。[①] 可见，管理人行业协会的建立、建设、完善直接关系管理人队伍建设的好坏，影响破产管理和破产审判工作的顺利与否，也与我国破产事业的前景息息相关。

一、我国管理人行业协会的现状

据统计，从2007年6月1日《企业破产法》施行后至2019年10月31日，我国各地管理人行业协会的名称、成立/登记时间、业务主管/指导单位等一览表，如下：

---

① 参见杜万华：《当前破产审判工作必须重点把握的十个问题》，载《人民法院报》2018年4月4日，第5版。

表3 全国破产管理人协会基本信息

序号	名称	成立/登记日期	业务主管/指导单位	备注
1	天津市清算破产管理人行业协会	2009年11月4日	天津市高级人民法院	省级
2	广州市破产管理人协会	2014年9月13日	广州市中级人民法院	
3	河北省企业破产管理人协会	2015年11月13日	河北省高级人民法院	省级
4	温州市破产管理人协会	2016年1月22日	温州市中级人民法院	
5	济南市破产管理人协会	2016年5月26日	济南市司法局	
6	吉林省破产管理人协会	2016年7月25日	暂无明确	省级
7	厦门市破产管理人协会	2016年12月17日	厦门市司法局	
8	杭州市破产管理人协会	2017年1月20日	杭州市中级人民法院	
9	成都市破产管理人协会	2017年8月24日	成都市中级人民法院	
10	台州市破产管理人协会	2017年9月29日	台州市中级人民法院	
11	无锡市破产管理人协会	2017年10月17日	社会科学联合会	
12	常德市破产管理人协会	2017年11月1日	暂无明确	
13	泉州市破产管理人协会	2017年12月19日	泉州市中级人民法院	
14	南京市破产管理人协会	2018年2月1日	南京市司法局	
15	沈阳市破产管理人协会	2018年2月6日	沈阳市中级人民法院	
16	宁波市破产管理人协会	2018年3月2日	宁波市中级人民法院	
17	湖州市破产管理人协会	2018年4月20日	湖州市中级人民法院	
18	洛阳市破产管理人协会	2018年5月12日	洛阳市中级人民法院	
19	南通市破产管理人协会	2018年6月13日	南通市司法局	
20	宣城市破产管理人协会	2018年7月20日	宣城市中级人民法院	
21	金华市破产案件管理人协会	2018年8月27日	金华市中级人民法院	
22	重庆市破产管理人协会	2018年9月14日	重庆市司法局	省级
23	宿迁市破产管理人协会	2018年12月4日	宿迁市中级人民法院	
24	江西省企业破产管理人协会	2018年12月11日	江西省高级人民法院	省级
25	大连市破产管理人协会	2018年12月29日	大连市中级人民法院	

续表

序号	名称	成立/登记日期	业务主管/指导单位	备注
26	浙江省破产管理人协会	2019年2月20日	浙江省高级人民法院	省级
27	福州市破产管理人协会	2019年3月4日	福州市中级人民法院	
28	嘉兴市破产管理人协会	2019年3月18日	嘉兴市中级人民法院	
29	徐州市破产管理人协会	2019年4月28日	徐州市司法局	
30	武汉市破产管理人协会	2019年4月29日	武汉市司法局	
31	郑州市破产管理人协会	2019年5月6日	郑州市中级人民法院	
32	常州市破产管理人协会	2019年5月10日	常州市司法局	
33	靖江市破产管理人协会	2019年5月27日	江苏省泰州靖江市工商业联合会	县级
34	镇江市破产管理人协会	2019年5月31日	镇江市司法局	
35	晋城市破产管理人协会	2019年6月16日	晋城市中级人民法院	
36	惠州市破产管理人协会	2019年6月24日	惠州市中级人民法院	
37	苏州市破产管理人协会	2019年6月28日	苏州市司法局	
38	泰州市破产管理人协会	2019年6月28日	泰州市司法局	
39	衢州市破产管理人协会	2019年7月17日	衢州市中级人民法院	
40	合肥市破产管理人协会	2019年7月25日	合肥市司法局	
41	扬州市破产管理人协会	2019年7月25日	扬州市司法局	
42	柳州市破产管理人协会	2019年8月15日	柳州市司法局	
43	盐城市破产管理人协会	2019年8月24日	盐城市司法局	
44	佛山市破产管理人协会	2019年9月3日	佛山市中级人民法院	
45	丽水市破产管理人协会	2019年9月6日	丽水市中级人民法院	
46	淮安市破产管理人协会	2019年9月10日	淮安市司法局	
47	上海市破产管理人协会	2019年9月12日	上海市司法局	省级
48	绍兴市破产管理人协会	2019年9月17日	绍兴市中级人民法院	
49	山东省破产管理人协会	2019年9月18日	山东省司法厅	省级
50	高青县破产管理人协会	2019年9月29日	山东省淄博高青县人民法院	县级
51	北京市破产管理人协会	2019年10月25日	北京市司法局	省级

通过表3信息，结合调研情况，可见目前我国各地管理人协会具有如下显著特征。

第一，地市级协会是主力军，省级协会迎头赶上，县级协会开始试水，全国协会尚未提上议程。《企业破产法》施行后至2013年12月31日，除天津市外，全国基本处于"空窗期"。我国管理人行业协会的建设真正起步于2014年，截至2019年10月31日，全国省级、地市级与县级管理人行业协会总共51家，其中2009年更名改造1家（天津市），2014年设立1家，2015年设立1家，2016年设立4家，2017年设立6家，2018年设立12家，2019年设立26家。2018年度和2019年度管理人行业协会的建设驶入"快车道"，两个年度共设立38家管理人行业协会，占比超过73%，可谓"忽如一夜春风来，千树万树梨花开"。在51家管理人行业协会中，省级协会9家，占比超过17%；地市级协会40家，占比接近79%；县级协会2家，占比超过3.9%。目前，形成以地市级协会为主，省级协会为辅，县级协会为补充的局面，全国协会目前仍然缺位。经查询"中国社会组织公共服务平台"，除北京市、晋城市、洛阳市破产管理人行业协会未能查询到相关信息外，其他48家破产管理人行业协会均能在该平台查询到机构的统一社会信用代码登记信息。

福建省泉州市民营企业发达，虽然企业破产审判工作起步不是很早，但泉州市是全国较早设立管理人行业协会的城市，按设立先后时间顺序排序，泉州市破产管理人协会是全国第十家地市级协会，也是福建省第二家协会。该协会成立后近2年来，协会发挥了积极作用，合力推动了当地破产事业的发展。

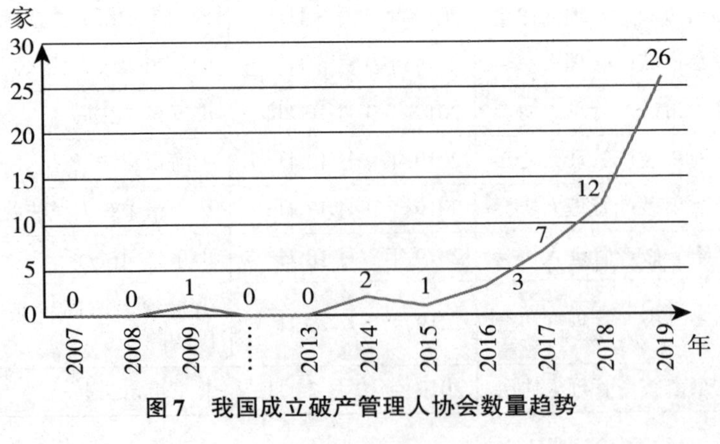

图7　我国成立破产管理人协会数量趋势

第二，从地区分布来看，管理人行业协会集中在东中部破产事业较发达地区。通过下列我国破产管理人协会地区分布图可以看出，51 家破产管理人协会集中在东中部破产事业较发达地区，尤其在江浙地区，江苏省占 13 家，浙江省占 11 家，接近半壁江山，广东省占 4 家，福建省、山东省属于后起之秀，也各占 3 家，安徽省、河南省、辽宁省各 2 家，其他 12 个省市各 1 家。我国四个直辖市北京市、上海市、天津市、重庆市均已建立管理人行业协会。我国目前 5 个自治区（内蒙古自治区、广西壮族自治区、西藏自治区、宁夏回族自治区和新疆维吾尔自治区）中，只有广西壮族自治区柳州市建立了管理人行业协会。在福建省，厦门市、泉州市和福州市分别于 2016 年、2017 年和 2019 年成立了管理人行业协会，3 市均属于经济比较发达的福建省沿海地区。

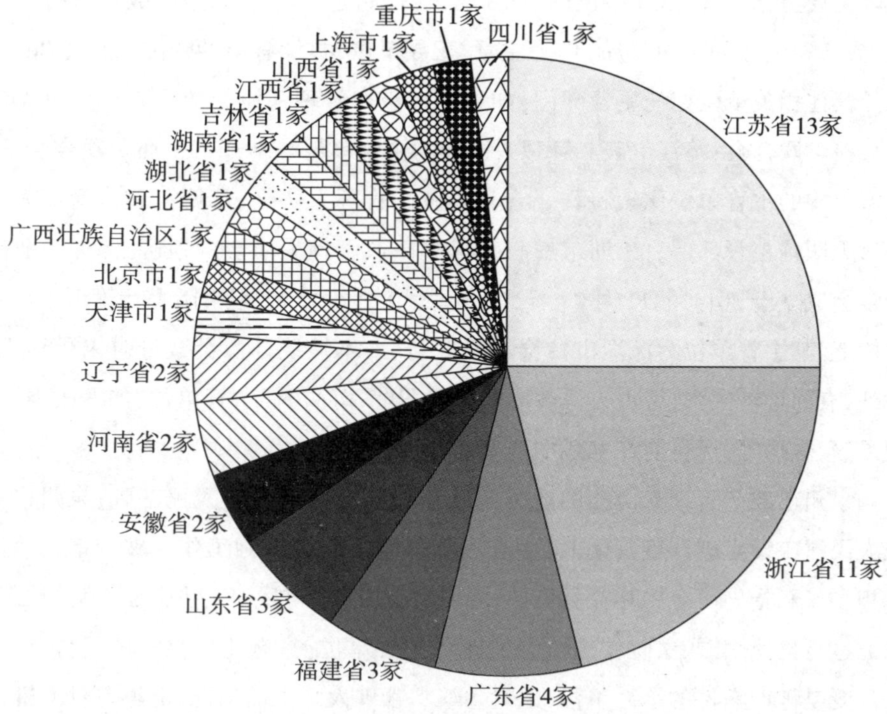

图 8　我国破产管理人协会分布

第三，人民法院在成立协会与协会管理方面确实起到引领作用。根据《社会团队登记管理条例》的规定，成立社会团体，应当经其业务主管单位审查同意，并依照本条例的规定进行登记。成立管理人行业协会也应当提供业务主管单位的审查意见,才通过设立登记。对于管理人协会的合适主管单位,学界与实务界存在3种主张:一是人民法院,二是司法行政机关,三是人民政府的金融、经信、发改局等部门。民政部《关于重新确认社会团体业务主管单位的通知》(民发〔2000〕41号)规定:社会团体业务主管单位的职能应能涵盖所属社会团体的业务范围,并能够对该社会团体进行业务指导。县级以上政府、党委相应部门、检察院、法院和经县级以上党委、政府授权的组织等,可以作为社会团体的业务主管部门。该规定为人民法院作为破产管理人协会的业务主管部门提供直接法律依据。

通过表3可知,目前,51家行业协会的业务主管/业务指导单位主要有3种模式。一是由两级法院(中级人民法院和高级人民法院)作为主管/指导单位,由法院担任业务主管/指导单位的有28家,占比超过53%。二是两级司法行政机关(省市司法厅和市司法局)作为主管/指导单位,共计有19家,占比超过36%。三是其他相关单位担任主管部门,如无锡市破产管理人协会的主管单位是无锡社会科学联合会;靖江市破产管理人协会的主管单位是靖江市工商业联合会,这二家机构的主管单位比较特殊。吉林省破产管理人协会、常德市破产管理人协会暂无明确主管部门。深圳市属较早成立破产管理人协会的地区,深圳企业破产学会成立于2014年11月27日,它无管理人协会之名,但实际上行管理人协会之职能,其主管单位为深圳市社会科学联合会,本文统计协会数量时未予纳入。此外,有的学者主张,可由人民政府的相关职能部门担任主管单位,如发改委、经贸局、金融局等,但目前在实践中尚未发现该种情形。

泉州市破产管理人协会的业务主管单位是泉州市中级人民法院,泉州市中级人民法院设立破产审判团队,主管和指导全市破产审判工作。破产审判团队承担主管和指导协会的相关具体工作。从泉州市破产管理人协会成立后近2年来的运行情况来看,法院作为协会的业务主管单位,具有比较显著的优势,因为法院既是破产案件的承办单位,也熟悉整支管理人队伍的情况,能够有针对性地在管理人梯队建设、人才储备、业务培训、执业风险管控、破产资金安全管理等方面提出具体的指导意见。同时,法院在制定、出台有关管理人报酬、管理人分级管理、管理人新编入册、破产资金使用与安全管理等规定时,听取协会意见,交给协会监督落实,取得了比较好的实效。

第四，行业协会在协助会员处置破产财产方面发挥了积极的作用。根据统计，目前51家协会中只有4家入驻了淘宝网，1家协会入驻了京东网，协助当地管理人处置破产财产并发挥一定作用。以泉州市破产管理人协会为例，自2018年1月入驻淘宝网，截至2019年10月31日，共接受会员委托225笔业务，委托拍卖处置破产财产起拍价合计金额31.1亿元，成交金额合计11.1亿元；自2019年7月入驻京东网，截至2019年10月31日，总共接受会员委托11笔业务，委托拍卖处置破产财产起拍价合计金额2.4亿元，成交金额合计1.8亿元，取得显著成绩，也获得良好的社会效果。综观全国，管理人处置破产财产主要依托当地两级人民法院（基层人民法院和中级人民法院），通过司法拍卖的渠道处置，以行业协会的名义委托网络拍卖平台公开拍卖破产财产占比较小。虽然传闻淘宝网开始着手改革，项目管理人可以直接登录上线委托淘宝网拍卖破产财产，但不可否认的是协会作为一级法人资格，具有资质稳固、管理有序、由协会专门工作人员提供专业对接等不可代替的优势。

第五，地市协会将会密集设立，省级协会将会逐步推进，这是未来趋势。随着这一两年以来，我国破产事业快速发展，管理人队伍快速成长，自2018年年底以来最高人民法院批准设立破产法庭，以及各地管理人对于在全国设立三级协会的呼声日益高涨，结合上表各地协会成立的态势来分析，可以预见未来几年，各地地市级协会将会很密集地设立，成立省级协会也将会备受关注，成立全国协会也会指日可待。

二、我国管理人行业协会存在的问题

纵观我国各地管理人行业协会的成立、运行、职能、管理模式等，笔者认为，我国管理人行业协会目前存在如下问题。

第一，2007～2014年基本上处于"空窗期"，2014年至今开始起步，处于初创阶段。《企业破产法》于2007年实施，部分地区编制了管理人名册，开始了破产实践。除天津市在原清算协会基础上改造更名外，我国在2014年才建立第一家地市级管理人协会，可见破产法实施后7年期间，我国管理人协会基本上处于空白阶段，直到2014年才翻开了全新的篇章。虽然目前已建立51家县级、地市级和省级协会，但我国管理人行业协会建设在今后一段时间内将处于初创阶段，今后还有很长的一段路要走。可以预见的是,直到将来全国各地普遍建立地市级协会、省级协会,并建立全国协会,才能说我国管理人行业协会自治管理体制基本建成。

第二,管理人协会的定位、机构设置、职能等尚处于起步阶段。通过调研并对比部分地区协会章程,各地协会在组织架构方面是比较科学合理的,权力机关、权力机关常设机关与执行机关,以及监督机关"'三驾马车'齐驱并驾",基本保障协会有序运行与作用的发挥。但其在功能定位、部门设置、职能等方面大同小异,均处于初创摸索阶段,在对会员的管理上略显粗糙,研究与完善的空间很大,可以大有作为。以泉州市破产管理人协会为例,协会章程规定会员大会是权力机构,理事会是会员大会的执行机构,监事会是监督机构。协会成立后,内设会员部、业务部、培训部、宣传部、外联部与秘书处。章程规定协会具有六大业务范围(职能):为会员提供破产知识与破产业务的咨询;宣传破产法律法规和破产事业;组织会员开展业务培训与学术交流;加强对会员的自律管理;接受会员委托,协助处置破产财产;构建交流平台,开展破产领域的交流与合作。上述六大职能分别由相应的职能部门承担。从运行近2年的情况来看,泉州市破产管理人协会的定位、机构设置、职能设定还是比较合理、有效的,但还有进一步完善与创新的空间。

第三,协会对会员的惩戒机制尚处于空白阶段。目前,对于管理人惩戒的法律规定体现在《企业破产法》第130条,《企业破产案件指定管理人的规定》第39条,惩戒措施包括:(1)罚款;(2)对债权人、债务人或者第三人承担赔偿责任;(3)暂停担任管理人一年至三年;(4)从管理人名册中除名。① 上述惩戒措施由具体承办案件的人民法院负责实施。究其惩戒种类的性质,可以发现:罚款是司法罚款,是一种司法强制措施;对债权人、债务人或者第三人承担赔偿责任,是一种民事责任,是居于请求权而产生的法律责任,本质上不属于具有管理性质的惩戒措施;停职与除名,分别具有行业处分与行政处罚的性质,由此可见惩戒措施体系混乱。目前,根据法律和司法解释规定,赋予人民法院管理管理人的职权,具有"司法代管"性质,行政管理是缺位的。

① 参见叶炳坤:《破产管理人的"管理"困境及其出路》,载陈夏红、闻芳谊主编:《破产执业者及行业自治》,法律出版社2018年版,第240页。

协会在会员惩戒方面可以发挥不可替代的优势，协会惩戒的法理基础与现实基础在于“会员一致行动”，会员通过自己立法的形式形成统一的规范对每个成员形成约束。笔者认为，应当从几个方面加以明确与规定：一是探索会员处分与“司法代管”处罚的边界，倡议各地大胆探索，形成对人民法院惩戒措施的有效补充；二是建议借鉴律师行业会员处分的种类，即训诫、通报批评、公开谴责、取消会员资格，并与法院的惩戒措施形成互相配套制度；三是探索会员惩戒的程序性立法，包括建立惩戒调查取证程序、设置听证程序、赋予申辩权利、对处分不服有权提起复议程序等。

泉州市破产管理人协会努力探索，正在筹划着手建立会员奖励与惩戒办法，设置奖励与处分的程序与种类，设置处分的调查取证程序、申请听证程序、内部复议程序。其中，内部复议程序，是指在福建省没有设立省级协会的情况下在协会内部设立两个程序性规定：一是处分程序，二是复议程序。复议程序加入征求业务主管单位法院的指导意见。

三、构建与完善管理人行业自治制度

（一）修改《企业破产法》，完善我国破产管理人管理体制

《企业破产法》第 22 条规定管理人由人民法院指定和更换，指定管理人和确定管理人报酬的办法由最高人民法院规定。《企业破产案件指定管理人的规定》规定管理人的资格认定、名册编制、名册调整、从业准入、案件指定、更换、辞退、惩戒等。可见，法律规定由人民法院行使对管理人的管理权，除案件司法管理外，这些规定的管理具有行政管理的显著特征，可谓法院集案件管理权和行政管理权于一身。

目前，这种管理状态被称为“司法代管”，言下之意，这种管理状态是暂时性的、过渡性的，迟早要回归本位，这是涉及修改法律的大事。未来，对管理人的管理应当通过修法，构建“两线一点”的管理体系，完善管理人管理制度。“两线”，是指行政宏观管理与行业自治管理两条线。行政管理是指由政府专门行政管理部门对管理人实施行政管理，对行业协会实施行政管理，如由近年来各界都在呼吁成立的“破产管理局”来负责实施，从目前“司法代管”回归真正意义上的行政管理，建立行政管理体制，确立行政处罚措施种类，如警告、责令改正、没收违法

所得、停止执业、停业整顿、除名等。行业管理是指由行业协会对管理人实施行业自治与行业自律管理,由行业协会对违纪会员实施行业处分。“一点”,是指人民法院通过个案对具体承接管理人实施个案管理,包括警告、罚款、更换管理人、辞退管理人,甚至司法拘留等。“两线”是科学合理的管理制度,既可发挥政府行政管理的主导作用,又能发挥行业自治功能,是宏观管理与微观管理有机结合的管理模式;“一点”是强调人民法院对个案的司法管理,不背离人民法院的司法职责要求,有利于案件的提质增效。

(二)顶层设计上应当积极推进建设全国、省、地市三级协会的组织体系

随着我国依法治国方略的实施,新时代中国特色社会主义市场经济的不断开放,供给侧结构性改革的不断深入,我国破产事业的蓬勃发展,以及破产管理人成为一个崭新的富有吸引力的职业吸引更多律师、注册会计师、清算师,甚至更多其他行业职业人(如企业的职业经理人、金融银行家、营销专家等)的加入,管理人队伍的人数越来越多、实力越来越壮大、影响力越来越广泛,各地行业自治协会将会如火如荼地开展,如风靡云涌的出现,包括更多的地市级协会、更多的省级协会纷纷设立,最后推动全国协会诞生。

当形成三级组织体系后,各级协会都是一级社团组织,具有独立法人资格,具有各自职能,三级协会各自独立,无层级上隶属关系。上下级协会具有业务指导关系,特别是省级协会与地市级协会的职责分工更需进一步厘清,分工负责、各司其职、互相协作、相得益彰。在对会员的惩戒问题上,当会员不服地市级协会的处分决定时,可以赋予省级协会对不服提出的复议申请具有终审审查权,引入上下级的监督机制,保证惩戒的透明、公开、可救济,增强公信力。至于目前全国出现的两家县级协会,不可否认具有探索的积极意义,但在县级设立协会应该不会成为主流,当全国建立三级组织体系,应当足以保障破产管理工作的顺利推进。

(三)健全与完善各级行业协会的定位、内设机构、功能职能,强化服务功能

协会作为“会员之家”,凝集会员的力量与智慧,承担管理会员之职责,架起会员与法院、政府及其他外界沟通交流之桥梁。究其本质,协会主要承担会员教育培训、会员履职评价、会员奖惩、行业交流与合作、行业对外宣传、行业自律管理、行业风险管控,以及为会员提供必要的服务等。

各地章程对于协会的定义多为具有法人资格的地方性、专业性和非营利性社会团体。换言之，协会作为一个社会团体，具有三重属性。地方性，是指具有一定的地域性。只有入选某区域人民法院的管理人名册才具有对应区域协会的入会资格，至于是否放宽到外地管理人也进入本地协会会员名册，各地做法不一。专业性是指管理人（含机构管理人或个人管理人）都是特定专业领域的专业机构或专业人士。而非营利性本身就是社会团体的基本属性，不以营利为目的，服务于会员。因此，在实践中，应当坚持章程规定的协会的三重根本属性，坚持办会方向，不能动摇。

各地协会对于内设机构各异，主要围绕协会章程规定的功能职责来展开，服从并服务于办会目的与任务。比如，泉州市破产管理人协会设置 6 个部门，除秘书处外，其他 5 个部门对应承担协会的六大职能，各个部门有对应的负责人负责相应工作。协会内设机构分为两大类：一是与专业有关的部门，如业务部、培训部，负责业务咨询、业务拓展、业务研讨、业务培训等；二是保证协会日常运行的部门，如秘书处、会员部、宣传部、财务部、外联部等。

综观协会的定位、机构设置、功能职能，归根结底，应当强调强化协会的服务功能，服务会员，服务破产管理工作，服务破产事业。譬如，泉州市破产管理人协会章程规定职能“接受会员委托，协助处置破产财产”，就是要求全市企业破产财产统一委托市管理人协会对外处置，协会接受委托后，通过淘宝网、京东网公开上网拍卖处置，既保证最大限度地公开，保障广大债权人利益，也统一了拍卖流程，配备专业工作人员提供服务，减轻管理人的工作负担，又可以收取适当数额的委托佣金，补充协会运行资金，保证管理人协会的可持续发展，在实践中取得良好效果。这也是泉州在管理人行业自治方面的一项创新，受到各方关注和肯定。

（四）进一步强化协会对外功能

在我国，“破产”一词不吉利，老百姓观念上不接受。虽然破产法在我国早已制定实施，但整体上看，社会公众包括政府官员和企业家对破产制度的功能仍认识不足。[①] 这意味着我们正在从事的破产法事业将会举步维艰、荆棘满途，“破产

① 参见王欣新、徐阳光：《中国破产法的困境与出路——破产案件受理数量下降的原因及应对》，王欣新、郑志斌主编：《破产法论坛》（第 9 辑），法律出版社 2015 年版，第 26 页。

法为一重要之法律,然学者研究之者,远不如研究民刑之法之夥,良以向者适用较少,兴趣遂减”。民国法学家吴传颐先生数十年前之感仍让今人有好似现实写照之叹。① 管理人所从事的破产管理也将是一项重要而艰巨的工作。管理人协会肩负着对外宣传、传播、外联等工作,特别重要且有意义。首先,协会要宣传破产法律法规,传播破产法观念,让更多的人知道破产法、接受破产观念、理解破产企业。其次,协会是联系沟通法院、政府及破产案件相关单位的桥梁与纽带,协会可以集中会员的意见和建议,在政策、指导思想层面的意见和建议反馈给法院、政府等部门,推动当地破产管理与破产审判工作向前推进。因此,应当发挥调动协会该项功能。再次,建议协会利用现代科技手段,建立案件信息库,对包括案件当事人信息、破产财产信息、战略投资人信息等建立大数据,特别是在当地各种平台、资源建立必要的联系,服务于破产管理工作。比如,2018 年 9 月 25 日泉州市破产管理人协会与建设银行泉州分行建立战略合作关系,建行专门为协会开发破产资金管理软件,保障破产资金运行与监管安全,全市所有破产项目在建行开立管理人账户,双方开展深度紧密的合作。再如,泉州市破产管理人协会计划在 2020 年年初与泉州保险公司签订战略合作协议,为会员投保管理人执业风险责任保险,目前正在洽商中。最后,各地协会根据自身需要开展外联工作,但常常有一定局限性,提倡协会开展业务交流、业务学习,甚至业务合作,有利于互通信息、在提高自身的同时共同推进破产法事业。

第三节 民营企业破产管理人账户资金监管问题研究

民营企业破产后,管理人接管债务人财产时,往往会选择开立银行账户存储债务人的资金。一般而言,在进行分配前,管理人对债务人财产所进行的管理、拍卖、变卖活动,最终都会以货币形式进入该账户。管理人账户中的存储资金,实质是债务人财产的货币化表现形式。因此,对管理人账户资金的监管便显得尤为重要。而在以往的实践中,这一直是一个难点问题。破产管理人本身即享

① 参见王欣新:《中国破产审判的司法进路与裁判思维》,法律出版社 2018 年版,总序第 2 页。

有对债务人财产的一定自主支配权。此外,其履职活动贯穿整个破产程序始终,资金运作频繁,监督主体如法院、债权人会议或者债权人委员会难以真正对每笔资金的使用情况进行审批核查。破产管理人账户的监管处于对管理人监督中的薄弱环节,容易出现漏洞从而引发资金流失风险,最终侵害债权人利益。基于此,有必要对民营企业破产管理人账户资金监管问题展开研究。在现有研究中,对该问题进行研究的文献并不多见,但它又是实践中亟须关注与解决的问题。因此,本节将立足泉州市实际情况,对泉州市在管理人账户监管问题上所作出的实践探索进行分析,希望能弥补现有研究的不足,并对实践有所启发。

一、加强民营企业破产管理人账户资金监管的必要性

民营企业破产管理人账户中存储的资金既有其自身特性,又与一般破产案件账户资金存在共通性,加强民营企业破产管理人账户资金监管的必要性主要体现在3个方面。

(一)民营企业破产资金存储特点的必然要求

1. 账户资金存储数额较多

泉州市民营企业数量众多,以县级市晋江市为例,晋江市拥有46家上市公司,总市值近2500亿元;“新三板”、海交所等场外挂牌交易及展示企业达117家。由此可见,泉州市民营企业自身拥有较为雄厚的资金实力。正因如此,一旦民营企业陷入破产困境,管理人需要存储、等待下一步操作的账户资金数目较大。先创电子、先创通信是泉州市丰泽区第二家香港上市公司星辰通信的关联企业,其名下土地资产拍卖价款1.8亿元,同时有3.5亿元应收账款,这些资金在管理人接管企业后均需存入专门的账户。民营企业在破产程序进行中,可能存在相关资产需要变现,或者履行未履行完毕的合同而获得的货币收益,或者继续营业产生相关货币收益,这些货币资金均需存入管理人账户。管理人账户中数额较大的资金使对管理人账户的监管尤为重要。

2. 账户资金存储时间长

管理人账户资金的运转贯穿企业破产的全过程。从管理人开始接管债务人财产时,便有必要设立专门账户存储债务人的货币财产。这一账户的存续时间一般不短于破产案件的审判周期。在实践中,破产案件的审判周期短则几个月

或者一年,长则几年乃至数十年,总体而言周期较长。同时,由于在某些破产案件中,涉及破产财产分配额的提存,因此,即使破产程序已经终结,但是管理人账户中仍存在资金。在此状况下,资金便需要一直存储在管理人的账户中,管理人对该资金具有长时间的自主控制权,如果不对管理人账户资金进行监管,则有可能出现管理人随意挪用账户资金或者不当管理债务人资金却无人知晓,从而出现侵害债权人利益的情形。

(二)保障破产程序顺利进行

破产程序的顺利进行需要以债务人的货币资金作为保障。债务人资产变现处置之后最终将转化为货币资金存入管理人账户以便使用。该账户资金最终将用来清偿债权、支付破产费用、支付共益债务或者支持债务人重整经营等,推动破产程序有序进行。根据《企业破产法》第25条之规定,管理人履行接管债务人的财产、印章和账簿、文书等资料,决定债务人的日常开支和其他必要开支,管理和处分债务人的财产等职责,均体现了管理人对债务人资金的使用具有宽泛的自由裁量权。正是由于资金对破产程序的推进具有重要意义,因此,法律赋予了管理人对债务人财产的支配控制权,但是如果对管理人的财产处置权缺乏相应的监督,则会出现管理人怠于履职甚至挪用、私分等造成破产资金流失的风险情形,影响破产程序的后续推进。因此,当管理人开始接管企业财产时,有必要启动对管理人的监管,对管理人账户资金的使用情况进行监督,以便督促管理人更好履职,使破产程序有序进行。

(三)实现债权人利益最大化

管理人对账户中资金使用的状况和效率与债权人的利益息息相关。就某种程度上而言,管理人开设专门的银行账户管理债务人财产,其最终目的是清偿债权人的债务。然而,在实践中,对管理人账户资金的监管缺乏有效的机制,即使管理人滥用权力不当处置债务人资金,也不容易被及时发现,或者即便事后发现管理人存在资金使用不当的行为,进行事后的补救措施也需要耗费一定的人力、物力成本,最终影响的仍是债权人的利益。由此可见,管理人是否合理使用账户资金涉及债权人的利益保护。基于此,有必要构建管理人账户资金的监管机制,在资金使用过程中实施相应监督,从事前防范管理人行为不当的风险,实现债权人利益最大化。

二、民营企业破产管理人账户资金监管面临的主要问题

(一)资金账户开立缺乏规范导致选择随意性大

在实践中,由于管理人开立账户需要存储的资金数额较大,容易成为各大金融机构争抢的业务。而与此同时,具体选择哪家银行又缺乏明确统一的标准,管理人具有自由选择权,由于账户资金流动性大,所以一般而言,管理人会选择以活期存款形式存储资金。各个银行在竞争过程中,有些会选择在服务方面突出竞争优势,有些会选择提高利率来争取业务。但是,目前对管理人开设银行账户缺乏统一规范标准,这在一定程度上加剧了选择过程的不透明度,容易滋生管理人与银行间不正当的利益交换问题。[①] 此外,即使管理人选择银行的行为会受到法院及债权人会议的监督,但由于选择标准的主观性,在管理人能够自圆其说的情况下,即使管理人存有私心或者获取私利,法院及债权人会议也难以发现。故此,在资金账户开立方面,管理人行为难以得到有效的约束,管理人容易出现基于个人原因而非债权人利益最大化的标准选择银行。

(二)资金运作监管机制实际效用发挥有限

《企业破产法》第23条规定:管理人依照本法规定执行职务,向人民法院报告工作,并接受债权人会议和债权人委员会的监督,管理人应当列席债权人会议,向债权人会议报告职务执行情况,并回答询问。因此,管理人在履职过程中,主要受到法院、债权人会议和债权人委员会的监督,在资金运作方面也不例外。

在法院对资金运作监管方面,管理人需要向法院报告工作,由于受制于法官职业原因,法官对商业经营中的资金运作合理性缺乏专业的把握。换言之,管理人对法官的报告,只能起到让法官知道资金流向的作用,对其运用的合理性缺乏判断。管理人在接管债务人财产时,有时候会涉及继续经营问题,管理人基于商业判断使用资金的行为超出了法官的专业判断范畴,法官难以得出管理人对该笔资金使用合理与否的结论。所以,即使管理人在履职过程中,存在资金使用不合理的行为,法院也难以发现和采取措施及时解决。

---

① 参见周剑敏、朱淼蛟、张帆:《加强破产资金监管保障债权人之利益——浙江绍兴中院关于破产货币资金监管的调研报告》,载《人民法院报》2017年5月18日,第8版。

债权人会议对管理人资金运作行为具有监督权，监督途径主要包括以下几方面：(1)管理人应当向债权人会议报告履职情况，其中不可避免涉及资金使用；(2)管理人拟定的债务人财产的管理方案、变价方案、分配方案须经债权人会议通过，这些方案将有可能涉及资金使用问题；(3)债权总额1/4以上的债权人可以提议召开债权人会议，要求管理人报告工作。但在实践过程中，法律设置的债权人会议表决监督和管理人执行职务时的报告制约机制，其效用在资金运作监管环节并没有充分实现。由于债权人人数众多，其开会次数有限，难以事前及时就管理人资金使用进行决策监管，更多地发挥事后审核功能。与此同时，受制于债权人会议议程限制，对于管理人具体的资金使用情况，债权人也难以逐笔进行深入审核，事后审核不免流于形式化。因此，债权人会议的决策监管与事后审核功能在实践中均难以得到真正有效发挥。

债权人委员会相对债权人会议而言，在管理人资金监管方面具有一定优势。但由于《企业破产法》规定，债权人委员会是可以设立的机构，而非必设机构，因此，在实践中不少破产案件并没有设立债权人委员会。即使设立了债权人委员会，在破产清算程序中，由于债权人委员会不能实质性影响管理人的资金使用行为，管理人受到的监督有限。① 债权人委员会对管理人的行为缺乏批准权，无法有效抑制和避免管理人不当操纵资金，债权人委员会的监管机制也未能得到充分发挥。

(三)缺乏有效的资金信息披露制度

管理人账户资金的用途是最终能够公平清偿债务。公平这一要求强化了资金使用信息公开的必要性。如果债权人对资金使用状况缺乏知情途径，那么便无法防范债务人个别清偿行为，更谈不上最终实现债务的公平受偿。虽然我国《企业破产法》要求管理人向法院、债权人会议以及债权人委员会报告工作，但是对于报告的周期、披露的详尽程度均缺乏进一步清晰明确的规定。因此，在现行法的背景下，管理人账户资金使用情况的披露有赖于其自身主动说明。然而，完全依赖于管理人主动公开的信息披露制度，个人因素占据主导地位，其效果的长久性与稳定性均无法得到保障。此外，由于缺乏对报告周期的规定，每周报告、

① 参见王欣新主编：《破产法原理与案例教程》(第2版)，中国人民大学出版社2015年版，第88页。

每月报告、每半年报告,在现行法下均属于管理人履行了报告的义务,但是报告周期长短对于债权人利益保护的效果却是不一样的。所以,即使目前我国法律要求管理人对资金使用行为进行报告,但是却徒有框架,缺乏对制度内容的填充,无法实现信息披露的初衷。

(四)管理人资金使用不当缺乏相应后果

管理人资金使用不当行为一般是管理人滥用自己的资金使用权,随意使用账户资金,甚至将账户资金挪作己用。针对管理人不当使用资金的行为,当前制度缺乏相应行为后果,不能对管理人资金使用行为形成有效的约束机制。管理人轻微的不当行为一般难以被发现,即使被发现并指出,也会因情节较轻而没有实质性后果,但是这可能助长了管理人不认真履职的作风,最终有损债权人利益。

三、泉州市破产管理人账户资金监管探索实践

鉴于目前民营企业破产管理人账户资金监管存在上述问题,传统的监管模式已无法满足实践需要,部分地区开始创新资金监管方式。2018 年 5 月 29 日,广州上线了全国首个破产案件资金管理系统。随后,泉州市借鉴了这一做法,也在管理人账户资金监管问题上积极进行探索。2018 年 9 月 25 日,泉州市破产管理人协会与中国建设银行股份有限公司泉州分行签订《战略合作协议》,约定由建设银行负责开发破产案件资金管理系统,泉州市破产管理人协会的会员单位在承接破产项目担任管理人后,在建设银行开立破产项目管理人账户,开展破产重整、破产清算,以及公司强制清算等案件资金管理业务,双方利用这一系统平台加强破产案件资金的使用和监管。

(一)破产案件资金管理系统特点

1. 账户权限分类设置

泉州市破产案件资金管理系统为不同的操作主体设置了不同的权限。管理人可线上实现账户交易及查询,主审法官可对账户资金实时查询调阅,同时,法院的金融庭庭长也可以对账户进行查阅监管。系统通过为管理人、主审法官、破产团队负责人配置不同的用户名、密码,设置不同的操作权限,以实现对系统的分类使用,共同监管。与此同时,系统还对资金的转出进行了权限分级,管理人

转出资金需要复核审批后,方可进行操作。将转出资金数额划分为几个不同的标准,不同标准下复核审批流程不同,或需项目管理负责人以及主审法官的复核审批,或还需破产团队负责人的复核,随着金额的递增而更为严格。此外,该资金管理系统能够对数据进行保留,对不同账户登录操作情况进行记录,实现信息的留痕。在确保资金信息安全的同时,实现对账户开立及资金流转的有效监管,协助管理人高效、有序做好破产管理服务工作,提升管理效率和服务能力。

2. 线上同步审核

泉州市破产案件资金管理系统上线后,系统给予每个破产案件单独的银行账户,将管理人名下的不同破产案件账户隔离开,建立"一案一账户"的资金管理体系。管理人、主审法官、破产团队负责人均可通过系统对资金使用进行审核。系统赋予法院相应的资金使用审批权,能够实现事先对管理人行为进行审查,若法院认为该笔资金转出存有问题,可以不予批准,暂时中止管理人对该笔资金的使用。这有利于法院从源头上加强监管,防范管理人资金使用不当对债权人利益造成损害的风险。同时,由于所有操作程序均为在线操作,管理人发现法院不予批准后,可以及时向法院解释资金的用途、说明情况,法院认可后可以重新审批通过。不同审批权限的主体在线上同步进行操作,减少了层层报批带来的烦琐程序。快捷的审批操作程序不会让管理人因来回奔波报告浪费时间金钱成本,既有利于管理人降低办事成本,又有助于法院提高监管能力。

3. 信息互通可查

破产案件资金管理系统搭建了信息共享平台。主审法官可以通过该系统掌握破产案件资金开户、转入转出等情况,对资金流转进行全程监控。破产团队负责人同样可以监控资金使用情况,为公开透明监管更增添了一层保障。管理人可以通过系统向法院进行资金使用的实时汇报,更好地履职述职,接受法院的监督。同时,管理人在提交资金使用申请后,可以及时获知主审法官和破产团队负责人是否同意审批,信息分享更方便快捷。在银行方面,银行系统接收法院审批指令后自动划拨款项,确保全程留痕。系统对资金操作、用户登录状况均保留历史记录,便于各用户日后查询。通过该系统,项目管理人、负责人,主审法官以及团队负责人均可实时查询跟踪账户管理人的账户余额、资金使用明细,各方从不同的层面,对破产案件资金实施层层监管。

（二）破产案件资金管理系统评价

1. 破产案件资金管理系统的优越性

泉州市破产案件资金管理系统改变了传统的监管模式，是泉州创新破产审判实践的具体体现，该系统较之于传统人为监管方式而言，主要具有如下优势：

第一，提升了管理人资金使用的透明度。法律赋予了管理人对破产企业拥有资金支配权，但并不等同于管理人能够不受监督随意使用资金。然而，在传统人为监管模式下，由于信息披露机制不完善，管理人资金使用的透明度有限，监管者往往难以发现管理人的不当使用行为。而泉州破产案件资金管理系统上线后，有效解决了这一难题。在当前实践中，管理人每笔资金使用情况都会留下操作记录，转出金额以及转出对象账户均能够在系统中随时查询。这有利于法院、债权人知晓每笔资金动向，防范管理人私自挪用资金、不当使用资金的潜在风险。

第二，加强了法院对管理人资金使用的约束力度。在破产案件资金管理系统上线前，管理人需要向法院报告资金使用状况、接受法院的监督，但是这一报告制度，在实践中往往会被虚置。该报告制度可能会引发两个问题：首先，管理人向法院报告并非明确要求管理人资金使用要得到法院的批准，即法院对管理人资金使用缺乏事前的审批同意权，缺乏对管理人财务管理权的有效制约；其次，即使法院在实践中为了监管的需要，要求管理人对大额开支向法院进行事先的报备审批，也会因传统的线下通知方式不够及时，从而耗费较高的时间成本，影响破产工作进程。因此，传统的法院监管机制效用并未得到充分发挥。破产案件资金管理系统上线后，可以实现法院对资金流转的动态监管，同时，法院拥有审批操作权限，法院的监督权落实到管理人履职的过程中。

2. 破产案件资金管理系统的不足

泉州市破产案件资金管理系统为民营企业破产管理人账户资金监管问题带来了便利，但是其监管主体缺乏多样性，仍存在尚待完善之处。目前，系统中对管理人账户的监管主体为案件主审法官、破产团队负责人，均来自法院系统。一方面，法官负责案件数目繁多，可能无法及时发现管理人账户资金异动情况，造成监管的疏漏；另一方面，监管主体局限于法官及金融庭庭长，在现实情况中，一定程度上可能引发监管权实质集中于团队负责人，主审法官监管的能动性发挥不足。因此,仅由法院在系统中具有监管权限,既过重地增加了法官们的工作压力,也会因监管单一而影响实际监管效果。

广州市是全国首个使用破产案件资金管理系统的城市,广州市的系统与泉州市具有共性,即账户权限分类设置、线上同步审核、信息互通可查。但广州市破产案件资金管理系统在监管权限配置上与泉州存在差异,广州市为破产管理人协会也配置了账户监管权限,管理人协会可以对账户进行管理,对交易事项进行审核。管理人协会独立于法院系统,将协会纳入资金管理系统监督主体,有助于建立更完备的监管体系。

四、加强民营企业破产管理人账户资金监管之建议

如上所述,民营企业破产管理人账户资金具有监管之必要,针对目前泉州市在管理人账户资金监管方面的探索以及实践中存在的一些问题,可以从以下几方面加以改进。

(一)适当扩充可选开户银行范围

泉州市在选择银行开立管理人账户的实践方面,经历了从自由选择到如今固定为中国建设银行泉州分行下辖的各个分支银行的过程。虽然目前由于泉州破产管理人协会与中国建设银行泉州分行合作开发破产案件资金管理系统,管理人协会中的所有会员单位被指定在建设银行开立账户,一定程度上解决了管理人账户开立标准模糊不清、随意的问题,但该种做法也有排除其他商业银行公平竞争之嫌。因此,更合理的做法为,破产管理人协会不局限于与一家商业银行签订合作协议,适当扩充合作对象。该种做法具有如下益处:第一,鼓励其他银行研发破产案件资金管理系统,推动破产案件监管系统的成熟完善,为管理人提供更优质的服务;第二,给其他银行公平竞争的机会,各大银行将不仅局限于互相完善资金管理系统,同时会更有动力开发出相关金融投资理财产品,让账户中管理人的资金得到更好地利用,使债权人利益最大化;第三,让管理人拥有适当地自主选择权,管理人能够依据其案件情况,采取竞价方式择优开立账户,选择收益最大化的银行开设管理人账户。因此,可以在借鉴目前管理人协会与银行合作开发破产案件资金管理系统的有益经验基础上,逐步扩充可选择开户银行的范围,使各大银行在竞争的氛围中,为管理人以及各方监管主体提供更为优质

的服务。

（二）建立健全破产管理人账户多元监管体系

破产管理人账户资金监管问题一直是实践中的难题，破产案件资金管理系统的运行很大程度上突破了这一监管困境，但是，目前系统监管主体较为单一，因此有必要建立健全管理人账户的多元监管体系。首先，要发挥管理人内部的自治性，在管理人内部建立自管自监机制。可以加强对管理人财务人员的教育和管理，加强财务人员诚信建设，促使财务人员恪守诚信、遵纪守法。与此同时，管理人内部应该对货币资金的流转情况进行记录，留存相关凭证单据，定期进行内审，完善自身的财务管理制度。其次，可以授予破产管理人协会一定的监管权限。在泉州管理人监管的探索与实践中，破产管理人协会在线上账户资金监管系统中是缺乏监督管理权限的。当前社会强调共同治理理念，而破产管理人协会作为管理人自治的行业协会，对其成员具有一定管理与监督权能，因此，有必要发挥破产管理人协会的监督作用，将其纳入线上监管主体范围。在具体的操作路径上，可以规定管理人账户单笔资金处置达到某一数额后，要求破产管理人协会与主审法官共同审核，为账户资金监管更添一层安全保障。最后，在设立债权人委员会的破产案件中，可以将债权人委员会纳入资金管理系统，授予债权人委员会查询与审批权限，将破产法规定的债权人委员会的监督权真正落到实处。通过将各方主体纳入破产案件资金管理系统，将单一的监管转变为有层次的多元化监管，有助于提升监管的有效性，最终促使管理人勤勉规范履职，实现债权人利益最大化。

（三）完善破产案件资金管理系统

破产案件资金管理系统在保障资金账户的安全性与透明性方面发挥了重要作用，但如上所述，该系统仍存在尚待完善之处。对于系统监管主体缺乏多元性问题，有必要在后台多设置不同类型的监管账户主体，为其配置不同的操作权限，同时审批权限应该具有层次性，以实现对账户资金更为全面的控制与监督。此外，建议在金融机构的微信公众号内设置破产案件资金管理系统专栏，将账户主体信息与其微信账号绑定，以微信通知形式提醒管理人账户操作情况，以便使各方主体及时知悉，以更方便快捷地在系统上进行操作，进一步实现多元门户便捷访问。

（四）将管理人账户资金使用情况纳入管理人考核体制

《企业破产法》第27条规定，管理人应当勤勉尽责，忠实执行职务。管理人在履职过程中，是否履行了勤勉义务，有必要加以考核，管理人考核制度是管理人制度得以健康发展的重要条件。因此，在现有的管理人考核体制下，可以将管理人对破产案件资金使用情况纳入考察对象范围，与管理人评级制度挂钩。具体来看，第一，建立一定期间内的常态化升降级制度，每年确定少数名额的升降级，将管理人资金使用情况作为升降的重要参考标准，规范管理人履职行为。第二，对管理人挪用、私分债务人账户资金等造成破产资金流失的违法使用行为予以严厉打击，与管理人评级以及降级制度相挂钩，视情节轻重采取降级、一定时期内停止担任管理人或除名等措施。第三，将资金的保值增值作为衡量管理人勤勉尽责与职业能力的评估和考核的内容之一。目前，由于缺乏相应的绩效评估机制，部分管理人怠于利用资金，采取不作为的方式任由破产资金闲置贬值，削弱了债务人的最终清偿能力。[①] 因此，在对管理人进行考核时，可将对沉淀资金的利用情况纳入考核范围，资金实现保值增值案件的管理人可以予以升级或者奖励，调动管理人充分合理利用沉淀资金的积极性。

---

① 参见齐明：《论破产法中债务人财产保值增值原则》，载《清华法学》2018年第3期。

第十二章　民营企业破产府院联动机制的实践

破产审判不同于普通的民商事审判，是一项社会系统工程，不仅涉及债权债务清理、财产分配、企业挽救，还涉及职工问题、企业信用修复、涉税处理、注销登记等社会衍生问题。与企业破产审判有关的各种社会性配套制度尚未健全，人民法院在审理企业破产案件中，需要进行大量的外部协调，“府院联动”机制应运而生，成为目前在企业破产审判中解决衍生社会问题的有效工作机制。在破产程序中如何有效地处理法院司法权与政府行政权的关系，发挥两者各自的职能以及积极作用，推动破产相关工作的顺利完成，是值得深入研究的课题。

第一节　泉州市民营企业破产府院联动机制的探索

福建省泉州市作为中国民营经济最发达的地区之一，在国家级金融综合改革试验区的推动下，不断推进金融发展创新和供给侧结构性改革，逐渐形成了金融服务实体经济的新格局。加强金融破产案件审判工作，着力防控和化解金融风险，为经济社会发展营造公平正义的法治环境，是泉州法院系统在新时期担负的重要职责和使命。2015年以来,泉州法院在福建省高级人民法院的有力指导和泉州市委、市政府的关心支持下,大力推进破产审判工作,结合本地实践强化创新,通过不断完善破产审判体系,加强府院联动等举措助力破产审判工作,逐步探索出一条行之有效的具有泉州特色的破产审判之路。

一、泉州市政府和法院在破产府院联动机制方面的探索

在破产领域中,行政权与司法权的关系主要体现为当地政府和法院之间建立府院联动机制,政府和法院在该机制下,各司其职,共同协调处理相关的破产事务,泉州政府和法院在这方面做了一些有益的探索,具体的举措如下。

(一)地方政府及相关部门出台政策,助力破产审判工作

主要政策有:(1)泉州市委、市政府出台《关于推进企业兼并重组的十条措施》(泉委〔2016〕4号,2016年2月5日印发),分别从产业整合、资源优化、财政奖励、税收优惠、土地政策、金融服务、职工安置、打击逃废债等方面给予相关政策;(2)泉州市中级人民法院、泉州市工业和信息化局、泉州市财政局、泉州市地方金融监督管理局联合出台《泉州市企业破产处置专项资金管理使用暂行办法》(泉中法〔2016〕37号,2016年4月6日印发),强化企业破产保障,提高管理人积极性,解决无产可破企业破产程序启动难题;(3)泉州市中级人民法院、泉州市人民检察院、泉州市地方金融监督管理局联合出台《关于加强刑民衔接维护金融生态的意见》(泉检发〔2016〕14号,2016年11月15日印发),建立刑民交叉案件信息共享、疑难问题会商、线索排查、业务互助、工作巡查及联络等机制;(4)泉州市中级人民法院等16部门联合出台的《关于加快推进企业破产处置工作措施》(泉中法〔2019〕63号,2020年1月13日印发)在落实企业破产处置涉税费优惠、支持破产企业信用修复、加快办理变更与注销登记、合力推进破产企业资产处置、严厉打击恶意逃废债、强化重整企业资金保障、监督及便利管理人依法履职、优化企业破产审判工作、健全部门协商处置机制等方面全面构建了破产府院联动体系。

根据《关于加快推进企业破产处置工作措施》的规定,如在关于变更、注销登记方面,明确重整计划执行中,因涉及出资人权益调整需变更股权的,管理人和企业可持人民法院批准重整计划的裁定书、协助执行通知书和其他登记申请材

料到登记机关办理变更登记,税务变更同样适用。人民法院宣告企业破产、裁定终结破产程序的,管理人可持人民法院裁定书向登记机关申请办理企业简易注销、税务注销登记,市场监管部门及税务部门应简化流程,原则上在10个工作日内向管理人出具注销文书或清税证明。重整成功后企业需注销原分公司,依法已对税款债权进行清偿的,税务机关应予以办理。又如,在资产处置方面,规定人民法院受理破产申请后,各有关部门应依法解除对企业财产保全措施,并中止执行程序,查控到的财产依法属于企业资产的,应及时移交管理人,由管理人在破产程序中统一处理,查封机关拒不履行解封义务的,破产受理法院可直接裁定解除保全措施,执行机关应予以协助。

(二)充分发挥地方政府在行政管理和政府平台资源的优势

对一些涉及重点企业的破产案件,在受理前由当地政府成立清算组并吸收中介机构作为成员,先期对企业进行摸底调查,并协助企业开展破产前的一系列维稳和准备工作。对于经营困难的民营企业欲采取破产前自救的,由当地政府协调、监督,泉州市中级人民法院提供法律建议,如此,若确需进入破产程序,也有助于顺利衔接。对于辖区内企业如锦绣庄系等欲进入破产程序的,丰泽区人民法院协助泉州市中级人民法院会同区金融监管、工信、发改等部门先行开展座谈会,商讨处置预案及配合事宜。在破产案件受理后,采取指定清算组担任破产案件管理人的模式,实现了政府部门的政策支持、协调优势与中介机构的专业能力有机结合,为破产工作的顺利推进创造了有利条件。

(三)在破产案件的审理过程中建立工作例会制度

建立长效互通机制,发挥政府各相关部门和法院的职能作用,"遇事通气"、及时沟通,协调解决破产前后可能出现的各类问题。定期召集管理人及政府相关部门工作人员到会,进行工作进展汇报及下阶段工作部署,并形成会议纪要抄送市委、市政府有关领导和相关部门。以例会、专项会议的方式取代传统的"坐堂审理"方式,搭建起监督、沟通、协调的平台,有效发挥了"府院联动"的积极作用。

(四)构建并落实政、司、银、企协调联动机制

与金融监管部门、银监部门、公安、检察机关建立联席会议制度,增强各部门之间的协作与有效衔接,共同解决破产中的具体难题,如投资者招募、资产处置、信用恢复、工商变更登记、企业注销、刑民交叉等。如泉州市丰泽区人民法院处理一起“无产可破”案件,因被申请企业系处于失联状态的“僵尸企业”,无法提供公章及营业执照。区市场监管部门因此表示无法办理企业注销登记。经泉州市中级人民法院启动协商机制,多次会谈,区市场监管局最终同意由丰泽区人民法院出具协助执行通知书,配合办理了注销登记。该起案件完结后,须从破产处置专项资金中提取管理人费用,区财政局起初回复专项资金只能暂借、不能拨付,经丰泽区人民法院多番协商座谈,最终将管理人费用拨付到位,保障了管理人的合法权益。

二、泉州市府院联动机制需协调解决的主要问题

经过近几年的实践,泉州民营企业破产府院联动工作取得了一定进展,同时也发现不少问题,如破产企业的涉税问题,重整企业信用修复,破产财产的处置、过户,破产企业档案存放等问题。

(一)破产涉税问题

受制于当前的税收法律制度,企业即使进入重整程序,仍需继续缴纳房产税、土地使用税等;发生资产变现的,需要征收增值税、土地增值税等;获得债权人债务豁免或回收货款的,需要缴纳企业所得税。上述种种税收负担不仅影响重整投资方的引进,也直接影响了债权人的受偿比例。在泉州有的破产案件中,因采取出售式重整模式,资产过户环节产生的税收问题迟迟未能得到有效解决,导致最终重整的失败,企业转入破产清算程序。在有的案件中,因企业存在历史欠税,在破产程序中开具新的税票存在诸多困难,影响了企业应收账款的回收和企业重整期间的经营活动。

归结而言,企业破产与税务相关的问题主要有以下6个方面:(1)税收债权的申报;(2)税收滞纳金的处理,滞纳金数额计算到受理之日;(3)税收保全措施;(4)继续履行合同的涉税问题;(5)企业破产清算中的企业所得税处理问题,按照清算期间作为一个纳税年度;(6)在税收债权清偿顺序上,与担保债权存在冲突。税务机关在税务事项处理中并未区分破产企业和正常企业,将处于破产程序中的企业当作正常企业,大大增加了破产企业的税务负担,减少了破产企业的破产财产,不利于债权的清偿。

（二）信用修复

信用修复的主要表现为：一是银行征信系统不良记录消除困难。企业即使经过重整新生，重整后的企业仍将承接原企业的银行征信记录。由于存在不良信用记录，严重影响重整后企业的正常融资活动。二是纳税信用等级修复难。据了解，即使企业在重整程序中依法对历史欠税进行清偿，但未受偿的部分在税务系统中并未清零，重整后的企业仍将承接原企业的纳税信用等级。再者，对于建筑类等特殊行业的企业，原企业可能因为经营问题被列入招投标黑名单，即使重整成功，难免面临业务经营受阻。

（三）破产财产处置

破产财产处置主要在于大宗破产财产中，如土地、房产等的处置难度很大，部分财产由于审批、登记等手续不完整，在转让、过户时也存在障碍，影响了资产价值的最大化，不仅有损债权人的利益，也不利于社会资源的再利用。

（四）破产企业的档案存放问题

破产企业的档案存放问题主要包括以下两点：一是民营企业破产后企业档案的存放时间问题，如何确定档案存放时间不明。二是档案存放的费用收取问题，分为两种情况：其一，在地区内影响较大的破产企业，其档案的存放可以由政府负责处理；其二，在“执转破”的案件中，存在大量的中小型企业，它们的档案存放如何处理，尚未有明确的方法。

三、破产法实施的配套制度建设

（一）破产的市场化配套制度建设

我国现阶段的破产实践面临“无产可破”企业的破产费用、共益债务的资金空缺，以及债务人职工就业权益保障等突出问题，部分地方法院推动地方政府设立了各种破产援助性基金，如温州市中级人民法院推动温州市财政局于2013年建立了财政出资的破产援助专项资金，温州市两级财政设立专项资金共计1050万元；河北省资产管理有限公司于2017年7月6日设立的专门投资于破产费用、共益债务的专项基金，独立首批出资1亿元设立母基金，联合省内各市政府分别设立子基金，通过母子基金的模式进行运作；南京市于2017年12月19日设立了金陵破产管理人援助基金会，是由南京市人民政府提供原始基金，专门用于援助破产管理人依法履职的非公募专项基金。根据《泉州市企业破产处置专项资金管理使用暂行办法》相关规定,在滚动补偿原则的指导下,泉州市、县两级财政每年拨付100万元专项资金,法院从案件管理人报酬中提取5%注入专项资金。在严格监管、审查的同时,保障专项资金正常使用,及时支付无产可破案件的破产费用,推动案件顺利开展。以泉州市丰泽区为例,丰泽区政府提供专项资金100万元。目前,该资金池运转有序,丰泽区人民法院现已使用破产专项资金388,812.58元。其中,"无产可破"案件支取破产费用38,812.58元,锦绣庄案件暂借破产费用35万元。

援助基金立足于对破产费用、共益债务、债务人职工权益等款目支付的保障,通过资金援助的方式,给予"无产可破"的"赤贫"债务人以破产机会。以上述列举的地方性基金为例,大多得益于财政资金的支持设立,基金难以通过自身盈利维持,高度依赖于外部的定期或不定期的"输血"来保证资金的充足性,以财政资金持续注入援助基金并不是市场化的长远做法,财政资金并不负担出资的法定义务,需要采取市场化的措施解决"无产可破"企业的破产费用问题,互助与保险是具有可行性的市场化破产配套工具。

首先,建议政府相关部门积极推动破产费用援助、破产企业职工就业保障等互助组织、相互保险公司的设立。我国网络互助组织于2015年出现,互助业务集中于大病健康风险保障方面,如抗癌公社(康爱公社)、夸克联盟、e互助、水滴互助等公司或合伙企业组织。2016年12月26日,保监会出台了《关于开展以网络互助计划形式非法从事保险业务专项整治工作的通知》(保监发改〔2016〕241号),对我国互助行业进行了规范。互助行业不同于商业保险的运营模式,实行会员自治,作为风险保障的互助金全部源于会员交纳的款项,体现了"人人为我,我为人人"的风险共担理念。一方面,现有运营大病风险保障业务的互助组织可以开发针对破产费用、共益债务、破产企业职工保障等项目的互助计划;另一方面,有相关保障需求的企业可以组织成立专门运营破产互相计划的新的互助平台,由加入互助组织的企业会员共担"无产可破"会员因破产需要支付的相关费用。互助方式的局限在于受制于会员数量与互助金的充足度等条件,可能无法保证会员的刚性赔付,可以考虑同时鼓励经营破产费用风险保障的相互保险公司的成立与发展,由具有同质风险保障需求的市场主体通过订立合同成为会员,并交纳保费形成互助基金，由该基金对合同约定的风险事项承担赔偿或给付保险金的责任，公司不设置外部股东，由全体投保人共有，保证了投保人与被保险人的利益一致性，有效降低了企业运营成本。2015 年 1 月 23 日，保监会出台了《相互保险组织监管试行办法》（保监发〔2015〕11 号），并于 2016 年 6 月 22 日批准了信美人寿相互保险社、众惠财产相互保险社和汇友建工财产相互保险社 3 家相互保险公司牌照。

其次，可以借助商业保险制度实现破产程序中相关风险的转移与分散。建议在破产法中规定破产管理人执业责任强制保险制度，并授权国务院制定强制保险条例，由财产保险公司在“盈亏平衡、略有盈利”的原则下，科学厘定保险产品费率，为破产管理人安全、顺利执业保驾护航。同时，政府部门可以鼓励保险公司研究开发商业性的破产企业失业保险产品，由企业职工作为被保险人享受保险金的保障，企业或职工均可作为投保人交纳保费。保险条款中可以设置企业已具备破产原因或法院受理破产申请前一定危险期内投保的保险人免责条款，以避免明知破产情形而投保的欺诈性的道德风险，保障保险产品的可持续性运营。

（二）破产法配套法律制度的完善

破产案件具有较强的外部性，行使司法权的法院居中裁判，不具备解决破产衍生社会问题的能力，需要政府部门的主动担当与积极配合。目前，我国市场化破产面临政府部门承担破产衍生社会问题的法律依据不足的困境。“府院联动”机制具有破解破产个案衍生社会问题的时效性，但即便形成了相对固定与规范的地方政府间的会议纪要等文件，也难以突破地方适用空间的局限，且政府文件并非法律渊源，其效力不强，“府院联动”机制无法肩负起从根本上解决破产衍生社会问题的重任。

在难以通过修订外部立法，协调相关政府部门承担解决破产案件外溢社会问题的义务的情况下，可以考虑完善破产法自身强制性规范，适应破产程序的非常态企业运行状态的需要，作出不同于财税法、企业法、金融法、社会法等专项法律制度的特殊规范，系统解决债务人企业信用、破产涉税、企业注销等工商管理制度、职工安置（包括职工档案管理）等破产衍生社会问题。根据《立法法》第 87 条至第 96 条的法律（含行政法规、部门规章、地方性法规等广义法律规范类型）

冲突适用规则,在破产程序中,破产法强制性规范得到优先于其他相关冲突的法律规范适用的效力,从而规避了冲突法律修订中的利益对立与调和的难题。

在破产重整企业的信用修复问题上,建议破产法增加强制性规定,在管理人提出申请、破产案件受理法院出具协助执行通知书的情况下,进行以下操作。(1)将重整企业列入失信被执行人名单的法院须将重整企业从名单中消除。(2)商业银行须去除施加于重整企业正常使用银行基本账户的限制。(3)人民银行在征信系统中对重整企业的信用记录予以修复。同时,为兼顾我国金融安全的维护,人民银行在恢复重整企业信用的同时,对其予以特别标识,以便进行重点观察,债务人重整计划执行完毕后,管理人可以持法院协助执行的函件,要求人民银行消除特殊标识,倘若重整失败,管理人同样有义务向人民银行申请重整企业恢复信用的不良记录。(4)税务部门需为新投资人变更重整企业的税务登记证上的法定代表人,将重整企业从税务黑名单中除去;同时,基于国家税收利益保障的考虑,可以将重整企业临时列入“重整灰名单”中,予以重点观察,与人民银行的重整特殊标识做法类似,视重整结果,由管理人向税务机关申请重整企业从“重整灰名单”中除名,或申请重新列入税务黑名单。(5)债务人在其破产案件受理前,营业执照已被依法吊销,在重整程序中经法院最终以市场价值标准判断因营业维持需要而申请恢复其营业执照的,市场监管部门须办理以重整计划执行时间为期限的临时营业执照。具体完善举措详见本章第二节。

在破产程序的涉税问题上,建议破产法增加强制性规定。(1)破产程序中的税收债权劣后于担保物权、优先于一般债权受偿;税收罚款,以及破产案件受理前,超过银行同期贷款利率部分的税收滞纳金,作劣后债权处理;对于破产案件受理后,未超过银行同期贷款利率部分的税收滞纳金作为普通债权处理,超过银行同期贷款利率的部分,作劣后债权处理。(2)重整程序中债务人企业被减免的债务不作为企业经营所得,免征企业所得税。

第二节 民营企业破产重整信用修复制度的构建

市场经济就是信用经济,信用是影响市场经济有序、健康运行的决定性因素。近年来,我国各级政府加强了对信用经济的重视,采取了一系列措施推动建设社会信用体系。破产法律制度与社会信用体系具有天然的联系，通过破产清算程序及时清理市场信用垃圾，同时，破产重整程序亦为市场主体信用缺陷的弥补提供了可能，而这一目标的达成迫切需要市场信用修复制度的建立与完善。

一、泉州市民营企业重整信用修复机制的探索

（一）泉州市民营企业重整信用修复面临的问题

重整制度被世界各国公认为是防范破产、挽救企业最有效的法律制度。但是，在企业破产重整的司法实践中，出现了理论与实务问题的冲突，迫切需要研究解决。如旗牌王破产重整案件则遇到了信用修复的难题。

1. 重整后企业的税务信用修复问题。尽管破产企业进入破产重整程序或已重整成功，但重整程序存在监督期及破产财产的清偿期，在该段时间内，因税务优先债权或普通债权（主要是滞纳金和罚款）清偿需要过程或未能足额清偿，但是在税务机关系统内的滞纳金和罚款等仍在自动产生。根据法律规定，重整企业破产前的债权债务（包括税务债权）归管理人负责处置和清偿，但在实践中由于重整企业的税务编号的唯一性，税务机关往往会将该部分的责任施加在重整后企业的身上，极大地影响重整后企业的生产经营活动，如何恢复重整后新企业的税务信用等级的问题成为旗牌王亟须解决的问题。

2. 银行征信系统信用难变更。破产企业在相关商业银行的企业信贷等级以及在人行征信中心的信用记录不良居多。按照现有规定，社会信用代码（组织机构代码）是企业征信系统采集企业信用记录的标识码。标识码不变，其信用记录显然难以变更或进行更新，可能会导致重整企业在后续经营中出现融资成本增加，甚至无法融资、参加招投标活动受限制等问题，进而影响企业正常经营活动。

3. 法院执行系统信用难撤销。破产重整企业的诉讼案件数量、诉讼类型、审判结果、执行失信情况等信息，与其他任何企业一样，均可以通过中国裁判文书公开网、中国执行信息公开网等网站查询。根据《最高人民法院关于人民法院在互联网公布裁判文书的规定》确定的公开的裁判文书范围和不公开的例外情形，破产重整企业原有的裁判文书情况仍在公开范围内。但这会对破产重整后的新企业经营造成不良影响，在重整成功后，由于裁判文书的公示仍存在，企业潜在交易对象仍可能将其视作新企业的信用信息，并认为新企业存在不诚信经营的

情形。此外,一旦破产企业被列入失信被执行人名单,将面临更大的信用问题,企业在政府采购、招标投标、行政审批、政府扶持、融资信贷、市场准入、资质认定等方面都将受到信用惩戒。

4. 工商系统信用难恢复。我国市场监督管理总局设立的"国家企业信用信息公示系统"是公众了解企业信息最直接的途径,破产企业原有的行政处罚等不良记录将被公示于此。该系统虽然会记录企业的股权变更信息,但不会区分是否因破产重整导致股权变更,企业重整后也无法申请对原有不良记录进行删除。行政处罚、异常经营等负面信息将严重影响企业形象,尤其是企业客户发现公示系统对企业负面的信用评价后,会降低与破产重整企业交易合作的可能性。并且,行政处罚等失信记录还可能影响重整企业在某些公共领域开展的经营活动。这意味着,重整成功后的新企业在前期开展相关业务时,可能被原破产企业的失信行为所连累,导致其在市场竞争中处于劣势地位。

5. 企业财务账册的追溯处理及完善。破产企业在进入破产重整程序以及成功破产重整后,企业的财务账册将按照新的标准进行处理,原先存在的遗留问题尤其是税务方面能否得到妥善处理会对重整之后企业的正常经营产生重要影响。

因破产法的适用与各部门法之间冲突,且在暂时无法改变立法的前提下,解决破产重整后企业的问题离不开人民法院与当地政府各部门的协调工作。进一步推动法院与政府联席会议逐步解决破产程序中的相关问题,营造良好的破产重整环境。但根本的解决方案还是需要全面构建我国的破产重整企业信用修复法律制度,助力于破产重整法律的实施。

(二)泉州市应对破产信用修复的举措

在市委、市政府《关于推进企业兼并重组的十条措施》的基础上,泉州市中级人民法院等16个部门联合出台了《关于加快推进企业破产处置工作措施》,旨在进一步强化府院联动协作,提高企业破产处置工作质效,持续推进全市金融风险防控化解工作和"僵尸企业"清理工作,释放闲置的社会资源,提升营商环境。《关于加快推进企业破产处置工作措施》将支持破产企业信用修复、税务、企业注销登记及车辆违法记录消除作为重点规范目标。

根据《关于加快推进企业破产处置工作措施》的规定,重整成功企业可申请在金融信用信息基础数据库“大事记”功能项中添加重整完成相关信息，以实现金融信用修复的目的。“企业存在车辆违章、违反外汇管理规定的，重整成功后可凭人民法院法律文书向车辆管理部门、外汇管理部门申请不受重整前违法记录的影响。车辆经人民法院拍卖的，车辆管理部门凭人民法院法律文书加快办理过户手续，对车辆原有违法记录依照规定要求按不计分处理，原则上10个工作日内完成相关手续。工程建设行政监督管理部门应积极向上级主管部门争取给予工程领域等特殊行业重整企业政策优惠，对重整成功的企业实施无差别对待，鼓励相应行业重整成功企业依法参与本市招投标活动。”

上述文件主要借助破产府院联动机制，积极推动相关部门配合实现破产重整企业信用修复的目标，但协调成本较大，需要逐案处理，影响了重整进程与重整信用修复的成效。因此，关于重整企业信用修复难题，宜从破产法配套法律制度层面予以一体化完善，以在立法上提供重整企业信用修复的明确依据。

二、破产重整企业信用修复体系的建立

我国中央与地方已认识到企业信用修复制度的重要价值，启动信用修复制度规范的探索工作。国家发展改革委、中国人民银行于2017年11月发布的《关于加强和规范守信联合激励和失信联合惩戒对象名单管理工作的指导意见》（发改财金规〔2017〕1798号）明确提出了“保护权益，鼓励修复”的基本原则，要求“畅通异议申诉等救济渠道，建立完善信用修复制度”。2017年6月公布的《上海市社会信用条例》第38条也明文规定了信用修复的条件、程序与时限要求。浙江省政府印发的《关于防范化解企业资金链、担保链风险促进经济平稳健康发展的实施意见》中也规定，对兼并重组、司法重整成功的企业，引导其重建良好信用记录。即便如此，尚缺乏面向破产重整企业信用修复问题的具有针对性的法律规范与政策指引。

（一）银行系统的信用修复

“银行征信信息主要包括中国人民银行和各类别商业银行对企业信贷业务、资产抵押、金融资信等级及其他奖惩记录等。”①《征信业管理条例》（国务院令第

① 宋玉霞：《实施破产重整企业信用修复制度》，载《人民法治》2016年第9期。

631号)第16条明确了征信机构对个人不良信息的保存期限为5年,在不良信息保存期限内,信息主体可以对不良信息作出说明,征信机构应当予以记载。但该条并未涉及企业不良信息的保存期限与相应的查询权、知情权、隐私权等权利保障的内容。根据《征信业管理条例》第25条的规定,信息主体向征信机构或者信息提供者提出异议、要求更正的适用前提仅限于征信机构采集、保存、提供的信息存在错误、遗漏的情形,破产重整并未被涵盖在内。我国征信中心在实践中开展的信用信息修复工作主要涉及信用主体因客观原因导致的错误数据,而对于信用主体主观恶意引起的失信信息如何修复,尚缺乏明确的规范指引。①

在破产重整程序中,银行往往担任了债务人企业的担保债权人的角色,被法院批准生效的重整计划本应对银行债权人产生未获清偿的债务豁免的效力,在实践中却并未被银行所接受与予以配合。债务人企业执行重整计划过程中与执行完毕后,银行未获清偿的债权并未在内部系统中进行消除,仍挂于债务人开立的基本户上,其在人民银行征信系统与重整前合作的商业银行的企业信贷的不良信用仍然延续。当债务人企业在重整后使用其在银行债权人处设立的账户时,转入基本户的款项会被银行自动扣划用于偿还重整前的债务。银行征信系统信用修复机制的缺乏,不仅导致了偏颇性清偿的出现,还会影响债务人企业在重整后的正常运营,使其难以获得金融机构的融资、开具银行保函等,使重整程序对债务的豁免效力失去了意义。

其根本解决之道需要修订《征信业管理条例》,增加重整企业在征信系统中进行信用修复的程序规则,建议规定重整企业管理人在重整计划生效后,持法院裁定批准重整计划的裁定文书,向破产重整受理法院的同级人民银行提交征信系统信用修复申请,人民银行系统有义务规范内部审核机制,在固定时限内予以审核恢复信用。而商业银行系统需加强对破产法学习与尊重,积极履行重整计划的约定内容,银保监会对银行债权人在债务人重整后扣划基本户款项的行为予以禁止。

(二)税务系统的信用修复

我国税务机关对纳税人的纳税信用信息开展采集、评价、确定、发布和应用,

---

① 参见覃珺:《不良信用修复机制的设计》,载《中国金融》2014年第14期。

进行纳税信用管理。根据国家税务总局《纳税信用管理办法(试行)》第15条、第18条的规定,纳税信用评价采取年度评价指标得分和直接判级方式,纳税信用级别设A、B、C、D四级,其中,D级纳税信用为最低级别。《纳税信用管理办法(试行)》第20条明确规定了D级纳税人的适用情形,未缴纳、未足额缴纳税款、滞纳金、罚款,以及逃税、骗税,有非正常户记录等破产重整企业一般难以避免的情形均包括在内。该办法第32条列举了税务机关单独或与其他部门联合对D级纳税信用人所施加的惩戒措施,其中,“将纳税信用评价结果通报相关部门,建议在经营、投融资、取得政府供应土地、进出口、出入境、注册新公司、工程招投标、政府采购、获得荣誉、安全许可、生产许可、从业任职资格、资质审核等方面予以限制或禁止”,致使重整企业丧失了持续运营的可能性。在重整涉税实践中,“重整企业引进战略投资人后会涉及税务登记证上法定代表人的变更问题,若原法定代表人是被列为非正常纳税人企业的法定代表人,原法定代表人则会被列入税务黑名单,税务部门以此为由不予变更,将会加大重整企业寻找战略投资人的难度,也会导致已进入的战略投资人权益的损害”。[①]《重大税收违法案件信息公布办法(试行)》第9条[②]规定了撤出税收违法“黑名单”的必备条件是缴清税款、滞纳金和罚款,国家税务总局2018年7月4日通报,在上半年全国公布的税收违法“黑名单”案件中,已有172户“黑名单”当事人主动缴清税款、滞纳金和罚款后被撤出“黑名单”。[③] 但这对于重整企业来讲难以做到,也有悖于重整程序规则,因此,我国重整企业的税收信用修复领域面临着空白。税务信用修复困境的根源在于税务机关不认可破产重整对未获清偿债务免责的效力,未依照重整计划的约定内容对未获清偿的税收债权在税务系统中进行核销,并对相应的信用信息进行修复。对此,可行的解决方式仍是税务部门接受破产税收债权无法全额

---

① 宋玉霞:《实施破产重整企业信用修复制度》,载《人民法治》2016年第9期。

② 《重大税收违法案件信息公布办法(试行)》第9条规定:“符合本办法第六条第一款第一项、第二项规定的重大税收违法案件的当事人,能按照《税务处理决定书》《税务行政处罚决定书》缴清税款、滞纳金和罚款的,经实施检查的税务机关决定,只将案件信息录入重大税收违法案件公布信息系统,不向社会公布该案件信息。案件信息已经向社会公布后,当事人符合前款规定的,经实施检查的税务机关决定,停止公布并从公告栏中撤出,并将缴清税款、滞纳金和罚款的情况通知实施联合惩戒和管理的部门。”

③ 参见蔡岩红:《公布税收违法黑名单显示威力 建立信用修复机制帮助企业主动纠错》,载《法制日报》2018年7月5日,第6版。

受偿的现实，尊重重整计划的效力，在重整企业管理人持法院出具的批准重整计划的裁定文书申请办理税务信息修复手续时，不得以欠税为由拒绝办理。

（三）工商系统的信用修复

我国市场监督管理总局已设立了“国家企业信用信息公示系统”，根据2014年8月公布的《企业经营异常名录管理暂行办法》（国家工商行政管理总局令第68号）第2条的规定，市场监管部门将有经营异常情形的企业列入经营异常名录，通过企业信用信息公示系统公示，提醒其履行公示义务。第4条[①]明确规定了列入经营异常名录企业的范围。更严重者，根据《严重违法失信企业名单管理暂行办法》（国家工商行政管理总局令第83号）第5条由县级以上市场监管部门列入严重违法失信企业名单。根据《企业信息公示暂行条例》第18条的规定，对被列入经营异常名录或者严重违法企业名单的企业，在政府采购、工程招投标、国有土地出让、授予荣誉称号等工作中依法予以限制或者禁入。破产重整企业往往名列经营异常名录企业或严重违法失信企业名单之中，因难以满足移除名录或失信名单的行政要求，重整企业的后续经营举步维艰。同时，工商失信还主要表现为被市场监管部门吊销营业执照，当债务人企业重整成功后，被吊销营业执照的恢复程序缺乏规范。同样，市场监管部门应接受重整企业管理人持法院裁定的申请，消除重整企业的失信公示，当重整企业需要恢复营业执照以继续运营的，法院应出具相应的恢复营业执照协助执行书，由重整企业的管理人向市场监管部门申请办理。

需要注意的是，建筑施工行业关于行业资质的规制，食品药品、安全生产、环保、检验检疫等具有强烈负外部性领域的信用恢复，因会严重影响信用主体之外的不特定公众的生命、财产安全，并非如工商、税务、银行、司法执行等信用信息主要涉及交易安全，管理人需提供相应问题达标的证明材料，与法院对重整计划裁决的司法文书一并提交职权部门审核。我国部分地方已有开展该特定领域信用修复的实践，如《南通市企业环境信用修复办法》规定：企业针对自身环保方面

---

① 《企业经营异常名录管理暂行办法》第4条规定：“县级以上工商行政管理部门应当将有下列情形之一的企业列入经营异常名录：（一）未按照《企业信息公示暂行条例》第八条规定的期限公示年度报告的；（二）未在工商行政管理部门依照《企业信息公示暂行条例》第十条规定责令的期限内公示有关企业信息的；（三）公示企业信息隐瞒真实情况、弄虚作假的；（四）通过登记的住所或者经营场所无法联系的。”

存在的问题通过整改,认为其环境行为已经提升的,可以向原公布其企业环境信用的市、县环保局提出要求出具企业环境信用修复情况说明的申请,并附具相关整改情况的证明材料;市、县(市、区)环保局受理企业申请后,应在2个工作日内进行核查,需监测的应在3个工作日内采样监测,5个工作日内出具监测结果;对已经整改到位、符合环境管理要求的企业,应在核查完成后2个工作日内给企业出具污染治理情况说明,并在1个工作日内报送同级人民银行等关注企业环境信用的相关部门,人民银行应在收到说明2个工作日内将信息录入《企业信用信息基础数据库》,以使企业重新获得信贷支持。①

(四)司法系统的信用修复

《最高人民法院关于公布失信被执行人名单信息的若干规定》第1条规定了被执行人未履行生效法律文书确定的义务,在具备履行能力而拒不履行生效法律文书确定义务等法定情形时,人民法院应当将其纳入失信被执行人名单,依法对其进行信用惩戒。破产重整企业面对全部债务时丧失清偿能力,但就单个债务而言,重整企业难谓不具备履行生效法律文书义务的能力,所以,重整企业经常被纳入失信被执行人名单中。该规定第8条规定了企业被纳入失信被执行人名单的后果,法院将失信被执行人名单信息,向政府相关部门、金融监管机构、金融机构、承担行政职能的事业单位及行业协会等通报,供相关单位依照法律、法规和有关规定,在政府采购、招标投标、行政审批、政府扶持、融资信贷、市场准入、资质认定等方面,对失信被执行人予以信用惩戒。法院并将失信被执行人名单信息向征信机构通报,并由征信机构在其征信系统中记录。名列失信被执行人名单的重整企业在后续经营中也面临着巨大的困难。根据该规定第10条第5项规定,在法院启动破产程序后,且法院依法裁定对失信被执行人中止执行的场合下,法院应当在3个工作日内删除失信信息,此条规范一定程度上解决了破产重整债务人在执行系统中的失信信息恢复的难题,但并不彻底,仍存在疏漏的特别情形。譬如,债务人在进入破产程序之前,其名下的执行程序已经终结且因执行不能被法院纳入失信被执行人名单中,在其破产程序中,法院无法再针对已终结的执行程序再裁定中止执行;再如,重整程序中的债务人有可能被施加执行系

① 参见高杰:《戴上黑帽、红帽后,如何重获金融机构信赖?》,载《中国环境报》2009年2月2日,第3版。

统的新的失信惩戒措施，以上两种情形均无法满足第10条第5项的信用修复条件，但此时重整债务人同样有强烈的信用修复的愿望与需求。笔者建议，由最高人民法院牵头组织修订《最高人民法院关于公布失信被执行人名单信息的若干规定》，不再为重整企业的执行信用修复设置过严的条件，增加债务人企业重整成功后，相关执行法院需要及时共享重整信息，从失信被执行人名单中将其去除，管理人也可以持破产法院函件向执行法院申请修复债务人的司法信用。

以上对于银行、税务、工商、司法信用修复的建议，需要明确对于重整计划草案生效后到被执行完毕前的这一阶段，建立企业信用动态修复制度。根据重整计划的执行期间，框定企业信用暂时恢复的时间段。当企业重整成功，经管理人向法院、行政机关等职权部门申请，债务人信用的暂时修复转变为完全修复。当然，根本性的信用修复方式是针对重整计划执行完毕的债务人企业，在企业信用信息公示系统中，赋予债务人新的统一社会信用代码。如此，市场监管部门为债务人办理新的营业执照，税务机关重新记录税务信息，人民银行征信系统中刷新债务人的金融信用信息等也成为顺理成章的一系列后续举措。同时，可以考虑以最高人民法院全国破产重整信息网为基础，首先建造法院系统的重整企业信用信息系统，随着破产法院的批准重整计划的裁决即时更新信用信息，并与金融、市场监管、税务等职能部门的企业信用系统实时对接，确保在管理人向职能部门提出修复债务人信用的申请时，职能部门工作人员能够在本系统中核实债务人重整信息。

三、信用修复的辅助措施

（一）完善重整计划中债权人的义务

管理人需要具备重整工作的前瞻性，对于涉及后续债务人信用恢复问题的重整程序，管理人应尽量在重整计划草案中，通过明确约定银行、税务、行政罚款债权人、刑事罚金债权人、民事债权人等必须在重整程序中予以配合的义务，在重整计划取得效力的阶段即争取各方债权人的支持，首先在债权人内部形成一致行动。参与债务人企业重整程序的各方债权人，需切实履行被法院批准生效的重整计划中对其所约定的关于债务人信用恢复方面的配合义务。如约定债务人的银行债权人需积极协调人民银行征信系统恢复债务人的金融征信信用；债务人的税收债权人在接受重整所具备的债务人的税收债务事实免责的基础上,在税务系统的欠税“黑名单”中将债务人除名;行政罚款、刑事罚金作为劣后债权,在一般重整程序中无法获得清偿,生效的重整计划同样对其产生了事实上的免责效力,重整债务人的信用恢复则是其债务免责的必然“附随效力”,行政机关、刑事司法机关需要对债务人相关行政、刑事征信系统中的信用进行修复。当然,这一切均以管理人向对应职权机关提出申请为起点。在重整计划约定了各方债权人配合债务人信用修复义务的情况下,职权机关接受管理人信用修复申请并办理,更像是履行其契约承诺的行为。或言之,相关机关修复债务人信用的职权行为实现了私法化,债务人以重整计划为依据对职权机关享有要求修复信用的契约权利。倘若职权机关违背重整计划约定义务,管理人可以向法院起诉请求法院裁决要求职权机关修复债务人信用,重整计划的约定为法院提供了裁判依据。因此,重整计划的约束力应当被重视,重整计划以多数决而非全部决的方式产生效力,不仅对债务人形成了禁锢,同时也对债权人的行为进行了指引。就债权人与债务人而言,重整计划对二者可谓均构成了“双务合同”,任何重整计划的当事人在享有计划赋予的权利的同时,必须尊重重整计划,积极履行所负担的义务。

(二)担保与保险机制的增信

信用担保主要表现为信用保证的法律形式,信用保证人和债权人约定,为债务人不能履行债务的风险进行增信。① 由于信用担保的高风险化,多数国家的政府在为中小企业信用担保机构提供财政支持的同时,也在积极促进担保风险的商业化转移。允许并鼓励保险公司的介入,为担保进行保险是实质上的再担保。这样,“可以有效避免政府的‘习惯性干预’,减轻财政压力,又能增加风险承担的主体,从而降低企业信用风险,促进市场发展”。② 这也体现出21世纪行政法发展的明显的转向,政府职能进一步通过社会化进行转移,政府将更多的行政职能内化于民事主体的民事行为中来完成。如通过机动车交通事故责任强制保险,不仅拓展了保险公司业务范围,促进了我国保险行业发展,更极大减轻了道路交通管理部门对道路安全的监管压力。目前,政府通过倡导全国统保或区域统保

---

① 参见刘瑛:《企业信用法律规制研究》,中国政法大学出版社2011年版,第165页。

② 同上书,第199页。

的环境污染责任保险、安全生产责任保险等社会性保险产品，进一步践行着政民协治的价值理念。担保风险向保险机制的转移充分体现了这一趋势。

信用保险是信用担保的再担保行为，而保险公司又可以通过向国内外再保险经营机构进一步分散风险，尤其是通过国际再保险机构的再担保之上的再担保行为，实现了利用国际资金增强企业信用，进而推动我国困境企业经营重生的功效。重整成功的债务人企业在进入破产程序前因失信导致的市场风险已被繁复的重整程序涤除干净，扩大对重整成功企业的信用担保、信用保险以及再保险机制的适用，并不会为金融系统，乃至市场经济的健康运行带来不稳定的危险因素。由此，建议银保监会和保险行业协会出台文件鼓励保险业务经营主体通过传统保险产品或创新信用保险等产品为破产重整成功企业增信，以分担与间接缓解银行等金融机构恢复重整企业信用的风险。

第三节　民营企业破产涉税问题的处理

税务问题是许多破产决策的驱动因素，税收贯穿于破产案件始终，破产程序中不可避免地产生涉税问题，既包括破产程序中债务人经营所产生的税费、重整程序减免债务所涉及的企业所得征税、破产程序中的税收优惠等税收实体法层面的问题，也体现为税收征管等税收程序法层面的问题。面对破产实践中纷繁复杂的税收征管问题，首先需要明确在破产程序"特域"影响下的税收征管制度的调整原则。在此指导下，建议税收征管规范着重从以下 3 个方面进行完善：第一，对税务机关在破产程序中的具体权利义务及其程序规则进行精巧地设计；第二，明晰税收债权的权利顺位，妥当处理税收债权与担保物权的行权关系；第三，明确破产重整豁免债务的所得税处理规则。

一、泉州市对破产涉税问题的特殊调整规范

泉州市财政局、国家税务总局泉州市税务局、泉州市中级人民法院、泉州市住房和城乡建设局、泉州市自然资源和规划局于 2019 年 10 月出台的《关于规范全市不动产相关税收管征工作的通知》中明确提出："加强财税等相关部门协同协作，强化信息共享，优化税收管理，推动税收共治，努力营造良好营商环境"的

涉税问题的规制思路,并就破产涉税事项予以特殊调整。其规定,在企业破产清算程序中,“税务部门应分别按规范流程提请其依法协助追缴欠税、做好税收保障工作”,针对破产清算信息实行涉税信息交换,由人民法院在受理破产申请之日起25日内书面通知同级税务部门,方便税务部门及时计算相关企业欠税情况,提前沟通应缴税费情况。

由于破产清算企业的资产负债情况具有特殊性,税收债权属于破产债权的范畴,因债务人企业丧失债务清偿能力的破产原因的客观限制,无法实现全额受偿,其债权的计息规则也受到破产法律规范的特别调整,进入破产程序中停止计息,惩罚性债权应当作为劣后破产债权对待,税收债权本金以税收优先权序列优先受偿。以及,当企业进入破产程序后,税务机关面临全面参与破产程序,以维护国家税收权益的必要与可能。基于如此税收债权的实体利益的保障,以及税务机关参与破产进程的程序性权利的维护的考量,税务机关需要及时了解企业丧失债务清偿能力的状况,获知企业进入破产程序的情况,以第一时间作出应对措施,这也是税务机关最大限度地作出对破产企业有利的特别税收调整的要求。

泉州市《关于加快推进企业破产处置工作措施》明确规定了企业破产处置涉税费的优惠措施,强调:“对符合条件的破产企业适用的各项财政奖励及税收优惠政策,相关县(市、区)及部门应按有关政策及时组织兑现。税务机关应依据人民法院受理破产申请的裁定书等法律文书,办理企业破产事项报备。”该规定明确了税务机关及时向破产管理人申报税收债权的义务,在破产程序启动后,应当对破产企业的纳税期间作特殊处理,将整个破产程序期间视为一个独立的纳税期间进行税务处理,破产企业作为所得税课征对象的“所得”可依法弥补之前年度亏损,进行税前扣除,并针对债务人企业在破产程序中产生的增值税、土地增值税、印花税、土地使用税、房产税、契税等,由税务机关依法给予减免或延期申报缴纳的税收优惠待遇。破产企业的发票管理、增值税退税业务的处理,税务机关应当根据法院出具的书面函件,依法及时办理。

二、税务机关参与破产程序的角色设置

(一)税务机关申请债务人破产的权利与义务

我国《企业破产法》第7条第2款规定:“债务人不能清偿到期债务,债权人

可以向人民法院提出对债务人进行重整或者破产清算的申请。”根据税收之债理论,税务机关可代表国家税收债权人,向法院提出债务人破产的申请,并依据《企业破产法》第8条,向法院提供破产申请书和有关证据,由法院对破产申请进行审查。我国地方高级人民法院、税务部门出具的一些规范性文件中,明确规定了税务机关申请纳税人破产的权利。① 与一般债权人的破产申请权不同的是,破产程序包括破产清算、重整与和解3项程序,我国《企业破产法》第7条第2款规定债权人可以申请进行清算或重整,但不能申请进行和解。而依照税收法定原则,税收债权的征收与减免均由相关立法规定,税务机关无权在重整程序中主动作出债权减免的让步。我国破产法学界普遍认为,税务机关申请重整不具有积极意义。一般而言,税务机关只享有对纳税人的破产清算申请权,但不享有重整申请权。② 但需要予以关注的是,2010年国家税务总局颁布《税务行政复议规则》第86条明确了税务行政复议领域税务机关与相对人可以进行税务和解。详言之,“税务和解是税务机关依法履行税收征管职责后,无法对作出涉税行政行为所依据的事实和证据作出较为明确的认定,为了提高执法效率,降低执法成本,通过与纳税人进行沟通、谈判、协商,最终在法律框架内以和解协议的形式解决争议的行为”。③ 税法学界往往将税务和解的适用范围局限于税务稽征所涉事实的认定层面,属于税务机关自由裁量权范畴。基于现代税法对纳税人权益的保障理念,以及税收稽征质效提升的考量,税务和解的适用空间宜予以扩张,在纳税人进入破产程序的特定场域,税收征管立法应当赋予税务机关以税务和解权,从而更有利于税务机关灵活决策,更好地根据实际税收稽征情形实现破产税收债权。当税务和解的立法依据确定后,税务机关作为税收债权人的代表也将享

① 如《北京市高级人民法院企业破产案件审理规程》(2013年)第10条规定:“债务人出现企业破产法第二条规定的情形,欠缴税款、企业应缴纳部分社会保险费用(不包括滞纳金、罚款)的,税务机关、社会保险费用管理部门可以向人民法院申请债务人破产清算。”《浙江省国家税务总局关于充分发挥税收职能作用推动处置“僵尸企业”的指导意见》(浙国税发〔2016〕140号)规定:“‘僵尸企业’不能清偿到期债务的,国税机关作为债权人,可以依法向人民法院提出对债务人启动破产程序的申请”。江苏省高级人民法院《破产案件审理指南(修订版)》(苏高法电〔2017〕194号)规定:“债务人欠缴税款、社会保险费用或者法定住房公积金的,税务部门、劳动保障部门或者住房公积金管理部门可以向人民法院申请债务人破产。”

② 参见王欣新:《破产法》(第3版),中国人民大学出版社2011年版,第255页。

③ 朱宝强:《人本主义视角下税务和解法律制度研究》,西南政法大学2018年硕士学位论文,第1页。

有针对纳税人的重整申请权，并在其重整程序中可以就税收债权的征收与减免有一定自由裁量的权限。

（二）税收债权的申报

对于破产企业所欠税款形成的税收债权，债权人是否可免除申报义务，我国《企业破产法》未作明确规定。从理论上来说，一方面，破产债权申报是一项一般性原则，税收债权应当进行申报；另一方面，税收债权是因行政关系产生的债权，而且如无债务人提供纳税申报材料，税务机关有时难以认定欠税数额，准确申报债权。故在此情形下，也可以考虑由管理人根据破产企业会计账目直接将该债权列入债权表，并向债权人公布。利害关系人无异议时，债权即得到确认，有异议时则通过债权确认之诉解决。[①] 由此，就维护国家税收利益的审慎性而言，以避免税收债权在破产程序中的遗漏，便于管理人统一安排破产财产进行清偿，应当课以税务机关申报破产税收债权的义务。

（三）税务机关参加债权人会议的资格

债权人会议是对内协调形成全体债权人的共同意思，对外通过对破产程序的参与和监督来实现全体债权人的破产参与权的机构。[②] 在破产程序中，债权人未依法申报债权，便不能取得破产法律关系当事人的地位，进而丧失了参加债权人会议的资格。[③] 我国《企业破产法》并未明确未申报债权并得到确认的债权人是否具有参加债权人会议的资格，[④]最高人民法院《审理破产案件若干规定》第39条第1款规定："债权人会议由申报债权的债权人组成。"该规定与《企业破产法》内容并无冲突，应当遵照适用。在赋予税务机关申报债权的义务后，税务机关依法申报债权并得到确认后，将具备参加债权人会议的资格。

（四）税务机关破产重整参与权的完善

不同于法院受理破产案件之前的破产申请权，税务机关作为破产税收债权人，在破产程序开始后，具有全面参与的可能性，不仅限于清算程序，还享有破产

---

① 参见王欣新：《破产法》（第3版），中国人民大学出版社2011年版，第175页。

② 参见韩长印：《破产法学》（第2版），中国政法大学出版社2016年版，第218～219页。

③ 参见邹海林：《破产法——程序理念与制度结构解析》，中国社会科学出版社2016年版，第201页。

④ 我国《企业破产法》第59条第1款规定："依法申报债权的债权人为债权人会议的成员，有权参加债权人会议，享有表决权。"但未涉及未依法申报债权的债权人是否可以参加债权人会议的事项。

重整程序债权人的参与权,如在重整程序中,依据我国《企业破产法》第82条的规定,税务机关以税收债权组身份参与重整计划的表决,这也是税务机关基于破产债权人身份所必然享有的基本权利。同时,除破产担保债权以担保财产作为优先受偿基础,其实体受偿权利原则上不受破产重整程序影响外,其余破产债权均应就债务人财产按照法定顺位公平、有序受偿,根据我国《企业破产法》第113条的规定,即破产费用、共益债务、职工债权、部分社会保险费用与税收债权、普通无担保债权的基本破产债权清偿顺位。结合重整司法实践来看,破产重整计划草案往往对于担保债权与位列普通债权之前的优先债权类型予以全额清偿。进一步依据《破产法司法解释三》第11条第2款的规定,参与重整计划草案分组表决的当事人为权益因重整计划草案受到调整或者影响的债权人或者股东,而权益未受调整或影响的债权人或者股东,将无权参加重整计划草案的表决。税收债权因其在破产重整程序中100%的获偿实践,将不再参与重整计划草案的表决。需要注意的是,《企业破产法》第90条规定,"自人民法院裁定批准重整计划之日起,在重整计划规定的监督期内,由管理人监督重整计划的执行。在监督期内,债务人应当向管理人报告重整计划执行情况和债务人财务状况。"由此,除管理人外,债权人等其他利害关系人依法并无对债务人重整计划予以监督的权利,不利于债权人利益的维护与债权人在破产程序中功能的发挥,且《企业破产法》第93条规定,利害关系人得在"债务人不能执行或者不执行重整计划"时,向法院请求终止重整计划的执行,宣告债务人破产。债权人在不享有重整计划监督权的情况下,难以有效行使重整计划终止执行申请权与债务人再次破产申请权。因此,债权人在重整计划表决通过与执行完毕期间的权利配置仍需进一步优化,而税务机关也应享有一般债权人在此环节中的相应权利,在重整计划表决通过后,税务机关可以与其他债权人一道,对重整计划的执行情况予以监督,在重整计划执行不力的情况下,可以申请终止重整计划,宣告债务人破产。

三、税收优先权的顺位设定

(一)税收债权与担保物权的顺位

税收优先权的设置规则受到国家税务系统的构架、税收政策、税收执法体系,以及破产制度的目标与其中所反映的宏观经济政策等因素的影响。① 随着现代社会纳税人税收负担的加重,保护公共财政和债权人利益,以及帮助债务人重生等目标之间的冲突变得尖锐起来。② 我国《企业破产法》第 113 条将“破产人所欠税款”列为第二顺位优先权,破产财产在优先清偿破产费用和共益债务,以及职工债权后,税收债权优先于普通债权受偿。同时,第 109 条规定:“对破产人的特定财产享有担保权的权利人,对该特定财产享有优先受偿的权利。”破产法并未就税收债权与担保物权在破产程序中的优先顺位问题给予明确规定,而我国《税收征收管理法》第 45 条第 1 款规定:“税务机关征收税款,税收优先于无担保债权,法律另有规定的除外;纳税人欠缴的税款发生在纳税人以其财产设定抵押、质押或者纳税人的财产被留置之前的,税收应当先于抵押权、质权、留置权执行。”但在破产程序中,是否适用《税收征收管理法》第 45 条的规定,破产程序是否因债权人整体概况清偿而具有特殊性,不无存疑。

就法理而言,担保物权的实现一般不受法定破产程序的限制,除个别重整程序外,担保物权得在破产程序之外进行,而税收债权优先受偿的财产基础仅以除特定物之外的破产财产为限,所以担保物权具有逻辑上的优先性。有学者认为,若依照我国《税收征收管理法》《企业破产法》规定,职工债权优先于税收债权,而税收债权优先于后设定的担保物权,由此推理出职工债权优先于税收之债发生后设定的担保物权,劣后于设定在前的担保物权,职工债权与担保债权的顺位竟取决于税收债权与担保物权发生时间,徒增法律适用上的混乱。③

就法律依据而言,我国《立法法》第 92 条规定:“同一机关制定的法律、行政法规、地方性法规、自治条例和单行条例、规章,特别规定与一般规定不一致的,适用特别规定;新的规定与旧的规定不一致的,适用新的规定。”我国《企业破产法》与《税收征收管理法》属于同一机关制定的同位阶的法律规范,但在企业破产领域,《企业破产法》属于特别法,其规范应得到优先适用,基于充分发挥担保制度的功用,保障市场交易安全,鼓励、促进交易等目的。《企业破产法》第 109 条

---

① See Barbara K. Morgan, “Should the Sovereign be Paid First? A Comparative International Analysis of the Priority for Tax Claims in Bankruptcy”, 74 *Am. Bankr. L. J* 462 (2000).

② T. E. Fry, “Bankruptcy-Tax Discharge-Tax Priority”, 25 *Sw. L. J.* 327 (1971).

③ 参见许德风:《破产法论:解释与功能比较的视角》,北京大学出版社 2015 年版,第 178 ~ 179 页。

已对担保物权的别除权地位予以了规范,其依法设定的特定财产的疆域具有足以对抗税收债权的效力,否则在担保权设定之前,债权人尚需详尽调查债务人企业负税情况,阻滞了经济交易效率的提升,且税收债权并未建立社会性的公示体系,担保债权人难以精准掌握债务人欠税情况。由此,破产程序中税收债权与担保物权的清偿顺位,应严格执行《企业破产法》第109条的规定,并按照其规则处理,税收债权无法取得优先于担保物权获偿的顺位。

(二)税收滞纳金、罚款在破产程序中的地位

我国《税收征收管理法》第32条规定:"纳税人未按照规定期限缴纳税款的,扣缴义务人未按照规定期限解缴税款的,税务机关除责令限期缴纳外,从滞纳税款之日起,按日加收滞纳税款万分之五的滞纳金。"第60条至第71条规定了税收罚款的适用情形。税收滞纳金、罚款是否应被涵盖进破产税收债权范围内,其权利顺位如何?目前,我国《企业破产法》中并未提供明确依据。

税收罚款作为一种行政处罚手段,具有对债务人的惩戒功能,在债务人企业破产情况下,债务人已对负债支付不能,税务机关再行罚款债权,与破产债权人共享破产财产,非但无法对债务人施加惩罚,反而,实际上将罚款负担转嫁给了普通债权人,有违公平。在此,可以借鉴国际经验,实行除斥债权或劣后债权的法定主义,"除斥债权是指被排除在破产程序之外,不能依破产程序受偿的债权,""劣后债权是指虽属破产债权范围,但劣后于普通债权受偿的债权"。[①] 德国《破产法》第39条对劣后债权作了明文规定,破产劣后债权人在破产程序中的表决权受到限制,他们可以参加债权人大会,但无投票权与申请召开债权人大会的权利。[②] 税务罚款,与一般行政罚款一样,在不影响破产企业普通债权人权益的情况下,当作为除斥债权或劣后债权处理。最高人民法院《审理破产案件若干规定》曾将行政罚款作为了除斥债权,在破产程序中不予受偿。在未来修法中,可以将税收罚款列入劣后债权或除斥债权中。

而对于税收滞纳金的行权顺位,需要分析滞纳金债权的性质,并视滞纳金发生时间来判断。最高人民法院《关于税务机关就破产企业欠缴税款产生的滞纳金提起的债权确认之诉应否受理问题的批复》(法释〔2012〕9号)指出:"税务机

---

① 邹海林、周泽新:《破产法学的新发展》,中国社会科学出版社2013年版,第211页。

② 参见许德凤:《破产法论:解释与功能比较的视角》,北京大学出版社2015年版,第183页。

关就破产企业欠缴税款产生的滞纳金提起的债权确认之诉,人民法院应依法受理。依照企业破产法、税收征收管理法的有关规定,破产企业在破产案件受理前因欠缴税款产生的滞纳金属于普通破产债权。对于破产案件受理后因欠缴税款产生的滞纳金,人民法院应当依照《最高人民法院关于审理企业破产案件若干问题的规定》第六十一条规定处理。"该批复将发生在破产案件受理前的滞纳金作为普通破产债权一并处理,过于简单。我国税收滞纳金为按日万分之五的计算比率,随着迟滞时间的累加,在数月内将超过银行同期贷款利率,超过部分的金额将与税收罚款一样具有了惩罚性,在债务人资不抵债或明显缺乏清偿能力等破产临界状态下,破产案件受理前,超过银行同期贷款利率部分的税收滞纳金应与税收罚款一并对待,作劣后债权或除斥债权处理,[①]否则将使普通债权人承担了对债务人惩罚性的滞纳金。对于破产案件受理前发生的未超过银行同期贷款利率部分的税收滞纳金作为普通债权处理;在破产案件受理后产生的滞纳金,参照罚款对待处理,可谓公平,应予维持。

四、重整豁免债务的所得税处理规则

(一)我国企业所得税法缺乏对重整豁免债务的特殊处理思路

《企业所得税法》第1条规定,我国的居民企业需要按照该法规定缴纳企业所得税。该法第6条规定,企业以货币形式和非货币形式从各种来源取得的收入,为收入总额,其中所涉及的"其他收入"类型,根据《企业所得税法实施条例》第22条规定,包括企业资产溢余收入、逾期未退包装物押金收入、确实无法偿付的应付款项、已作坏账损失处理后又收回的应收款项、债务重组收入、补贴收入、违约金收入、汇兑收益等。由此,我国企业的债务重组收入依法应当成为企业所得税的课税对象,然而,问题在于这里的"债务重组"是否囊括了破产重整。

针对企业重组业务所涉及的企业所得税,我国财政部、国家税务总局发布的《关于企业重组业务企业所得税处理若干问题的通知》(财税〔2009〕59号)(以下简称59号文)进行了细化规范,区分不同的企业重组的情形分别适用一般性税务处理规定和特殊性税务处理规定。在此基础上,国家税务总局出台了《企业重

① 参见许德风:《破产法论:解释与功能比较的视角》,北京大学出版社2015年版,第185页。

组业务企业所得税管理办法》(国家税务总局公告2010年第4号),进一步规范和加强对企业重组业务的企业所得税管理。按照59号文第5条规定,适用特殊性税务处理规则需要满足多项法定要件,破产重整属于司法程序,法院受理破产案件并主导了破产重整程序,对破产重整中的各项风险开展了有效的管控,有力打击了破产欺诈与重整中的不诚信行为,企业进入破产重整程序,显然具备了合理的商业目的,且不以减少、免除或者推迟缴纳税款为主要目的,符合企业重组特殊性税务处理的实质性要求。同时,59号文规定:"债务人应当按照支付的债务清偿额低于债务计税基础的差额,确认债务重组所得;债权人应当按照收到的债务清偿额低于债权计税基础的差额,确认债务重组损失","企业债务重组确认的应纳税所得额占该企业当年应纳税所得额50%以上,可以在5个纳税年度的期间内,均匀计入各年度的应纳税所得额","企业发生债权转股权业务,对债务清偿和股权投资两项业务暂不确认有关债务清偿所得或损失,股权投资的计税基础以原债权的计税基础确定"。作为破产重整程序重要措施之一的债务重组,在59号文中被明确列明作为企业重组的重要类型,规定:"债务重组,是指在债务人发生财务困难的情况下,债权人按照其与债务人达成的书面协议或者法院裁定书,就其债务人的债务作出让步的事项。"《国家税务总局关于企业取得财产转让等所得企业所得税处理问题的公告》(国家税务总局公告2010年第19号)也规定,企业取得无法偿付的应付款收入,无论是以货币形式,还是非货币形式体现,除另有规定外,均应一次性计入确认收入的年度计算缴纳企业所得税。

对于破产重整豁免债务,按照59号文的规定,将被确认为债务重组所得,按照债务重组所得计征企业所得税,超出了重整企业所能承受的税负范围,严重影响了企业的重整成功率。与破产重整不同,破产清算债权人实际"被迫"豁免的债务,在破产债务人主体资格消亡后,因不再具有获得清偿的客观可能性,因企业债务豁免行为所产生的企业所得税也将放弃征收。我国企业破产重整豁免债务的所得税负规范应当与处于常态化经营状态下的并未丧失债务清偿能力的重组企业的情况相区分。申言之,在企业重组范畴下不利于准确认知破产重整豁免债务承担税负的法理依据,基于破产重整程序的价值理念,为企业重整豁免债务设置独立于企业重组体系的特殊的所得税法规范,是妥适的制度选择。

(二)破产重整豁免债务应作为所得税不征税收入处理

课税必须和表彰经济上给付能力的标的、状态或事实经过相连接,如所得税所针对的主体的所得,此种已取得的所得也被称为税捐财,立法者通过设定税收构成要件,将经济层面的税捐财转变为法律意义的征税客体。税法规范的征税客体范围是立法政策综合衡量的结果,立法者应当充分考虑税收稽征的便宜性、稽征成本、财政能力以及负担的公平等因素。[①] 也就是说,主体的经济给付能力在立法者确定税收客体范围的过程中发挥着关键性作用,税法针对社会关系的调整应当力求透过现象认识本质,摒弃短视性思维定式,克服形式主义的僵化思维。破产企业重整豁免债务仅展现出企业纯粹获利的形式,而绝无因此获得足以支撑负担企业所得税的经济能力。在各国税法上,一般根据社会公共利益的需要、征收的困难和税收负担能力薄弱等事由而由立法者确认课税除外规则。[②] 这具体反映在企业所得税法中,在征税客体层面的课税除外原理表现为不征税收入。

我国《企业所得税法》第 7 条明确规定了企业所得税不征税收入包括:财政拨款;依法收取并纳入财政管理的行政事业性收费、政府性基金;国务院规定的其他不征税收入。根据我国《企业所得税法实施条例》第 26 条第 4 款的规定,作为不征税收入的"国务院规定的其他不征税收入",为"企业取得的,由国务院财政、税务主管部门规定专项用途并经国务院批准的财政性资金"。不征税收入集中于企业取得的财政拨款等财政资金,由于税收构成了财政收入的主要来源,如果对财政资金征税,所征税款仍然要进入国库,便产生了财政资金的循环流动,不符合税收稽征的效率原则。[③] "《企业所得税法》中的不征税收入有特定的内涵,其不属于税收优惠政策,不同于免税收入,在支出处理上有严格的规定。"[④]不征税收入或者称非课税所得,是因特殊理由而不具有税法上的可税性的排除在征税范围之外的主体所得。[⑤] 不征税收入的非税性具有强烈的刚性和当然性,其不存在一个基于政策性的考量而作出应收而未收的税收优惠问题,不征税收入

---

① 参见陈清秀:《税法总论》,台北,元照出版有限公司 2012 年版,第 309 页。

② 参见[日]金子宏:《日本税法》,战宪斌、郑林根等译,法律出版社 2004 年版,第 128 页。

③ 参见刘剑文等:《〈企业所得税法〉实施问题研究——以北京为基础的实证分析》,北京大学出版社 2010 年版,第 119 页。

④ 张春喜:《企业所得税不征税收入及其支出管理》,载《财会月刊》2014 年第 9 期。

⑤ 参见胡鑫滠:《不征税所得研究》,载熊伟主编:《财税改革的法律逻辑》,湖北人民出版社 2015 年版,第 124 页。

的规定对于社会公平、经济效率或财政收入的影响甚小或者为无，不征税收入本身不构成应税收入。[①] 不征税收入并非源于企业的经营活动，其取得后被使用于特定的目标，亦非用来满足企业的日常经营。破产重整豁免债务来自破产重整程序中破产债权人在重整计划中对债务人负担部分债务的谅解，体现了债权人对债务人经营事业重生的支持，此豁免债务与企业债务人在常态经营状态下的法人财产不同，企业对后者拥有完整的所有权，可基于经营目标自由支配使用，而重整豁免债务所得只能在企业重整重生方面发挥作用，以激活、扩大债务人财产的价值，更好地满足破产重整债权人的债权获偿要求。债务人个体通过破产重整程序挽救陷入困境的经营事业，存在缺陷的市场信用获得及时的修复，稀缺的市场资源实现了优化配置，破产重整制度的实施推动了市场经济的健康、可持续发展。就此意义而言，破产重整连接了私人利益与社会公共利益，具有重要的社会价值，这契合了所得税不征税收入的公益性特点。破产重整豁免债务具备了所得税不征税收入的核心内涵特征，在法理上不存在障碍，将重整豁免债务归入不征税收入范畴，是实现破产制度价值的唯一路径。

---

① 参见施正文、翁武耀：《对于新企业所得税法中“不征税收入”问题的探讨》，载《税务研究》2007 年第 9 期。

后　记

福建省泉州市中级人民法院中标最高人民法院2018～2019年度司法案例研究课题——稳妥处置“僵尸企业”司法案例研究。本书系课题研究成果的配套和延伸。课题组多次召开专题研讨会、论证会，就阶段性问题进行讨论、分析，并制定解决方案。

2019年7月16日，召开写作部署会。课题组负责人陈明院长、原分管副院长陈慧瑛、现分管副院长韩天明、金融庭庭长魏献平参加了会议。与会人员对书稿的写作方向、思路等提出建议。

2019年7月18日，举办开题论证会。对写作内容、写作目标提出要求。与会人员紧密结合泉州市破产审判工作实际，就我国民营企业破产处置的重点、难点问题以及泉州的破解之法展开讨论，并就书稿的写作大纲、写作方法等提出建议。

2019年7月20日至8月初，写作团队多次召开会议，坚持问题导向，制订调研工作方案。

2019年8月5日至8日，开展“泉州民营企业破产实践与探索”主题调研。走访企业，与基层人民法院破产审判人员，基层金融监管、工信、发改等政府职能部门工作人员，以及管理人代表、重整方代表、企业原法定代表人等进行座谈。

2019年8月7日，召开府院联动座谈会。邀请市发改委、工信局、金融监管局、税务局相关人员，市破产管理人协会会长、副会长，基层法院破产审判人员等参与座谈。

2019年10月20日，完成书稿初稿。

2019年11月5日，完成书稿二稿。

2019年11月15日，举办研讨会。邀请泉州市委政研室、市金融监管局、华侨大学法学院以及外地破产管理人代表等专家参与研讨，与会人员对本书的写作框架、内容等逐一点评，并提出完善建议。

2019年11月28日，完成书稿三稿。

2019年12月31日，召开中期会议。讨论书稿修改、核稿工作，明确下一步工作思路和方向。

2020年1月14日，完成书稿四稿。

2020年2月10日，完成书稿五稿。

2020年2月23日，完成书稿六稿。

其间，陈明院长对每稿都提出了书面修改意见，韩天明副院长也提出了修改意见。

2020年2月25日，向市金融监管局征求意见。

本书得到了中国人民大学法学院、中国人民大学破产法研究中心的鼎力支持。陈慧瑛、韩天明、魏献平、张小燕组织协调了写作和各方面合作关系。本书的写作团队成员除泉州法院系统审判人员外，还有中国人民大学、湘潭大学破产法研究方面的博士、硕士研究生以及外地和本地破产管理人代表。中国人民大学法学院教授、博士生导师，中国人民大学破产法研究中心副主任兼秘书长，北京市破产法学会副会长兼秘书长徐阳光老师对书稿的撰写给予了全面指导，不仅围绕整体结构、选题方向，还对书稿内容进行审阅，提出宝贵的修改意见，并于百忙之中拨冗为本书作序。

在此，特别感谢徐阳光老师及其带领的团队，北京市中伦(深圳)律师事务所律师许胜锋、李成文、王海军、舒金旭，中欣重组顾问(北京)有限公司总经理宋全胜以及泉州市破产管理人协会会长李琴声、副会长廖逸、付云律师对本书写作的支持与帮助。泉州市金融监管局副局长黄培群，泉州市委政研室二级主任科员蔡松竹，华侨大学国际学院副院长、教授陈慰星，泉州市中级人民法院陈志杰、廖丽娟对本书的写作亦提出宝贵的意见与建议，在此表示衷心感谢。福建省石狮市人民法院、永春县人民法院在写作团队集中写作过程中亦提供了支持与帮助，在此一并予以感谢。

撰稿人分工如下（以撰写章节先后为序）：

陈科林：第一章第一节

韩天明、杨凌珊：第一章第二节

孙玉纯：第二章第一节

刘志健：第二章第二节

戴梅影、范志勇：第二章第三节

寻佳睿：第三章第一节

宋全胜：第三章第二节

朱琳薇：第四章第一节、第七章第一节

傅天真：第四章第二节

韩玥：第五章第一节

许胜锋、李成文：第五章第二节

王麒翔：第六章第一节、第七章第二节

陈慧瑛、张小燕：第六章第二节

陈琼：第八章第一节、第二节

骆志鹏：第九章第一节、第二节、第三节

李琴声：第十章第一节、第十一章第二节

范志勇：第十章第二节

曾晓军、寿华杰：第十章第三节

廖逸、付云：第十一章第一节

胡姝娴：第十一章第三节

魏献平、范志勇：第十二章第一节、第二节、第三节

统稿人：朱琳薇、张小燕

图书在版编目(CIP)数据

民营企业破产法律问题研究：以泉州破产审判为视角／韩天明主编. -- 北京：法律出版社，2020
(破产法文库)
ISBN 978 - 7 - 5197 - 4693 - 3

Ⅰ. ①民… Ⅱ. ①韩… Ⅲ. ①民营企业 - 破产法 - 研究 - 中国 Ⅳ. ①D922.291.924

中国版本图书馆 CIP 数据核字(2020)第 111803 号

民营企业破产法律问题研究
——以泉州破产审判为视角
MINYING QIYE POCHAN FALÜ WENTI YANJIU
—YI QUANZHOU POCHAN SHENPAN WEI SHIJIAO

韩天明 主　编
魏献平
范志勇 副主编
张小燕

策划编辑 沈小英
责任编辑 沈小英　单　洁
装帧设计 马　帅

出版 法律出版社
总发行 中国法律图书有限公司
经销 新华书店
印刷 固安华明印业有限公司
责任校对 马　丽
责任印制 吕亚莉

编辑统筹 法治与经济出版分社
开本 710 毫米×1000 毫米　1/16
印张 20.75
字数 331 千
版本 2020 年 8 月第 1 版
印次 2020 年 8 月第 1 次印刷

法律出版社／北京市丰台区莲花池西里 7 号(100073)
网址／www.lawpress.com.cn
投稿邮箱／info@lawpress.com.cn
举报维权邮箱／jbwq@lawpress.com.cn
销售热线／400 - 660 - 8393
咨询电话／010 - 63939796

中国法律图书有限公司／北京市丰台区莲花池西里 7 号(100073)
全国各地中法图分、子公司销售电话：
统一销售客服／400 - 660 - 8393/6393
第一法律书店／010 - 83938432/8433　西安分公司／029 - 85330678　重庆分公司／023 - 67453036
上海分公司／021 - 62071639/1636　深圳分公司／0755 - 83072995

书号：ISBN 978 - 7 - 5197 - 4693 - 3　**定价**：110.00 元